21世纪高职高专规划教材·汽车运用与维修系列

汽车电工与电子学基础

主编　孔繁瑞　臧雪岩

中国人民大学出版社
·北京·

21世纪高职高专规划教材·汽车运用与维修系列

出版说明

进入21世纪以来，随着我国汽车工业的迅猛发展和人民生活水平的不断提高，随着公路运输设施和城市基础设施建设投资的迅速增加，以及政府鼓励汽车消费政策的逐步实施，我国汽车保有量迅速增长。目前，我国汽车数量每年以两位数的速度递增，据此，预计仅汽车维修业近两年就将新增80万从业人员，其中大部分从业人员需要接受职业教育与培训。中国人民大学出版社经过充分的市场调研，策划出版了这套高职高专汽车运用与维修专业的系列教材。

本套教材紧密贴近我国高职教学改革的实际，力求体现以下几个特点。

1. 以企业需求为基本依据，以就业为导向

教材的编写以就业为导向，以能力为本位，能够满足企业的工作需求，提高学生学习的主动性和积极性。我们对每本书的主编精心遴选，除了要求主编必须是高职院校的骨干教师外，还要求他们有在一线汽车相关企业的工作经验或实验实训经历，确保教材的内容既能紧密贴合教学大纲，又能准确把握市场需求、加强实践操作环节内容。

2. 适应汽车企业技术发展，体现教学内容的先进性和前瞻性

本套教材关注我国汽车制造和维修企业的最新技术发展，通过校企合作编写的形式，及时调整教材内容，突出本专业领域的新知识、新技术、新工艺和新方法，克服旧教材存在的内容陈旧、更新缓慢、片面强调学科体系完整、不能适应企业发展需要的弊端。每本教材结合专业要求，使学生在学习专业基本知识和基本技能的基础上，及时了解、掌握本领域的最新技术发展及相关技能，实现专业教学基础性与先进性的统一。

3. 教材内容按模块化形式编写

教材力求摆脱学科课程旧思想的束缚，从岗位需求出发，尽早让学生接触实践操作内容。根据具体的专业情况，有的是每本书一个模块，有的是每本书分为多个模块，每部分内容都以工作岗位所需要的技能展开。

4. 跨区域开发、整合多方优势

由于我国幅员辽阔，各地区经济发展都具有不同的地域特点，而作为与经济建设密切相关的职业教育也必然存在区域间的差异。为了打造出一套适用性强、博采众长的教材，我们在教材的策划阶段，即与不同区域的众多开设汽车相关专业的高职院校取得了联系，并进行了深入调研，经过反复研讨后确定了具体的编写大纲。教材在编写过程中得到了辽宁交通高等专科学校、承德石油高等专科学校、长春汽车工业高等专科学校、内蒙古交通职业技术学院、河南交通职业技术学院、河北交通职业技术学院、广东轻工职业技术学院等二十多家职业院校的参与与大力支持。

5. 教材配备完善的立体化教学资源

本系列教材在研发的同时，希望能够在相关课件的开发制作方面做出自己的特色，从而提升教材的核心竞争力。通过对市场的前期调研，我们对目前已经出版的相关教材配套

课件情况进行了分析，针对目前同类产品存在的不足，制定了专业基础课教材课件完整、专业主干课教材演示视频丰富、全系列教材教学资源整合形成网上资源平台的策划思路，力求使本套教材成为真正的立体化教材。

本套教材在编写过程中，除了得到多所高职院校的帮助外，《汽车维修技师》、辽宁交通高等专科学校汽车研究所、辽宁鑫迪汽车销售服务有限公司、大连新盛荣汽车销售服务有限公司、辽宁宝时汽车销售服务有限公司、安徽宝德汽车维修有限公司等在技术和资料方面给予了很多支持，在此表示衷心的感谢。

希望本套教材的出版能够为高职高专院校汽车运用与维修专业的教学工作起到积极的促进作用，也欢迎本套教材的使用者针对教材中存在的不足提出宝贵的建议。

中国人民大学出版社

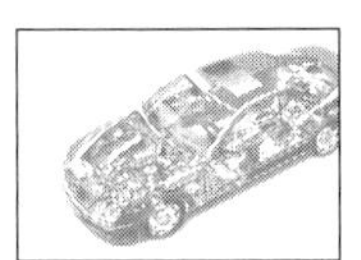

前言

Preface

本书是根据最新颁布的高职高专汽车类教学要求而编写的。

本书在编写过程中紧密结合高职教育的特点，以电工电子基础知识和基本技能在汽车电器及汽车电控系统中的具体应用为出发点，以“必需、够用”为度，着重基本概念、基本知识的学习和基本技能的培养，体现以下特点：

（1）重实践，以能力为本。

本书设有“汽车常用测量仪表”和“电工电子技能训练”两章。通过技能训练强化学生对电工电子基础知识的理解与掌握，通过汽车常用仪表的学习，使学生掌握常用测量仪表在汽车检测与维修过程中的实际应用方法及注意事项。

（2）重应用，紧密结合汽车专业教学实际。

“汽车电工与电子学基础”是汽车运用与维修各专业的基础课，本书本着“必需、够用”的原则，强调电工电子基本概念、基本定律、基本元器件在汽车电器、汽车电控系统中的具体应用，使学生明确学好电工电子是学好专业课的基础，从而激发学习兴趣。

（3）强化基本概念与基本技能，弱化定量分析与计算。

本书编写过程中着力体现高职教育特点，以分析与应用为目的，重点讲述基本概念，避免繁杂的理论演绎，重视基础知识的应用，培养基本技能，提高学生运用电工电子基础知识分析汽车电路问题的能力。

本书配有电子课件供教学参考。

本书由辽宁省交通高等专科学校孔繁瑞、臧雪岩主编。第1、5、7章由孔繁瑞、苏琼编写，第2、3、4、6章由臧雪岩编写，第8章由李国新编写。全书由孔繁瑞统稿。

本书在编写过程中得到了辽宁省交通高等专科学校汽车工程系相关教师的支持、帮助与指点，在此一并感谢！

鉴于编者水平有限，书中难免有错误或不足，敬请读者批评指正。

编　者

目录 Contents

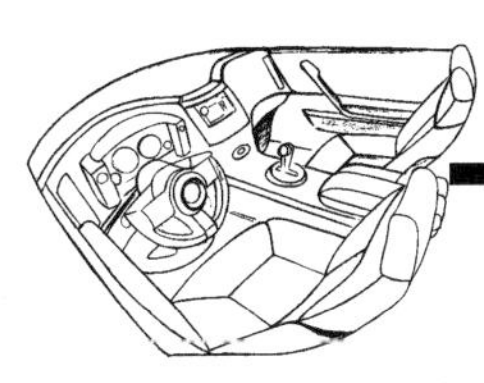

第1章 直流电路与元件

引　言

本章在高中物理学的基础上，从汽车电子技术的角度出发，以直流电路为主要分析对象，着重讨论汽车电路的基本概念、直流电路的基本定律、元件的特性与应用以及电路的分析和计算方法。

1.1 汽车电路概述

学习目标

掌握汽车电路的组成、作用及特点，理解电路图的作用。

1.1.1 汽车电路及其组成

1. 汽车电路的概念

把一些电气设备或元器件，按其所要完成的功能，用一定方式连接而成的电流通路称为电路。

现代汽车有越来越多的电器设备，要使这些电器设备工作，需要用导线把车体、电源、过载保护器件、控制器件及用电设备装置连接起来，构成能使电流流通的通路，即汽车电路。

2. 汽车电路的组成

一个完整的电路由电源（或信号源）、负载和中间环节三部分组成。

电源是提供电路所需电能的装置，它将非电能（如化学能、机械能等）转换为电能，并向电路提供能量。如蓄电池是将化学能转化成电能，发电机是将机械能转化成电能。两者在汽车上并联工作，发电机是主电源，蓄电池是辅助电源。当发电机工作时，由发电机向整车的用电设备供电，并同时给蓄电池充电；当发电机不工作时，如发动机起动时，由蓄电池向起动机和点火系统（汽车机）等用电设备供电。

负载是指电路中能将电能转换为非电能的装置。负载包括电动机、电磁阀、灯泡、仪表、各种电子控制器件等。

中间环节包括过载保护器件、控制器件和导线等。

作为中间环节的过载保护器件包括熔丝、电路断电器及易熔线等。断路保护器用于前照灯、电动座椅、门锁及电动门窗等电路中。控制器件除了传统的手动开关、压力开关、温控开关外，现代汽车还大量使用电子控制器件，如电子模块等。导线用于连接各种设备及装置构成汽车电路。此外汽车上通常用车体代替部分从用电器返回电源的导线。

3. 电路图

电路图由多个电气符号组合，模拟实际电路。图 1—1 所示为一个简单的汽车照明电路图。电路图主要用于对电路进行定性分析或定量计算。若把众多的电路元件理想化，即考虑其主要电磁性质，忽略其次要因素，就可用有限的理想电路元件代替种类繁多的实际电气设备和器件。这样，电路及其分析将大大简化，这种电路称为电路模型。图 1—2 为图 1—1 理想化后的电路图。

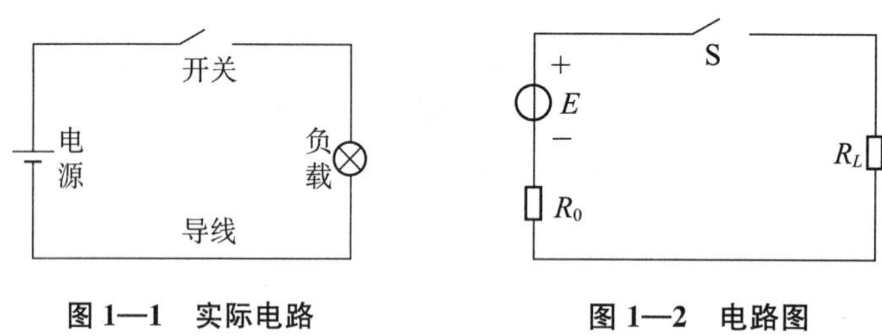

图 1—1　实际电路　　**图 1—2　电路图**

1.1.2　汽车电路的作用

汽车电路的作用有两类：一是可以实现能量的传输与转换。如汽车发电机（或蓄电池）将其他形式的能转换为电能，再通过过载保护器件、控制器件和导线等将电能输送给汽车电气设备，这些电气设备再将电能转换为机械能、热能、光能或其他形式的能量。二是可以实现信号的传递和处理。汽车上的传感器电路、通信电路、音响电路都是信号电路，如传感器电路就是将收到的微弱物理信号转换为电信号，经过放大器放大后送给执行器件，再把电信号转换为其他物理信号。

1.1.3　汽车电路的特点

汽车电路中的负载种类繁多，功能各异，但都必须与汽车电路的特点相一致，汽车电路的特点主要包括以下几个方面。

1. 低压

汽车电器系统的额定电压有 12V、24V 两种。采用汽油为燃料的车辆普遍采用 12V 电源，而大型柴油车多采用 24V。

随着汽车电子装置数量的逐渐增多，消耗的电能也在大幅度增加，目前世界各国正在研究采用 48V 电源系统，今后将采用集成起动机—发动机一体化 42V 供电系统，发电机最大输出功率将会由 1kW 提高到 8kW 左右，发电效率将会达到 80%以上。

2. 直流

从给蓄电池充电的角度考虑，汽车电路主要采用直流。

3. 单线并联

单线制是指从电源到用电设备只用一根导线连接，而用汽车底盘和发动机等金属机体作为另一公用导线。由于单线制节省导线、线路清晰、安装和检修方便，且电器也不需要与车体绝缘，因此现代汽车均采用单线制供电。图 1—3 为汽车照明电路采用单线制和双线制画法的比较。

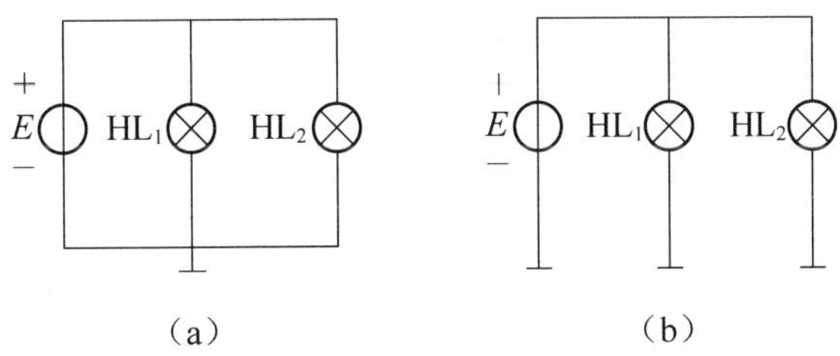

图 1—3　单、双线制电路

(a) 双线制电路　(b) 单线制电路

另外，汽车电气设备工作时所需要的工作电压均为同一电压 12V 或 24V，因此所有汽车电气设备均为并联关系。

4. 负极搭铁

采用单线制时，电源的一个电极须接在车架上，俗称“搭铁”。将电源的负极接车架称为“负极搭铁”，反之称为“正极搭铁”。我国统一规定汽车电器系统为“负极搭铁”。

5. 线路有颜色和编号特征

汽车电路系统中所有线路均有不同的颜色和编号加以区分。

1.2　电路的基本物理量

学习目标

理解电流、电压、电动势、电功及电功率、电位的概念，掌握电流、电压、电动势的方向规定及参考方向的意义，会计算相关物理量。

1.2.1　电流及其参考方向

1. 电流

电路中带电粒子在电源作用下的定向移动形成电流。金属导体中的带电粒子是自由电子，半导体中的带电粒子是自由电子和空穴，电解液中的带电粒子是正、负离子，因此电流既可以是负电荷，也可以是正电荷或者正、负电荷都有的定向运动的结果。

电流的大小用电流强度来表示，其数值等于单位时间内通过导体横截面的电荷量。设在 $\mathrm{d}t$ 时间内通过导体横截面的电荷量为 $\mathrm{d}q$，则该瞬间的电流强度为

$$i = \frac{\mathrm{d}q}{\mathrm{d}t} \tag{1—1}$$

可见，电流强度是随时间而变的。如果电流强度不随时间而变，则这种电流就称为恒定电流，即直流。在直流电路中，式（1—1）可写成

$$I = \frac{Q}{t} \tag{1—2}$$

式中电量的单位为库［仑］（C），时间的单位为秒（s），电流的单位为安［培］

(A)。计量微小电流时，以毫安（mA）或微安（μA）为单位。其换算关系为 $1A=10^3 mA=10^6 \mu A$。

习惯上，规定正电荷移动的方向为电流方向。

2. 电流的参考方向

在简单电路中，可以很容易判断出电流的实际方向。对于比较复杂的直流电路，如图 1—4 所示，电阻 R 上的电流方向很难直观判断。另外，在交流电路中，电流周期性变化，在电路图中也无法表示其实际方向。为了分析问题方便，引入电流参考方向的概念。

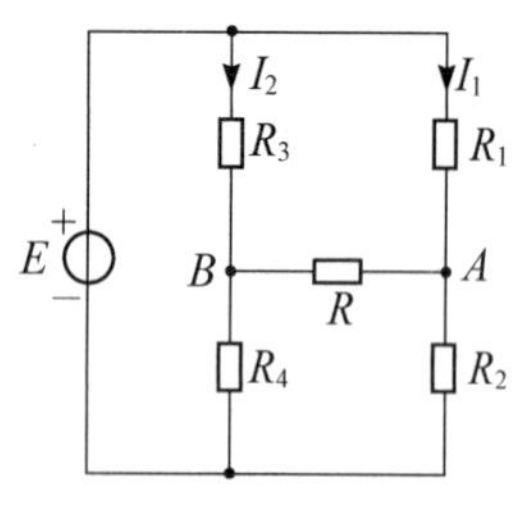

图 1—4　电流方向的判断

参考方向是假定的方向，因此电流的参考方向可以任意选定。在电路中电流的参考方向一般用箭头或双下标表示，如 I_{ab} 表示参考方向是由 a 指向 b 的电流。当电流的参考方向与实际方向一致时，电流为正值（$I>0$）；当电流的参考方向与实际方向相反时，电流为负值（$I<0$）。这样，在选定的参考方向下，根据电流的正负，就可以确定电流的实际方向。

在分析电路问题时，首先要假定电流的参考方向，并据此去分析计算，最后再从答案的正负值来确定电流的实际方向。初学者往往容易忽视这一问题，在分析电路问题时必须养成标注参考方向的习惯。

1.2.2　电压及其参考方向

1. 电压

电压是描述电场力对电荷做功的物理量。在电路中，如果正电荷由 A 点移到 B 点时电场力所做的功为 dW，那么 A、B 两点间的电压为

$$u_{AB}=\frac{dW}{dq}$$

也就是说，电场力把单位正电荷由 A 点移到 B 点所做的功在数值上等于 A、B 两点间的电压。在直流电路中，上式可写成

$$U_{AB}=\frac{W_{AB}}{Q}$$

电压的单位是伏［特］(V)。当电场力把 1 库［仑］(C) 的电荷从一点移到另一点所做的功为 1 焦［耳］(J) 时，该两点间的电压即为 1V。工程上常用千伏（kV）、毫伏（mV）等，其换算关系为 $1kV=10^3 V=10^6 mV$。

电压的实际方向规定为电场力的方向，即从 A 点指向 B 点。

2. 电压的参考方向

但在分析电路时，也须选取电压的参考方向。当电压的参考方向与实际方向一致时，电压为正值（$U>0$）；相反时，电压为负值（$U<0$）。电压的参考方向可用箭头表示，也可用“+”、“−”表示，还可用双下标表示，如符号 U_{AB} 表示电压的参考方向由 A 点指向 B 点。

在电路分析时，电压和电流参考方向的选择是任意的，但为了方便，元件上的电压和

电流常取一致的参考方向，即关联参考方向，如图 1—5（a）所示。反之为非关联参考方向，如图 1—5（b）所示。

在图 1—5（a）中，其电压与电流的关系为 $U=IR$，而图 1—5（b）中则为 $U=-IR$。

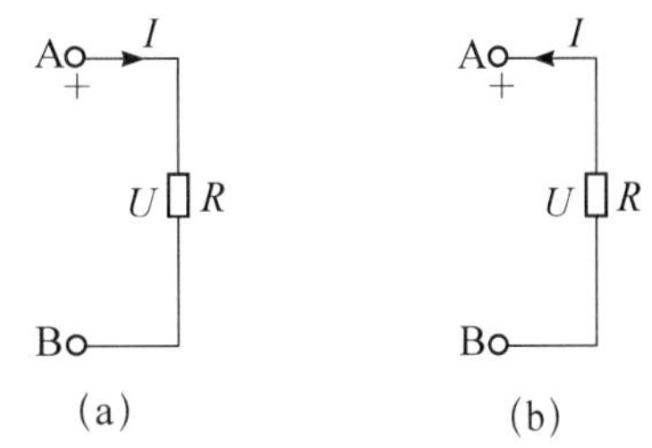

图 1—5　关联参考方向与非关联参考方向

（a）关联参考方向　（b）非关联参考方向

1.2.3　电动势

电动势是描述电源中非电场力对电荷做功本领的物理量。在电路中，正电荷在电场力作用下不断从正极移向负极，如果没有一种外作用力，正极因正电荷的减少会使电位逐渐降低，而负极则因正电荷的增多会使电位逐渐升高，正、负极板间的电位差就会减小，最后为零。为了维持电流，必须使正、负极板间保持一定的电压，这就要借助非电场力使移动到负极的正电荷经电源内部移到正极。电动势在数值上等于非电场力将单位正电荷从电源负极经电源内部移到电源正极所做的功，用 U_S（有时也用 E）表示。

电动势的方向规定为：在电源内部由低电位端指向高电位端，即电位升高的方向。电动势的参考方向也可用箭头、双下标或“＋”、“－”极性表示。电动势的单位与电压的单位相同，也用 V 表示。

1.2.4　电功和电功率

设直流电路中，A、B 两点的电压为 U，在时间 t 内电荷 Q 受电场力作用从 A 点经负载移动到 B 点，电场力所做的功为

$$W=UQ=UIt \tag{1—3}$$

这就是在 t 时间内所消耗（或吸收）的电能，而在电流、电压采用关联参考方向时，单位时间内消耗的电能称为电功率（简称功率），即负载消耗（或吸收）的电功率。

$$P=\frac{W}{t}=UI \tag{1—4}$$

在时间 t 内，电场力将电荷 Q 从电源负极经电源内部移到正极所做的功为

$$W_S=U_SQ=U_SIt \tag{1—5}$$

电源力产生（或发出）的电功率为

$$P_S=U_SI \tag{1—6}$$

在一个电路中，电源产生的功率与负载、导线以及电源内阻上消耗的功率总是平衡的，遵循能量守恒和转换定律。

功的单位是焦［耳］（J），功率的单位是瓦［特］（W）。此外还有千瓦（kW）、毫瓦（mW），$1\text{kW}=10^3\text{W}=10^6\text{mW}$。

1.2.5　电位

在电气设备的调试和检修中，经常要测量某个点的电位高低，看其是否符合设计数值。电位是度量电势能大小的物理量，在数值上等于电场力将单位正电荷从该点移到参考点所做的功，用符号 V 表示。由此可以看出：电路中任意一点的电位，就是该点与参考点之间的电压，而电路中任意两点之间的电压，等于这两点电位之差。因此，电位

的测量实质上就是电压的测量，即测量该点与参考点之间的电压。电压与电位的关系为

$$U_{AB} = V_A - V_B \tag{1—7}$$

在一个电路中，参考点选择位置不同，电路中各点电位也不同，但任意两点间的电位差即电压不变。电路中各点的电位高低是相对于参考点而言的，而两点间的电压则与参考点的选择无关。即电位具有相对性，电压具有绝对性。如果不选择参考点去讨论电位是没有实际意义的。

在电工电子技术中，原则上电位参考点的选取是任意的，但为了统一，工程上常选大地为参考点，在电路图中用符号“⏚”表示。机壳需要接地的电子设备，可以把机壳作为参考点。有些电子设备机壳虽然不一定接地，但为分析方便，可以把它们当中元件汇集的公共端或公共线选作参考点，也称为“地”，在电路图中用“⊥”来表示。

在汽车电路中，搭铁点即为汽车电路的电位参考点。在汽车电器的检修过程中所测量的电位值实质即为被测点与搭铁点之间的电压。

【例 1.1】试计算图 1—6 所示电路中 B 点的电位。

解：电路中的电流

$$I = \frac{V_A - V_C}{R_1 + R_2} = \left(\frac{6-(-9)}{(100+50)\times 10^3}\right)\text{A} = 0.1\text{mA}$$

$$U_{AB} = V_A - V_B = R_2 I = (50 \times 0.1)\text{V} = 5\text{V}$$

$$V_B = V_A - R_2 I = (6-5)\text{V} = 1\text{V}$$

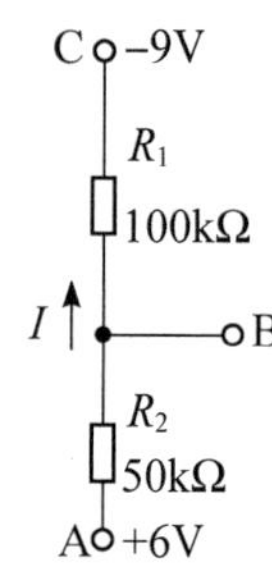

图 1—6　例 1.1 电路图

1.3　电路的状态

学习目标

掌握电路的负载、空载和短路三种状态的概念和特征，了解短路防护措施。

电路有负载、空载和短路三种工作状态。现就图 1—7 所示的简单电路来讨论当电路处于三种不同状态时的电压、电流和功率等的特点。U_1 表示电源的端电压 U_{AB}，U_2 表示负载的端电压 U_{CD}。

1.3.1　负载状态

电路的负载状态是一般的有载工作状态，如图 1—7 所示。此时电路特征如下。

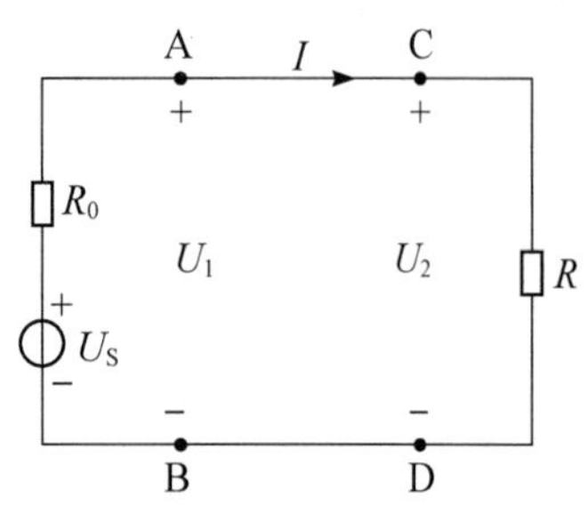

图 1—7　电路的负载状态

（1）电路中的电流 I 由负载电阻 R 的大小决定。

$$I = \frac{U_S}{R_0 + R} \text{ 或 } U_1 = U_S - R_0 I$$

由上式可知：U_1 小于电源电动势 U_S，两者之差为电流通过电源内阻所产生的电压降，电流越大，则电源端电压下降得越多。

（2）电源的输出功率为电源电动势发出的功率 $U_S I$ 减去内阻上消耗功率 $R_0 I^2$。

$$P_1 = U_1 I = (U_S - R_0 I)I = U_S I - R_0 I^2$$

可见，电源发出的功率等于电路各部分所消耗的功率之和，即整个电路中的功率是平衡的。

1.3.2　空载状态

空载状态又称断路或开路状态，如图 1—8 所示。电路空载时，外电路电阻可视为无穷大，其电路特征如下。

（1）电路中电流为零，即 $I=0$ 。

（2）电源端电压等于电源的电动势，即 $U_1=U_S-R_0I=U_S=U_{OC}$ 。

U_{OC} 称为空载电压或开路电压。由此可以得出粗略测量电源电动势的方法。

（3）电源的输出功率 P_1 和负载吸收的功率 P_2 均为零。即 $P_1=U_1I=0$, $P_2=U_2I=0$。

1.3.3　短路状态

当电源的两输出端（A、B）由于某种原因相接触时，会造成电源被直接短路的情况，如图 1—9 所示。当电源短路时，外电路电阻可视为零，此时电路特征如下：

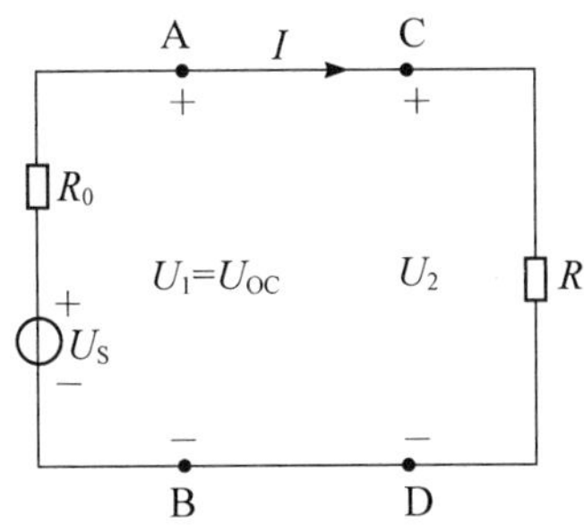

图 1—8　电路的空载状态

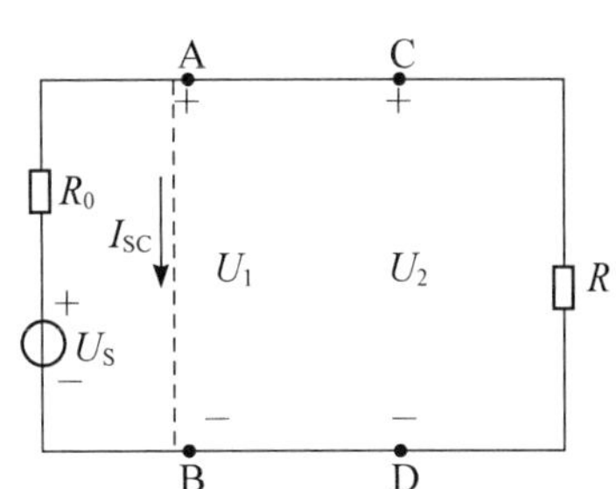

图 1—9　电路的短路状态

（1）电源中电流最大，外电路输出电流为零。短路电流为：

$$I_{SC}=\frac{U_S}{R_0} \tag{1—8}$$

（2）电源和负载的端电压均为零。

$U_1=U_S-R_0I_{SC}=0$, $U_2=0$ ，此时 $U_S=R_0I_{SC}$ ，表明电源的电动势全部降落在电源的内阻上，因而无输出电压。

（3）电源对外输出功率 P_1 和负载吸收的功率 P_2 均为零。即 $P_1=U_1I=0$, $P_2=U_2I=0$ 。说明电源电动势所发出的功率全部被内阻消耗，即 $P_S=U_SI_{SC}=U_S^2/R_0=I_{SC}^2R_0$ 。

电源短路，是一种严重事故，可使电源的温度迅速上升，以致烧毁电源及其他电器设备。通常在电路中装有熔断器等短路保护装置。

熔断器按结构形式可分为金属丝式、玻璃管式、瓷心式和平板式等多种形式，如图 1—10 所示。熔断器的主要组成部分是熔体（熔片或熔丝），材料是锌、锡、铅、铜等金属的合金，一般装在玻璃管中或直接装在熔断器盒内，用于负荷不大的电路。熔体能承受额定电流的长时间负载。熔体的熔断时间决定于流过的电流值的大小和本身的结构参数。汽车用熔断器，要求流过的电流为额定电流的 110％时不熔断；流过的电流为额定电流的 135％时，在 60s 以内熔断；流过的电流为额定电流的 150％时，20A 以内的熔丝在 15s 以内熔断，30A 的熔丝在 30s 以内熔断。图 1—11 为熔断器在电路图中的符号。

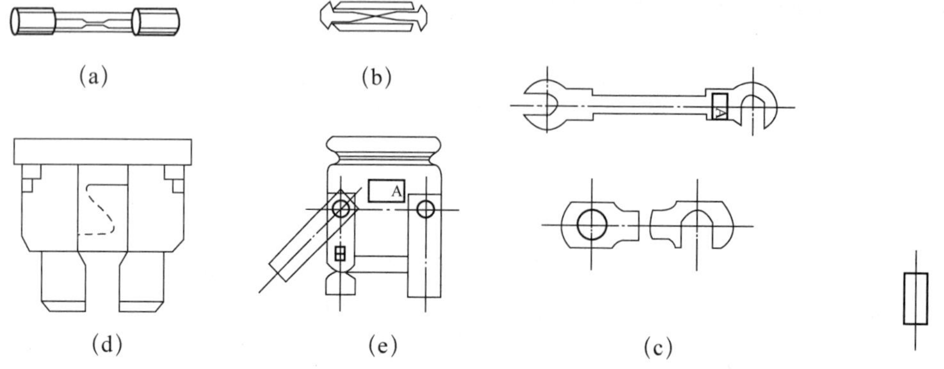

图 1—10　熔断器的结构形式

(a) 玻璃管式　(b) 瓷心式　(c) 平板式　(d)、(e) 金属丝式

图 1—11　熔断器符号

为了便于检查和更换熔断器，汽车上将各电路的熔断器集中安装在一起，形成一只保护数条电路的熔断器盒。图 1—12 所示为 BX2141 型 14 路熔断器盒。熔断器盒内有熔断器插片，插片上绕有备用熔丝，以便更换时使用。

【例 1.2】图 1—13 所示电路包括可供测量电源的电动势 U_S 和内阻 R_0 。若开关 S 打开时电压表读数为 6V，开关闭合时电压表读数为 5.8V，负载电阻 $R=10\Omega$，试求电源电动势 U_S 和内阻 R_0（电压表的内阻可视为无限大）。

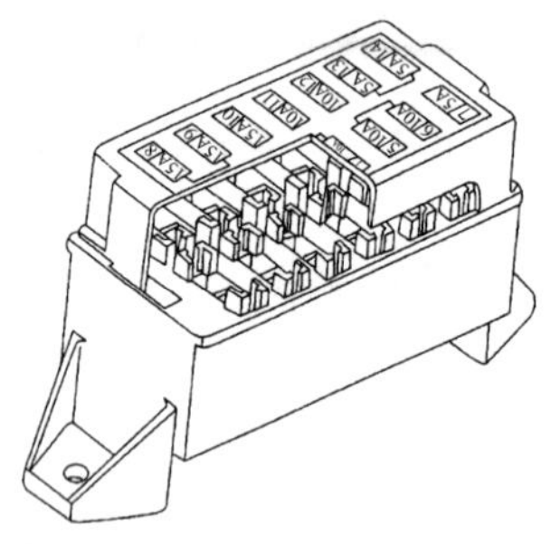

图 1—12　BX2141 型 14 路熔断器盒

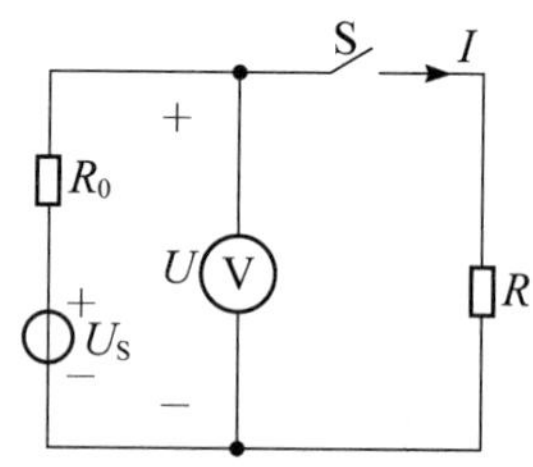

图 1—13　例 1.2 电路图

解：设电压 U 、电流 I 的参考方向如图所示，当开关 S 断开时

$$U=U_S-R_0I=U_S$$

所以此时电压表的读数，即为电源的电动势 $U_S=6$ V。当开关 S 闭合时，电路中的电流为

$$I=\frac{U}{R}=\left(\frac{5.8}{10}\right)\text{A}=0.58\text{A}$$

故内阻

$$R_0=\frac{U_S-U}{I}=\left(\frac{6-5.8}{0.58}\right)\Omega=0.345\Omega$$

1.4 负载的额定值及电路导线的选择

学习目标

了解电气设备的额定电压、额定电流及额定功率的意义及在实际应用中注意的问题，了解汽车电路中导线的使用情况。

1.4.1 负载的额定值

额定值是指电气设备在电路的正常运行状态下，能承受的电压、允许通过的电流以及它们吸收和产生功率的限额。如额定电压 U_N 、额定电流 I_N 、额定功率 P_N 等。如一个灯泡上标明 220V、60W，这说明额定电压 220V，在此额定电压下消耗功率 60W。

电气设备的额定值是综合考虑产品的可靠性、经济性和使用寿命等诸多因素，由制造厂商提供的。额定值往往标注在设备的铭牌上或写在设备的使用说明书中。

电气设备的额定值和实际值是不一定相等的。如上所述，220V、60W 的灯泡接在 220V 的电源上时，由于电源电压的波动，其实际电压值稍高于或稍低于 220V，这样灯泡的实际功率就不会正好等于其额定值 60W 了，额定电流也相应发生了改变。当实际电流等于额定电流时，称为满载工作状态。电流小于额定电流时，称为轻载工作状态，超过额定电流时，称为过载工作状态。

1.4.2 导线的选择

1. 常用导线分类

按材料不同，导线分为铜线和铝线。铜线具有电阻率小、机械强度大等优点。铝线有质量小、价格便宜等优点，但机械强度小、较脆。汽车电路和移动电器接线一般用铜线。固定电器接线尽量采用铝线。

按所加电压不同，导线分为低压导线和高压导线。高压导线用于传送高压，如点火系统的高压线。

按有无绝缘，导线分为裸线和绝缘线。裸线外面没有保护层，绝缘线外面有绝缘保护层。按绝缘材料不同，又分为聚氯乙烯（塑料）绝缘线和橡皮绝缘线。

2. 汽车电路中导线选择

常见汽车的导线由多股细铜丝绞制而成，外层为绝缘层。绝缘层一般采用聚氯乙烯绝缘层或聚氯乙烯－丁腈复合绝缘层。起动电缆用于连接蓄电池与起动机形状的主接线柱，导线截面大，允许通过的电流达 500A～1 000A，电缆每通过 100A 电流，电压降不得超过0.1V～0.15V。蓄电池的搭铁电缆通常采用由铜丝织成的扁型软铜线，应搭铁可靠，以满足大电流起动的要求。

汽车各电路系统的导线规格见表 1—1。

表 1—1　　汽车各电路系统的导线规格

各电路系统	标称截面/mm²	各电路系统	标称截面/mm²
仪表灯、指示灯、后灯、牌照灯、燃油表、刮雨器、电子电路等	0.5	5A 以上的电路	1.3～4.0

续前表

各电路系统	标称截面/mm^2	各电路系统	标称截面/mm^2
转向灯、制动灯、停车灯、分电器等	0.8	电源电路	4～25
前照灯、3A以下的电喇叭等	1.0	起动电路	16～95
3A以上的电喇叭	1.5	柴油机电热塞电路	4～6

点火系统的高压线，由于工作电压一般为15kV以上，电流小，因此高压导线绝缘包层厚、耐压性能好、线心截面较小。国产汽车用的高压导线有铜心线和阻尼线两种。高压阻尼线的线心采用聚氯乙烯树脂、癸二酸二辛酯等有机材料配制而成，又称半导体塑心高压线。线心具有一定阻值，具有低电磁辐射的特点，可减小点火系统的电磁波公害。

为使线路排列整齐，便于安装、拆卸和绝缘保护，避免振动和牵拉而引起导线损坏，一般都将汽车各电器之间的导线按最短路径排列，并用绝缘带把同一路径的若干导线包扎成束，称为线束。

1.5 电路元件

学习目标

掌握电阻、电感和电容元件的伏安特性、性能及其在汽车电路中的应用，掌握电源的两种电路模型及其等效变换方法。

任何一个电路都有电能的产生、消耗，以及电场能量和磁场能量的储存，实现上述过程所用的元件分为无源元件和有源元件。无源元件包括电阻、电感和电容，有源元件包括电压源、电流源。

1.5.1 无源元件

1. 电阻

电流通过导体时，导体对电荷的定向运动有阻碍作用。电阻就是反映导体对电流的阻碍作用大小的物理量。

电阻是汽车电气、电子设备中用得最多的基本元件之一，主要用于控制和调节电路中的电流和电压，或用作消耗电能的负载。

（1）伏安特性。如图1—14所示，电阻R接入直流电路中，其电压、电流关系满足欧姆定律，即

$$I=\frac{U}{R}$$

遵循欧姆定律的电阻，即电阻值为常数的电阻称为线性电阻，它表示该段电路电压与电流的比值为常数。元件或电路两端的电压电流关系称为伏安特性。线性电阻的伏安特性曲线如图1—15所示。

不遵循欧姆定律的电阻，其电阻值不是一个常数，而是随着电压或电流变动，那么这种电阻就称为非线性电阻。非线性电阻一般不能用数学表达式表示，而是用电压与电流的

关系曲线 $U=f(I)$ 来表示。这种曲线是通过实验得出的。图 1—16 所示为白炽灯、二极管的伏安特性曲线及非线性电阻的符号。

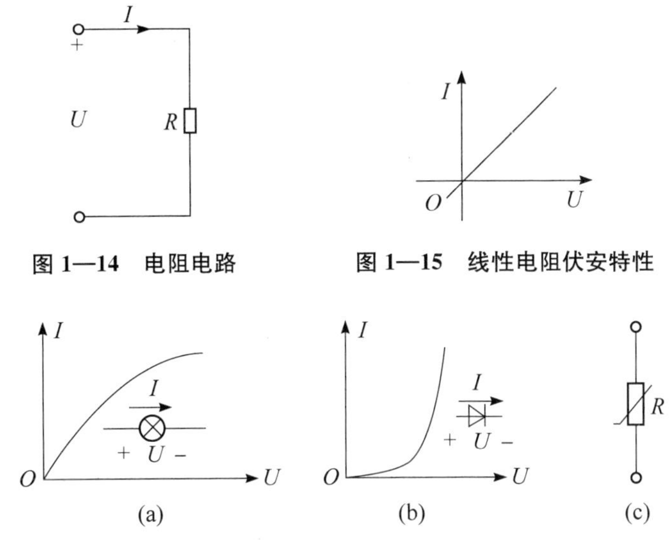

图 1—14　电阻电路

图 1—15　线性电阻伏安特性

图 1—16　非线性电阻的伏安特性及符号

(a) 白炽灯丝伏安特性曲线　(b) 二极管的伏安特性曲线　(c) 非线性电阻符号

非线性元件的电阻有两种表示方式，一种称为静态电阻（或称为直流电阻），它等于曲线上工作点的电压与电流之比，即 $R=U/I$。另一种称为动态电阻（或称为交流电阻），它等于工作点附近的电压微变量与电流微变量之比的极限，即

$$r=\lim_{\Delta I\to 0}\frac{\Delta U}{\Delta I}=\frac{\mathrm{d}U}{\mathrm{d}I}$$

由于非线性电阻不是常数，在分析与计算时一般都采用图解法。

(2) 元件性能。在直流电路中，电阻消耗的功率及电能为

$$P=UI=I^2R=\frac{U^2}{R}$$

$$W=Pt$$

电阻上的功率永远大于零，因此电阻是耗能元件。

电阻有固定电阻、可变电阻之分，也有碳膜电阻、金属膜电阻和线绕电阻等之分。在应用时，不但要考虑电阻阻值的大小，还要考虑它所能承受的电压，允许通过的电流，同时还要考虑它的额定功率。电阻的标识通常标有阻值、误差及额定功率。其标识方法有直标法、色标法和文字符号法，具体标识的方法详见相关元器件手册。

(3) 电阻元件中汽车电路中的应用。

①电桥。图 1—17 为电桥电路，它是测量技术中常用的一种电路。利用直流电桥可以测量电阻，也可以用来测量一些能够通过电阻的变化而反映出来的非电学量，例如温度等。

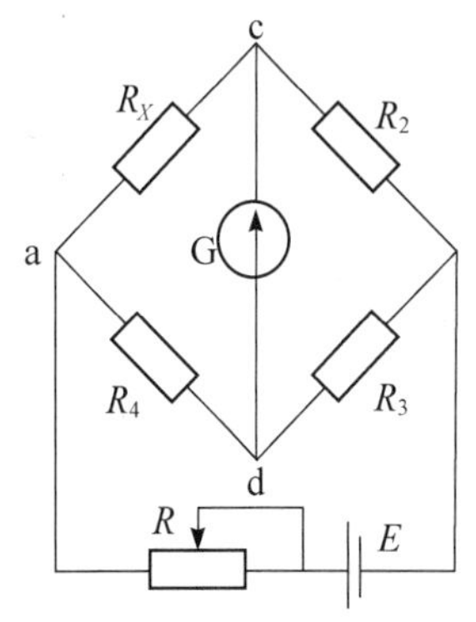

图 1—17　电桥电路

电桥的构成包括四臂、检流计及电源等。其中 R_2、R_3、R_4

为标准电阻，R_X 为敏感元件，放在需要测量的地方；G 为检流计。当 G 中无电流时，电桥处于平衡状态，其平衡条件可通过理论推导得出：

$$\frac{R_X}{R_2}=\frac{R_4}{R_3}$$

R_X 受外界影响时电阻值改变，电桥平衡打破，G 中有电流通过。

图 1—18 为汽车电子控制汽油喷射系统主要装置——热线式空气流量计与半导体压敏电阻式进气压力传感器中压力转换元件均采用的电桥电路。空气流量计是将吸入的空气转换成电信号送到发动机电控单元，是电控单元确定发动机基本喷油量的重要信号之一。

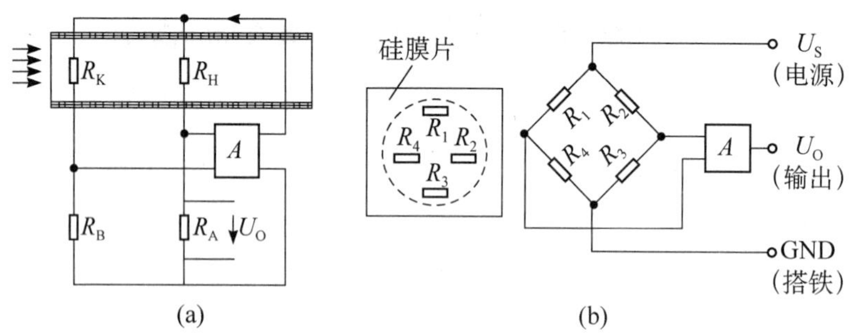

图 1—18　热线式空气流量计与半导体压敏电阻式进气压力传感器压力转换电桥电路

（a）热线式空气流量计工作原理　（b）半导体压敏电阻式进气压力传感器压力转换电桥电路

图 1—18（a）为热线式空气流量计工作原理，图中热线（白金）电阻 R_H 和温度补偿电阻 R_K 分别是电桥的一个臂，精密电阻 R_A 也是电桥的一个臂，该电阻上的电压即是热线式空气流量计的输出信号电压，另一个臂 R_B 安装在控制线路板面上。发动机不工作时，电桥是平衡的。启动发动机，空气从热线电阻流过，使其温度降低，其电阻值（R_H、R_K）也降低。因此电桥失去平衡，混合集成控制电路将对电桥进行自动调节，增大通过热线电阻的电流，直到电桥重新平衡为止。

图 1—18（b）中压敏电阻式进气压力传感器中的压力转换元件，是利用半导体的压阻效应制成的硅膜片。硅膜片的一面是真空室，另一面与进气歧管压力相通。其中部薄膜周围有四个应变电阻，组成电桥。随着进气歧管内绝对压力增高，硅膜片中的变形增大，薄膜片上的应变电阻的阻值与变形成正比例，电桥失去平衡，通过电桥将硅膜片的变形转换成为电信号，经混合集成电路放大后输入到发动机电控单元，从而确定发动机进气量。

②热敏电阻。热敏电阻是电阻式温度传感器的一种。正温度系数（PTC）热敏电阻在工作温度范围内，电阻值随温度的升高而增加。负温度系数（NTC）热敏电阻在工作温度范围内，电阻值随温度的升高而减少。图 1—19 为热敏电阻式冷却水温度传感器的外观与特性曲线。

热敏电阻式温度传感器用于水温、气温、机油温度、排气温度的检测，热敏电阻式湿度传感器用于汽车风挡玻璃的防霜、化油器进气口空气湿度的检测以及自动空调车内相对湿度的检测，半导体压敏电阻式进气压力传感器用于发动机电子控制系统中计量进气量。电阻应变计式碰撞传感器应用在汽车遭碰撞时，应变计的应变电阻产生变形，阻值随之变化，经过信号处理与放大后，传感器输出信号电压随之发生变化。

③光敏电阻。光敏电阻是根据半导体的光致导电特性制成的，光照强度越强，电阻越小。

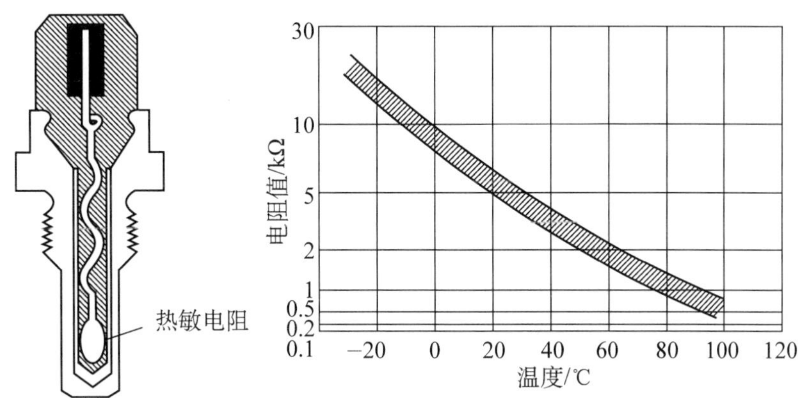

图 1—19　热敏电阻式冷却水温度传感器的外观与特性曲线

当有光照射到光敏电阻所构成的传感器上时，光敏电阻的阻值发生变化，即这种传感器把周围亮度的变化转换成元件阻值的变化。利用光敏电阻制成的光电式光量传感器用于汽车上各种灯具亮灯、熄灯的自动控制（示廓、前照、变光等）。图 1—20 为利用光敏电阻制成的光量传感器的结构。

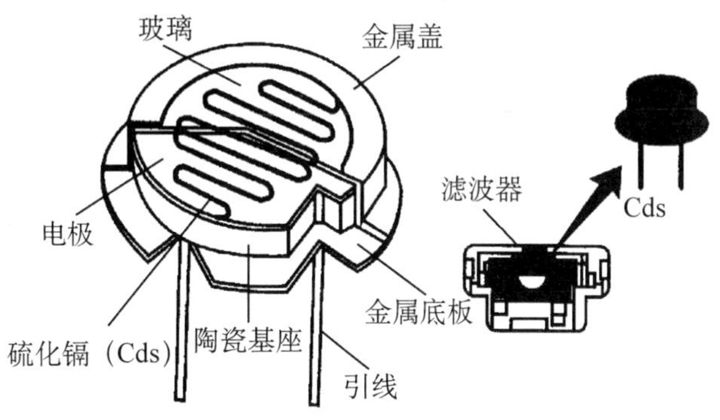

图 1—20　利用光敏电阻的光量传感器的结构

④半导体压敏电阻。半导体压敏电阻可应用于进气压力传感器中。压力转换元件是利用半导体的压阻效应制成的硅膜片，其变形与压力成正比，利用电桥将硅膜片的变形转换成电信号，半导体压敏电阻式进气压力传感器由压力转换元件（硅片）、把转换元件输出信号放大的混合集成电路和真空室组成。半导体压敏电阻式进气压力传感器具有尺寸小、精度高、成本低及响应性、再现性、抗震性较好等优点，在当今汽车发动机电子控制系统中应用较为广泛。

2. 电感

在汽车中，发电机利用磁场产生电场发电使电气系统工作，启动机利用电场变化产生磁力变化运转，磁和电密切相关。

电感元件是从实际电感线圈抽象出来的理想电路元件。当电感线圈通过电流时，将产生磁通，在其内部及周围建立磁场，储存磁场能量，如图 1—21（a）所示。电感上磁链与电流成正比，即

$$L=\frac{\Psi}{i}=\frac{N\Phi}{i} \tag{1—9}$$

式中比例系数 L 为电感，是表征电感元件的特征参数。在国际单位制中，电感的单位为亨［利］（H），工程上常采用毫亨（mH）或微亨（μH），其换算关系为 $1\text{H}=10^3\text{mH}=10^6\mu\text{H}$。

(1) 伏安特性。如图 1—21（b）所示，根据电磁感应定律，当电感线圈中的电流 i 变化时，磁场也随之变化，并在线圈中产生自感电动势 e_L。当电压、电流和电动势的参考方向如图所示时，则有

$$u=-e_L=L\frac{\mathrm{d}i}{\mathrm{d}t} \tag{1—10}$$

上式表明，电感元件两端的电压与电流相对于时间的变化率成正比。即电流变化越快，电压元件产生的自感电动势越大，与其平衡的电压也越大。

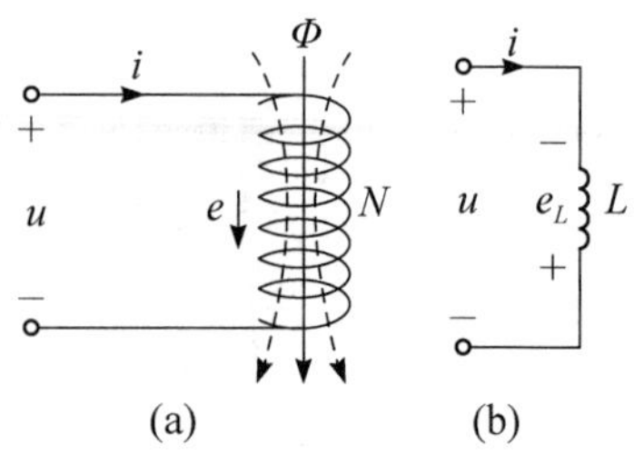

图 1—21　电感

(a) 实际电感器　(b) 电感元件

(2) 元件性能。将式（1—10）两边乘 i 并积分，可得电感元件中储存的磁场能量为

$$W_L=\int_0^i Li\,\mathrm{d}i=\frac{1}{2}Li^2 \tag{1—11}$$

上式说明，电感元件在某时刻储存的磁场能量，只与该时刻流过的电流的平方成正比，与电压无关。电感元件不消耗能量，是储能元件。

两电感串联时，其等效电感为

$$L=L_1+L_2$$

两电感并联时，其等效电感为

$$\frac{1}{L}=\frac{1}{L_1}+\frac{1}{L_2}$$

电感线圈分为空心电感线圈和铁心电感线圈。实际的电感元件要消耗一些电能。因为电感线圈并不是一个完全理想的电感元件，线圈本身有电阻，电流通过时消耗一定的能量。

常见电感器的外形及符号如图 1—22 所示。

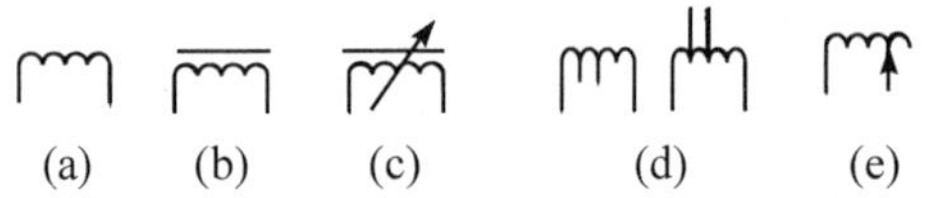

图 1—22　常见电感器的外形及符号

(a) 空心电感器　(b) 磁心或铁心电感器　(c) 磁心可调电感器

(d) 多抽头可调电感器　(e) 滑动触点可调电感器

(3) 电感元件在汽车电路中的应用。图 1—23 为笛簧开关电流传感器，其主要作用是用于检测汽车尾灯、牌照灯及驻车灯等灯丝是否断开。

如图 1—23（a）所示，在电流线圈的周围绕有电压线圈，在线圈的中央设置笛簧开关。电压线圈的功能是防止电压变化时引起传感器的误动作。电流传感器的电路原理图如图 1—23（b）所示，当图中所示开关闭合时，若灯都正常时，电流线圈中有规定的电流通过，电流线圈所形成的电磁力使笛簧开关闭合；若有一个灯丝断开时，电流线圈中的电流减少，电磁力减弱，笛簧开关打开，报警处于异常状态。

3. 电容

电容元件也是组成电子电路的基本元件之一。电容元件是从实际电容器抽象出来的理想电路元件。实际电容器通常由两块金属板中间充满介质构成，电容器加上电压后，两块极板上将出现等量异号电荷，并在两极板间形成电场，储存电场能。

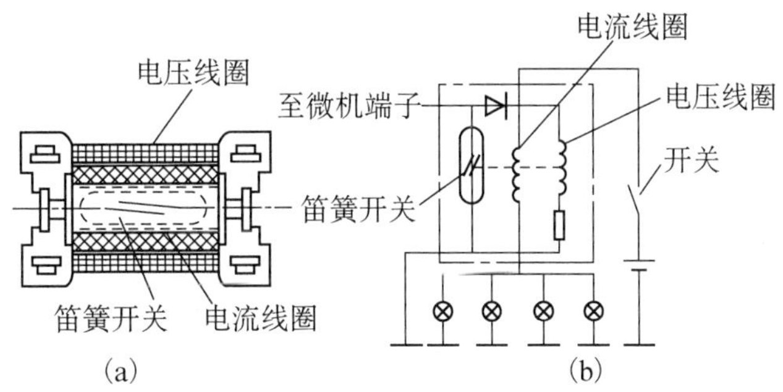

图 1—23 笛簧开关电流传感器

(a) 结构图 (b) 电路原理图

当忽略电容器的漏电阻和电感时，可将其抽象为只具有储存电场能量性质的电容元件。电容器极板上储存的电量 q 与外加电压 u 成正比，即

$$C=\frac{q}{u}$$

式中比例系数 C 称为电容，是表征电容元件特性的参数。在国际单位制中，电容的单位为法［拉］(F)。工程上常采用微法（μF）和皮法（pF）作单位，其换算关系为 $1\text{F}=10^6\mu\text{F}=10^{12}\text{pF}$。

(1) 伏安特性。图 1—24 为电容元件电路，当电容上的电压与电流取关联参考方向时，有

$$i=\frac{\mathrm{d}q}{\mathrm{d}t}=C\frac{\mathrm{d}u}{\mathrm{d}t} \tag{1—12}$$

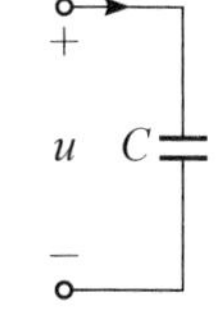

图 1—24 电容元件

上式说明，电容元件上通过的电流与元件两端的电压相对时间的变化率成正比。电压变化越快，电流越大。

(2) 元件性能。将式（1—12）两边乘 u 并积分，可得电容元件中储存的电场能量为

$$W_C=\int_0^u Cu\,\mathrm{d}u=\frac{1}{2}Cu^2 \tag{1—13}$$

上式说明，电容元件在某时刻储存的电场能量，只与该时刻所承受的电压的平方成正比，与电流无关。电容元件不消耗能量，是储能元件。

两电容串联时，其等效电容为

$$\frac{1}{C}=\frac{1}{C_1}+\frac{1}{C_2}$$

两电容并联时，其等效电容为

$$C=C_1+C_2$$

按标称值不同，电容器分为固定与可调两类；按所用材料不同，分为瓷介、纸介、云母、涤纶、独石、铝电解、钽电解等。常见电容器的外形及符号如图 1—25 所示。

实际的电容元件要消耗一些电能。这是因为极板间绝缘介质的电阻不可能是无穷大，微小的漏电流通过介质时会消耗电能。

选用电容器的主要依据是电路的工作环境、电容量和耐压。对固定电容器而言，电容器一般都标有误差，其中电解电容器误差较大。对可变电容器而言，人们通常只注意电容

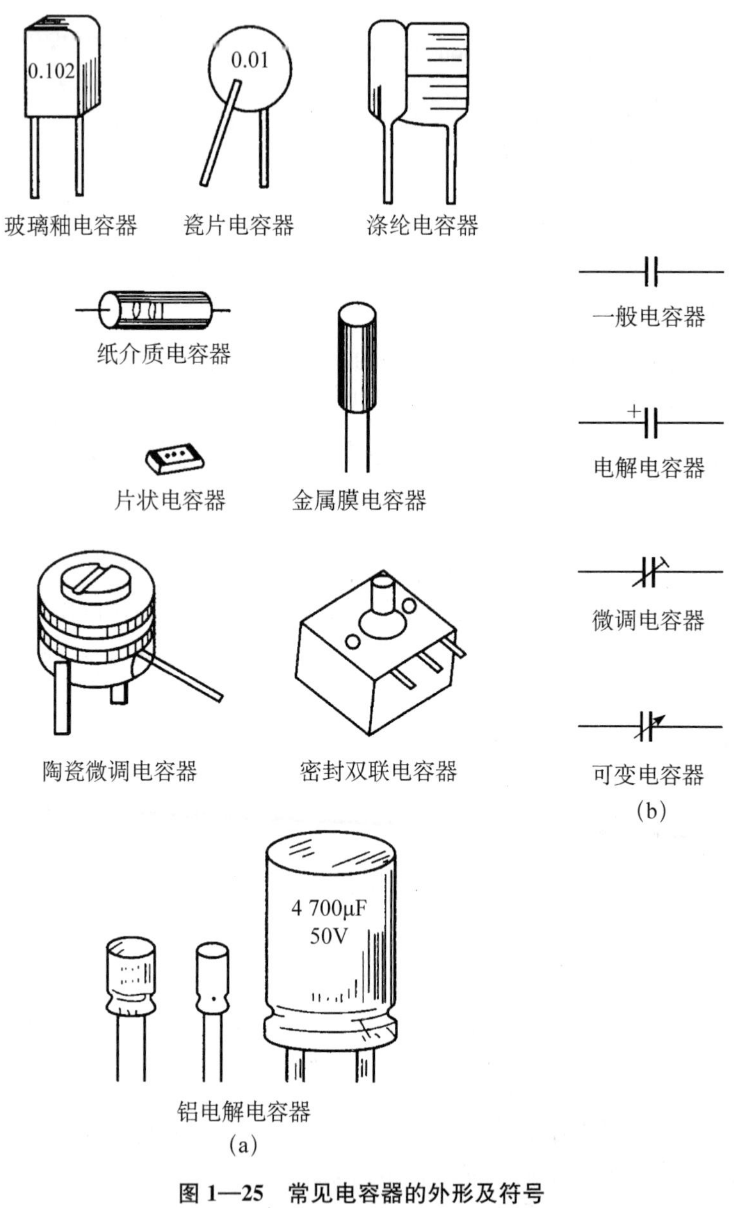

图 1—25 常见电容器的外形及符号

(a) 常见电容器的外形 (b) 电容器符号

器的变化范围。一般电容量和耐压都标在电容器的外壳上。选用电容器时，除容量满足电路要求外，实际所加电压也不能超过耐压值，否则电容器会被击穿。

(3) 电容元件在汽车电路中的应用很广泛。利用电容器的充电、放电特性，电容器主要应用于倒车灯和倒车蜂鸣器、汽车点火系统等汽车电路中。

① 倒车灯和倒车蜂鸣器。当汽车倒车时，为警告车后的行人和汽车驾驶员注意，在汽车尾部装有倒车灯和倒车蜂鸣器，并由倒车灯开关控制。倒车警告信号电路如图 1—26 所示。

倒车时，装在变速器上的倒车信号开关触点接通倒车信号电路，倒车信号灯亮。与此同时，倒车蜂鸣器利用电容的充电和放电，使线圈 L_1 和 L_2 的磁场时而同向，时而反向，使触点 4 时开时闭，从而控制电磁振动式蜂鸣器间歇式发声，以警告行人和其他汽车的驾驶员。

②传统触点式汽车点火系统的工作回路。图 1—27 为传统触点式点火系统的工作原理图。在传统点火系统中，与分电器触点并联的电容器具有重要作用。触点打开、磁场消失时，在点火线圈一次绕组中产生 200V～300V 的自感电动势，若无电容器，该自感电动势就会在触点间形成火花使触点烧坏，同时该电动势的方向与原来一次电流的方向相同，使一次电路内的电流不能迅速中断，磁场消失也相应减慢，因而二次感应电动势大大降低。当触点打开时，一次绕组中所产生的自感电动势向电容器充电，触点间不再形成强烈的火花，延长了触点的使用寿命；同时触点打开后，一次绕组和电容器形成一个振荡回路，充了电的电容器通过一次绕组进行振荡放电。当电容器第一次放电时，电流以相反的方向通过一次绕组，加速了磁场的消失，使二次感应电动势显著提高。可见有了电容器后减小了触点火花，延长触点寿命并增强了点火线圈二次电压。

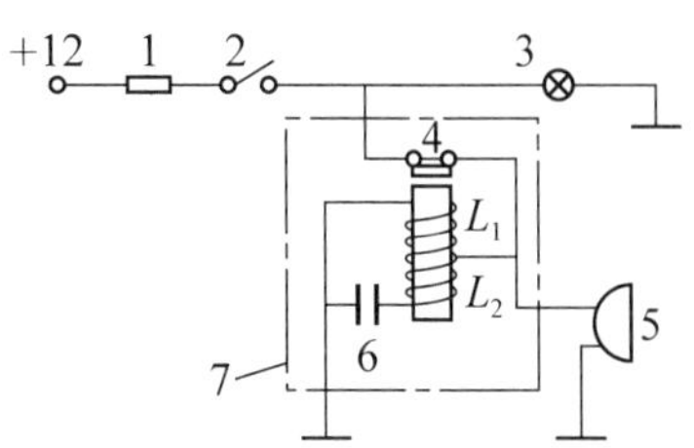

图 1—26　倒车警告信号电路

1—熔断丝　2—倒车信号灯开关

3—倒车信号灯　4—继电器触点

5—蜂鸣器　6—电容器

7—倒车信号间歇发生控制器

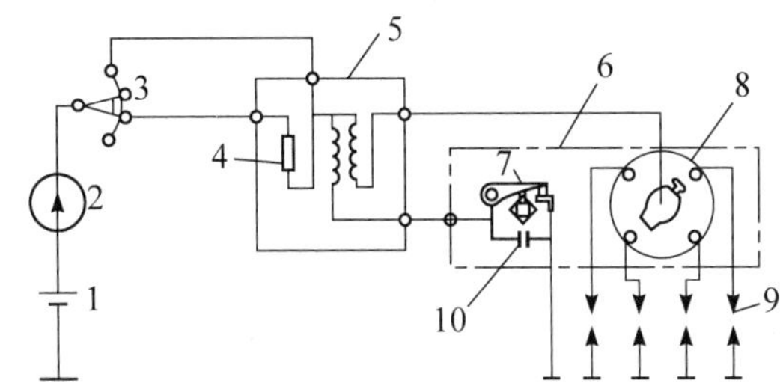

图 1—27　传统触点式点火系统的工作回路

1—蓄电池　2—电流表　3—点火开关　4—点火线圈附加电阻

5—点火线圈　6—分电器　7—断电器　8—配电器　9—火花塞　10—电容器

1.5.2　有源元件

电源有两种表示形式：一种是以电压形式表示的电源称为电压源；另一种是以电流形式表示的电源称为电流源。电压源分理想电压源和实际电压源（通常称为电压源），电流源分为理想电流源和实际电流源（通常称为电流源）。理想电压源和理想电流源的符号如图 1—28 所示。

理想电压源的特点是输出恒定电压，其端电压不随输出电流的变化而变化。理想电流源的特点是输出恒定电流，其电流不随输出电压的变化而变化。其波形如图 1—29 所示。

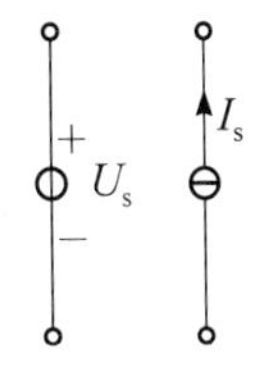

图 1—28　理想电压源和理想电流源

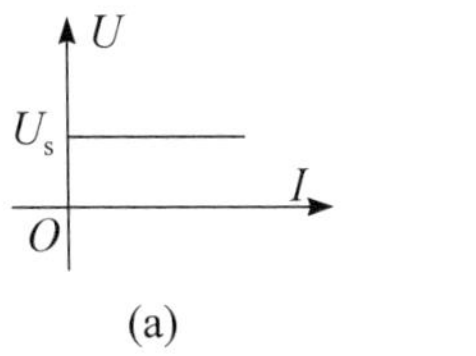

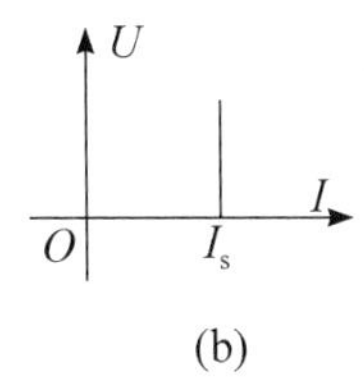

图 1—29　理想电压源和理想电流源的伏安特性

(a) 理想电压源伏安特性　(b) 理想电流源伏安特性

1. 电压源

电压源是由一个理想电压源 U_S 和内阻 R_0 串联而成的，如图 1—30 所示。

电压源接入负载电阻 R_L 后，电路如图 1—31 所示。由此可得公式

$$U = U_S - R_0 I \qquad (1—14)$$

式中，U 表示电源输出电压。它随电源输出电流的变化而变化，其伏安特性曲线如图 1—32所示。从电压源特性曲线可以看出：电压源输出电压的大小，与其内阻阻值的大小有关。内阻 R_0 越小，输出电压的变化就越小，也就越稳定。

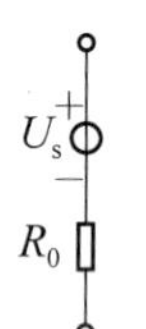

图 1—30　实际电压源图

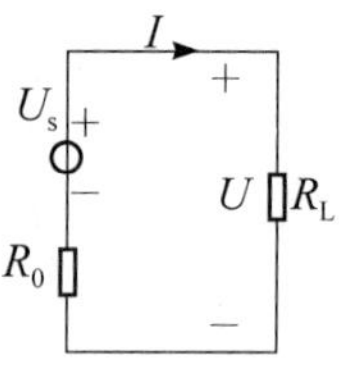

图 1—31　电压源电路

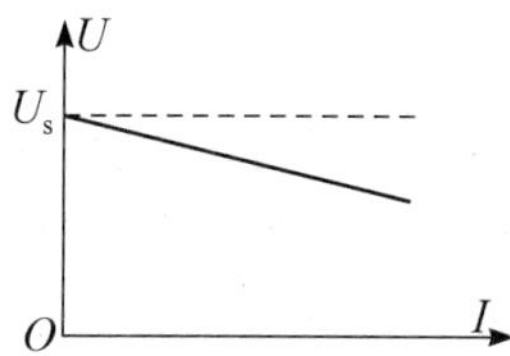

图 1—32　电压源伏安特性曲线

当 $R_0 = 0$ 时，$U = U_S$，电压源输出的电压是恒定不变的，与通过它的电流无关，即理想电压源。

在实际应用中 $R_0 = 0$ 是不太可能的，当电源的内阻远远小于负载电阻，即 $R_0 \ll R_L$ 时，内阻压降 $IR_0 \ll U$，则 $U \approx U_S$，电压源的输出基本恒定，此时可以认为是理想电压源（也称恒压源）。

2. 电流源

电流源是由一个理想电流源 I_S 和内阻 R_0 并联构成的，如图 1—33 所示。

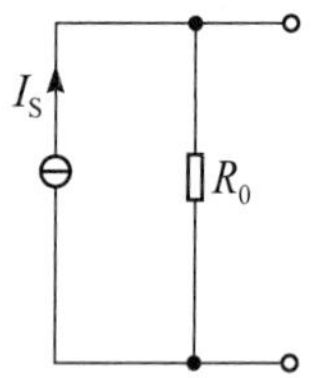

图 1—33　电流源电路模型

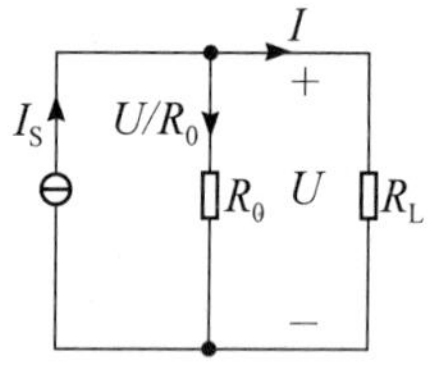

图 1—34　电流源电路

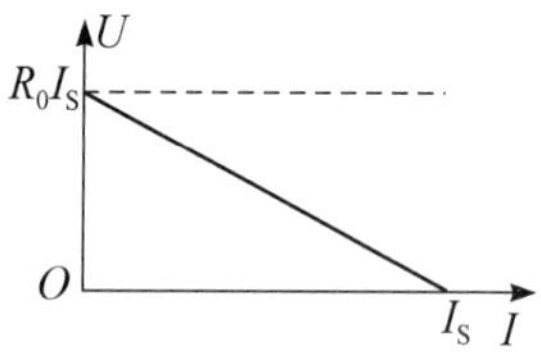

图 1—35　电流源外特性

将式（1—14）两边除以电压源的内阻，得

$$\frac{U}{R_0} = \frac{U_S}{R_0} - I = I_S - I \qquad (1—15)$$

式中，$I_S = U_S/R_0$ 为电源的短路电流；I 为负载电流；U/R_0 为流经电源内阻的电流。

由式（1—15）可得电流源的电路（见图 1—34）。图中两条支路并联，流过的电流分别为 I_S 和 U/R_0。其伏安特性如图 1—35 所示。

当 $R_0 = \infty$ 时，电流 I 恒等于 I_S，电源输出的电压由负载电阻 R_L 和电流 I 确定。此时电流源为理想电流源（也称恒流源）。

当 $R_0 \gg R_L$ 时，$I \approx I_s$，电流源输出电流基本恒定，可认为是恒流源。

3. 电压源与电流源的等效变换

式（1—14）和式（1—15）是相同的，电流源和电压源的伏安特性可以重合，因此它

们的电路模型也是等效的，可以进行等效变换，如图 1—36 所示。

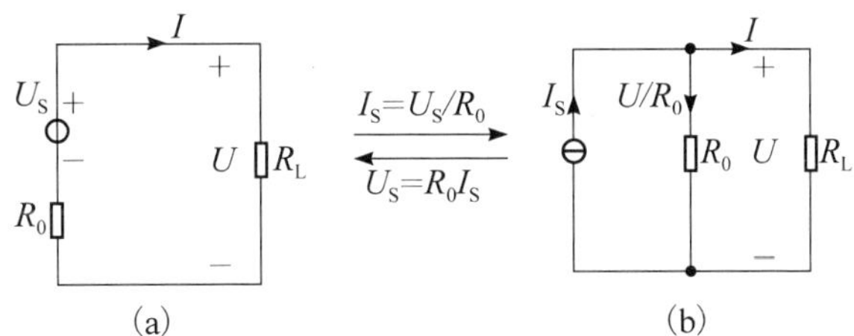

图 1—36　电压源与电流源的等效变换

(a) 电压源　(b) 电流源

值得说明的是：电流源和电压源的等效关系是对外电路而言的，对电源内部并不等效。例如在图 1—36 (a) 中，当电压源开路时，$I=0$，内阻 R_0 无损耗；但在图1—36 (b)中，当电流源负载开路时，电源内部仍有电流，内阻 R_0 有损耗。同理，电压源短路（$R_L=0$）时，$U=0$，电源内部有电流，有损耗。需要指出：

(1) 理想电压源和理想电流源不能等效变换。

(2) 电压源和电流源是同一实际电源的两种不同模型，两者对外电路是等效的。

【例 1.3】试将图 1—37 的电源电路分别简化为电压源和电流源。

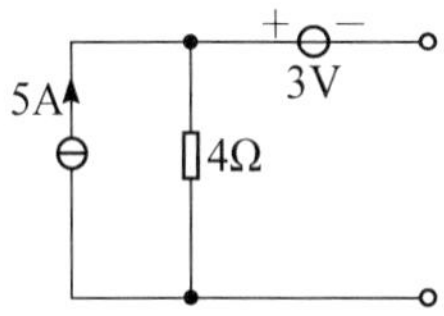

解：首先，将 5A 的电流源和 4Ω 内阻等效转换为 20V、4Ω 的电压源，如图 1—38 (a) 所示。

其次，图 1—38 (a) 所示的 3V 电压源和 20V 的电压源串联，极性相反，故可等效变换为一个 17V、4Ω 的电压源，如图 1—38 (b) 所示。

最后，可将图 1—38 (b) 所示的电压源等效变换为图 1—38 (c) 的电流源。其参数为 $I_S=17/4\text{A}=4.25\text{A}$，$R_0=4\Omega$。

图 1—37　例 1.3 电路图

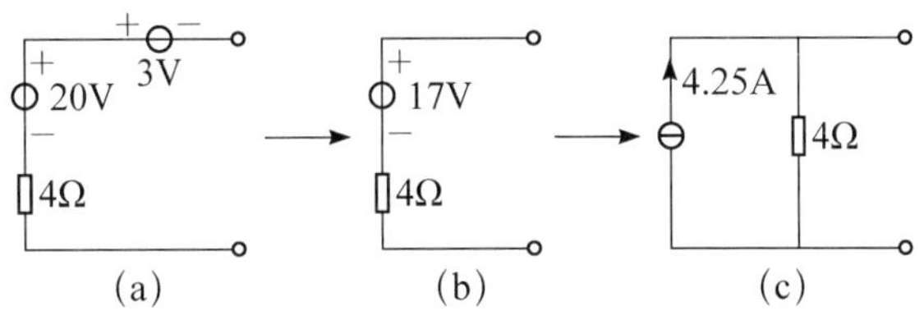

图 1—38　例 1.3 转换后的电路图

(a)、(b) 电压源　(c) 电流源

【例 1.4】在图 1—39 所示的电路中，两电源共同给 $R=24\Omega$ 的负载电阻供电。其中 $U_{S1}=130\text{V}$，$R_1=1\Omega$；$U_{S2}=117\text{V}$，$R_2=0.6\Omega$。试用电源的等效变换法求负载电阻 R 上的电流 I。

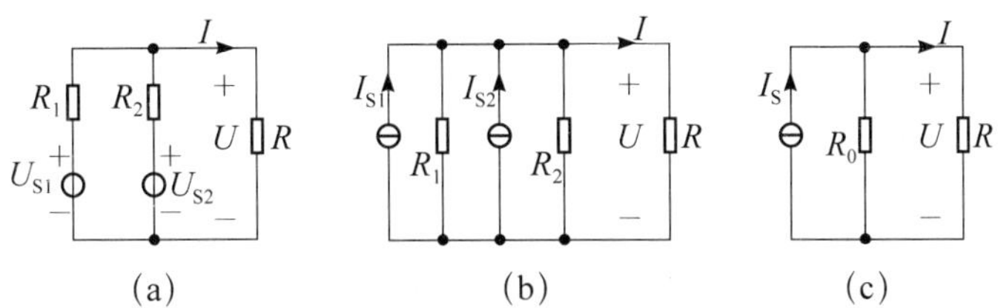

图 1—39　例 1.4 电路图

(a) 原始电路　(b)、(c) 转换电路

解：利用电压源与电流源的等效变换，将原电路中的电压源变换成电流源，如图1—39（b)所示。其参数为

$$I_{S1}=\frac{U_{S1}}{R_1}=\frac{130}{1}\text{A}=130\text{A}$$

$$I_{S2}=\frac{U_{S2}}{R_2}=\frac{117}{0.6}\text{A}=195\text{A}$$

合并两个电流源，如图1—39（c）所示。其参数为

$$I_S=I_{S1}+I_{S2}=(130+195)\text{A}=325\text{A}$$

$$R_0=\frac{R_1R_2}{R_1+R_2}=\left(\frac{1\times0.6}{1+0.6}\right)\Omega=0.375\Omega$$

所以负载电流

$$I=\frac{R_0}{R_0+R}I_S=\left(\frac{0.375}{0.375+24}\times325\right)\text{A}=5\text{A}$$

1.6 基尔霍夫定律

学习目标

熟练掌握基尔霍夫电流定律和基尔霍夫电压定律的内容，并能运用它分析计算电路的物理量。

欧姆定律是分析和计算电路的基本定律。但在复杂电路中的分析与计算中，还离不开基尔霍夫电流定律和基尔霍夫电压定律。基尔霍夫电流定律针对节点对电路进行分析，基尔霍夫电压定律针对回路对电路进行分析。

1.6.1 基本概念

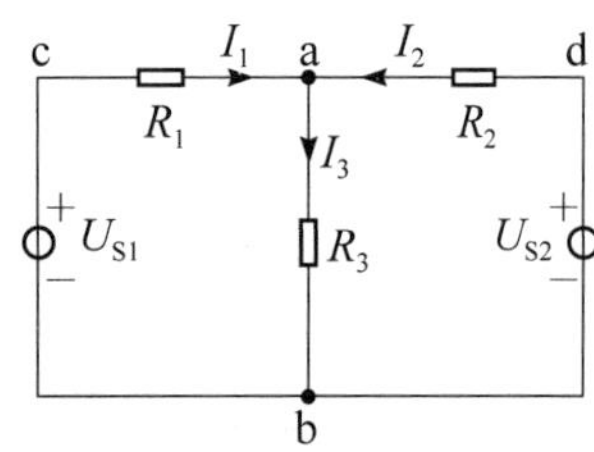

图1—40 电路举例

支路：通常情况下，电路中流过同一电流的分支称为支路。图1—40电路中有acb、adb和ab三条支路。其中acb、adb支路中有电源，称为有源支路，ab支路中无电源，称为无源支路。

节点：电路中三条或三条以上支路的连接点称为节点。图1—40电路中有a、b两个节点，c、d不是节点。

回路：电路中任一闭合路径都称为回路。图1—40电路中有abca、adba、cbdac三个回路。

网孔：不含交叉支路的回路称为网孔。图1—40所示电路中有abca、adba两个网孔。

1.6.2 基尔霍夫电流定律

基尔霍夫电流定律（KCL）用以确定连接在同一节点上的各个支路之间的电流关系。

基尔霍夫电流定律可描述为：在任何时刻，和电路中任一节点相连接的所有支路电流的代数和等于零。即在任一时刻流进节点的电流等于流出该节点的电流，可表达为

$$\sum I=0 \qquad (1—16)$$

若规定流进节点的电流为正值，则流出节点的电流即为负值。因此在图 1—40 中有

$$I_1 + I_2 = I_3$$

也可表示为

$$I_1 + I_2 - I_3 = 0$$

KCL 也可推广应用于包围几个节点的闭合面（广义节点），即在任一时刻，流入闭合面的电流等于流出闭合面的电流。在图 1—41 中，由 KCL 可得闭合面内各电流关系为

$$I_B + I_C - I_E = 0$$

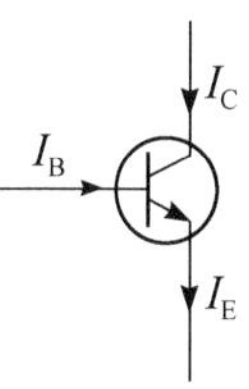

图 1—41　广义节点的应用

1.6.3　基尔霍夫电压定律

基尔霍夫电压定律（KVL）用以确定回路中的各段电压间的关系。

基尔霍夫电压定律可描述为：在任一回路中，从任一点以顺时针或逆时针方向沿回路循行一周，则所有支路或元件上电压的代数和等于零。即

$$\sum U = 0 \tag{1—17}$$

为了应用 KVL，必须假设回路的循行方向，如果电压的参考方向与回路的循行方向一致时，电压取正值，反之则取负值。

如图 1—42 所示，回路中的电源电动势、电流和各段电压的参考方向均已标出，按顺时针循行一周可列出如下电压方程：

$$U_S + U_1 + U_2 + U_3 = 0$$

或

$$U_S + R_1 I_1 + R_2 I_2 + R_3 I_3 = 0$$

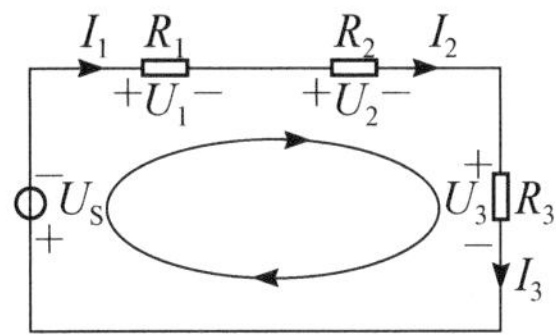

图 1—42　举例电路（电压方程）

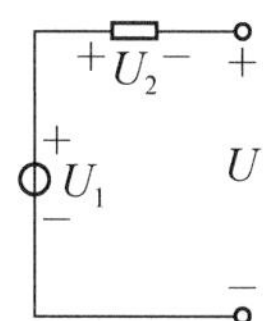

图 1—43　举例电路（开路电压）

基尔霍夫电压定律不仅适用于闭合回路，也可以推广应用到回路的部分电路（广义回路），用于求回路的开路电压。图 1—43 电路的开路电压 U 为

$$U = U_1 - U_2$$

注意：KVL 在应用时，一般对独立回路列电压方程，网孔都是独立回路。

【例 1.5】在图 1—44 的电路中，已知 $I_a = 1\text{mA}$，$I_b = 10\text{mA}$，$I_c = 2\text{mA}$，求电流 I_d 。

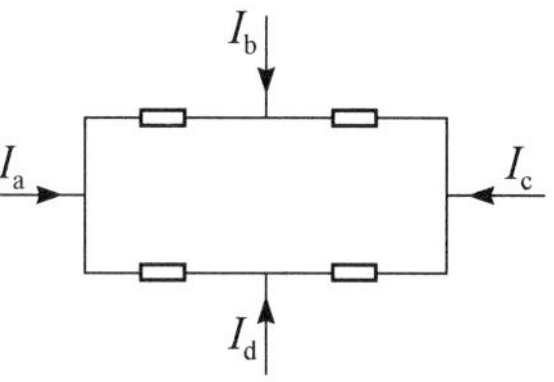

图 1—44　例 1.5 电路图

解：根据 KCL 的推广应用，流入图示的闭合回路的电流代数和为零，即

$$I_a + I_b + I_c + I_d = 0$$

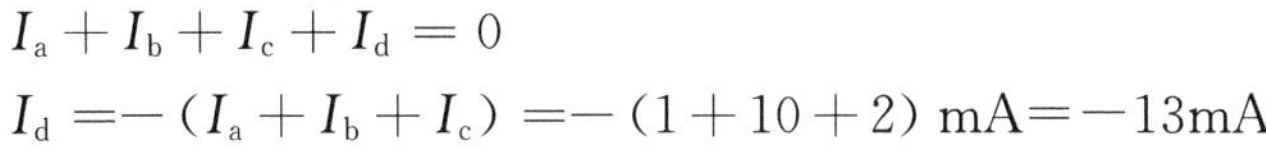

$$I_d = -(I_a + I_b + I_c) = -(1 + 10 + 2)\ \text{mA} = -13\text{mA}$$

【例 1.6】图 1—45 为一闭合回路，各支路的元件是任意的，

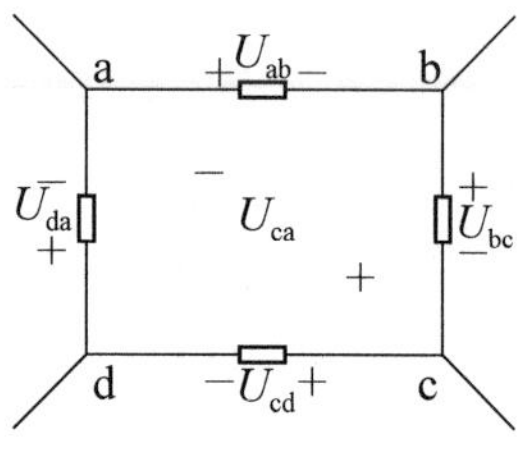

图 1—45　例 1.6 电路图

已知：$U_{ab}=10V$，$U_{bc}=-6V$，$U_{da}=-5V$。求 U_{cd} 和 U_{ca}。

解：由 KVL 可列方程

$$U_{ab}+U_{bc}+U_{cd}+U_{da}=0$$

因此得

$$U_{cd}=-U_{ab}-U_{bc}-U_{da}$$
$$=[-10-(-6)-(-5)]V=1V$$

若 abca 不是闭合回路，也可用 KVL 得

$$U_{ab}+U_{bc}+U_{ca}=0$$

则　$U_{ca}=[-10-(-6)]V=-4V$

1.7 电路分析方法

学习目标

熟练掌握支路电流法和叠加定理分析电路的方法。

电路分析是指在已知电路结构和元件参数的条件下，确定各部分电压与电流之间的关系。对于复杂电路的分析与计算，欧姆定律、电源的等效变换和基尔霍夫定律等无法解决，因此必须根据电路的结构和特点去寻找分析和计算的简便方法。

1.7.1 支路电流法

支路电流法是以支路电流为未知量，分别应用 KCL、KVL 列出节点电流、回路电压的方程，从而求解支路电流的方法。

下面以图 1—46 所示的电路为例，介绍支路电流法分析和计算电路的具体步骤。

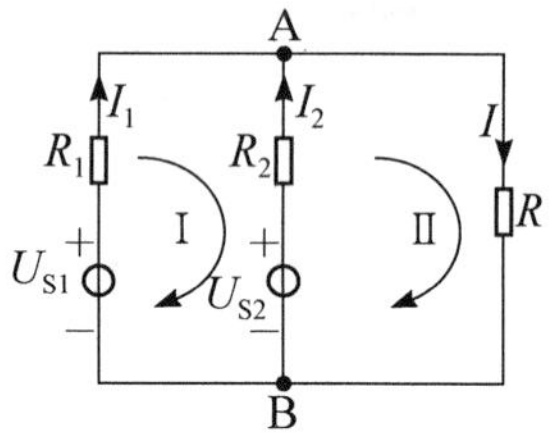

图 1—46　举例电路（支路电流法）

步骤 1：确定支路数 b，同时设定各支路电流的参考方向。本电路共有三个支路，各支路的电流参考方向如图中所示。

步骤 2：确定节点数 n，根据 KCL 列出（$n-1$）个节点电流方程式。本电路中有两个节点 A 和 B，根据 KCL 可列方程式

$$-I_1-I_2+I=0$$

步骤 3：确定独立回路数（一般选取网孔数），根据 KVL 列出 $b-(n-1)$ 个回路电压方程式。本电路有两个独立回路，即网孔，可列出 KVL 方程

$$R_1I_1-R_2I_2+U_{S2}-U_{S1}=0$$
$$R_2I_2+RI-U_{S2}=0$$

步骤 4：解联立方程式，求各支路电流。

【例 1.7】设图 1—46 中 $R=24\Omega$，$U_{S1}=130V$，$R_1=1\Omega$，$U_{S2}=117V$，$R_2=0.6\Omega$，试求支路电流 I。

解：根据 KCL 和 KVL 列方程

$$-I_1-I_2+I=0$$
$$I_1-0.6I_2+117-130=0$$
$$0.6I_2+24I-117=0$$

解得：$I_1=10\text{A}$，$I_2=-5\text{A}$，$I=5\text{A}$。

1.7.2　叠加定理

电路元件有线性和非线性之分，线性元件的参数是常数，与所施加的电压和通过的电流无关。线性元件组成的电路称为线性电路。叠加定理是反映线性电路基本性质的一条重要定理。

叠加定理叙述为：在线性电路中，如果有多个电源同时作用，那么任何一条支路的电流或电压，等于电路中各个电源单独作用时对该支路所产生的电流或电压的代数和。

当某电源单独作用时，其他电源应该除去，称为“除源”。所谓“除源”就是令电源参数为零，即对电压源来说，令 U_S 为零，相当于“短路”；对电流源来说，令 I_S 为零，相当于“开路”，如图 1—47 所示。

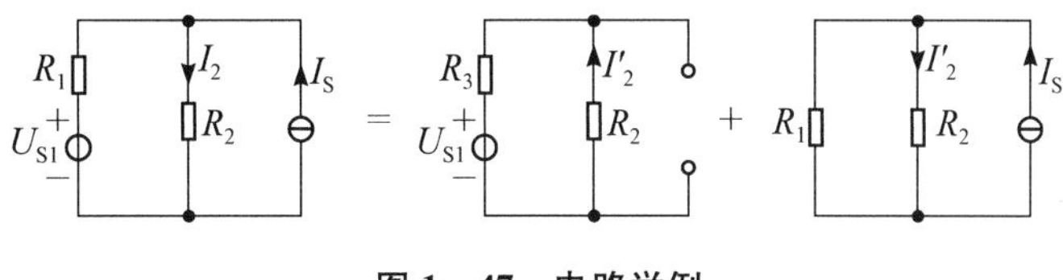

图 1—47　电路举例

在图 1—47 中，用叠加定理求流过 R_2 的电流 I_2 ，等于电压源、电流源分别单独对 R_2 支路作用产生电流的叠加。使用叠加定理须注意以下几点：

(1) 叠加定理只适用于线性电路。

(2) 叠加定理只能叠加电路中的电流或电压，不能对能量和功率进行叠加。

(3) 不作用的电压源短接，电阻不动，不作用的电流源断开。

(4) 应用叠加定理时，要注意各电源单独作用时所得电路各处电流、电压的参考方向与原电路各电源共同作用时各处所对应的电流、电压的参考方向之间的关系，以便正确求出叠加结果（代数和）。

【例 1.8】用叠加定理求电路图 1—48 中流过 4Ω 电阻的电流。

解：从图 1—48 所示可知：

$$I'=\frac{10}{10}\text{A}=1\text{ A}\quad I''=\left(\frac{5\times 6}{10}\right)\text{A}=3\text{A}$$

所以

$$I=I'+I''=(1+3)\text{A}=4\text{ A}$$

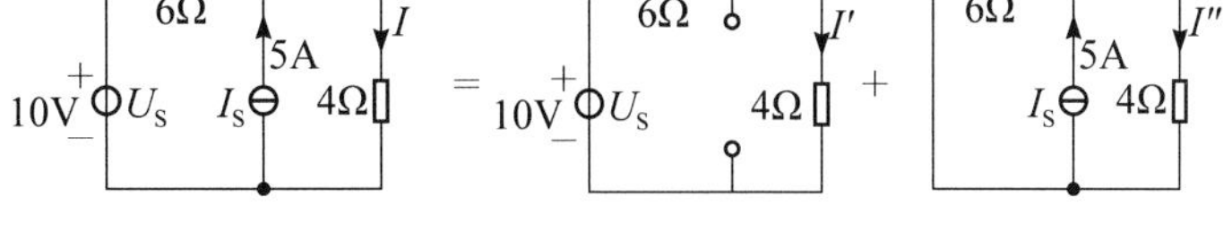

图 1—48　例 1.8 电路图

1.8　电路的过渡过程

学习目标

掌握电路换路的概念、过渡过程产生的原因及本质和换路定律的意义，理解 RC 充放电、RL 通电与断电过程中的过渡规律。

1.8.1 过渡过程的产生与换路定律

1. 电路的过渡过程

在电路连接方式和参数不变的情况下，电路中电压、电流值恒定，电路的这种状态称为稳态。

电路从一种稳态变化到另一种稳态的过程，叫作电路的过渡过程，也叫暂态。求解过渡过程中电压或电流随时间变化的规律、影响过渡过程快慢的时间常数的过程称为过渡过程分析。

研究过渡过程的实际意义，一是可以利用电路过渡过程产生特定波形的电信号，如锯齿波、三角波、尖脉冲等，应用于电子电路。二是可以控制、预防可能产生的危害，因为过渡过程开始的瞬间可能产生过电压、过电流使电气设备或元件损坏。

2. 产生过渡过程的原因

电路中之所以出现过渡过程，是因为电路中有电感、电容这类储能元件的存在。

在图 1—49（a）中，当接通电源的瞬间，电容 C 两端的电压并不能立刻达到稳定值 Us，而是有一个从合闸前的 $u_c=0$ 逐渐增大到 $u_c=U_s$（见图 1—49（b））的过渡过程。否则，合闸后的电压将有跃变，电容电流 i_c 将为无穷大，这是不可能的。

同样，对于电感电路，在图 1—50（a）中，当电源接通后，电路的电流也不可能立即跃变到 U/R，而是从 $i_L=0$ 逐渐增大到 $i_L=U/R$（见图 1—50（b））这样一个过渡过程。否则，电感内产生的感生电动势 $e_L=-L\,di/dt$ 将为无穷大，也是不可能的。

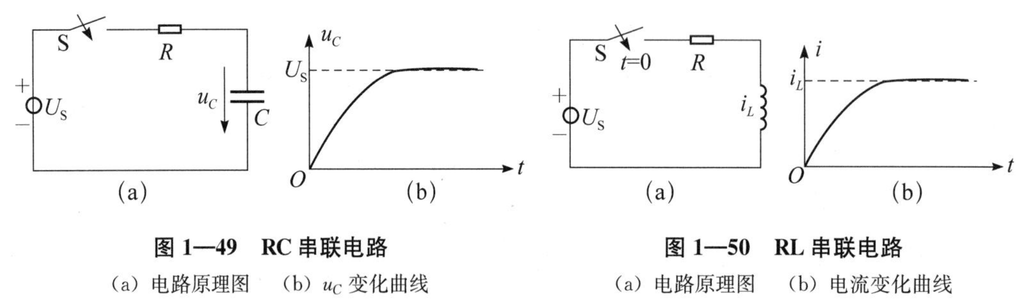

图 1—49 RC 串联电路

（a）电路原理图 （b）u_C 变化曲线

图 1—50 RL 串联电路

（a）电路原理图 （b）电流变化曲线

过渡过程产生的实质是由于电感、电容元件是储能元件，能量的变化是逐渐的，不能发生突变，需要一个过程。而电容元件储存的电场能 $W_c=\frac{1}{2}Cu_c^2$，电感元件储有的磁场能 $W_L=\frac{1}{2}Li_L^2$，所以电容两端电压 u_c 和通过电感的电流 i_L 只能是连续变化的。

因为能量的存储和释放需要一个过程，所以有电容或电感的电路存在过渡过程。产生过渡过程的内因：电路中存在储能元件，外因是电路出现换路。

3. 换路定律

电路工作状态的改变，如电路的接通、断开、短路、改路及电路元件参数值发生变化等，称为换路。由以上分析可知，换路瞬间，电容两端的电压 u_c 不能跃变，流过电感的电

流 i_L 不能跃变，这即为换路定律。用 $t=0_-$ 表示换路前的终了瞬间，$t=0_+$ 表示换路后的初始瞬间，则换路定律表示为

$$u_C(0_+)=u_C(0_-)$$
$$i_L(0_+)=i_L(0_-)$$

应该注意的是，换路定律只说明电容上电压和电感中的电流不能发生跃变，而流过电容的电流、电感上的电压以及电阻元件的电流和电压均可以发生跃变。

换路定律解释为：自然界物体所具有的能量不能突变，能量的积累或释放需要一定的时间。所以电容 C 存储的电场能量 $W_c=\frac{1}{2}Cu_c^2$ 不能突变，使得 u_C 不能突变；同样，电感 L 储存的磁场能量 $W_c=\frac{1}{2}Li_L{}^2$ 不能突变，使得 i_L 不能突变。

1.8.2　RC 电路的过渡过程

电子电路中广泛应用由电阻 R、电容 C 构成的电路，掌握 RC 电路过渡过程的规律，对分析这些电子电路很有帮助。

1. RC 电路的充电过程

图 1—51 为 RC 充电电路。设开关 S 合上前，电路处于稳态，电容两端电压 $u_C(0_-)=0$，电容元件的两极板上无电荷。在 $t=0$ 时刻合上开关 S，电源经电阻对电容充电，由于电容两端电压不能突变，$u_C(0_+)=0$，此时电路中的充电电流 $i_C(0_+)=U/R$。

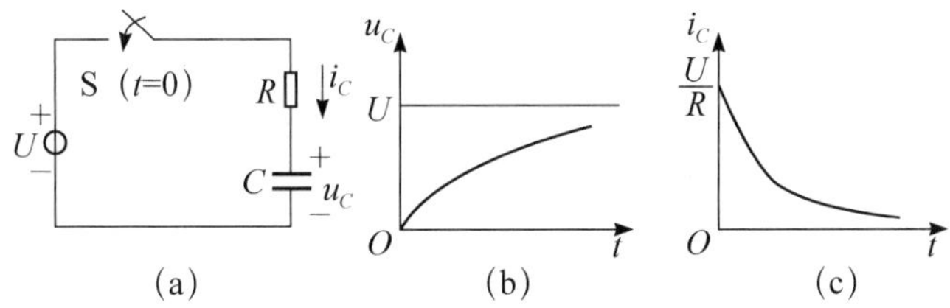

图 1—51　电容充电过程

(a) 电路原理图　(b) u_c 变化曲线　(c) i_c 变化曲线

随着电容积累的电荷逐渐增多，电容两端的电压 u_C 也随之升高。电阻分压 u_R 减少，电路充电电流 $i_C=u_R/R=(U-u_C)/R$ 也不断下降，充电越来越慢。经过一段时间后，电容两端电压 $u_C=U$，电路中电流 $i_C=0$，充电过程结束，电路处于新的稳态。

经数学推导可知，在充电过程中，电容两端的电压 u_C 和充电电流 i_C 随时间的变化为

$$u_C=U(1-e^{\frac{-t}{\tau}})$$
$$i_C=\frac{U}{Re^{\frac{-t}{\tau}}}$$

式中 $\tau=RC$，为时间常数。

电容充电过程中，电容两端的电压 u_C 和充电电流 i_C 随时间的变化如图 1—51 (b)、(c) 所示。时间常数 τ 越大，充电时间越长。这是因为 C 越大，在一定电压 U 下，电容储能越大，电荷越多；而 R 越大，则充电电流越小，所以需要更长的充电时间。

2. *RC* 电路的放电过程

在图 1—52（a）电路中，开关S原来合于位置1，电路达到稳态，电容电压$u_C(0_-)=U$，$t=0$时刻，将开关S由位置1扳向位置2，这时*RC*电路脱离电源，电容器通过电阻放电。由于电容电压不能突变，$u_C(0_+)=u_C(0_-)=U$，此时充电电流$i_C(0_+)=U/R$。随着放电过程的进行，电容储存的电荷越来越少，电容两端的电压u_C越来越小，电路电流$i=u_C/R$越来越小。

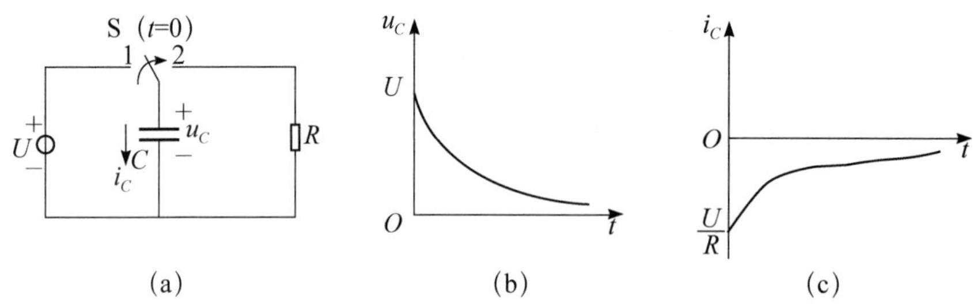

图 1—52　电容放电过程

（a）*RC* 放电电路　（b）u_c 变化曲线　（c）i_c 变化曲线

经数学推导，电容放电过程中，电容电压u_C和电流i_C随时间变化关系为

$$u_C=Ue^{\frac{-t}{\tau}}$$

$$i_C=\frac{U}{Re^{\frac{-t}{\tau}}}$$

式中$\tau=RC$，为时间常数，表示电容放电的快慢。电容放电过程中电容两端的电压u_C和充电电流i_C随时间的变化规律如图 1—52（b）、（c）所示。

1.8.3　*RL* 电路的过渡过程

对于*RL*串联电路，其过渡过程分析与*RC*串联电路类似，只不过电感元件中电流不能突变。

1. *RL* 电路接通电源

在图 1—53 所示*RL*串联电路中，S刚刚闭合时，电路中的电流因受电感的作用，不会立即由零变到稳定值，这时电路的方程为

$$u_R+u_L=U$$

即

$$Ri+L\frac{\mathrm{d}i}{\mathrm{d}t}=U$$

当开关接通瞬间，$i=0$，这时电阻上没有电压，电感两端的电压u_L必然等于电源电压U。当达到稳态后，电流不再变化，自感电动势等于零，所以，$u_L=0$，电路中电流$i=\frac{U}{R}$。

由数学推导可得

$$i=\frac{U}{R}(1-e^{-\frac{R}{L}t})=\frac{U}{R}(1-e^{-\frac{t}{\tau}})$$

所以

$$u_R = U(1 - e^{-\frac{R}{L}t}) = U(1 - e^{-\frac{t}{\tau}})$$

$$u_L = Ue^{-\frac{R}{L}t} = Ue^{-\frac{t}{\tau}}$$

式中 $\tau = L/R$ 为 RL 电路的时间常数。τ 的大小表示过渡过程进行的快慢。因为 L 越小，电感线圈所储存的磁场能量越小；R 越大，在一定的电源电压下，电流的稳定值越小，即需建立的磁场能量也越小，这都促使过渡过程加快。i 、u_R 和 u_L 随时间变化的函数曲线如图 1—53（b）、（c）所示。

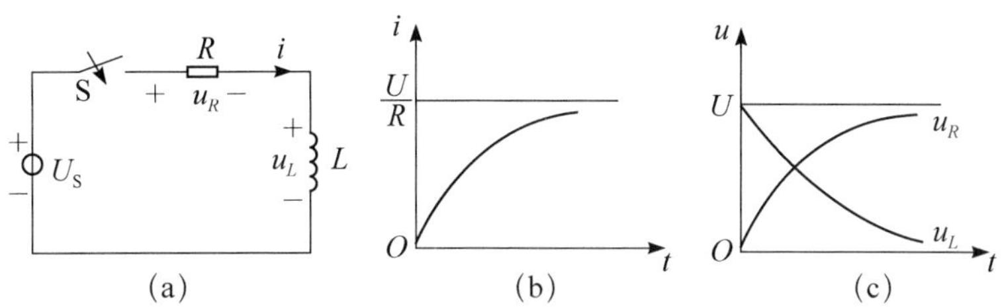

图 1—53　*RL* 串联电路接通电源过程

（a）RL 电路接通　（b）i 变化曲线　（c）u_R 和 u_L 变化曲线

2. *RL* 电路切断电源

在图 1—54 所示电路中，在开关 S 断开前，电感线圈中流过稳定电流 $I_L = U/R_1$，电阻 R_1 中没有电流，因为它被电感线圈短路（忽略线圈电阻）。当开关 S 断开后，R_1 上没有电流，只需要考虑 RL 构成的电路，其等效电路如图 1—54 所示。由于这个回路里没有电源，最后电路里是没有电流的。但是当开关 S 断开瞬间，由于电感线圈中储存的磁场能量，回路中的电流不能立即降为零。因为电流减小时，线圈中会产生自感电动势，它阻碍电流的减少，电流仍在原有的方向上流动。所以，S 断开后，线圈实际上变成一个“临时电源”。

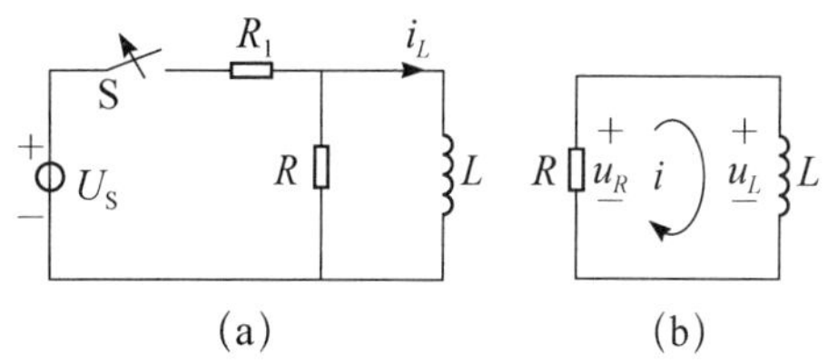

图 1—54　*RL* 电路切断电源过程

（a）RL 并联电路切断　（b）RL 并联电路等效电流

本章学习小结

1. 电路的基本概念

（1）电路的组成及其作用。任何一个完整的电路都由电源（或信号源）、负载和中间环节这三个基本部分组成，并按其所要完成的功能用一定方式连接起来。它的作用是：能量的传输和转换；信息的传递和处理。在分析与计算电路时，用理想电路元件及其组合来近似替代实际电器元件，其意义在于简化电路分析与计算。

（2）电路的主要物理量。电流的实际方向是指正电荷的运动方向。电压的实际方向是指电位降低的方向，电动势的方向是指电位升高的方向。电流和电压的参考方向可任意选定，当参考方向与实际方向一致时，其值为正，反之为负。在未选定参考方向的情况下，电流与电压的正负无任何意义。

当电流与电压选定一致的参考方向时，称为关联参考方向，反之为非关联参考方向。

在分析电路时，常取参考点的电位为零，电路中其他各点的电位等于该点与参考点之间的电压。当参考点不同时，各点的电位不同，而各点之间的电压不变。

(3) 电气设备的额定值及导线选择。电气设备的额定值是由生产厂家根据电气设备运行时所允许的上限值制定的。电气设备和元器件在额定状态下工作是安全的、合理的。

导线按材料不同分为铜线和铝线。汽车电路和移动电器接线一般用铜线。按所加电压不同分为低压导线和高压导线。常见汽车的导线由多股细铜绞制而成，外层为绝缘层。启动电缆导线截面大，允许通过的电流大。蓄电池的搭铁电缆通常采用由铜丝织成的扁型软铜线，应搭铁可靠，以满足大电流起动的要求。点火系统的高压线，由于工作电压一般为 15kV 以上，电流小，因此高压导线绝缘包层厚、耐压性能好、线心截面较小。

(4) 电路的三种状态。空载即电源开路，电流为零，电源端电压等于理想电压源电压 U_S ，此时电路不消耗功率。短路通常是一种故障状态，这时电源端电压为零，短路电流 $I_S = U_S / R_0$ ，电路功率全部消耗在电源内阻上，会将电源烧毁，应采取保护措施。负载状态是电路的正常工作状态，这时电源放出的功率为 $P = U_S I - R_0 I^2$ 。

2. 电路元件

组成电路的理想电路元件通常有电阻元件、电感元件、电容元件、理想电压源、理想电流源等。其中理想电压源和理想电流源是提供能量的元件，称为有源元件。理想电压源的电压恒定不变，电流随外电路而变化。理想电流源的电流恒定不变，电压随外电路而变化。电阻、电感和电容为无源元件。电阻为耗能元件，电感和电容为储能元件。电阻元件组成的电桥在传感器电路中应用广泛。

一个实际电源的电路模型有电压源模型和电流源模型两种形式，电压源模型是由理想电压源和电阻元件串联组成，电流源模型是由理想电流源和电阻元件并联组成。电压源模型与电流源模型之间可以进行等效变换。变换的条件是内阻相等，且 $I_S = U_S / R_0$ 。

3. 电路的基本定律

(1) 欧姆定律。它适用于线性电阻电路。当电阻两端的电流与电压取关联参考方向时，有 $U = RI$ ；当电阻两端的电流与电压取非关联参考方向时，有 $U = -RI$ 。

(2) 基尔霍夫定律。基尔霍夫定律是电路分析的基本定律。它具有普遍适用性。它适用于任一瞬时、任何电路、任何变化的电流和电压。它包括基尔霍夫电流定律和基尔霍夫电压定律。

1) 基尔霍夫电流定律可应用于节点，也可推广应用于广义节点。列方程时，若选流入节点的电流为正，则流出节点的电流为负。

2) 基尔霍夫电压定律可应用于闭合回路，也可推广应用于广义回路。列方程时，首先在元件上设定电流、电压的参考方向和选定闭合回路的循行方向。当元件上电压参考方向和回路循行方向相同时取正，反之取负。

由于基尔霍夫定律只受电路结构的约束，与电路中元件的性质无关，因此可用于含电感元件、电容元件的电路。

4. 电路分析的基本方法

(1) 支路电流法。支路电流法是分析和计算电路的基本方法。它是以电路的全部支路电流为待求变量，应用 KCL 和 KVL 列出电流和电压方程，联立方程组求解支路电流的方法。利用支路电流法解题时，首先选定各支路电流的参考方向，若该电路有 n 个节点、b 条支路，则可列出 $n-1$ 个独立的节点电流方程和 $b-n+1$ 个独立的回路电压方程。联立方程组求得的各支路电流若为正值，则该电流方向与实际方向相同，否则相反。

（2）叠加定理。在线性电路中，如有多个独立电源作用时，则在任一支路的电流（或电压）等于各独立电源单独作用时，在该支路产生的电流（或电压）的代数和。某一电源单独作用时，应将其他理想电压源短路、理想电流源开路，而电源内阻要保留在原处。

5. 电路的过渡过程

电路从一种稳态变化到另一种稳态的过程，称为电路的过渡过程。求解过渡过程中电压或电流随时间的变化规律、影响过渡过程快慢的时间常数的过程称为过渡过程分析。

研究过渡过程的实际意义，一是可以利用电路过渡过程产生特定波形的电信号，二是可以控制、预防可能产生的危害。电路中之所以出现过渡过程，是因为电路中有电感、电容这类储能元件的存在。因为能量的存储和释放需要一个过程，所以有电容或电感的电路存在过渡过程。产生过渡过程的内因：电路中存在储能元件，外因是电路出现换路时，储能元件能量发生变化。

电路工作状态的改变，如电路的接通、断开、短路、改路及电路元件参数值发生变化等，称换路。换路瞬间，电容两端的电压 u_C 不能跃变，流过电感的电流 i_L 不能跃变，这即为换路定律。换路定律表示为

$$u_C(0_+) = u_C(0_-)$$

$$i_L(0_+) = i_L(0_-)$$

注意，换路定律只说明电容上电压和电感中的电流不能发生跃变，而流过电容的电流、电感上的电压以及电阻元件的电流和电压均可以发生跃变。

RC 电路及 *RL* 电路的充、放电过程在汽车电路中应用十分广泛。

本章学习测试

1.1　什么是汽车电路？汽车电路各部分的作用是什么？

1.2　汽车电路包括哪几部分？汽车电路有什么特点？

1.3　电路中电位相等的各点，如果用导线接通，对电路其他部分有没有影响？

1.4　什么情况下电源的端电压和电动势的值相等？

1.5　使用叠加定理分析电路时应注意哪些问题？

1.6　什么是电路的过渡过程？电路产生过渡过程的内因和外因是什么？其本质原因是什么？

1.7　电路换路时所遵循的规律是什么？哪些元件的什么物理量具有过渡过程？

1.8　有两只相同类型的白炽灯，一只上面标着 220V、40W，另一只上面标着 12V、21W，试问：（1）在额定电压下，哪一只白炽灯亮？（2）哪一只白炽灯的电流大？

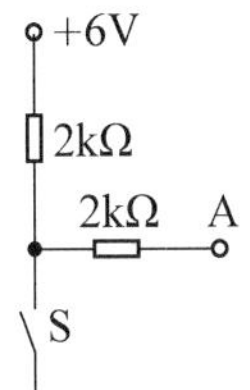

图 1—55　学习测试 1.9 电路图

1.9　计算图 1—55 所示电路在开关 S 断开和闭合时 A

点的电位。

1.10　求图 1—56 所示电路中的各支路电流。

1.11　求图 1—57 所示电路中的 I_1 和 I_2。

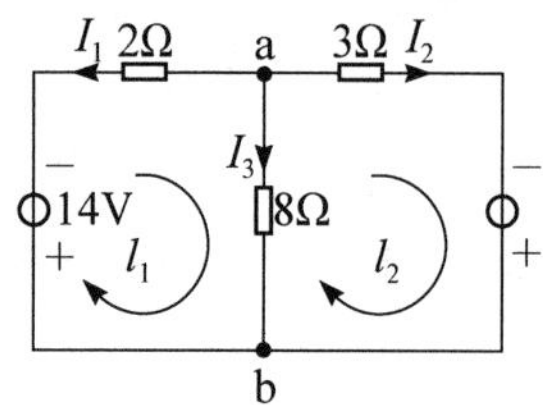

图 1—56　学习测试 1.10 电路图

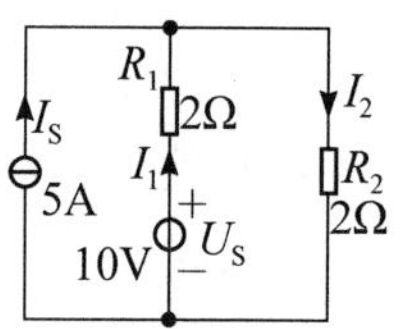

图 1—57　学习测试 1.11 电路图

1.12　求如图 1—58（a）、（b）、（c）所示电路中的电压 U。

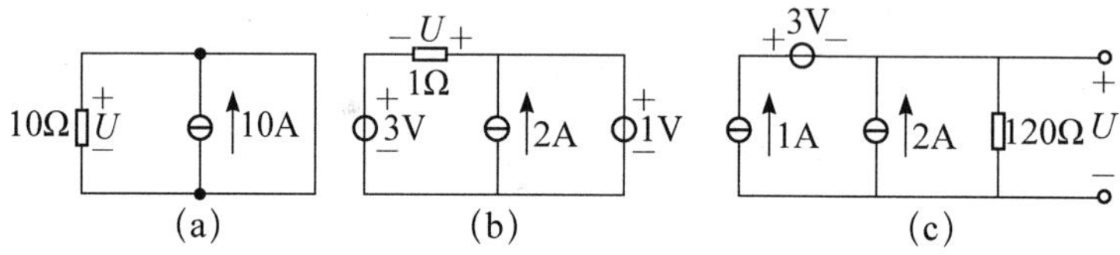

图 1—58　学习测试 1.12 电路图

1.13　用叠加定理求图 1—59 电路中流过 4Ω 电阻的电流。

1.14　已知一电路当电源开路时电压为 1.6V，短路时电流为 500mA。求电源的电动势和内阻。

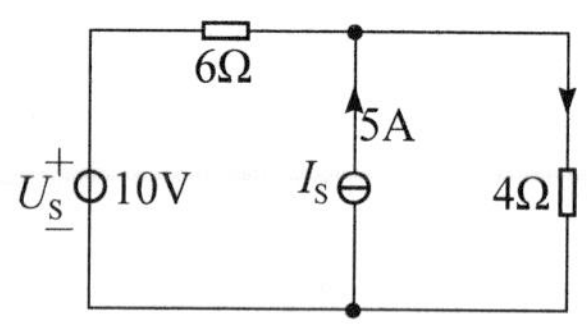

图 1—59　学习测试 1.13 电路图

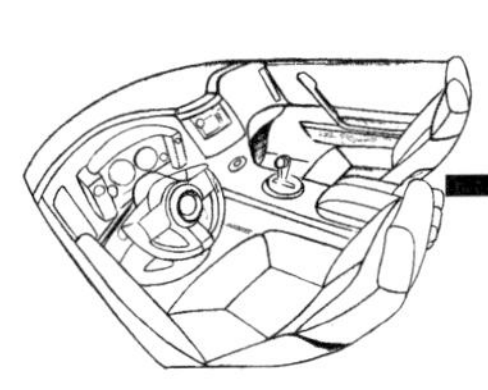

第 2 章

正弦交流电路

引　言

交流发电机中所产生的电动势和正弦信号发生器所输出的信号电压，都是随时间按正弦规律变化的。在生产和日常生活中所用的交流电，一般都是正弦交流电，因此交流电路是学习电工电子技术中很重要的内容。

2.1 正弦交流电的三要素

学习目标

明确正弦量的三要素，理解并掌握周期、频率、角频率、瞬时值、有效值、最大值、相位、初相和相位差的概念及其求解方法。

大小和方向随时间周期性变化、并且在一个周期内的平均值为零的电压、电流和电动势统称为交流电，如图 2—1 所示。正弦交流电由交流发电机产生，交流发电机具有构造简单、成本低、性能好、效率高，并且正弦信号便于传输、易于变换、便于运算等优点，因此正弦交流电在电工电子技术中的应用十分广泛。

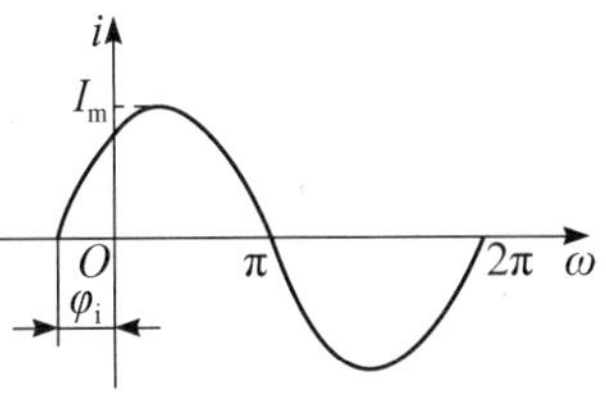

图 2—1　交流电的波形

交流电在任意瞬间的数值用小写字母 i、u 和 e 表示。以 i 为例，其表达式可写成

$$i = I_m \sin(\omega t + \varphi_i) \tag{2—1}$$

其中角频率 ω、幅值 I_m 和初相 φ_i 称为交流电的三要素。如果已知这三个量，交流电在任一瞬时的数值即可确定。

2.1.1　周期、频率与角频率

正弦量变化一次所需要的时间称为周期，用 T 表示，单位是秒（s）。如图 2—1 所示。交流电每秒内变化的次数，称为频率，用 f 表示，单位是赫［兹］（Hz）。频率与周期的关系为

$$f = \frac{1}{T} \tag{2—2}$$

我国和大多数国家都规定工业用电标准频率为 50 Hz（其周期为

0.02s)，称为工频。而有些国家和地区标准频率为 60Hz，如美国和日本等。在其他各种不同的技术领域内使用着各种不同的频率。

交流电的变化快慢除了用周期、频率表示外，还用角频率 ω 表示。角频率是指单位时间内角度的变化量，单位读作弧度每秒（rad/s）。由于正弦量变化一周为 2π 弧度，所以 ω、f 和 T 之间的关系为

$$\omega = 2\pi f = \frac{2\pi}{T} \tag{2—3}$$

在某些设备中需要频率较高的交流电，例如调频电炉所用的频率可达 10^8 Hz，无线通信频率为 10^5 Hz～10^{10} Hz。

2.1.2 瞬时值、最大值与有效值

交流电在某一瞬间的数值称为瞬时值，规定用小写字母表示，例如 i、u 和 e 分别表示电流、电压和电动势的瞬时值。

在一个周期内出现的最大瞬时值称为最大值，也称为幅值或峰值。幅值表示交流电的强度。规定用带下标 m 的字母表示，如 I_m、U_m、E_m。

交流电是不断变化的，瞬时值和最大值均不能反映交流电实际做功的效果。因此在电工技术中或在分析和计算正弦交流电路的问题时，常常使用有效值来进行。有效值是根据交流电流与直流电流热效应相等的原则规定的。即交流电流的有效值是热效应与它相等的直流电流的数值。有效值用大写字母 I、U、E 等表示。以电压为例，经推导，有效值与幅值的关系为

$$U_m = \sqrt{2}U \tag{2—4}$$

例如常说的民用电是 220V，即为有效值，而其幅值是 $U_m = \sqrt{2}U = 311\text{V}$。电气设备上所标注的额定电压、额定电流等均指有效值。用万用表等测得的交流电数值亦为有效值。

【例 2.1】已知工频交流电的电压为 $u = 311\sin(314t + 30°)$ V，试求周期 T、角频率 ω 及 u 的有效值。

解：

$$T = \frac{1}{f} = \frac{1}{50}\text{s} = 0.02\text{s}$$

$$\omega = 2\pi f = 2 \times 3.14 \times 50\text{rad/s} = 314\text{rad/s}$$

$$U = \frac{U_m}{\sqrt{2}} = \frac{311}{\sqrt{2}}\text{V} = 220\text{V}$$

2.1.3 相位、初相位与相位差

描述正弦量常常要了解正弦量的变化进程。式（2—1）中的 $(\omega t + \varphi_i)$ 称为交流电的相位或相位角，它表示交流电随时间变化的进程。当 $t=0$ 时，$\omega t = 0$，此时的相位为 φ_i，称为交流电的初相，也叫初相角或初相位。它表示计时开始时的相位。在正弦量的三角函数表达式中，通常规定初相不得超过 $\pm 180°$，如图 2—1 所示。

在正弦交流电路中，两个同频率正弦量相位之差称为相位差，以 φ 表示。设 $u =$

$U_m \sin(\omega t+\varphi_u)$，$i=I_m \sin(\omega t+\varphi_i)$，则电压与电流的相位差为

$$\varphi=(\omega t+\varphi_u)-(\omega t+\varphi_i)=\varphi_u-\varphi_i$$

即两个同频率正弦量的相位差等于它们的初相差。

若 $\varphi>0$，表明 $\varphi_u>\varphi_i$，则 u 比 i 先达到最大值，称 u 超前于 i φ 角，或者说 i 滞后于 u φ 角，如图 2—2（a）所示，反之，如图 2—2（c）所示；若 $\varphi=0$，表明 $\varphi_u=\varphi_i$，则 u 与 i 同时达到最大值，称 u 与 i 同相位，简称同相，如图 2—2（b）所示；若 $\varphi=\pm 180°$，则称 u 与 i 的相位相反，如图 2—2（d）所示。

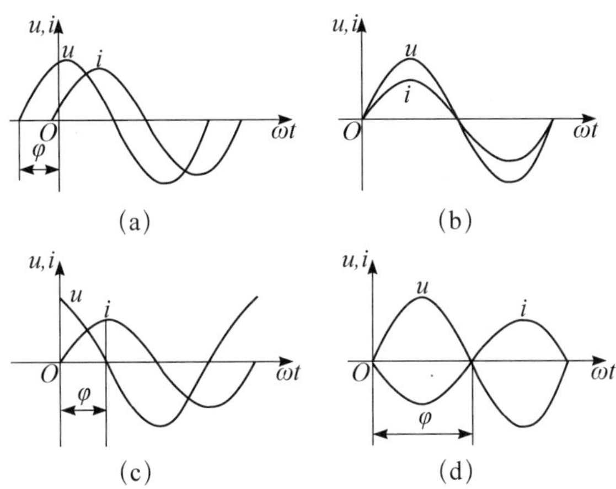

图 2—2　不同相位关系的正弦量

（a）$\varphi>0$　（b）$\varphi=0$　（c）$\varphi<0$　（d）$\varphi=\pm 180°$

由上可知，两个同频率的正弦量计时起点（$t=0$）不同时，则它们的相位和初相位不同，但它们之间的相位差不变。

2.2　正弦交流电的表示方法

学习目标

掌握正弦量的三种表示方法，并了解各自的特点。熟练掌握相量表示方法，并会画相量图。

正弦交流电有多种表示方法。交流电的瞬时值表达式，是以三角函数的形式表示出交流电的变化规律，交流电的波形图可直观的看出交流电的变化状态，而交流电的相量表示法，是为了便于交流电的分析和计算。

2.2.1　三角函数表示法

三角函数表示法是用三角函数式表示正弦交流电随时间变化的关系。正弦交流电的电流、电压及电动势的三角函数表达式为

$$i=I_m \sin(\omega t+\varphi_i)$$

$$u=U_m \sin(\omega t+\varphi_u)$$

$$e=E_m \sin(\omega t+\varphi_e)$$

由上式可以看出，当正弦量的三要素确定后，就可以确定正弦量随时间的变化规律。

2.2.2 波形图表示法

根据三角函数表示式的计算数据，在平面直角坐标系中做出波形的方法叫波形图法。图 2—1 所示即为电流的波形图。波形图可以直观地看出电流的瞬时值随时间变化的规律。

2.2.3 相量表示法

用来表示正弦量的复数称为相量。复数是相量法的基础。

复数有两种表示形式，即代数式和极坐标式。在图 2—3 所示复平面中，A 为复数，横轴为实轴，单位是$+1$，a 是A 的实部，A 与实轴的夹角 φ 称为幅角，纵轴为虚轴，单位是 $\mathrm{j}=\sqrt{-1}$ 。在数学中虚轴的单位用 i，这里为了和电流符号相区别而改用 j。b 是A 的虚部，r 为A 的模。这些量之间的关系为

$$\left.\begin{aligned} a &= r\cos\varphi \\ b &= r\sin\varphi \\ r &= \sqrt{a^2+b^2} \\ \varphi &= \arctan\frac{b}{a} \end{aligned}\right\} \tag{2—5}$$

根据以上关系可得出复数常用的两种表示形式，即代数式和极坐标式。

$$\left.\begin{aligned} A &= a+\mathrm{j}b \\ A &= r\angle\varphi \end{aligned}\right\} \tag{2—6}$$

代数式适合于复数的加减运算，极坐标式适合于复数的乘除运算。

电流的瞬时值 $i=I_{\mathrm{m}}\sin(\omega t+\varphi_{\mathrm{i}})$ 写成相量式时可以表示为

$$\dot{I}=I\angle\varphi=I(\cos\varphi+\mathrm{j}\sin\varphi)=a+\mathrm{j}b$$

式中，$a=I\cos\varphi$，$b=I\sin\varphi$。与其对应的相量图如图 2—4 所示。在表达多个正弦量的相量图时，可以把坐标轴略去不画。式中 $\dot{I}$ 表示正弦电流 i 的复数，读作相量 I。相量 $\dot{I}$ 既表达了电流 i 的有效值，又表达了它的初相位。

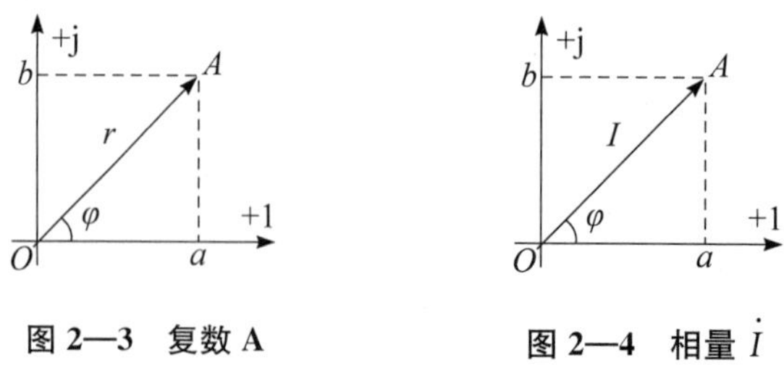

图 2—3 复数 A　　图 2—4 相量 $\dot{I}$

将正弦量转换成相量式以后，正弦量的四则运算就变为复数的四则运算，这就要简便得多。相量是正弦量的复数表示形式，但不是正弦量。

设相量 $\dot{A}=a_1+\mathrm{j}a_2=A\angle\theta_1$，$\dot{B}=b_1+\mathrm{j}b_2=B\angle\theta_2$，则

$$\dot{A}\pm\dot{B}=(a_1\pm b_1)+\mathrm{j}(a_2\pm b_2)$$

$$\dot{A} \cdot \dot{B} = AB \angle \theta_1+\theta_2$$

$$\frac{\dot{A}}{\dot{B}} = \frac{A}{B} \angle \theta_1-\theta_2$$

相量只是正弦交流电的一种表示方法和运算工具，只有同频率的正弦交流电才能进行相量运算，所以相量运算只含有交流电的有效值（或幅值）和初相两个要素。

【例 2.2】已知 $u_1 = 20\sqrt{2}\sin 314t$ V，$u_2 = 15\sqrt{2}\sin(314t + 90°)$ V。求（1）写出 $u = u_1 + u_2$ 的瞬时值表达式。（2）画出总电压 u 的相量图。

解：（1）先画出 u_1、u_2 的相量图，由于两者频率相同，相位相差 90°，所以

$$U = \sqrt{U_1^2 + U_2^2} = \sqrt{20^2 + 15^2}\text{V} = 25\text{V}$$

$$\varphi = \arctan\frac{U_2}{U_1} = \arctan\frac{15}{20} \approx 36.9°$$

所以　$u = 25\sqrt{2}\sin(314t + 36.9°)\text{V}$

（2）总电压 u 的相量图如图 2—5 所示。

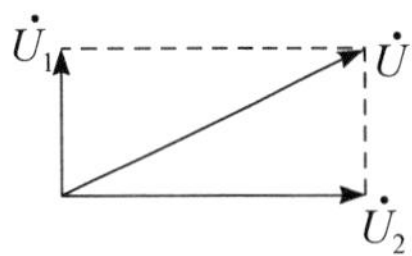

图 2—5　例 2.2 相量图

2.3 单一参数的交流电路

学习目标

掌握电阻、电感和电容元件交流电路中电压、电流之间的大小、频率和相位的关系，理解感抗和容抗的意义及其特性，进一步认识三种元件的性质，会计算相关物理量。

电阻、电感和电容是组成电路的基本元件，由电阻、电感和电容单个元件组成的正弦交流电路是最简单的交流电路，这些电路元件仅由 R、L、C 三个参数中的一个来表征其特性，这样的电路称为单一参数的交流电路。分析与计算正弦交流电路与直流电路一样，主要是确定电路中电压与电流间的关系，以及讨论电路中的功率问题。由直流电路中得出的基本定律、定理和公式都适用于交流电路，但交流电路的分析远比直流电路复杂，这主要是因为正弦量随时间而变化。掌握了单一参数交流电路的分析方法，混合参数交流电路的分析就相对容易了。

2.3.1　纯电阻电路

我们把负载中只有电阻的交流电路称为纯电阻电路。日常生活中所用的白炽灯、电饭锅、热水器等在交流电路中都可以近似看成是纯电阻元件，如图 2—6（a）所示。

1. 电压与电流的关系

如选择电流为参考正弦量，即电流的初相为 0°，则其瞬时值表达式为

$$i = I_m \sin \omega t$$

电阻两端的电压

$$u = Ri = RI_m \sin \omega t = U_m \sin \omega t \tag{2—7}$$

其波形图如图 2—6（b）所示。由上式及波形图可知，电阻电路中 u 与 i 同频率、同相位。其有效值关系为

$$U = RI \tag{2—8}$$

此即为电阻电路中欧姆定律的有效值形式。电压与电流的相量图如图 2—6（c）所示。

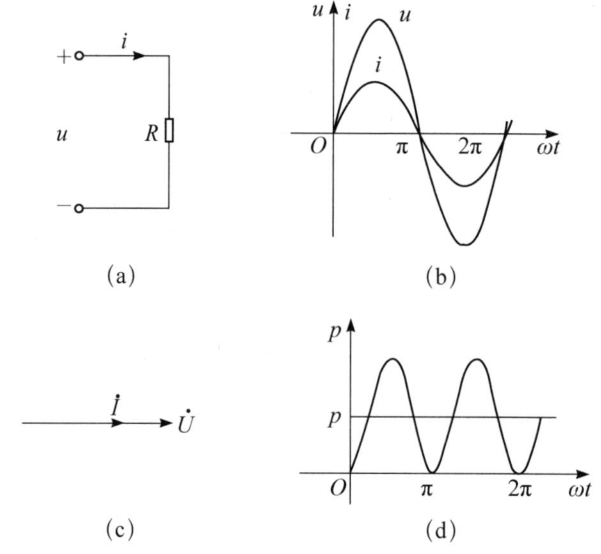

图 2—6　电阻电路

（a）电路图　（b）电压电流波形图　（c）相量图　（d）功率波形图

2. 电阻电路中的功率

电阻上的瞬时功率为

$$p = ui = U_m I_m \sin^2 \omega t = UI(1 - \cos 2\omega t) = UI - UI\cos 2\omega t \tag{2—9}$$

由此可见，瞬时功率 p 的频率是 i 的频率的 2 倍，其波形如图 2—6（d）所示。由波形图可见功率虽然随时间变化，但均为正值。对式（2—9）积分即可得出平均功率为

$$P = \frac{1}{T}\int_0^T p\mathrm{d}t = UI \tag{2—10}$$

由波形图 2—6（d）可知，P 为正值，说明电阻是吸收功率的元件，它是把电功率转换成其他有用的功率消耗掉了，所以称电阻为耗能元件，其平均功率又称为有功功率。

2.3.2　纯电感电路

电阻为零的电感线圈称为纯电感线圈，如果把它接在交流电源上，则构成纯电感电路。在生产和生活中所接触到的设备，如搅拌机、电风扇、洗衣机、变压器等，在交流电路中的主要作用是电感（忽略导线电阻），如图 2—7（a）所示。

1. 电压与电流关系

如仍选择电流为参考正弦量，即电流 i 的初相为 0°，则其瞬时值表达式为

$$i = I_m \sin \omega t$$

电感两端的电压为

$$u = L\frac{\mathrm{d}i}{\mathrm{d}t} = L\frac{\mathrm{d}I_m \sin \omega t}{\mathrm{d}t} = \omega L I_m \cos \omega t = U_m \sin(\omega t + 90°) \tag{2—11}$$

由式（2—11）可见，对于电感电路，u 与 i 频率相同，相位却不同，u 超前 i 90°。其

波形如图 2—7（b）所示。有效值的关系为

$$U = X_L I \text{ 或 } I = \frac{U}{X_L} \tag{2—12}$$

$$X_L = \omega L = 2\pi f L \tag{2—13}$$

式中，X_L 为感抗，单位为欧［姆］（Ω）。它是表示电感对电流阻碍作用大小的物理量。X_L 与电感 L 和频率 f 成正比，如果 L 一定，f 越高，X_L 越大，f 越低，X_L 越小。在直流电路中，$f=0$，$X_L = \omega L = 2\pi f L = 0$，说明电感在直流电路中可视为短路。即电感有“通直阻交”的作用。

相量图如图 2—7（c）所示。

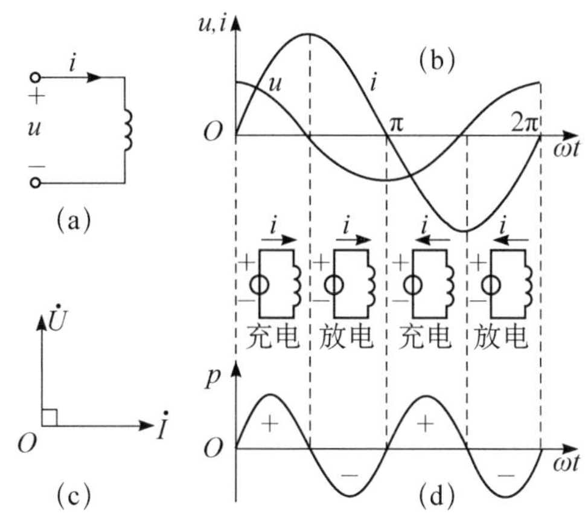

图 2—7　电感电路

（a）电路图　（b）电压和电流的波形　（c）相量图　（d）功率的波形

2. 电感电路中的功率

电感的瞬时功率

$$\begin{aligned} p = ui &= U_m I_m \sin(\omega t + 90^\circ)\sin\omega t \\ &= U_m I_m \cos\omega t \sin\omega t \\ &= UI\sin 2\omega t \end{aligned} \tag{2—14}$$

由式（2—14）可知：电感上瞬时功率 p 的频率是 u 或 i 频率的 2 倍，并按正弦规律变化，如图 2—7（d）所示。在 0～ π /2 区间 p 为正值，电感吸收功率并把吸收的电功率转换成磁场能量储存起来；在 π /2～ π 区间 p 为负值，电感放出功率，是将其储存的磁场能量再转换成电场能量送回到电源。电感并不消耗功率，所以称电感为储能元件。

由图 2—7（d）可见，电感在一个周期内的平均功率 $P=0$。虽然电感不消耗功率，但作为负载的电感与电源之间存在着能量交换，交换的能量用无功功率 Q 来计量。无功功率的单位为乏（var）。

$$Q = UI = I^2 X_L = \frac{U^2}{X_L} \tag{2—15}$$

【例 2.3】设有一个电阻可以忽略的线圈接在电压 $u = 220\sqrt{2}\sin(314t + 30^\circ)$ V 的交流电源上，线圈的电感 $L=0.7$H。求（1）流过线圈电流的瞬时值表达式；（2）电路的无功功率；（3）作电压和电流的相量图。

解：(1) 线圈感抗 $X_L = \omega L = (314 \times 0.7)\Omega \approx 220\ \Omega$

电压有效值 $U = \frac{U_m}{\sqrt{2}} = \left(\frac{220\sqrt{2}}{\sqrt{2}}\right)\text{V} = 220\text{ V}$

电流有效值 $I = \frac{U}{X_L} = \left(\frac{220}{220}\right)\text{A} = 1\text{A}$

电流的初相为 $\varphi_i = \varphi_u - 90° = 30° - 90° = -60°$

则电流瞬时值表达式为 $i = \sqrt{2}\sin(314t - 60°)\text{A}$

(2) 电路的无功功率为

$$Q_L = UI = (220 \times 1)\text{var} = 220\text{var}$$

(3) 电压和电流的相量图如图 2—8 所示。

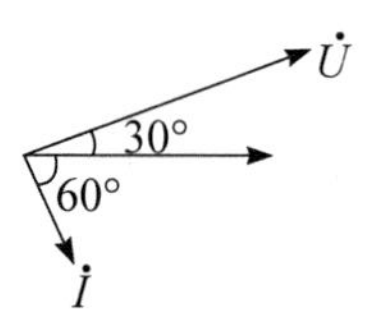

图 2—8 例 2.3 相量图

2.3.3 电容电路

负载只有电容的交流电路称为纯电容电路。电容电路如图 2—9（a）所示。

1. 电压与电流关系

如选择电压为参考正弦量，即电压的初相为 0°，电压 u 的瞬时值表达式为

$$u = U_m \sin \omega t$$

则电容上所流过的电流

$$i = C\frac{du_C}{dt} = C\frac{dU_m \sin \omega t}{dt} = \omega C U_m \cos \omega t = I_m \sin(\omega t + 90°) \tag{2—16}$$

由式（2—16）可见，对于电容电路，u 与 i 也是同频率不同相位，i 超前 u 90°，其波形如图 2—9（b）所示。有效值的关系为

$$U = X_C I \text{ 或 } I = \frac{U}{X_C} \tag{2—17}$$

$$X_C = \frac{1}{\omega C} = \frac{1}{2\pi f C} \tag{2—18}$$

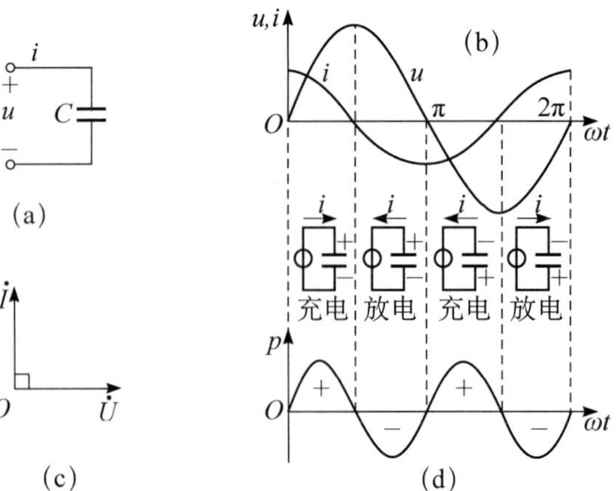

图 2—9 电容元件交流电路

(a) 电路图 (b) 电压、电流波形图 (c) 相量图 (d) 功率的波形

式中 X_C 称为容抗，单位仍是欧［姆］（Ω）。它是表示电容对电流阻碍作用大小的物

理量。X_C 与频率 f 成反比，如果 C 确定后，f 越高，X_C 越小，f 越低，X_C 越大。在直流电路中，$f=0$，$X_C=1/2\pi fC=\infty$，说明电容在直流电路中可视为开路，即电容具有“隔直通交”的作用。

2. 电容电路中的功率

电容的瞬时功率

$$\begin{aligned} p &= ui = U_m I_m \sin \omega t \sin(\omega t + 90^\circ) \\ &= U_m I_m \sin \omega t \cos \omega t = UI \sin 2\omega t \end{aligned} \tag{2—19}$$

由式（2—19）可见，电容的频率也是 i 或 u 频率的两倍，并按正弦规律变化，如图 2—9（d）所示。由 p 的波形图可见，在 $0\sim\pi/2$ 区间，p 为正值，电容吸收功率，并把吸收的电功率以电场能量的形式储存起来；在 $\pi/2\sim\pi$ 区间，p 为负值，电容发出功率，是将其储存的电场能量再送回到电源。电容并不消耗功率，所以电容元件也是储能元件。

由图 2—9（d）可见，电容的平均功率 $P=0$。电容与电源之间交换的能量用无功功率 Q 来计量，单位是乏（var）。

$$Q = UI = I^2 X_C = \frac{U^2}{X_C} \tag{2—20}$$

【例 2.4】0.2μF 电容器上的电压 $u=40\sin(10^5 t - 50^\circ)$ V。求电流有效值及瞬时值，并画出电压与电流的相量图，如图 2—10 所示。

解：$X_C = \dfrac{1}{\omega C} = \left(\dfrac{1}{10^5 \times 0.2 \times 10^{-6}}\right)\Omega = 50\Omega$

$I_m = \dfrac{U_m}{X_C} = \left(\dfrac{40}{50}\right)\text{A} = 0.8\text{A}$

$I = \dfrac{I_m}{\sqrt{2}} = \left(\dfrac{0.8}{\sqrt{2}}\right)\text{A} = 0.57\text{A}$

$\varphi_i = 90^\circ - \varphi_u = 90^\circ - 50^\circ = 40^\circ$

$i = 0.57\sin\sqrt{2}(10^5 t + 40^\circ)\text{A}$

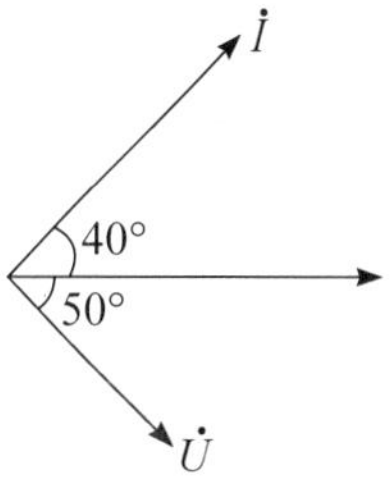

图 2—10　例 2.4 相量图

2.4　*RLC* 串联交流电路

学习目标

掌握 *RLC* 串联电路性质的判断方法，并会用相量图分析 *RLC* 串联交流电路。熟练掌握应用阻抗三角形、电压三角形和功率三角形在求解相关物理量时的应用。

在实际的汽车电路中，电阻和电感串联的电路非常多见（就电感线圈本身而言，若线圈本身电阻不能忽略即为 *RL* 串联电路），若电路中含有电容元件，则电路就成了 *RLC* 串联电路。*RLC* 串联的电路如图 2—11 所示。

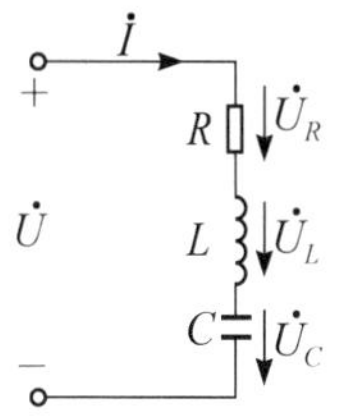

图 2—11　*RLC* 串联电路

2.4.1　电压与电流的关系

在图 2—11 所示电路中，设电路中通过的交流电流为 $i=I_m\sin\omega t$，则

$$u_R = RI_m \sin \omega t$$
$$u_L = X_L I_m \sin (\omega t + 90°)$$
$$u_C = X_C I_m \sin (\omega t - 90°)$$

所以有 $u = u_R + u_L + u_C = U_m \sin (\omega t + \varphi)$

1. 频率关系

由于纯电阻交流电路、纯电感交流电路和纯电容交流电路的电流与电压的频率相同，所以 RLC 串联电路中的电流与电压的频率也相同。

2. 相位关系

根据纯电阻电路、纯电感电路和纯电容电路中的电压与电流间的相位关系，以电流为参考相量，画出 RLC 串联电路的相量图如图 2—12 所示（假设 $U_L > U_C$）。

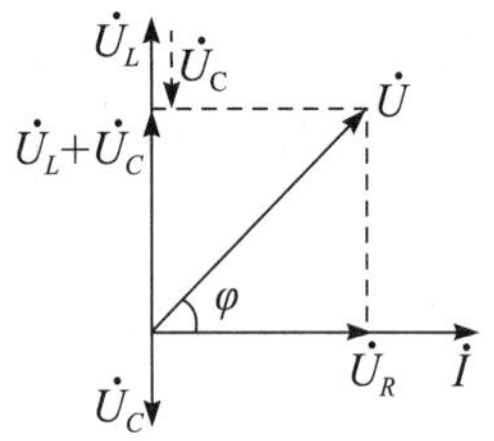

图 2—12　*RLC* 串联电路电压、电流相量图

当电流的频率一定时，电路的性质由总电压与总电流的相位差 φ 决定。

当 $\varphi > 0$ 时，表明总电压超前总电流 φ 角。如图 2—12 所示，电感电压 U_L 补偿电容电压 U_C 后仍有余量，即电感的作用大于电容的作用，此时电路呈电感性。

当 $\varphi < 0$ 时，表明总电压滞后总电流 φ 角。电容电压 U_C 补偿电感电压 U_L 后仍有余量，即电容的作用大于电感的作用，此时电路呈电容性。

当 $\varphi = 0$ 时，表明总电压与总电流同相，此时电路呈电阻性。

3. 大小关系

如图 2—12 所示，各元件上电压有效值 U_R、U_L、U_C 及总电压有效值 U 之间构成直角三角形，即电压三角形，如图 2—13 所示，因此有

$$U = \sqrt{U_R^2 + (U_L - U_C)^2} \tag{2—21}$$

又因 $U_R = IR$、$U_L = IX_L$、$U_C = IX_C$ （2—22）

则有 $U = \sqrt{U_R^2 + (U_L - U_C)^2} = I\sqrt{R^2 + (X_L - X_C)^2}$ （2—23）

令 $U_X = U_L - U_C$、$X = X_L - X_C$、$|Z| = \sqrt{R^2 + X^2}$ （2—24）

则得出电压、电流之间的数量关系为 $I = \dfrac{U}{|Z|}$ （2—25）

式中，$|Z|$ 表示 RLC 串联电路对交流电流的阻碍作用，称为 RLC 串联电路的阻抗，单位为欧［姆］。X 称为电抗，单位为欧［姆］。

由式 2—22，图 2—13 各边同时除以 I 得阻抗三角形，如图 2—14 所示。图中 φ 为阻抗角。

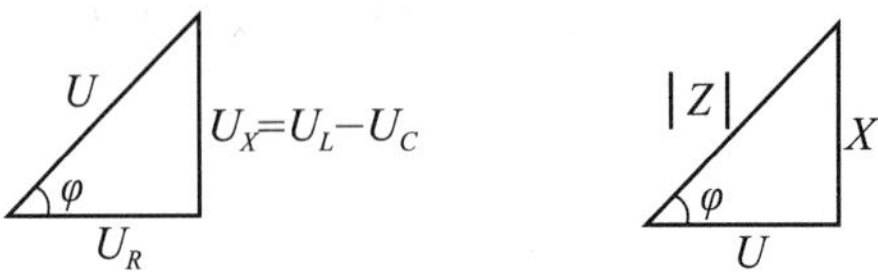

图 2—13　电压三角形　　**图 2—14　阻抗三角形**

2.4.2　*RLC* 串联电路的功率

如图 2—13 所示，将电压三角形的各个边乘以电流 I，就可得到功率三角形，如图 2—15 所示。图中 P 为有功功率，即电阻所消耗的功率，单位是瓦（W）。

$$P = U_R I = S\cos\varphi \tag{2—26}$$

图 2—15 中 Q 为总无功功率，是 L 和 C 串联后与电源之间的互换功率，单位是乏（var）。

$$Q = Q_L - Q_C = S\sin\varphi \tag{2—27}$$

式（2—27）说明，L 和 C 两种储能元件同时接在电路中，两者之间可进行能量的互换，减少了与电源之间能量的互换。

在图 2—15 中，S 称为视在功率，是电路总电压与总电流之积，是电源所提供的功率，单位为伏安（VA）。

$$S = UI = \sqrt{P^2 + Q^2} = \frac{P}{\cos\varphi} \tag{2—28}$$

图 2—14 中的 φ 称为功率因数角，在数值上功率因数角、阻抗角和总电压与电流之间的相位差，三者之间是相等的，且

$$\varphi = \arctan\frac{U_X}{U_R} = \arctan\frac{X}{R} = \arctan\frac{P}{S} \tag{2—29}$$

可见，阻抗三角形、电压三角形和功率三角形是相似三角形，并且它们是分析计算 *RLC* 串联电路的重要依据。

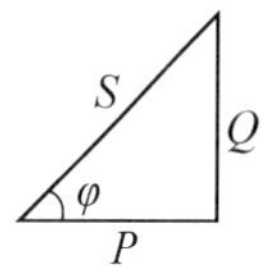

图 2—15　功率三角形

【例 2.5】将电感为 25.5mH、电阻为 6Ω 的线圈接到电压有效值 U=220V，角频率 ω =314rad/s 的电源上。求：（1）线圈的阻抗；（2）电路中的电流；（3）电路中的 P、Q 和 S；（4）以电流为参考量作相量图。

解：（1）感抗 $X_L = \omega L = (314 \times 25.5 \times 10^{-3})\Omega \approx 8\ \Omega$

则　　$|Z| = \sqrt{R^2 + X_L{}^2} = \sqrt{6^2 + 8^2}\ \Omega = 10\Omega$

（2）电流

$$I = \frac{U}{|Z|} = \left(\frac{220}{10}\right)\text{A} = 22\ \text{A}$$

（3）电路中功率 $P = I^2R = (22^2 \times 6)\text{W} = 2904\text{W}$

$$Q = I^2X_L = (22^2 \times 8)\text{var} = 3872\text{var}$$

$$S = UI = (220 \times 22)\text{V} \cdot \text{A} = 4840\text{V} \cdot \text{A}$$

$$\varphi = \arctan\frac{X}{R} = \arctan\frac{8}{6} = 53°8'$$

（4）相量图如图 2—16 所示。

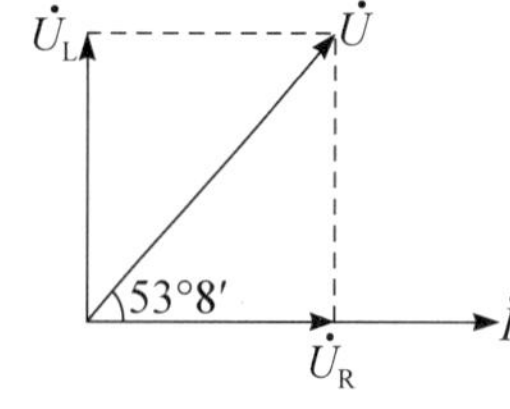

图 2—16　例 2.5 相量图

2.5　电路的谐振

学习目标

掌握谐振的概念，理解谐振的特征，了解谐振的应用。

在具有电感和电容的电路中，电路中的电压和电流的相位一般是不同的，若调节电路

中参数 L、C 或电源的频率，使电路中的电压和电流的相位相同，则电路发生了谐振。谐振电路在电子技术中应用很广，如在计算机、收音机、电视机、手机等电子线路中都有应用。但有时谐振也会带来干扰和损坏元器件等不利现象，讨论谐振产生的条件和特点，可以充分利用谐振现象。

谐振分为串联谐振和并联谐振。

2.5.1 串联谐振

1. 谐振条件和谐振频率

在图 2—17（a）所示的 RLC 串联电路中，如果在其相量图 2—12 中 $X_L = X_C$，则电路中的电流和电压相位相同，如图 2—17（b）所示，这时电路中会发生谐振现象。

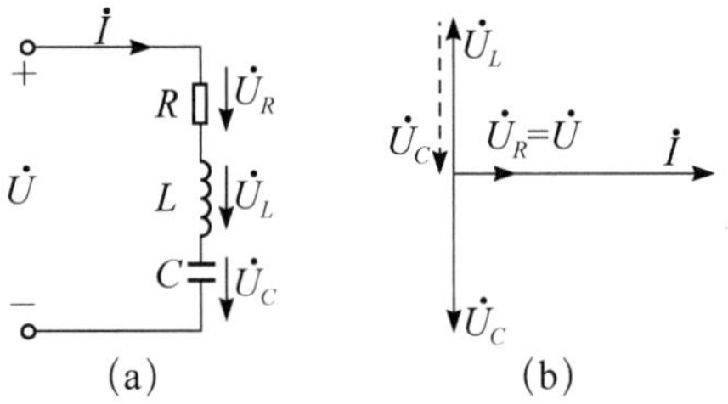

图 2—17 串联谐振

（a）电路图 （b）相量图

电路产生串联谐振时，$\dot{U}$ 与 $\dot{I}$ 同相，即 $\varphi = 0$。由阻抗三角形可得出，串联谐振的条件是

$$X_L = X_C$$

即 $2\pi f_0 L = \dfrac{1}{2\pi f_0 C}$

式中，f_0 为谐振频率，且

$$f_0 = \frac{1}{2\pi\sqrt{LC}} \tag{2—30}$$

由式（2—30）可以看出，当调节 L 或 C 时就可改变谐振频率 f_0，而调节电源的频率使 $f = f_0$，就可产生谐振。

2. 串联谐振的特点

（1）阻抗最小、电路呈电阻性。

$$|Z_0| = \sqrt{R^2 + (X_L - X_C)^2} = R$$

（2）电流最大。

$$I_0 = \frac{U}{|Z_0|} = \frac{U}{R}$$

（3）当 $X_L = X_C \gg R$ 时，$U_L = U_C \gg U$，即串联谐振可以在电容和电感两端产生高压，故又称其为电压谐振。其电压的相量关系如图 2—17（b）所示。

（4）功率因数最大。谐振时电源能量全部被电阻消耗，电源与电路间不发生能量交换，但电感和电容上各自的无功功率却可能很大，能量在电感线圈和电容器之间交换。

【例 2.6】某收音机的输入电路如图 2—18 所示。各地电台发射的无线电波在天线线圈中分别产生感应电动势 e_1、e_2、e_3 等。如果线圈的电阻为 16Ω，电感为 0.3mH，今欲收听 560kHz 的广播，应将调谐的可变电容 C 调到多少？如果调谐回路中的感应电压为 2μV，求谐振电流及谐振线圈上的电压 U_L。

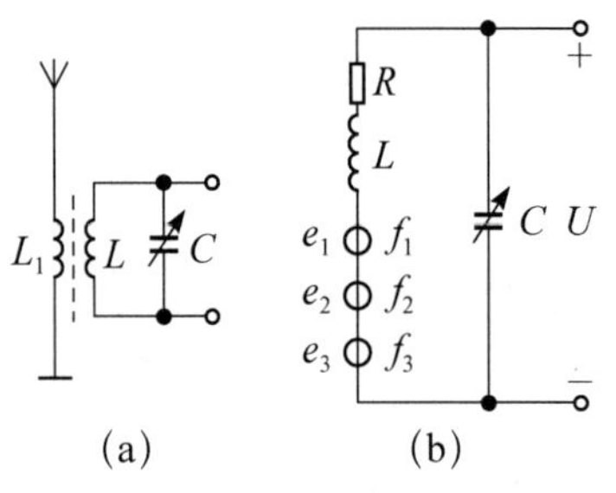

图 2—18 输入电路

（a）电路图 （b）等效电路

解：串联谐振频率

$$f_0=\frac{1}{2\pi\sqrt{LC}}$$

电容

$$C=\frac{1}{(2\pi f_0)^2L}=\frac{1}{(2\times3.14\times560\times10^3)^2\times0.3\times10^{-3}}\text{ F}\approx269\text{ pF}$$

谐振时

$$I_0=\frac{U}{R}=\left(\frac{2}{16}\right)\mu\text{A}=0.13\mu\text{A}$$

$$X_L=2\pi f_0L=(2\times3.14\times560\times0.3)\ \Omega\approx1\text{ k}\Omega$$

$$U_L=I_0X_L=(0.13\times1)\text{mV}=0.13\text{mV}$$

2.5.2 并联谐振

1. 谐振条件和谐振频率

在图 2—19（a）所示电路中，R 为线圈电阻，一般很小，特别是在频率较高时，$R\ll\omega L$，$\dot{U}$ 与 $\dot{I}$ 同相即 $\varphi=0$ 时，电路产生并联谐振。由阻抗的串并联关系可推导出并联谐振的条件是（在 $R\ll X_L$ 时，一般情况都能满足）$X_L=X_C$。谐振频率为

$$f_0=\frac{1}{2\pi\sqrt{LC}}$$

2. 串联谐振的特点

（1）阻抗最大，呈电阻性。

$$|Z_0|=\frac{L}{RC}$$

（2）电流最小。

$$I_0=\frac{U}{|Z_0|}$$

（3）谐振总电流 $\dot{I}_0$ 和支路电流 $\dot{I}_0$ 和 $\dot{I}_C$ 的相量关系如图 2—19（b）所示。并联谐振各支路电流大于总电流，所以并联谐振又称为电流谐振。

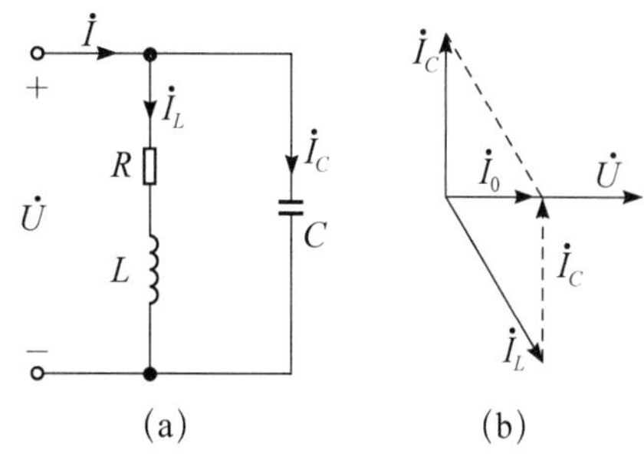

图 2—19　并联谐振

（a）电路图　（b）相量图

本章学习小结

（1）随时间按正弦规律变化的电压或电流称为正弦交流电。若已知正弦量的三要素，即幅值、角频率和初相位，就可以写出它的瞬时值表达式。

在电力系统中所指的电压、电流，交流电压表、电流表所指示的数值以及电气设备的额定值等均指有效值。

在电工电子的学习过程中会遇到同一电量的不同符号，它们代表不同的意义，要注意加以区别。

（2）正弦量可用三角函数式、波形图及相量等来表达。三角函数式和波形图可以全面表达正弦量，但却不便于计算；相量表示法是分析和计算交流电路的一种主要方法，它用

相量图或复数形式表示正弦量的量值和相位关系，通过简单的几何或代数方法对同频率正弦交流电分析计算，十分方便。正弦交流电用相量表示后，直流电路中的分析方法便可以全部应用到正弦交流电路中。

复数的加减法用代数形式运算比较方便，复数的乘除法用极坐标形式运算比较方便。

（3）单一参数电路元件的电路是理想化的电路。R 是耗能元件，L 、C 是储能元件，实际电路可由这些元件和电源的不同组合构成。

单一参数电路元件的电压、电流数量关系为：$U=RI$ 、$U=X_LI$ 、$U=X_CI$ 。其中感抗 $X_L=\omega L$ ，容抗 $X_C=1/\omega C$ 。

相位关系为：电阻电路中电压电流同相、电感电路中电压超前电流 90°、电容电路中电压滞后电流 90°。

（4）RLC 串联电路是具有一定代表性的电路，其电压与电流关系为

$$U=|Z|I$$

其中阻抗

$$|Z|=\sqrt{R^2+(X_L-X_C)^2}$$

电压关系为

$$U=\sqrt{U_R^2+(U_L-U_C)^2}$$

功率关系为

$$S=\sqrt{P^2+(Q_L-Q_C)^2}$$

其中有功功率

$$P=UI\cos\varphi$$

无功功率

$$Q=Q_L-Q_C=UI\sin\varphi$$

视在功率

$$S=UI$$

阻抗角即相位差

$$\varphi=\arctan\frac{X}{R}=\arctan\frac{U_X}{U_R}=\arctan\frac{Q}{P}$$

以上关系可用三个相似三角形来表示。

（5）谐振是交流电路中的特殊现象，其实质是电路中 L 和 C 的无功功率实现完全的相互补偿，使电路呈现电阻的性质。谐振条件是 $\omega L-1/\omega C=0$ ，改变电路参数或电源频率，可使电路发生谐振。谐振频率为

$$f_0=\frac{1}{2\pi\sqrt{LC}}$$

在 RLC 串联电路中发生的谐振称为串联谐振或电压谐振，其主要特点是：阻抗最小、电流最大、电感或电容端电压可能大于电源电压、功率因数最大。

RLC 并联电路中发生的谐振称为并联谐振或电流谐振，其主要特点是：阻抗最大、总电流最小、支路电流可能大于总电流。

本章学习测试

2.1　求正弦量 $120\sin(4\pi t+16^{\circ})$ 的周期、频率、初相、振幅、有效值。

2.2　写出正弦量 $i_1=5\sin\omega t$ 和 $i_2=10\sin(\omega t+60^{\circ})$ 的相量形式，并画出相量图。

2.3　画出单一参数电阻、电感、电容电路的相量图，并分别写出电压与电流的关系的有效值表达式。

2.4　在正弦交流电路中，电阻、电感、电容元件对电流的阻碍作用需用什么参数来表达？是否和频率有关？能得出什么结论？

2.5　无功功率如何定义？元件上的无功功率是不是实际消耗的功率？哪些元件上有无功功率？写出其表达式。

2.6　有一 RLC 串联交流电路，已知 $R=X_L=X_C=5\Omega$，端电压 $U=10\text{V}$，求电路中的电流。

2.7　谐振状态的 RLC 串联电路，若减小其 L 值，则电路将呈现什么性质？

2.8　在图 2—20 所示电路中，除 A_0 和 V_0 外，其余电流表和电压表的读数在图上都已标出（都是正弦量的有效值），试求电流表 A_0 或电压表 V_0 的读数。

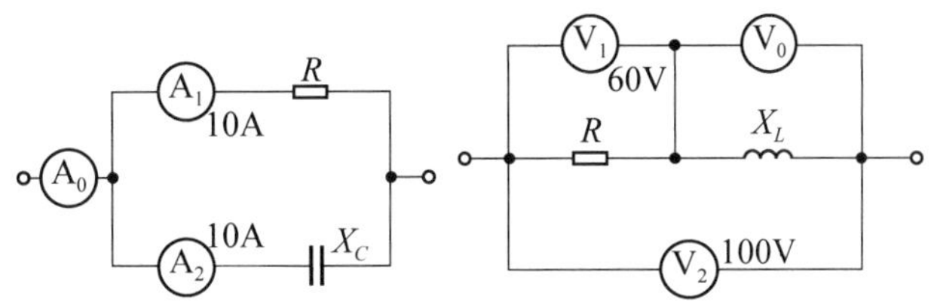

图 2—20　学习测试 2.8 电路图

2.9　已知 RL 串联电路中，总电压 $u=10\sin(\omega t-180^{\circ})\text{V}$，$R=4\,\Omega$，$X_L=3\,\Omega$。试求电感元件上的电压瞬时值。

2.10　某 RC 串联电路，已知 $R=8\,\Omega$，$X_C=6\,\Omega$，总电压 $U=10\text{V}$，试求电流 I。

2.11　某 RL 串联电路，已知 $R=50\,\Omega$，$L=25\,\mu\text{H}$，若通过它的电流 $i=\sqrt{2}\sin(10^6t+30^{\circ})\,\text{A}$，试求总电压 U，并画出相量图。

2.12　已知一线圈的电感为 0.2H（电阻不计），先后接在 $f=50\text{Hz}$ 及 $f=5\,000\text{Hz}$，电压为 220V 的电源上，试分别计算在上述两种情况下的感抗、通过线圈的电流及无功功率。

2.13　一只耐压为 400V，容量为 $220\mu\text{F}$ 的电容，能否接在有效值为 400V 的交流电压上使用？为什么？如果接在 $u=220\sqrt{2}\sin(314t+\pi/3)\text{V}$ 的电源上，通过的电流是多少？写出电流的瞬时值表达式。

2.14　一个线圈接在 $U=120\text{V}$ 的直流电源上，$I=20\text{A}$；若接在 $f=50\text{Hz}$，$U=220\text{V}$ 的交流电源上，则 $I=28.2\text{A}$。试求线圈的电阻 R 和电感 L。

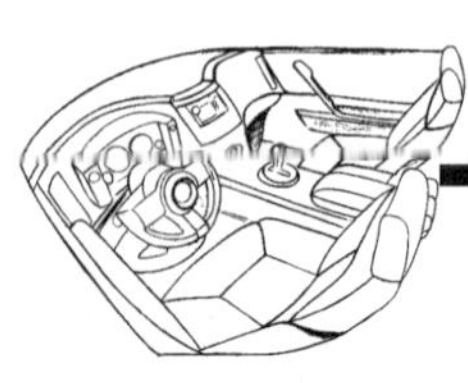

第 3 章

磁路与电机

引　言

电路的基本概念和基本规律，是分析电路问题的基础，但是在很多汽车电气设备，如发电机、电动机、电磁铁、继电器、变压器以及电工测量仪表中，不仅有电路的问题，同时还存在磁路问题，只有同时掌握电路与磁路的基本理论，才能对各种汽车电气设备作全面分析。

3.1 磁场的基本物理量

学习目标

理解并掌握磁路、磁感应强度、磁通、磁导率和磁场强度的概念。

汽车上有变压器、交流发电机、直流电动机、电磁铁、继电器等含有感性元件的电气设备。这些设备中存在电感线圈，当电感线圈通电后在电路中就产生了磁场，磁场的磁感线在铁心的限定范围内形成了闭合的路径，即形成了磁路，如图 3—1 所示。磁场的特征可以用磁感应强度、磁通、磁场强度和磁导率等概念来描述。

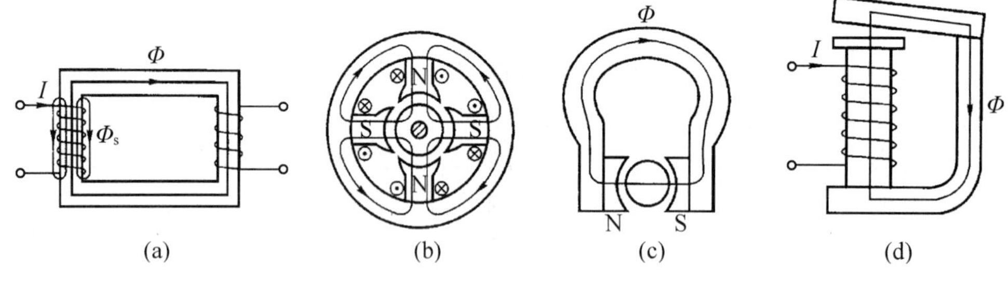

图 3—1　磁路

(a) 变压器磁路　(b) 直流电动机磁路　(c) 磁电式仪表磁路　(d) 继电器磁路

3.1.1　磁感应强度(*B*)

磁感应强度 $\boldsymbol{B}$ 是描述磁场中某点的磁场强弱和方向的物理量。它是一个矢量。磁感应强度 $\boldsymbol{B}$ 与电流强度 I 之间的方向关系可以用右手螺旋定则来确定，二者之间的大小关系为

$$\boldsymbol{B}=\frac{F}{Il}$$

式中 F 为电磁力，l 为磁场中导体的长度，I 为通过导体的电流。在国际单位制中，$\boldsymbol{B}$ 的单位为特［斯拉］(T)。

如果磁场中各点的磁感应强度的大小相等、方向相同，则称此磁场为匀强磁场。

磁感应强度 $\boldsymbol{B}$ 的方向就是该点的磁场方向，即该点磁感线的切线方向。

3.1.2 磁通 ($\boldsymbol{\Phi}$)

磁通可以定义为穿过某一面积的磁感线的条数。如图 3—2所示，$\boldsymbol{\Phi}$ 为穿过面积 A 的磁通。在匀强磁场中，磁感应强度 $\boldsymbol{B}$ 与垂直于磁场方向的面积 S 的乘积，称为通过该面积的磁通 $\boldsymbol{\Phi}$，也称磁通量，即

$$\boldsymbol{\Phi}=\boldsymbol{B}S \tag{3—1}$$

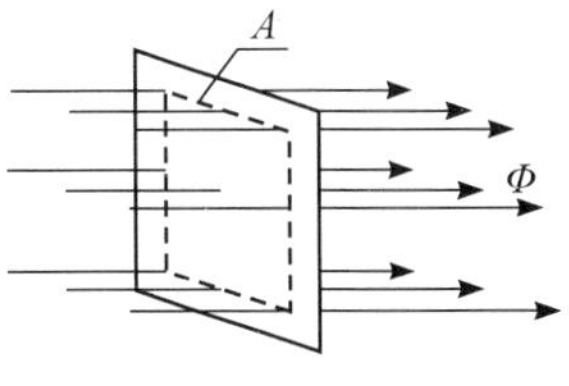

图 3—2　磁通

在国际单位制中，Φ 的单位为韦［伯］(Wb)。

由式 (3—1) 可得 $\boldsymbol{B}=\boldsymbol{\Phi}/S$，由此可见，磁感应强度也可以称为磁通密度。

3.1.3　磁导率

实验证明：在通电线圈中放入铁、钴、镍等物质后，通电线圈周围的磁场大大增强，而放入铜、铝、木材等物质后，线圈周围的磁场却几乎不变。可见通电线圈周围的磁场大小不仅跟通电电流大小有关，还跟磁场中的介质有关。不同的介质其导磁能力不同。

磁导率 μ 是描述磁场中介质导磁能力的物理量，其单位为 H/m。

磁导率值大的材料，导磁性能好。所谓的导磁性能好，指的是这类材料被磁化后能产生很大的附加磁场。如铁、钴、镍及其合金等。通常把这类物质叫做铁磁性物质或磁性物质。相对而言，各种气体、非金属、铜、铝等材料称非磁性物质。

实验测得真空中的磁导率为

$$\mu_0 = 4\pi \times 10^{-7}\ \mathrm{H/m}$$

非磁性材料的磁导率与真空磁导率近似相等，即 $\mu_0=\mu$。某物质的磁导率 μ 与真空磁导率 μ_0 的比值称作该物质的相对磁导率，用 μ_r 表示。

$$\mu_r=\frac{\mu}{\mu_0} \tag{3—2}$$

非铁磁性物质的相对磁导率近似为 1，而铁磁性物质的相对磁导率却远大于 1。应当说明的是，铁磁物质的磁导率不是常数，它随线圈上通电电流的改变而改变。

3.1.4　磁场强度

磁场中某点的磁感应强度在实际中很难求得，因为它不仅和电流导体的几何形状以及位置等有关，而且还和物质的磁导率有关。为了便于计算，引入一个计算磁场的辅助物理量，称为磁场强度，用 $\boldsymbol{H}$ 表示。它与磁感应强度的关系是

$$\boldsymbol{H}=\frac{\boldsymbol{B}}{\mu} \tag{3—3}$$

在国际单位制中，$\boldsymbol{H}$ 的单位为 A/m。

在磁场中 **H** 与 **B** 的方向相同，但数值上不相等。在通电线圈所产生的磁场中，**H** 代表电流本身所产生的磁场的强弱，反映了电流的励磁能力，其大小只与电流成正比，而与介质的性质无关。**B** 代表电流所产生的以及介质被磁化后所产生的总磁场的强弱，其大小不仅与电流的大小有关，而且还与介质的性质有关。由此可见，**H** 相当于激励，**B** 相当于响应。

3.2 磁性材料的磁性能

学习目标

理解并掌握铁磁性材料的高磁导性、磁饱和性和磁滞性的意义。

非磁性物质分子电流的磁场方向杂乱无章，几乎不受外磁场的影响而互相抵消，不具有磁化特性。而磁性物质内部形成许多小区域，其分子间存在的一种特殊的作用力使每一区域内的分子磁场排列整齐，显示磁性，称这些小区域为磁畴，这是磁性物质所特有的结构。

3.2.1 高磁导性

在没有外磁场作用的铁磁性物质中，各个磁畴排列杂乱无章，磁场互相抵消，整体对外不显磁性，如图 3—3（a）所示。在外磁场作用下，磁畴方向发生变化，使之与外磁场方向趋于一致，物质整体显示出磁性来，称为磁化。磁化后的铁磁性物质内部的磁感应强度大大增加，如图 3—3（b）所示。

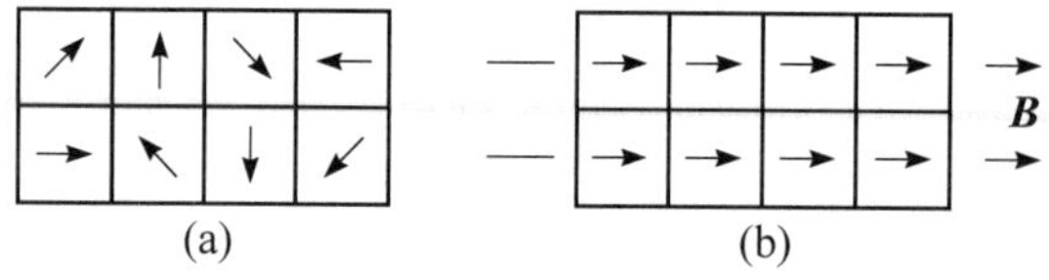

图 3—3 铁磁性材料的磁化

（a）磁化前 （b）磁化后

磁性材料中，如铁的相对磁导率在 200 以上，铸钢的相对磁导率在 1 000 以上，硅钢片的相对磁导率可达 7 000，而玻莫合金的相对磁导率可达 105 以上。由于铁磁性物质具有高磁导性，在这种具有铁磁性材料的线圈中通入不太大的励磁电流，便可以产生较大的磁通和磁感应强度，因此被广泛应用于汽车发电机、直流电动机及各种继电器中。

非磁性材料没有磁畴结构，所以不具有磁化的特性。

3.2.2 磁饱和性

磁性物质由于磁化所产生的磁化磁场不会随着外磁场的增强而无限的增强。当外磁场增大到一定程度时，磁性物质的全部磁畴的磁场方向都转向与外部磁场方向一致，磁化磁场的磁感应强度将趋向某一定值，如图 3—4 所示。

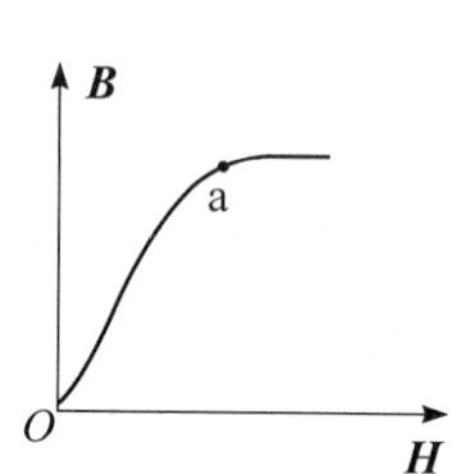

图 3—4 铁磁性物质的磁化曲线

从图 3—4 可以看出，**B** 与 **H** 不成正比，两者关系的曲线称为磁化曲线。在 **H** 比较小时，**B** 差不多与 **H** 成正比增加；当 **H** 增加到一定值后，**B** 的增加缓慢下来，到 a 点之后，随着 **H** 的继续增加，**B** 却增加得很少，此即为磁饱和现象。

3.2.3　磁滞性

磁性物质在大小和方向不断变化的外磁场 $\boldsymbol{H}$ 的反复磁化过程中，磁性物质内的磁感应强度 $\boldsymbol{B}$ 的变化总是落后于外磁场 $\boldsymbol{H}$ 的变化，这一特性称为磁滞性。

磁性物质经过反复磁化后，得到图 3—5 所示的闭合磁化曲线，称为磁滞回线。

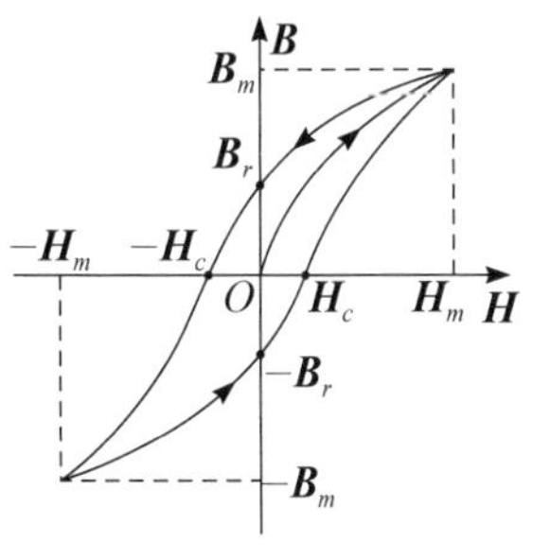

图 3—5　磁滞回线

如图 3—5 所示，当 $\boldsymbol{H}$ 从 0 增加到 $\boldsymbol{H}_m$ 时，$\boldsymbol{B}$ 由 0 增加到 $\boldsymbol{B}_m$，铁磁性物质进行正向磁化。当 $\boldsymbol{H}$ 由 $\boldsymbol{H}_m$ 减小到 0 时，$\boldsymbol{B}$ 的减小并不是按起始磁化曲线变化，而是沿着稍高于起始磁化曲线的位置下降。当 $\boldsymbol{H}=0$ 时，$\boldsymbol{B}$ 并未回到 0，而是 $\boldsymbol{B}=\boldsymbol{B}_r$，称为剩磁。当 $\boldsymbol{H}$ 继续减小到 $-\boldsymbol{H}_c$ 时，$\boldsymbol{B}=0$，$\boldsymbol{H}_c$ 称为矫顽磁力。可见 $\boldsymbol{B}$ 的变化总是滞后于 $\boldsymbol{H}$ 的变化。当 $\boldsymbol{H}$ 反方向从 $-\boldsymbol{H}_c$ 增至 $-\boldsymbol{H}_m$ 时，$\boldsymbol{B}$ 由 0 变为 $-\boldsymbol{B}_m$。之后令 $\boldsymbol{H}$ 回到 0，再次增至 $+\boldsymbol{H}_m$。从而形成磁滞回线。

根据磁性物质磁滞回线的形状及在工程上的应用，铁磁性物质可分为三类。

1. 硬磁材料

硬磁材料的磁滞回线很宽，$\boldsymbol{B}_r$ 和 $\boldsymbol{H}_c$ 都很大。如碳钢、钨钢、钴钢、镍钢合金等。常用来制造永久磁铁。

2. 软磁材料

软磁材料的磁滞回线很窄，$\boldsymbol{B}_r$ 和 $\boldsymbol{H}_c$ 都很小。如软铁、硅钢、铸钢、坡莫合金等。常用来制造变压器、电动机的铁心。

3. 矩磁材料

矩磁材料的磁滞回线接近矩形，$\boldsymbol{B}_r$ 大，$\boldsymbol{H}_c$ 小。如镁锰铁氧体和某些铁镍合金等。常用来制造计算机记忆元件、开关元件及逻辑元件等。

3.3　磁路基本规律

学习目标

理解安培环路定律、磁路欧姆定律的内容，掌握电磁感应定律及其应用，牢固掌握霍尔元件的工作原理及其应用。

3.3.1　安培环路定律

安培环路定律是计算磁场的基本定律。可描述为：磁场中任何闭合回路磁场强度的线积分，等于通过这个闭合路径内电流的代数和。

应用时，当电流方向和磁场强度的方向符合右手螺旋定则时，电流取正；否则取负。

如图 3—6 所示，在无分支的均匀磁路（磁路的材料和截面积相同，各处的磁场强度相等）中，安培环路定律可直接写成：

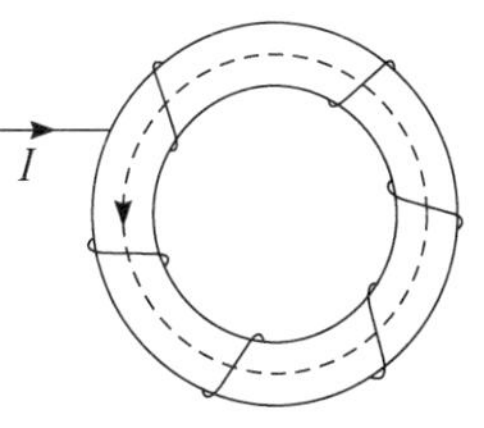

图 3—6　安培环路定律

$$\boldsymbol{H}l = \sum I$$

式中，l 为磁路的长度。若线圈有 N 匝，电流就穿过回路 N 次，因此有

$$\sum I = NI = \boldsymbol{F}$$

所以

$$\boldsymbol{H}l = NI = \boldsymbol{F} \tag{3—4}$$

式中，$\boldsymbol{F}$ 为磁动势，$\boldsymbol{H}l$ 为磁压降。

3.3.2 磁路欧姆定律

如图 3—7 所示，把线圈集中绕在一段铁心上就构成了无分支磁路。设磁路长度为 l、铁心截面积为 S、匝数为 N、通过的电流为 I，则有

$$\boldsymbol{\Phi}=\boldsymbol{B}S = \mu\boldsymbol{H}S = \mu\frac{NI}{l}S = \frac{NI}{\frac{l}{\mu S}} = \frac{\boldsymbol{F}}{R_m} \tag{3—5}$$

式中，R_m 为磁阻，是表示磁路对磁通的阻碍作用。式（3—5）表明，磁通量为磁动势与磁阻的比值。该式与电路的欧姆定律有类似的形式，因此称之为磁路欧姆定律。

3.3.3 电磁感应定律

从物理学中我们学过，电流周围存在磁场，电流是产生磁场的根本原因，是物质磁性的电本质。反之，利用磁场产生电流的现象称为电磁感应。

当流过线圈的电流发生变化时，线圈中的磁通也随之变化，并在线圈中出现感应电流，这表明线圈中感应了电动势。法拉第电磁感应定律指出，磁感应电动势的大小与磁通的变化率成正比。即

$$e =- N\frac{\mathrm{d}\varphi}{\mathrm{d}t} \tag{3—6}$$

式中，N 为线圈匝数。

当 $\mathrm{d}\varphi/\mathrm{d}t > 0$ 时，磁通增加时，$e<0$，这时感应电动势的方向与参考方向相反，表明感应电流产生的磁场阻止原磁场的增加；当 $\mathrm{d}\varphi/\mathrm{d}t < 0$ 时，磁通减少时，$e>0$，这时感应电动势的方向与参考方向相同，表明感应电流产生的磁场阻止原磁场的减少。

1. 自感现象

由于流过线圈本身的电流发生变化而引起的电磁感应现象叫自感现象，简称自感。由自感产生的感应电动势称自感电动势，用 e_L 表示。如图 3—8 所示，根据式（3—6），

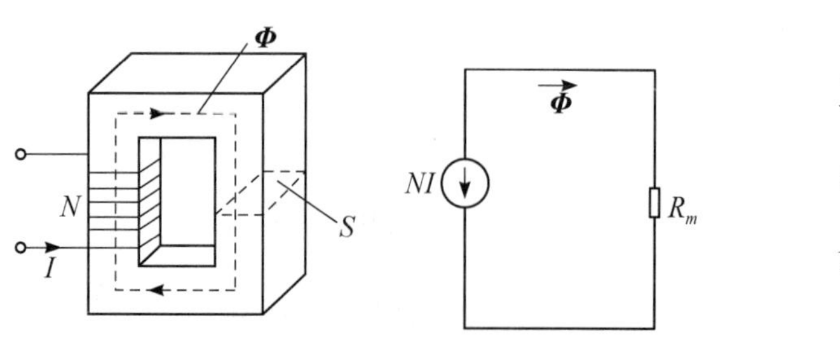

图 3—7　无分支磁路

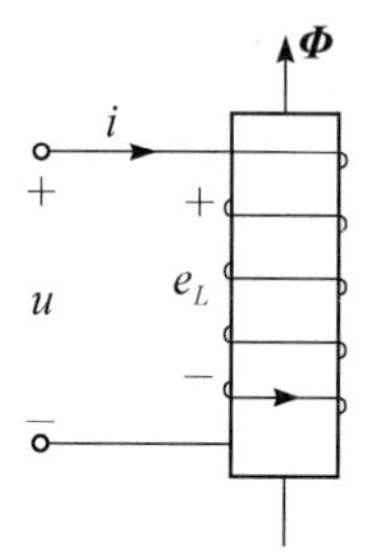

图 3—8　自感现象

经推导得自感电动势的表达式为

$$e_L = -L\frac{\mathrm{d}i}{\mathrm{d}t} \tag{3—7}$$

式中，L 为自感系数，亦称电感。该式表明：线圈中的感应电动势的大小与线圈的电感及电流变化率成正比，负号表示自感电动势的方向与电流的变化率相反。

自感现象有利有弊。日光灯电路就是利用自感现象所产生的高电压来点燃日光灯。在汽车点火电路中，当初级线圈中的电流突然减小时，会产生 200V～300V 的自感电动势，方向与蓄电池的电动势方向相同。这两个电压相加会使触点间产生火花，将触点烧坏（可参见图 1—27）。为此在触点两端并联一个电容，构成回路用来吸收线圈中的磁场能，从而保护触点。

2. 互感现象

由一个线圈中的电流变化引起另一个线圈产生电磁感应的现象叫互感现象。由互感现象产生的感应电动势称为互感电动势。

可以证明：在两个具有互感的电路中，当任一电路的电流变化率等于一定值时，则分别在另一电路中产生相等的感应电动势。可以写成

$$e_{L1} = -M\frac{\mathrm{d}i_1}{\mathrm{d}t}$$

$$e_{L2} = -M\frac{\mathrm{d}i_2}{\mathrm{d}t}$$

式中，M 为互感系数。

3. 电磁现象在汽车电路中的应用

（1）点火线圈。汽车点火电路中的点火线圈就是利用互感原理工作的（参见图 1—27）。

当点火开关 3 闭合时，发动机工作，凸轮轴使断电器 7 不断闭合与断开，当 7 闭合时原绕组通电，铁心中形成磁路。当 7 断开时，原绕组电路被切断，电流及磁通迅速消失，根据互感原理，在副绕组上产生高压感应电动势。该高压感应电动势击穿火花塞 9 的间隙，形成火花，点燃混合气。

（2）点火信号发生器。点火信号发生器的作用是产生与气缸和曲轴位置相对应的电压信号，有以触发电子点火器按照发动机各缸的点火要求，及时通断点火线圈初级回路，使次级产生高压。点火信号发生器种类较多，磁感应式点火信号发生器是其中的一种。

图 3—9（a）所示为磁感应式点火信号发生器的结构，主要由分电器轴所带动的信号转子 3、安装在分电器底板上的传感线圈 1 和永久磁铁 2 等组成。信号转子外缘有凸齿，其凸齿数与发动机的缸数相同，其工作原理和输出信号如图 3—9（b）和图 3—9（c）所示。永久磁铁的磁通由 N 极经信号转子 3→传感线圈的铁心→S 极构成磁路。点火开关闭合时，若发动机不工作，信号转子不转，无信号输出。当发动机正常工作时，分电器轴带动信号转子旋转，导致信号转子与铁心间的空气隙发生变化，相应改变了磁路的磁阻。当凸齿接近传感线圈铁心时，空气气隙变得越来越小，线圈中的磁通逐渐增加，而凸齿离开传感线圈铁心时，空气气隙变得越来越大，磁通则逐渐变小，因而在传感线圈内感应出大小和方向均周期变化的交变电动势，如图 3—9（c）所示。信号转子每转一圈，便会产生

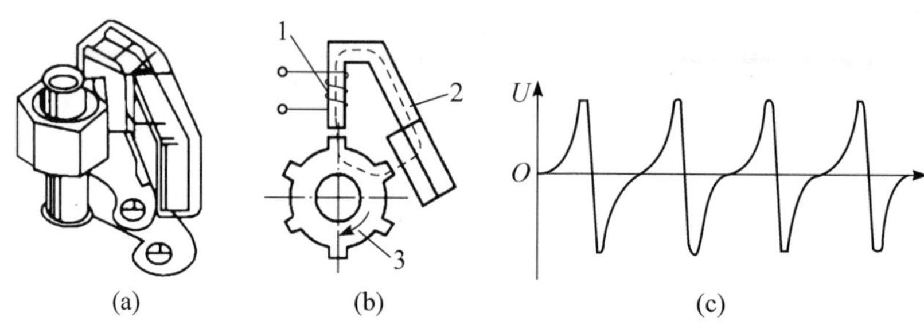

图 3—9　磁感应式点火信号发生器的结构和工作原理

(a) 发生器的结构　(b) 原理示意图　(c) 输出信号

1—传感线圈　2—永久磁铁　3—信号转子

交变信号（对于六缸发动机，产生六个交变信号），将此信号传输给点火控制电路即可实现对点火系统点火时刻的控制。此外，转速不同时，传感线圈内的磁通变化速率和感应电动势也不相同。转速高时，传感线圈内的磁通变化速率增加，导致感应电动势的峰值变高，信号变得较为强烈。反之，由于传感线圈内的磁通变化速率降低，会导致感应电动势的峰值变低，信号变得相对较弱。

(3) 磁电式转速传感器。磁电式转速传感器是利用感应原理在线圈的两端产生感应电压 U_A，即当铁磁齿轮在永磁铁附近旋转时，通过线圈的磁力线发生变化，在线圈中就会产生感应电压。感应电压 U_A 与磁通的变化率成正比。磁电式转速传感器的结构和输出信号波形如图 3—10 所示。磁电式转速传感器主要有三个磁性元件：感应线圈、轭铁和永磁铁。导磁性转子外圆切成凹凸相间的齿形，且将外圆绕有线圈的永久磁铁置于与转子相对的位置，并设有适当间隙。转子旋转引起线圈上的磁通大小的变化，从而在线圈两端产生交流电压。此交流电压的频率能够反映速度的变化。

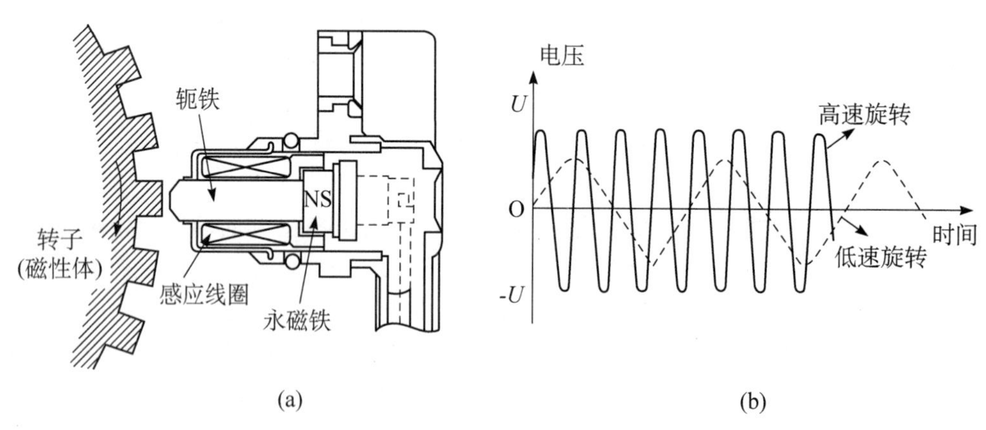

图 3—10　磁电式转速传感器的结构和输出信号波形

(a) 结构　(b) 输出信号波形

磁电式转速传感器可用于发动机曲轴转角、变速器输入轴转速的检测等。

3.3.4　霍尔效应

当放在磁场中的半导体基片中通过与磁场垂直的电流时，由于半导体基片中的电子将受到电磁力的作用，使电子聚集于半导体基片的一侧成为负极，而半导体基片的另一侧因为失去电子成为正极。如图 3—11 所示，当在半导体基片两端通以控制电流 I，并在基片的垂直方向施加强度为 $\boldsymbol{B}$ 的磁场时，在垂直于电流和磁场的方向上将产生电动势 U_H（称为霍尔电动势或霍尔电压），这种现象称为霍尔效应。

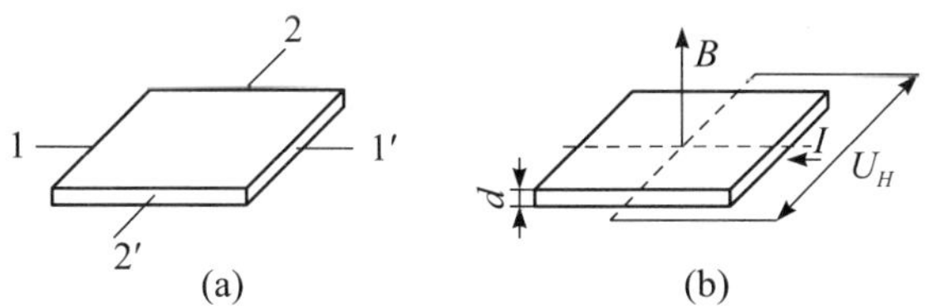

图 3—11　霍尔效应原理图

（a）霍尔元件　（b）霍尔效应原理图

霍尔电压可用下式表达

$$U_H=R_H\frac{I\boldsymbol{B}}{d} \tag{3—8}$$

式中，R_H 为霍尔常数，I 为控制电流，$\boldsymbol{B}$ 为磁感应强度，d 为霍尔元件的厚度。

霍尔元件和霍尔传感器的体积比传统的磁电式传感器小，外围电路简单，频带宽，动态性能好，寿命长，因此广泛应用于汽车电控系统中。

利用霍尔效应可以进行速度或位置感测，在霍尔效应式运动传感器中控制电流强度恒定，而使磁场强度发生变化，即霍尔电压随磁场强度而变化。霍尔传感器具有无磨损且输出电压在寿命期限内保持恒定的优点，尽管霍尔电压的精确性依赖于磁场和电流，但其输出电压的频率范围仍然很宽。霍尔式传感器可以对低速运动进行检测，特别适宜于里程表、驾驶员信息系统和点火正时控制提供相应的运动信号。

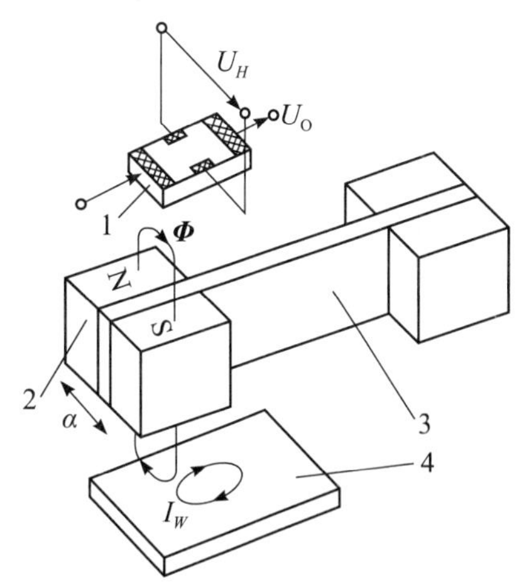

图 3—12　霍尔式加速度传感器简图

1—霍尔传感器　2—永久磁铁　3—弹簧　4—阻尼板　I_W 涡流（阻尼）　U_H 霍尔电压　U_0 供电电压

图 3—12 所示为霍尔式加速度传感器简图。在霍尔式加速度传感器中，使用倔强系数一定的弹簧质量系统，传感器中有一个竖放的带状弹簧 3，其一端被加紧，另一端固定着永久磁铁 2。永久磁铁 2 为振动质量。在永久磁铁上面带有信号处理集成电路，最下面是一块铜阻尼板 4。当传感器受到横向加速度 a 时，传感器的弹簧质量系统偏离其静止位置，偏移的程度与加速度大小有关。运动的磁铁在霍尔元件中产生霍尔电压 U_H，经信号修理电路后输出随加速度增加而线性增加的电压。

3.4　铁心线圈电路

学习目标

了解铁心线圈电路的分析方法及其规律，掌握铁心线圈的结构和 $U\approx E=4.44fN\boldsymbol{\Phi}_m$

的物理意义，明确交流铁心线圈的功率损耗问题。

所谓铁心线圈电路就是含有铁心的线圈所构成的电路。如图 3—13 所示，当线圈中通入电流时，在铁心中就产生磁通，形成磁路。

根据线圈所接入电源的不同，线圈电路可分为直流铁心线圈电路和交流铁心线圈电路。

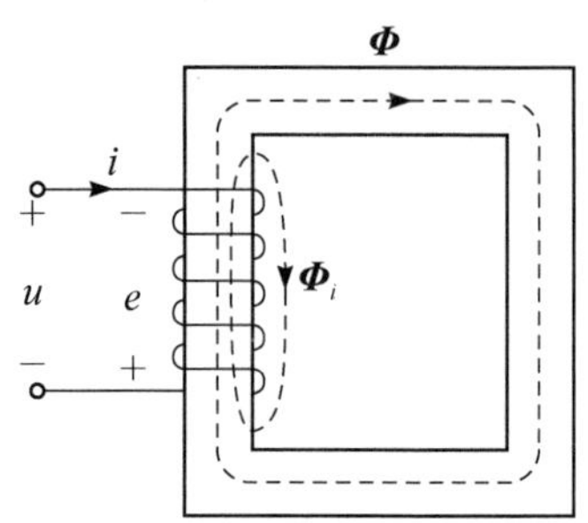

图 3—13　交流铁心线圈电路

3.4.1　直流铁心线圈

当线圈中通以恒定的直流电时，在线圈中产生了恒定不变的磁通，由式（3—6）可知在线圈中不会产生感应电动势。另外通过第 2 章的学习我们知道，此时的线圈在直流电路中相当于短路，线圈的电流 I 只与线圈上所加的电压 U 和线圈本身的电阻 R 有关。即

$$I=\frac{U}{R}$$

线圈所消耗的功率也只有线圈本身电阻消耗的功率，即

$$P=UI=I^2R$$

3.4.2　交流铁心线圈

交流铁心线圈电路通以交流电，产生交变磁通，产生电磁感应电动势。交流铁心线圈电路的分析比直流铁心线圈电路复杂，其结论是电磁铁、继电器、变压器和电动机的基础。

1. 电压电流关系

如图 3—13 所示，当铁心线圈两端加上交流电压 u 时，线圈中通过交流电流 i，在铁心中将产生交变的主磁通 $\boldsymbol{\Phi}$，从而会在线圈中产生电磁感应电动势 e，设线圈中的主磁通为

$$\boldsymbol{\Phi}=\boldsymbol{\Phi}_m\sin\omega t$$

则

$$\begin{aligned}e&=-N\frac{\mathrm{d}\boldsymbol{\Phi}}{\mathrm{d}t}=-N\frac{\mathrm{d}}{\mathrm{d}t}(\boldsymbol{\Phi}_m\sin\omega t)\\&=-\omega N\boldsymbol{\Phi}_m\cos\omega t=2\pi fN\boldsymbol{\Phi}_m\sin(\omega t-90^\circ)\\&=E_m\sin(\omega t-90^\circ)\end{aligned}$$

可见 e 在相位上滞后于 $\boldsymbol{\Phi}$ 90°，e 的有效值为

$$E=\frac{E_m}{\sqrt{2}}=\frac{2\pi Nf\boldsymbol{\Phi}_m}{\sqrt{2}}=4.44fN\boldsymbol{\Phi}_m$$

电流在通过线圈时，除产生主磁通外，还会产生少量的漏磁通，从而产生少量的漏磁感应电动势。和主磁感应电动势相比，线圈上电压及漏磁感应电动势可以忽略不计，于是

$$u=-e=N\frac{\mathrm{d}\boldsymbol{\Phi}}{\mathrm{d}t}$$

$$U\approx E=4.44fN\boldsymbol{\Phi}_m \tag{3—9}$$

该式表明：在忽略线圈电阻 R 及漏磁通的条件下，当线圈匝数 N 及电源频率 f 为一

定时，主磁通的幅值 $\boldsymbol{\Phi}_m$ 由励磁线圈外的电压有效值 U 确定，与铁心的材料及尺寸无关。这一点和直流铁心线圈电路不同，直流铁心线圈电路的电压不变时，电流也不变，而磁通却随磁路情况而变化。

2. 功率损耗

交流铁心线圈电路的功率跟一般的交流电路的功率相同，计算方法也相同。

值得说明的是，交流铁心线圈的有功功率 P 包括两部分，一部分是由于线圈本身的电阻所消耗的功率，称为铜损 P_{Cu}，其公式为

$$P_{Cu} = I^2R$$

另一部分是交变的磁通在铁心中产生的功率损耗，称为铁损 P_{Fe}。

铁损又包括两部分：

(1) 磁滞损耗 P_h。磁性材料在交变磁化过程中，会存在功率损耗。可以证明：磁滞损耗正比于磁滞回线所包围的面积。为了减小磁滞损耗，交流铁心线圈应选用磁滞回线狭小的软磁性材料（如硅钢等）作为铁心。

(2) 涡流损耗 P_e。铁磁性材料不仅导磁，同时还导电。在交变磁场的作用下，铁心中也会产生感应电动势，从而在垂直于磁通方向的铁心平面内产生图 3—14 (a) 所示的旋涡状的感应电流，称为涡流。涡流在铁心内所产生的功率损耗称为涡流损耗。

为了减小涡流损耗，一方面可以把整块的铁心改由图 3—14 (b) 所示的顺着磁场方向彼此绝缘的薄钢片叠成，使涡流限制在较小的截面积以内。另一方面，选用电阻率较大的铁磁性材料（如硅钢）也可以减小涡流和涡流损耗。基于以上原因，变压器等交流电气设备的铁心都用彼此绝缘的硅钢片叠成。

涡流虽然在很多电器中会引起不良后果，但在有些场合，人们却利用涡流为生产、生活服务。例如工业上利用涡流产生热量来熔化金属，日常生活中的电磁炉也是利用涡流的原理制成的，它给人们的生活带来很大的便利。在汽车上机械传感式车速表利用的也是涡流原理。如图 3—15 所示，车速表的指针固定于一个圆形铝盘转子上，铝盘下面有一对与车速成正比的旋转磁极。当磁铁旋转时，铝盘受到旋转磁场的作用，产生感应电流——涡流。该涡流与旋转磁场相互作用后就带动铝盘朝旋转磁场方向转动，当铝盘转动力矩与盘状弹簧力平衡时，指针就指示出一定的车速值。

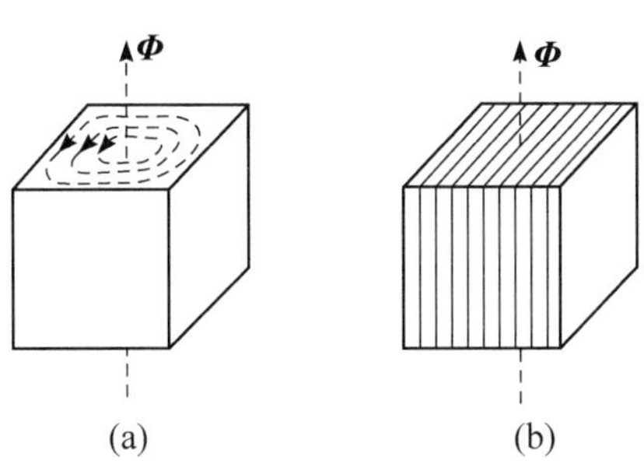

图 3—14　涡流损耗

(a) 涡流　(b) 硅钢片叠成的铁心

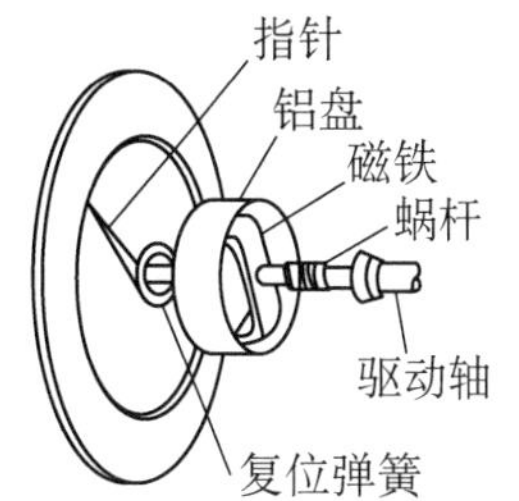

图 3—15　机械传感式车速表原理

综上所述，交流铁心线圈的功率损耗为

$$P = P_{Cu} + P_{Fe} \tag{3—10}$$

$$P_{Fe} = P_h + P_e \tag{3—11}$$

3.5 变压器

学习目标

了解特殊变压器的应用，掌握变压器的结构和工作原理，尤其是电压变换、电流变换和阻抗变换的计算，牢固掌握变压器在汽车电路中的应用。

变压器是利用电磁感应原理制成的，它是传输电能或信号的静止电器，它有变压、变流、阻抗变换及电隔离作用。它的种类很多，应用十分广泛。如在电力系统中把发电机发出的电压升高，以达到远途传输，到达目的地后再用变压器把电压降低供用户使用；在实验室里用自耦变压器（调压器）改变电源电压；在测量电路中，利用变压器原理制成各种电压互感器和电流互感器以扩大对交流电压和交流电流的测量范围；在功率放大器和负载之间用变压器连接，可以达到阻抗匹配，即负载上获得最大功率，变压器虽然用途及种类各异，但基本工作原理是相同的。

3.5.1 变压器的结构和工作原理

1. 变压器的结构

变压器由铁心和绕组两部分组成。变压器的铁心有心式和壳式两种不同的结构形式，图 3—16（a）所示为心式变压器，图 3—16（b）所示为壳式变压器。

铁心是用 0.35mm～0.5mm 的硅钢片叠压而成，为了降低磁阻，一般用交错叠安装的方式，即将每层硅钢片的接缝处错开。

如图 3—17（a）所示，这是一个简单的双绕组心式变压器，在一个闭合铁心上套有两组绕组。N_1 为一次绕组的匝数，一次绕组也称为原绕组或原边。N_2 为二次绕组的匝数，二次绕组也称为副绕组或副边。通常绕组都用铜或铝制漆包线绕制而成。变压器的图形符号如图 3—17（b）所示。

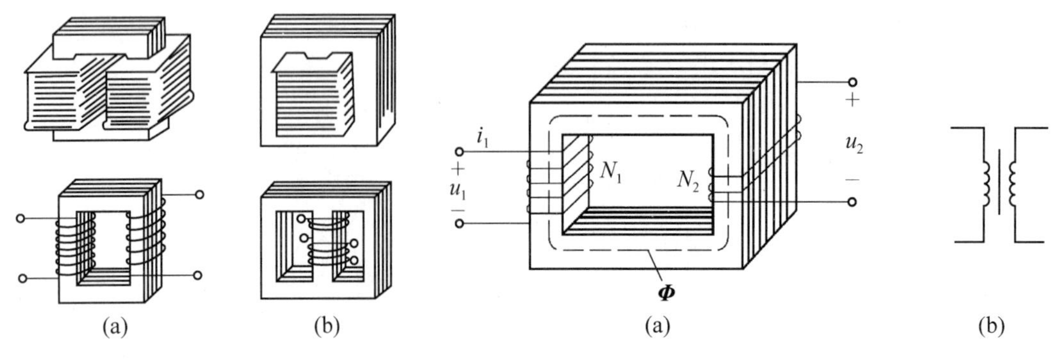

图 3—16 变压器铁心

（a）心式变压器 （b）壳式变压器

图 3—17 变压器结构示意图

（a）变压器结构 （b）变压器的图形符号

2. 变压器的工作原理

（1）空载运行（变压作用）。变压器一次绕组接上交流电压 u_1，二次绕组开路，这种状态称为空载运行。此时二次绕组电流为 $i_2=0$，电压为开路电压 u_{20}，一次绕组通过电流

为 i_{10}（空载电流）如图3—18所示。

如果忽略漏磁通及一次绕组电阻的影响，则有

$$u_1 \approx e_1 = 4.44fN_1\boldsymbol{\Phi}_m \tag{3—12}$$

同理

$$u_{20} \approx e_2 = 4.44fN_2\boldsymbol{\Phi}_m \tag{3—13}$$

由式（3—12）和式（3—13）得

$$\frac{u_1}{u_{20}} = \frac{e_1}{e_2} = \frac{4.44fN_1\boldsymbol{\Phi}_m}{4.44fN_2\boldsymbol{\Phi}_m} = \frac{N_1}{N_2} = K \tag{3—14}$$

可见，变压器空载运行时，一、二次绕组上电压的比值等于两者的匝数比。该比值称为变压器的变压比，简称变比，用 K 表示。

当输入电压 u_1 不变时，改变变压器的变比就可以改变输出电压 u_2，这就是变压器的变压作用。若 $N_1 < N_2$，$K<1$，为升压变压器，反之为降压变压器。

（2）负载运行（变流作用）。变压器的二次绕组接有负载，称为负载运行。此时在二次绕组电动势 e_2 的作用下，将产生二次绕组电流 i_2，而一次绕组电流由 i_{10} 增加为 i_1，如图 3—19 所示。

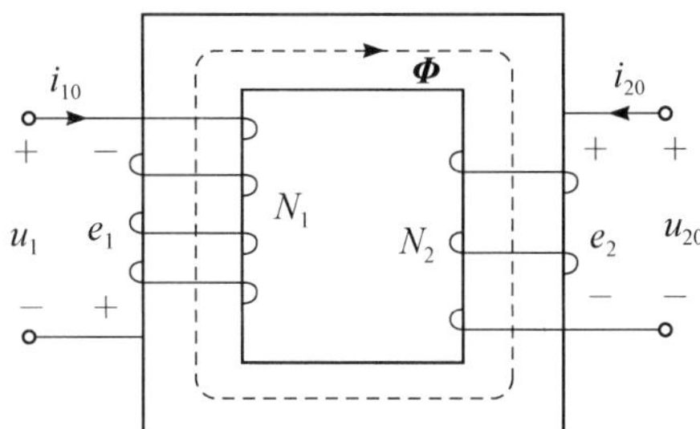

图 3—18　变压器的空载运行

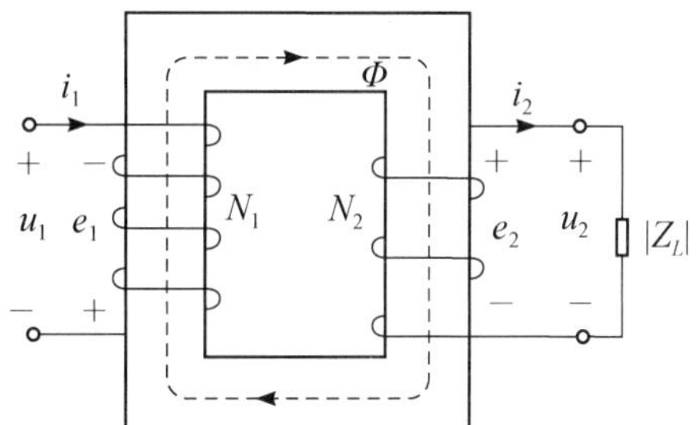

图 3—19　变压器的负载运行

为什么一次绕组的电流会由 i_{10} 增至 i_1 呢？因为二次绕组有电流 i_2 后，二次绕组的磁通势 N_2i_2 也要在铁心中产生磁通。此时变压器的铁心中的主磁通是由一、二次绕组的磁通势共同产生的。N_2i_2 的出现将改变铁心中原有的主磁通，但在一次绕组的外加电压（电源电压）不变的情况下，主磁通基本保持不变，因而一次绕组的电流必须由 i_{10} 增到 i_1，以抵消二次绕组电流 i_2 产生的磁通。这样才能保证铁心中原有的主磁通不变。其磁通势平衡方程为

$$N_1\dot{i}_1 + N_2\dot{i}_2 = N_1\dot{i}_{10} \tag{3—15}$$

可是变压器负载运行时，一、二次绕组的磁通势方向相反，即二次绕组电流 i_2 对一次绕组电流 i_1 产生的磁通有去磁作用，当 i_2 增加时，铁心中的磁通将减小，于是一次绕组电流 i_1 必然增加以保持主磁通基本不变。无论 i_2 如何变化，i_1 总能按比例自动调节，以适应负载电流的变化。由于空载电流很小，因此它产生的磁通势 N_1i_{10} 可忽略不计。故

$$N_1\dot{i}_1 \approx -N_2\dot{i}_2 \tag{3—16}$$

于是变压器一、二次绕组电流有效值的关系为

$$\frac{i_1}{i_2} = \frac{N_2}{N_1} = \frac{1}{K} \tag{3—17}$$

由此可知，当变压器负载运行时，一、二次绕组电流之比近似等于其匝数之比的倒数。改变一、二次绕组的匝数就可以改变一、二次绕组电流的比值，这就是变压器的变流作用。

（3）阻抗变换作用。变压器除了能起变压作用，变流作用外，它还有变换阻抗的作用，以实现阻抗匹配。即负载上能获得最大功率。如图 3—20 所示，变压器原边接电源 u_1，副边接负载 $|Z_L|$，对于电源来说，图中点画线内的电路可用另一个等效阻抗 $|Z'_L|$ 来等效代替。所谓等效，就是它们从电源吸收的电流和功率相等，两者的关系由下式计算得：

$$|Z'_L| = \frac{U_1}{i_1} = \frac{(N_1/N_2)U_2}{(N_2/N_1)i_2} = \left(\frac{N_1}{N_2}\right)^2 |Z_L| = K^2 |Z_L|$$

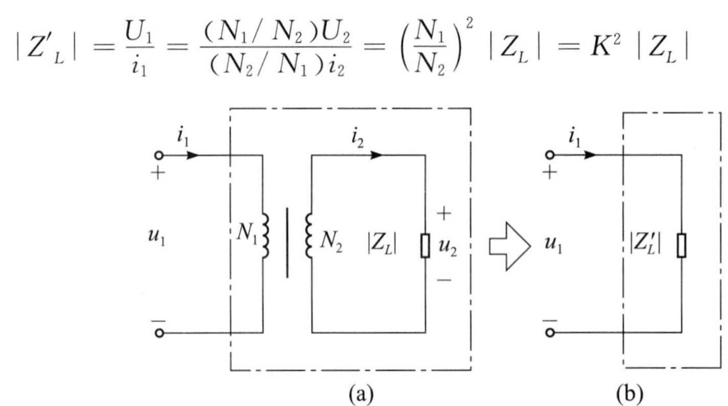

图 3—20　变压器的阻抗变换作用

（a）变压器电路　（b）等效电路

可见，匝数不同，实际负载阻抗 $|Z_L|$ 折算到原边的等效阻抗 $|Z'_L|$ 也不同，人们可以用不同的匝数比，把实际负载变换为所需要的比较合适的数值，这种做法通常称为阻抗匹配。在电子电路中经常这样。

【例 3.1】图 3—21 中信号源 $U_S=1.0V$，内阻 $R_0=200\Omega$，负载电阻 $R_L=8\Omega$，今欲使负载从信号源获得最大功率，试求变压器的变比。

解：若要负载获得最大功率，应使其等效负载等于电源内阻

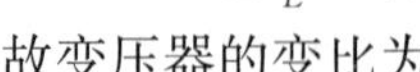

$$Z'_L = k^2 R_L = R_0$$

故变压器的变比为

$$k = \sqrt{\frac{R_0}{R_L}} = \sqrt{\frac{200}{8}} = 5$$

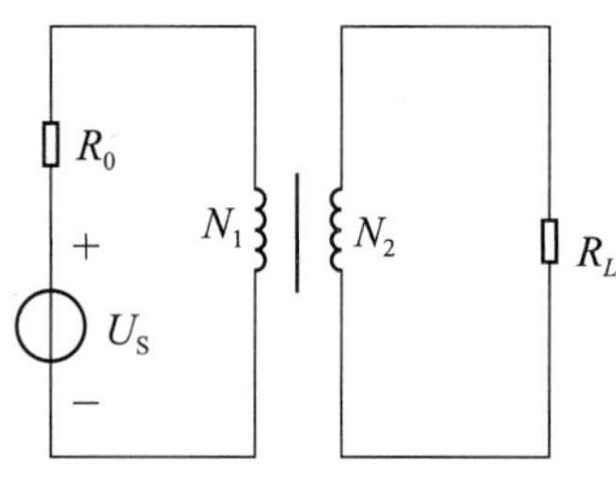

图 3—21　例 3.1 示意图

3.5.2　变压器的额定值

1. 额定电压 U_{1N}、U_{2N}

原边额定电压 U_{1N} 是根据绕组的绝缘强度和允许发热所规定的应加在原边绕组上的正常工作电压的有效值，副边额定电压 U_{2N}，在电力系统中是指变压器原边施加额定电压时的副边空载的电压有效值。

2. 额定电流 I_{1N}、I_{2N}

原、副边额定电流 I_{1N}、I_{2N} 是指变压器在连续运行时，原、副边绕组允许通过的最大

电流的有效值。

3. 额定容量 S_N

额定容量 S_N 是指变压器副边额定电压和额定电流的乘积，即副边的额定功率。$S_N = U_{2N}I_{2N}$。额定容量反映了变压器所能传送电功率的能力，但不要把变压器的实际输出功率与额定容量相混淆。

4. 额定频率 f_N

额定频率 f_N 是指变压器应接入的电源频率，我国电力系统的标准频率为50Hz。

3.5.3　特殊变压器

1. 自耦变压器

如果原、副边共用一个绕组，使低压绕组成为高压绕组的一部分，如图3—22（a）所示，就称为自耦变压器。

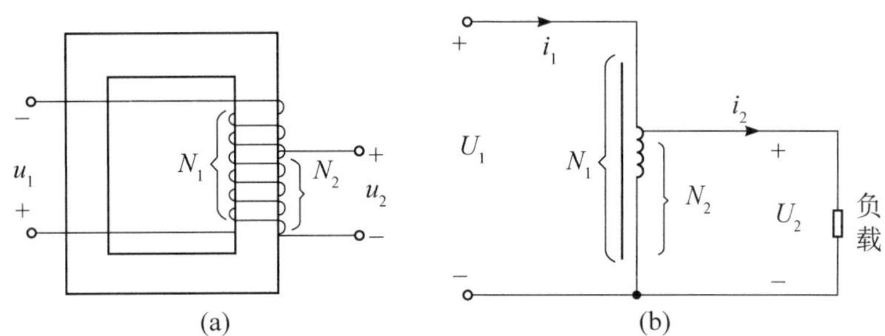

图3—22　自耦变压器

（a）示意图　（b）电路

与普通变压器相比，自耦变压器用料少，质量小，尺寸小，但由于原、副边绕组之间，既有磁的联系又有电的联系，故不能用于要求原、副边电路隔离的场合。同时使用时应特别注意它的高压侧和低压侧不能倒用。

在实用中为了得到连续可调的交流电压，常将自耦变压器的铁心做成圆形。副边抽头做成滑动的触头，可自由滑动。如图3—23所示，当用手柄转动触头时，就改变了副边匝数，调节了输出电压的大小，这种变压器称为自耦调压器。

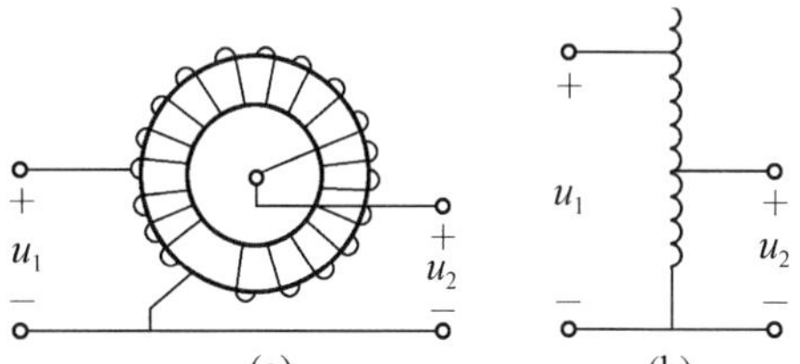

图3—23　自耦调压器

（a）示意图　（b）图形符号

使用自耦变压器的注意事项：

（1）原、副边不能对调使用，否则可能会烧坏绕组，甚至造成电源短路。

（2）接通电源前，应先将滑动触头调到零位，接通电源后再慢慢转动手柄，将输出电压调至所需值。

2. 仪用互感器

专供测量仪表使用的变压器称为仪用互感器，简称互感器。互感器的作用是使测量仪器表与高压电路绝缘，以保证工作安全、扩大测量仪表的量程。

按用途的不同，互感器可分为电压互感器和电流互感器两种。

电压互感器可用于扩大交流电压表的量程。工作原理与普通变压器空载情况相似。为了工作安全，电压互感器的铁壳及二次绕组的一端必须接地。

电流互感器用于扩大交流电流表的量程。

在电流互感器的一次绕组接入一次侧电路之前，必须先把电流互感器的二次绕组连成闭合回路且在工作中不允许断开。

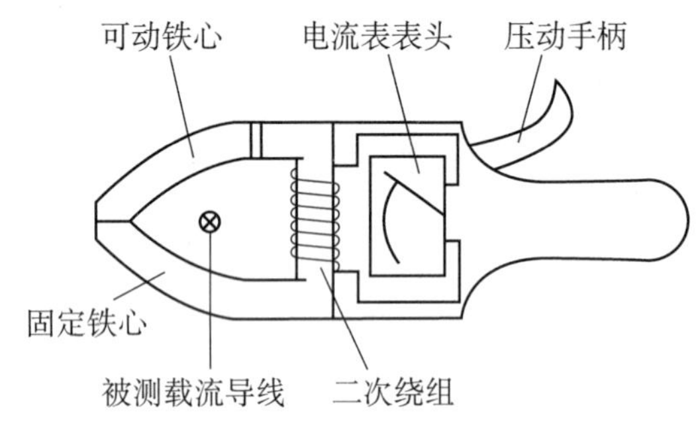

图 3—24 钳形电流表

钳形电流表如图 3—24 所示，是电流互感器的另一种应用形式。钳形电流表由一只同电流表接成闭合回路的二次绕组和一只铁心构成，其铁心可以开合。在测量时，先张开铁心，把待测电流的一根导线放入钳中，再把铁心闭合。这样，载流导线便成为电流互感器的一次绕组，经过变换后，在电流表上可直接指出被测电流的大小。

3.6 电磁铁和继电器

学习目标

掌握电磁铁和继电器的结构、工作原理及其在汽车电路中的应用。

3.6.1 电磁铁

1. 电磁铁的结构与工作原理

电磁铁是利用通电的铁心线圈产生的电磁力或力矩吸引衔铁或保持某种工件于固定位置，通过将电磁能转化为机械能来实现各种控制的一种电器。电磁铁的励磁线圈通入电流后，电磁铁铁心和衔铁端面上出现了不同磁极，彼此相吸，使衔铁吸向铁心，从而带动执行机构作直线或回转运动。

电磁铁主要由励磁线圈、铁心（也叫静铁心）和衔铁（也叫动铁心）等部分组成，如图 3—25 所示。

电磁铁在汽车上应用广泛，如汽车泵进出油阀的启闭，气电喇叭发声，汽车电子喷射及 ABS 油阀等都是由电磁铁来控制的。

2. 电磁铁的分类

按励磁线圈通入电流的不同，电磁铁分为直流电磁铁和交流电磁铁两类。在汽车电控系统中多为直流电磁铁。

按产生电磁吸力原理的不同，电磁铁大体可分为三大类。

（1）拍合式电磁铁。拍合式电磁铁的特点是，衔铁做成片状，处于线圈的端部或侧面，当励磁线圈通电后，衔铁在磁场力作用下，将沿着磁感线方向移动或转动一个不太大的距离或转角，使工作气隙减小，如图 3—25 所示。它一般适用于吸力和移动距离或转角都不太大的场合。

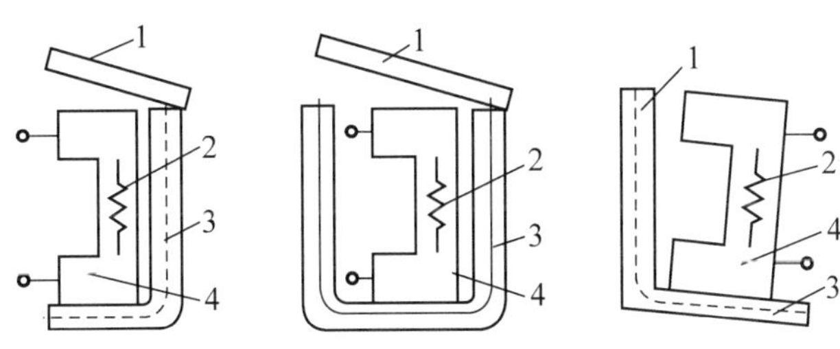

图 3—25　拍合式电磁铁

1—衔铁　2—线圈　3—铁轭　4—铁心

(2) 吸入式电磁铁。吸入式电磁铁的特点是，被吸动的部分是一个圆杆形的铁心（衔铁），它位于螺管线圈中，如图 3—26 所示。线圈通电后，衔铁被更深地吸进线圈里，做直线运动。在吸入式电磁铁中，除了动、静铁心之间的工作气隙中主磁通会产生电磁吸力外，衔铁和线圈之间的气隙中的漏磁通也会产生同方向的电磁吸力。因此它适用于较大工作行程和较大吸力的场合，如气动和液动阀门及其他吸力电磁铁。

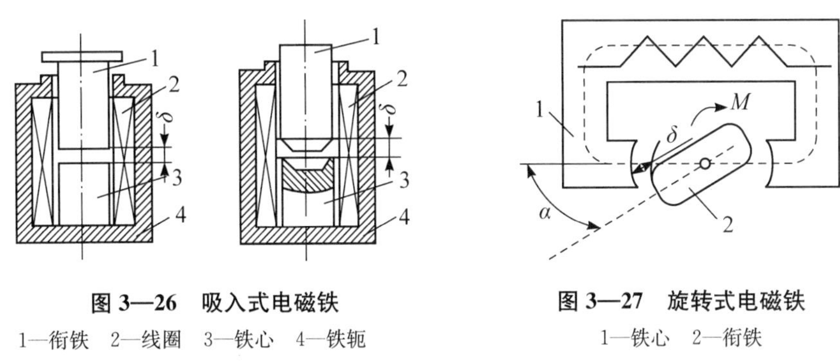

图 3—26　吸入式电磁铁

1—衔铁　2—线圈　3—铁心　4—铁轭

图 3—27　旋转式电磁铁

1—铁心　2—衔铁

(3) 旋转式电磁铁。旋转式电磁铁如图 3—27 所示，它的特点是，铁心上的线圈通电后，衔铁的运动方向不是沿着磁感线的方向，因为磁感线总是力图通过磁阻最小的路径而闭合。因此，其电磁力矩的方向总是使衔铁运动到整个磁路内磁阻最小的位置（$\alpha=0$ 的位置）。旋转式电磁铁的经济性较差，即在做同样机械功时，它的体积和重量要比前两种大，功率也较大。但是它能得到较大的转角（可达 60°～90°），并且可能通过改变磁极极面形状来改变其吸力和转角的关系。因此，在某些特殊用途的电磁元件中得到应用，如力矩电动机、微动同步器等。

3. 电磁铁在汽车上的应用

电磁铁在汽车上的典型应用就是触点式电压调节器和汽车电喇叭。

(1) 触点式电压调节器。触点式电压调节器利用电磁铁在不同电流下的磁力变化使衔铁触点断开或吸合，控制发电机励磁电路的闭合与断开，达到调节发电机输出电压的目的。

图 3—28 所示为 FT-61 型双级触点式电压调节器的结构。动触点在两个静触点中间形成一对动断的低速触点 K_1，另一对动合的高速触点 K_2 能调节两级电压，故称为双级触点式。高速静触点与金属底座直接搭铁。对外只有点火（或火线、电枢、A、S、＋）和磁场（或 F）两个接线柱。

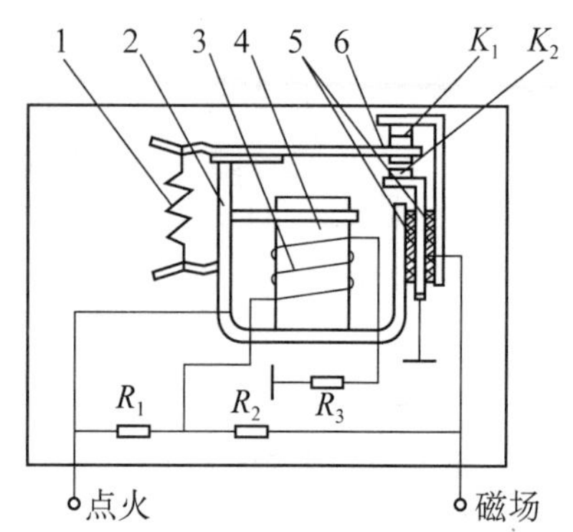

图 3—28　FT-61 型双级触点式电压调节器原理图

1—拉力弹簧　2—磁轭　3—电磁线圈　4—电磁铁心　5—绝缘板　6—动臂

K_1 低速触点　K_2 高速触点　R_1 加速电阻　R_2 调节电阻　R_3 温度补偿电阻

低速触点 K_1 和加速电阻 R_1、调节电阻 R_2 并联；高速触点 K_2 与发电机励磁绕组并联；温度补偿电阻 R_3 串入磁化线圈电路中。另外还有电磁铁心、磁化线圈、活动触点臂衔铁、接力弹簧等元件。硅整流发电机输出电压的高低，取决于转子的转速和磁极磁通。保持电压恒定的调控原理，只能在转速升高时，相应减弱磁通，而减弱磁通只能以减小励磁电流来实现。FT-61 型双级触点式电压调节器就是控制硅整流发电机励磁电流的大小来控制发电机输出电压的。

(2) 电喇叭。电喇叭利用衔铁触点控制电磁铁电路的通断，使电磁铁不断吸合和断开，产生振荡，发出鸣叫音。

汽车电喇叭靠电磁原理使膜片振动而发出声音警报信号。电喇叭由电磁铁、可动的衔铁、膜片和常闭的触点等构成，如图 3—29 (a) 所示。触点与电磁线圈串联，其中一个触点依附于衔铁。

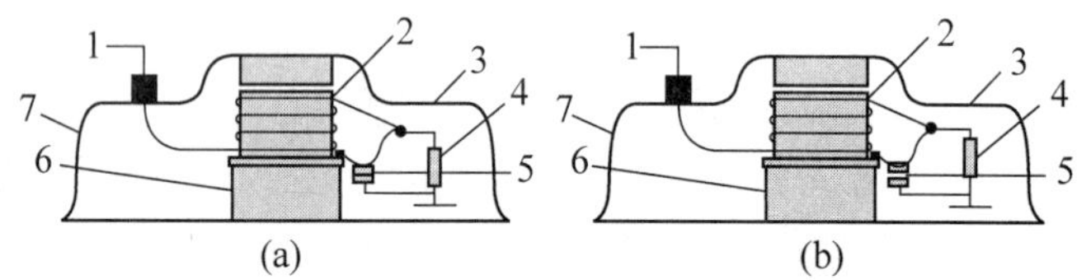

图 3—29　电喇叭结构示意图

(a) 触点闭合　(b) 触点打开

1—接蓄电池正极　2—电磁线圈　3—部分外壳　4—内装电阻　5—触点　6—衔铁　7—膜片

当电流流过电磁线圈时，线圈便建立起吸引可动衔铁的磁场，周边被固定的膜片，随着衔铁移动，衔铁移动导致触点打开，如图 3—29 (b) 所示，从而断开电路，膜片回到它的原来位置，触点再次闭合而重复上述动作。这便引起膜片以每秒数次的频率来回振动。膜片振动，引起电喇叭里面的空气柱振动，从而发出声音。

3.6.2 继电器

1. 继电器的类型

继电器是自动控制电路中常用的一种元件，是用较小的电流来控制较大电流的一种自动开关，在电路中起着自动操作、自动调节、安全保护等作用。

继电器种类繁多，按输入信号的不同可分为电压继电器、电流继电器、功率继电器、压力继电器、温度继电器等；按工作原理可分为电磁式继电器、感应继电器、干簧式继电器、电动式继电器、电子式继电器等；按触点状态的不同可分为常开型继电器、常闭型继电器和混合型继电器。

电磁式继电器成本较低，便于控制执行部件，因此在汽车电路中被广泛采用。

2. 电磁式继电器的结构

电磁式继电器是以电磁系统为主体构成的，图 3—30 所示为电磁式继电器的结构和符号，当继电器线圈通以电流时，在铁心、轭铁、衔铁和工作气隙中形成磁通回路，从而使衔铁受到电磁吸力的作用而吸向铁心，此时衔铁带动支杆而将板簧推开，使一组或几组动断触点断开（也可以使动合触点接通）。当切断继电器线圈的电流时，电磁力失去，衔铁在板簧的作用下恢复原位，触点又闭合。

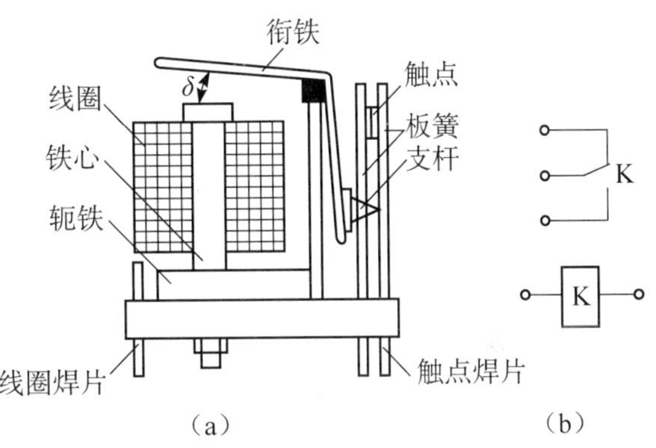

图 3—30　电磁式继电器结构和符号

（a）结构　（b）符号

3. 继电器的符号

在电路中，表示继电器时只要画出它的线圈和与控制电器有关的接点组就可以了。继电器的线圈用一个长方框符号表示，同时在长方框内或框旁标上这个继电器的文字符号“K”。

在汽车电路中，按电路连接的需要，把各个触点分别画在各自的控制电路中，同时在属于同一继电器的线圈和触点旁边注上相同的文字符号，并把触点组编号，如图 3—31 所示。

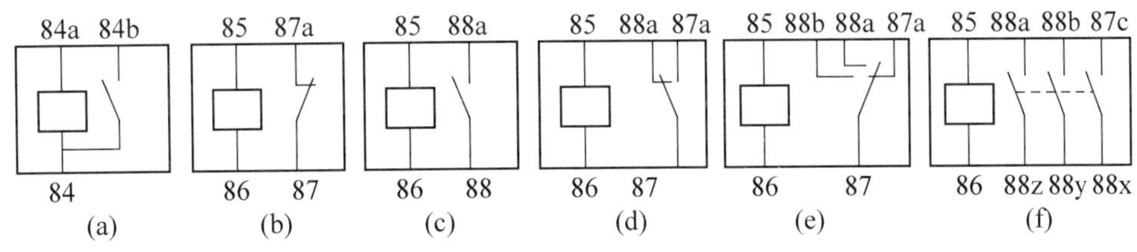

图 3—31　汽车用继电器图形符号

（a）绕组与触点共用一个接线柱　（b）一个动断触点　（c）一个动合触点

（d）一组转换触点　（e）两组转换触点　（f）三个动合触点

汽车用继电器的接线柱标记请查阅相关手册。

4. 汽车用继电器的主要参数

（1）功率。指继电器线圈使用的额定电压和额定功率。

（2）线圈电压。指继电器正常工作时线圈需要的电压值。汽车继电器的电压均与汽车电源相一致，分 12V 和 24V 两种。

(3) 线圈电阻。指线圈的电阻值，可以根据线圈电阻来求线圈的工作电压或工作电流。

(4) 触点负荷。指触点的负载能力，有时也称为触点容量。因为继电器的触点在切换时要承受一定的电压和电流，因而影响继电器的使用寿命。

5. 继电器在汽车上的应用

由于汽车电气系统电压较低，较大功率的电器设备的工作电流较大，这样大的电流如果直接用开头进行通断控制，开头的触点将因无法承受大电流的通过而烧毁。汽车上经常利用开关控制继电器的吸合与断开，再利用继电器的触点控制电器设备的通断。汽车上常用的继电器很多，现简要介绍起动继电器和喇叭继电器的工作过程。

(1) 起动继电器。在采用电磁啮合式起动机的起动电路中，起动开头常与点火开头制成一体，由于通过起动机电磁开头（吸引线圈和保持线圈）的电流很大，而使点火开关早期损坏。为此，在有些汽车上，点火开关和起动机电磁开关之间装有起动继电器，如图3—32所示。当点火开关转到起动位置时，起动继电器线圈中有电流通过，铁心磁化，常开触点闭合，接通了从蓄电池到起动机电磁开关的电路，吸引线圈和保持线圈通电。其电路为

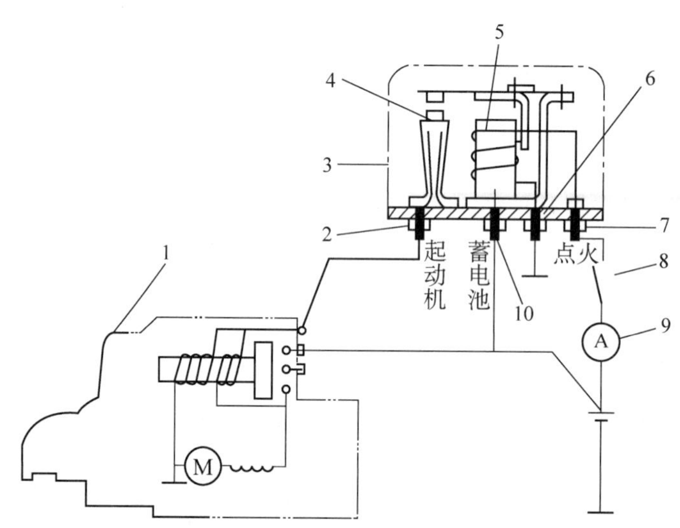

图3—32 电磁啮合式起动机的控制电路

1—起动机 2—起动机接线柱 3—起动继电器 4—常开触点 5—线圈 6—搭铁接线柱 7—点火开关接线柱 8—点火开关 9—电流表 10—蓄电池接线柱

蓄电池正极→蓄电池接线柱→衔铁→常开触点→起动机接线柱→起动机电磁开关接线柱，起动机开始工作，使发动机起动。发动机起动后，切断起动开关，起动机才停止工作。由于通过起动继电器线圈的电流较小，从而保护了起动开关。

(2) 喇叭继电器。图3—33所示为喇叭继电器的应用电路。蓄电池电压加到继电器线圈的一端，另一端接喇叭按钮。喇叭按钮是常开式开关，

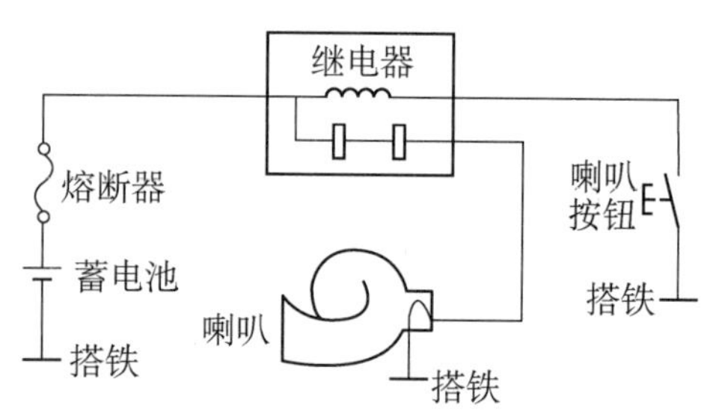

图3—33 喇叭继电器的应用示意图

其一端搭铁。因此只要按下喇叭按钮便接通电路。电路接通后继电器得电，线圈建立磁场，磁场将触点吸合，蓄电池电压便加到喇叭上。控制电路只需 0.25A 电流流过，而喇叭发声需要 20A～30A 以上的电流，继电器的作用就是产生使喇叭发声所需要的电流。

3.7 汽车用交流发电机

学习目标

掌握交流发电机的结构、工作原理及工作特性。

汽车用电均为直流电，当汽车电源系统的交流发电机工作时，发电机所产生的是正弦交流电，经过整流装置、电压调节器等设备或器件将正弦交流电转变成直流电。目前，国内外生产的汽车交流发电机其结构基本相同，都是三相同步交流发电机。

3.7.1 汽车用交流发电机的结构

三相同步交流发电机的结构如图 3—34 所示，由风扇、V 形带轮、转子总成、定子总成、端盖、电刷与刷架等部件组成。

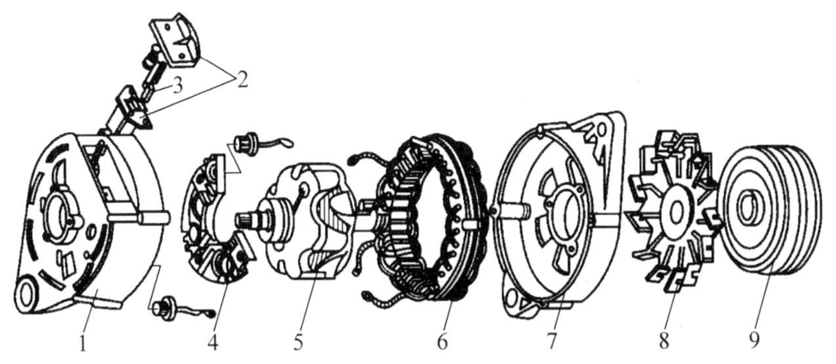

图 3—34 交流发电机的结构

1—端盖 2—电刷架 3—电刷 4—元件板 5—定子总成
6—转子总成 7—前端盖 8—风扇 9—皮带轮

1. 风扇与 V 形带轮

常见的风扇一般由钢板冲制卷角而成，用半圆键安装在前端盖外侧的转轴上。它将机内的空气通过前端盖上的通风孔吸出来，使空气高速流经发电机内部对发电机制转子线圈和定子线圈进行强制冷却。

V 形带轮通过 V 形带将发动机的转矩传给转子。带轮通常用铸铁铸造，有单槽和双槽两种，用半圆键装在转子轴上，再用弹簧垫圈和螺母紧固。

2. 转子总成

转子总成是交流发电机的磁极部分，用来产生磁场。它由转子轴、两块爪形磁极、励磁绕组、集电环等组成，如图 3—35 所示。

3. 定子总成

定子总成是三相交流发电机的电枢，用来产生三相交流电。它由定子铁心和三相绕组组成。定子铁心用硅钢片冲制叠压而成。铁心内圆冲有线槽，以便安放三相绕组，如图3—36所示。三相绕组对称嵌在定子铁心槽内，三相绕组多为星形联结，一般留有中性线。每个绕组的线圈个数、每个线圈的节距和匝数都完全相等。绕组起端在定子槽内的排列相隔120°。

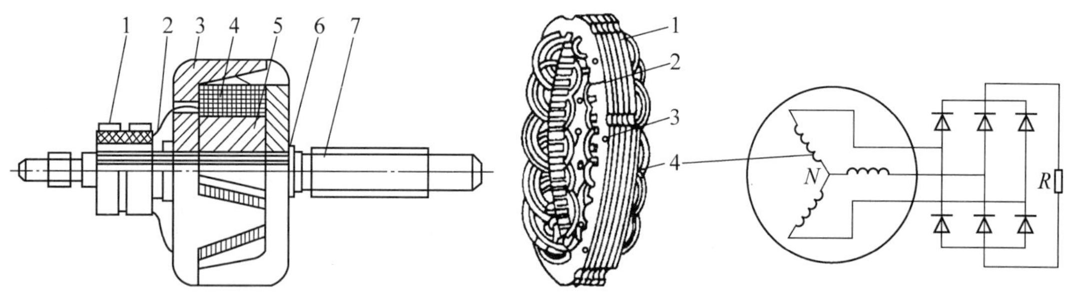

图3—35　转子总成

1—集电环　2—引线　3—爪形磁极　4—励磁绕组　5—磁轴　6—定位圈　7—转子轴

图3—36　定子结构与三相绕组的星形联结图

1—定子铁心　2—定子槽　3—铆钉　4—绕组

4. 端盖

端盖分前端盖和后端盖，用铝合金或翻砂铸成，用于支承转子，封闭内部结构。前端盖铸有安装臂，用于安装与调整V形带松紧度。后端盖内装有电刷和刷架。

5. 电刷与刷架

两只电刷装在刷架的孔内，借弹簧的压力与滑环保持接触，将直流电引入励磁绕组。一个电刷的引线接到发电机后端盖外部的接线柱上，成为发电机的磁场（F）接线柱，另一个电刷接到搭铁位置（分内搭铁和外搭铁），如图3—37所示。

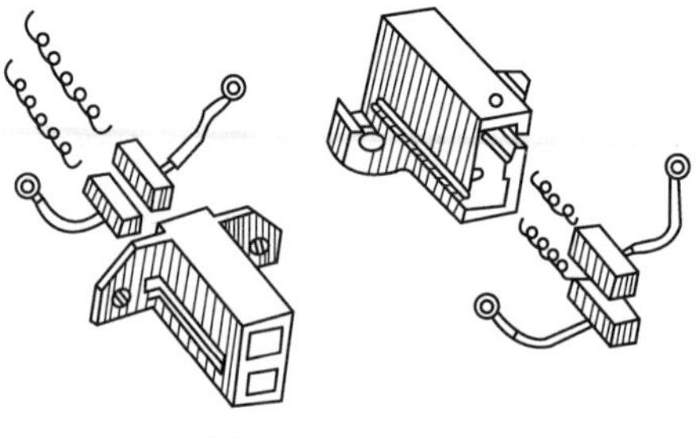

（a）　（b）

图3—37　电刷和电刷架

（a）内装式　（b）外装式

3.7.2　汽车用交流发电机的工作原理

汽车交流发电机是利用电磁感应的原理进行工作的。当励磁线圈通以直流电时，磁极被磁化产生磁场。磁感线在转子的N极、转子与定子间的气隙、定子铁心和S极之间构成闭合磁路。

交流发电机发电时，由蓄电池给励磁绕组提供直流电流，即他励；当发电机达到蓄电池电压时，就由发电机供给励磁电流，即自励。

当转子旋转时，励磁线圈所产生的磁场也随之转动，形成旋转磁场。固定不动的三相定子绕组在旋转磁场作用下，产生了交流电动势，如图3—38所示。根据三相绕组的结构可以产生三个频率相同、幅值相等、相位相差120°的正弦电动势，其瞬时值可以表示为

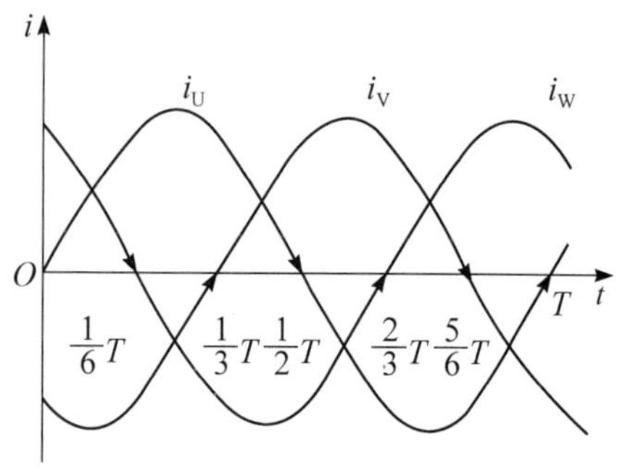

图3—38　三相交流电

$$e_U = E_m \sin \omega t$$
$$e_V = E_m \sin (\omega t - 120°)$$
$$e_W = E_m \sin (\omega t + 120°)$$

式中 E_m 为每相电动势幅值、ω 为角频率。

对于定型的三相同步交流发电机来说，在略去发电机内部压降的情况下，每相绕组的相电压可表示为

$$U_p = Cn\boldsymbol{\Phi} \tag{3—17}$$

式中 U_p 为每相绕组的相电压、C 为电机常数、n 为转子的转速、$\boldsymbol{\Phi}$ 为每极的磁通。式（3—17）表明，在结构常数确定的情况下，发电机电压的大小与转速和磁通成正比。

发电机是利用发动机驱动而发电，当发动机转速变化时，发电机的电压也会变化，因此需要利用电压调节器来调节电压值。这部分内容将在第 5 章阐述。

3.7.3　汽车用交流发电机的工作特性

汽车交流发电机的工作特性是指发电机输出电压经整流后的直流输出电压与电流、转速之间的关系。它包括输出特性、空载特性和外特性。其中输出特性尤为重要。由式（3—17）可以看出，输出电压与转速成正比，而发动机转速变化范围又很大，因此，发动机工作特性的研究必须基于发动机的转速来进行。

1. 输出特性

输出特性也叫负载特性，是指发电机输出电压 U 一定时（对 12V 发电机规定为 14V，对 24V 发电机规定为 28V）发电机的输出电流 I 与转速 n 的关系，即 $I=f(n)$ 曲线，如图 3—39 所示。

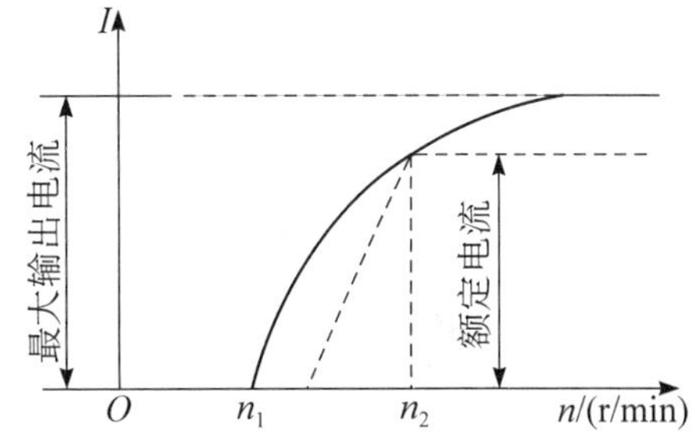

图 3—39　交流发电机的输出特性

从输出特性曲线可以看出：

（1）当发电机的转速很低时，其端电压低于额定电压，此时发电机不能向外供电；当发动机转速达到空载转速 n_1 时，电压达到额定值；当转速高于空载转速 n_1 时，发电机向外供电。空载转速 n_1 为选择发电机与发动机转速比的主要依据。

（2）当发电机的转速超过 n_1 时，发电机输出电流 I 随着转速 n 的升高及负载电阻 R 的减小而增大；当转速等于 n_2 时，发电机输出额定功率，因此将 n_2 称为满载转速。空载转速和满载转速是发电机的主要性能指标，使用时要经常查看其是否符合规定值，即发电机是否处于良好的工作状态。

（3）当发电机转速达到一定值时，输出电流不再随转速的升高和负载电阻的减小而增大。此时的电流为发电机的最大输出电流，该性能表明发电机具有自动限制电流的自我保护能力。交流发电机的最大输出电流约为额定电流的 1.5 倍。

2. 空载特性

空载特性，是指发电机空载时端电压 U 与转速之间 n 的关系，即 $U=f(n)$ 曲线，如图 3—40 所示。

从图 3—37 可以看出，随着转速的升高，端电压上升较快，由他励变为自励时，除供给用电设备电能外，向蓄电池充电。空载特性反映了交流发电机性能的好坏。

3. 外特性

外特性是指发电机转速一定时，发电机端电压与输出电流之间的关系，即 $U=f(I)$ 曲线，图 3—41 所示为一组不同转速 n 时的外特性曲线。

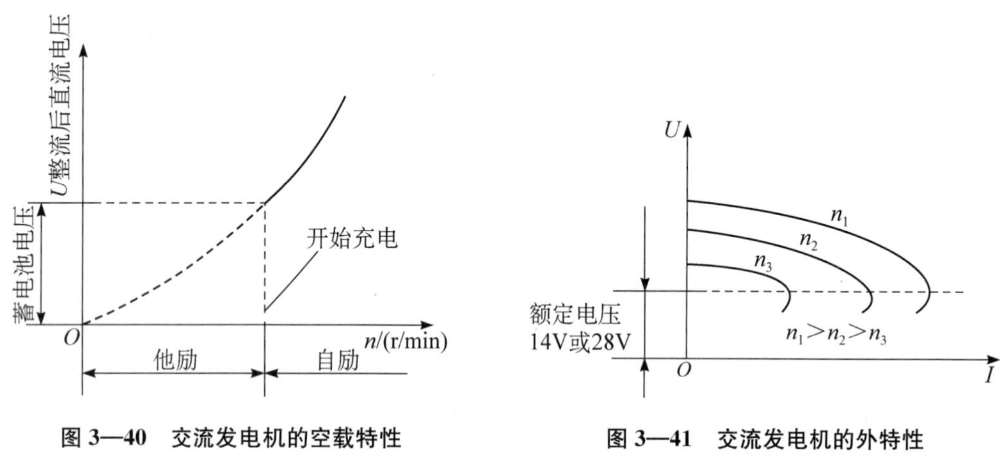

图 3—40　交流发电机的空载特性

图 3—41　交流发电机的外特性

从图 3—41 可以看出，发电机转速越高，端电压越高，输出电流越大。当保持一定转速时，端电压随输出电流的增大而下降。由于端电压受转速和负载变化的影响，交流发电机必须配用电压调节器才能保持电压的恒定。否则，当发电机高速运转时，若突然失去负载，其电压会突然升高，可能击穿电子元件和烧毁用电设备。

3.8 汽车用直流电动机

学习目标

掌握串励式直流电动机的结构、工作原理、机械特性，了解直流电机的起动、调速、反转的原理，掌握步进电动机的工作原理。

直流电动机是将直流电能转换为机械能的装置。直流电动机跟交流电动机相比具有较好的调速和起动性能，这对汽车电气设备的工作是重要的。

串励式直流电动机起动转矩和过载能力较大，同时转速随负载变化明显，且输出功率变化不大。基于这些优点，串励式直流电动机在汽车上得到广泛应用。现以串励式直流电动机为例学习直流电动机的结构、工作原理及机械特性等。

3.8.1　串励式直流电动机的结构

串励式直流电动机主要由磁极、电枢、机壳、端盖、电刷与刷架等组成，如图 3—42 所示。

1. 磁极（定子）

电枢由主磁极、换向磁极、机座和电刷等组成，如图 3—43 所示。

主磁极由铁心和励磁绕组组成，励磁绕组通以励磁电流产生主磁场，为了增大起动转

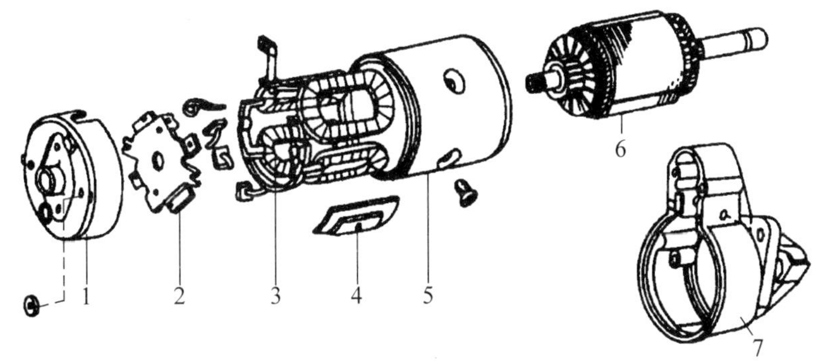

图 3—42　直流电动机的结构

1—端盖　2—电刷和刷架　3—励磁绕组　4—磁极铁心　5—机壳　6—电枢　7—后端盖

矩，磁极数一般为 4 个或以上，如图 3—44 所示。

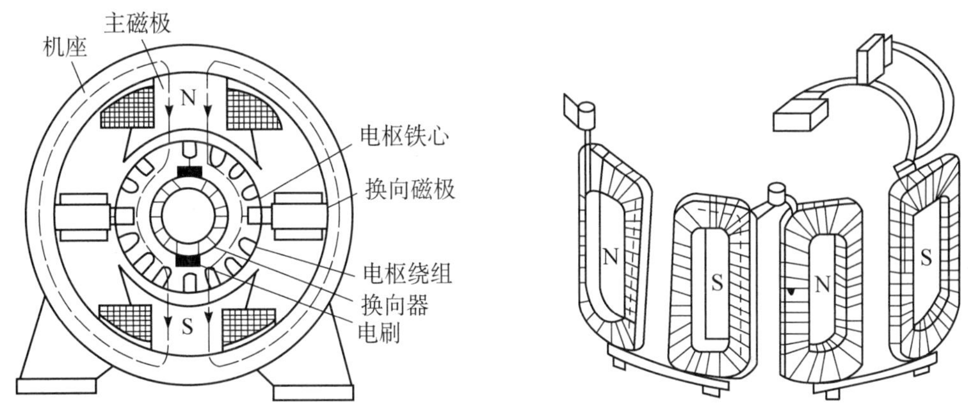

图 3—43　直流电动机的电枢　　　**图 3—44　直流电动机主磁极的励磁绕组**

换向磁极由换向磁极铁心和绕组组成，位于两主磁极之间，并与电枢串联，通以电枢电流，产生附加磁场，以改善电动机的换向条件。减小换向器上的火花，在小功率直流电动机中不装换向磁极。

机座由铸钢或原钢板制成，用以安装主磁极和换向器等部件，并保护电动机，它既是电动机的外壳，又是电动机磁路的一部分。

在机座两端各有一个端盖，端盖以中心处装有轴承，用来支持转子和转轴，端盖上还固定有电刷架，用以安装电刷。

2. 电枢（转子）

电枢主要由电枢铁心、电枢绕组、换向器和电枢轴等组成，如图 3—45 所示。

电枢铁心由硅钢片叠压而成，其表面有许多均匀分布的槽，用来嵌入电枢绕组，电枢绕组由许多相同的线圈组成，按一定规律嵌入电枢铁心的槽内并与换向器的两片相连。通以电流时在主磁场的作用下产生电磁转矩。

换向器是直流电动机的特有装置，它由许多楔形铜片组成，各片间用云母或其他垫片绝缘。外表呈圆柱形，装在转轴上，在换向器表面压着电刷，使旋转的电枢绕组与静止的外电路一直相通，以引入直流电。

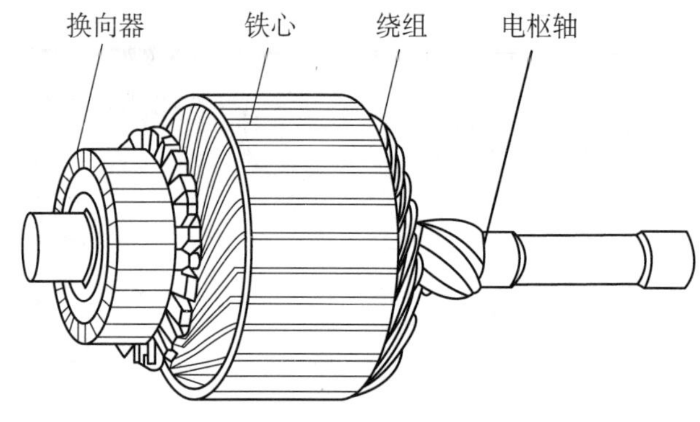

图 3—45　直流电动机电枢

3. 机壳

机壳构成直流电动机的导磁回路。在机壳的一端留有检视孔，以便对电刷和换向器进行检修。

4. 端盖

端盖有两个，前端盖由铸铁浇铸而成，后端盖一般由钢板压制而成，用螺钉固定在底座的两端，盖内有轴承用以支撑旋转的电枢。

5. 电刷与刷架

电刷与换向器配合，将电流引入电动机的励磁绕组及电枢绕组。电刷由铜粉与石墨粉压制而成，以减少电阻，并增加耐磨性。刷架一般都制成框式，固定在后端盖内，正极刷架与端盖绝缘，负极刷架本身搭铁。刷架上装在弹力较强的盘形弹簧，工作中压在电刷后部，以保证电刷与换向器接触良好。

3.8.2　串励式直流电动机的工作原理

1. 转动原理

如图 3—46 所示，当直流电压加在电刷两侧时，直流电流经过电刷 A 换向片 1，线圈 abcd 换向片 2 和电刷 B 形成回路，线圈 ab 边和 cd 边在磁场中受到电磁力的作用，受力方向可由左手定则确定。电磁力将使线圈电枢按逆时针方向旋转。随着电枢的旋转，线圈的

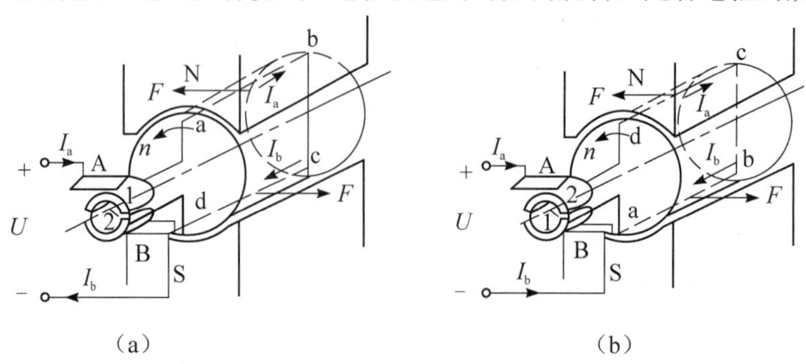

图 3—46　直流电动机工作原理

(a) 线圈初始位置　(b) 线圈转过 180°后

ab 边从 N 极处转到 S 极处，换向片 2 脱离电刷 B 而与电刷接触，这时流经线圈的电流方向相反，但 N 极下导体中电流方向始终不变，因此电磁转矩的大小和方向保持不变，所以，直流电动机通电后能按一定方向连续旋转。

2. 电磁转矩

直流电动机的电磁转矩是由电枢绕组通入直流电流后在磁场中受力而形成的，根据电磁力分布，每根导体所受电磁力为 $F=\boldsymbol{B}IL$。对于给定的电动机，磁感应强度 $\boldsymbol{B}$ 与每极磁通 $\boldsymbol{\Phi}$ 成正比，导体电流 I 与电枢电流成正比，而导体在磁场中的有效长度 L 及转子半径等都是固定的，取决于电动机的结构，因此直流电动机的电磁转矩 $\boldsymbol{T}$ 的大小可表示为

$$\boldsymbol{T}=C_T\boldsymbol{\Phi}I_a \tag{3—18}$$

式中，C_T 为转矩常数，与电动机的结构有关；$\boldsymbol{\Phi}$ 为每极磁通；I_a 为电枢电流。

3. 电枢反电动势和电流

当电枢旋转时，电枢绕组中的导体切割磁力线，因此在导体中又要产生感应电动势，其大小为 $E_a=\boldsymbol{B}LV$，其方向由右手定则确定，该电动势的方向与电枢电流的方向相反，因此称为反电动势，其大小为

$$E_a=C_E\boldsymbol{\Phi}n \tag{3—19}$$

式中，C_E 为电动势常数与电动机的结构有关；n 为电动机转速。

由此可见，直流电动机在旋转时，电枢反电动势 E_a 的大小与每极磁通 $\boldsymbol{\Phi}$ 及电动机转速 n 的积成正比，它的方向与电枢电流方向相反，所以反电动势在电路中起限制电流的作用。图 3—47 所示为直流电动机的电枢电路，由基尔霍夫定律可知，电动机在运行时，基于电枢绕组的端电压 U_a 等于电枢电阻 R_a 的压降 R_aI_a 和反电动势 E_a 之和，即

$$U_a=E_a+I_aR_a \tag{3—20}$$

故电枢电流为

$$I_a=\frac{U_a-E_a}{R_a} \tag{3—21}$$

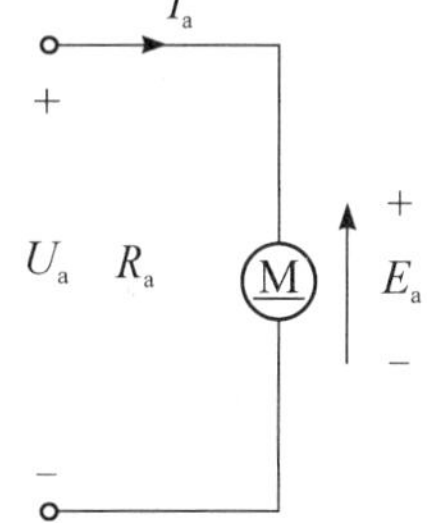

图 3—47　电枢电路

此式说明，电枢电流 I_a 的大小不仅与 U_a、R_a 有关，而且还受到反电动势 E_a 的制约。当 U_a 和 R_a 一定时，I_a 仅取决于 E_a。

3.8.3　串励式直流电动机的机械特性

电动机拖动机械负载旋转，对于机械负载来说，最重要的是驱动它的转矩和转速，即电动机的电磁转矩 $\boldsymbol{T}$ 和转速 n。当直流电动机外加电压 U 为额定值，电枢回路电阻 R_a 和励磁回路电阻 R_f 保持不变时，转速 n 与电磁转矩 $\boldsymbol{T}$ 之间的关系 $n=f(\boldsymbol{T})$，称为电动机的机械特性。

1. 起动转矩大且过载能力强

由式（3—21）可知，电动机在恒定电压运转下，起动时 $n=0$，I_a 增大，电磁转矩也增大。当负载增强时，由于轴上的阻力矩增大而使电枢转速下降，E_a 也随之减小，使电枢电流 I_a 增大，所以，电磁转矩也增大，直流电动机的电磁转矩与阻力矩相平衡时，则

又在新的负载下以新的转速平稳运转。

2. 重载转速低，轻载转速高

对于串励式直流电动机，电枢电流与励磁电流相同。磁通是随电枢电流而变化的。磁路未饱和时，磁通基本上与电枢电流成正比，即 $\boldsymbol{\Phi}=C_{\Phi}I_{a}$（$C_{\Phi}$为磁通常数），因而

$$\boldsymbol{T}=C_{T}\boldsymbol{\Phi}I_{a}=C_{T}C_{\Phi}I_{a}^{2}$$

或

$$I_{a}=\sqrt{\frac{\boldsymbol{T}}{C_{T}C_{\Phi}}}$$

所以

$$n=\frac{\boldsymbol{E}}{C_{E}\boldsymbol{\Phi}}=\frac{U-I_{a}R_{a}}{C_{E}C_{\Phi}I_{a}}=\frac{U-\sqrt{\frac{\boldsymbol{T}}{C_{T}C_{\Phi}}}R_{a}}{C_{E}C_{\Phi}\sqrt{\frac{\boldsymbol{T}}{C_{T}C_{\Phi}}}}=\frac{U}{C_{E}C_{\Phi}\sqrt{\frac{\boldsymbol{T}}{C_{T}C_{\Phi}}}}-\frac{R_{a}}{C_{E}C_{\Phi}}$$

上式中第二项是一个常数，且数值很小，可忽略，因此

$$n=\frac{U}{C_{E}C_{\Phi}\sqrt{\frac{\boldsymbol{T}}{C_{T}C_{\Phi}}}}=\frac{U}{\frac{C_{E}\sqrt{C_{\Phi}}}{\sqrt{C_{T}}}\sqrt{\boldsymbol{T}}}=\frac{U}{C\sqrt{\boldsymbol{T}}} \qquad (3—22)$$

式中，$C=C_{E}\sqrt{C_{\Phi}}/\sqrt{C_{T}}$。

由式（3—22）可知，串励式直流电动机在磁路不饱和时的机械特性曲线为双曲线，如图 3—48 所示。转速随转矩的增加下降较快，是软特性。因空载转速过高，串励式直流电动机不允许空载运行，为保证这一点，它和负载不能用皮带传动，以防皮带断裂或滑脱造成“飞车”事故。当磁路饱和时，转矩增大，电枢电流 I_{a} 增大时，磁通 $\boldsymbol{\Phi}$ 变化不大，机械特性为直线，图 3—48 所示为曲线后面部分。

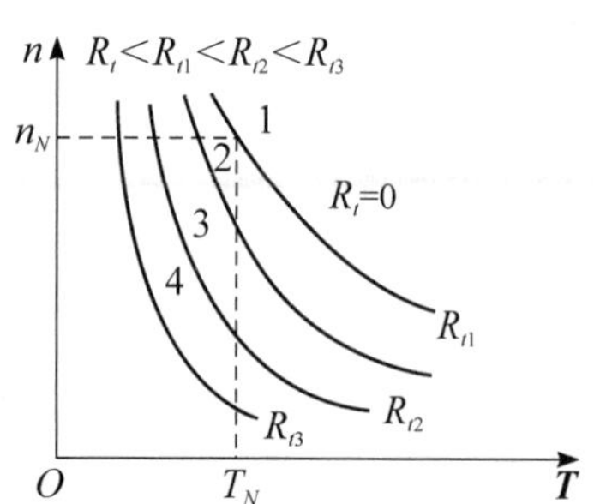

图 3—48　串励式直流电动机机械特性曲线

1—自然特性曲线　2，3，4—人工机械特性曲线

3.8.4 直流电动机的分类

直流电动机的主磁场由励磁绕组中的励磁电流产生，根据不同的励磁方式，直流电动机可分为：他励电动机、并励电动机、串励电动机和复励电动机，如图 3—49 所示。

此外在小型直流电动机中，也有用永久磁铁作为主磁极的，称为永磁电动机，永磁电动机可视为他励电动机的一种。

1. 他励直流电动机

励磁绕组与电枢绕组由单独电源供电，其特点是电枢总电流 I 等于负载电流 I_{a}，如图 3—49（a）所示。

2. 并励直流电动机

励磁绕组与电枢绕组并联，其特点是 $I=I_{a}+I_{f}$，如图 3—49（b）所示。

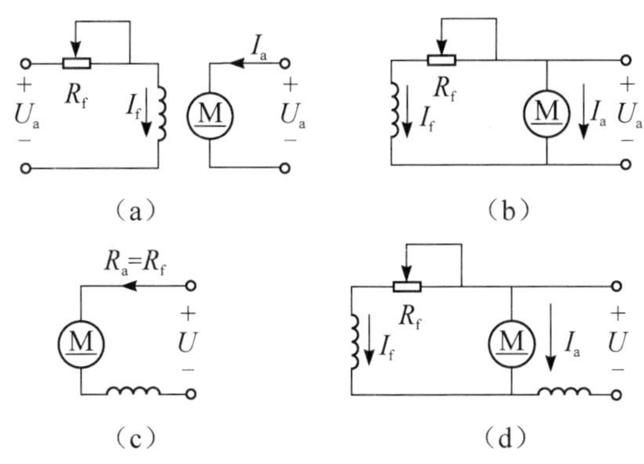

图 3—49　直流电动机的分类

(a) 他励　(b) 并励　(c) 串励　(d) 复励

3. 串励直流电动机

励磁绕组与电枢绕组串联，其特点是 $I=I_a=I_f$，如图 3—49 (c) 所示。

4. 复励直流电动机

励磁绕组分为两部分，一部分与电枢绕组并联，另一部分与电枢绕组串联，如图 3—49 (d)所示。

不同励磁方式的直流电动机，机械特性差别很大，适用于不同的场合，汽车用起动电动机，要求起动转矩大，因而采用串励式直流电动机。

3.8.5 直流电动机的起动、调速和反转

1. 直流电动机的起动

直流电动机从接通电源开始，转子由静止到稳定运行的过程称为起动。

直流电动机的起动过程是一个过渡过程，因为起动过程中，电枢电流 I_{st}、电磁转矩 $\boldsymbol{T}$、转速 n 都随时间而变化。开始起动瞬间的电枢电流为起动电流，对应的电磁转矩为起动转矩。机械负载对直流电动机起动的基本要求是：起动转矩够用但不要过大，起动电流要小，起动时间要短，起动设备要简单、经济、可靠。

直流电动机如果把电枢直接接入直流电源起动，在起动开始瞬间，反电动分为尚未建立，所以起动电流为

$$I_{st}=\frac{U_a-\boldsymbol{E}_a}{R_a}=\frac{U_a}{R_a} \tag{3—23}$$

起动转矩为

$$\boldsymbol{T}_{st}=C_T\boldsymbol{\Phi}I_{st} \tag{3—24}$$

在额定电压下起动，由于 R_a 很小，故 I_{st}非常大，一般可达额定电流的 10～20 倍，起动转矩也很大。这样大的起动电流在电刷与换向器接触处会产生强烈的火花，易导致换向器损坏。同时过大的起动转矩将使直流电动机及其负载遭受突然的巨大冲击，也会损坏传动机构和负载。因此除容量很小的直流电动机外，必须设法减小直到电流。

由式 (3—23) 可知，减小起动电流的方法有两种：

(1) 降低电枢电压起动。降低电枢电压起动时，需要有一个可调压的直流电源专供电

枢电路用。随转速的升高，该电源电压逐渐升高到额定值。该方法适用于他励直流电动机。

(2) 在电枢电路中串联电阻起动。对于并励、串励和复励电动机，一般都采用在电枢电路内串联起动电阻 R_{st} 的方法进行起动。这时的电流为

$$I_{st} = \frac{U_a}{R_a + R_{st}}$$

起动开始瞬间，将起动电阻调在最大，随着电动机转速的上升，逐段将起动电阻切除，当 $R_{st} = 0$ 起动过程结束。

2. 直流电动机的调速

用人为的方法使直流电动机在同样的负载下得到不同的转速，叫做调速。

直流电动机之所以得到广泛的应用，其重要原因是直流电动机具有极其可贵的调速性能，可以在宽广的范围内进行平滑而经济地调速。由式（3—19）、（3—20）可得转速公式

$$n = \frac{U - I_a R_a}{C_E \boldsymbol{\Phi}} \qquad (3—25)$$

由式（3—25）可知，当负载不变时，直流电动机有三种调速方法：

(1) 电枢回路串联电阻调速。当负载一定时，在电枢回路串联电阻能使转速下降。这种调速方法增加了串联电阻上的损耗，使电动机效率降低，所以调速范围较窄。这种方法多用于对调速性能要求不高的设备上，如起重机等。

(2) 改变电枢电压调速。对并励和串励直流电动机而言，改变电源电压不仅影响电枢电路，也影响了励磁回路，使磁通发生变化。因此改变电枢电压调速一般在他励电动机中采用。这样可以保证在磁通恒定的情况下，达到改变电枢电压的目的。

改变电枢电压调速的特点是：只能是降速调速；调速范围宽；电能损耗小，效率高；需要专用调压直流电源。

改变电枢电压调速多用于调速性能要求较高的设备上，如轧钢机、龙门刨床、造纸机等。

(3) 改变磁通 $\boldsymbol{\Phi}$ 调速。保持电源电压和负载转矩不变，调节励磁回路的磁场电阻 R_f，通过励磁电流 I_f 的变化来改变磁通 $\boldsymbol{\Phi}$。

变磁通调速的特点是：控制方便，宜于从低速向高速方向调节；调速范围较小；调速效率高；机械特性的硬度变化不大，电动机运行平稳。

该调速方法适用于重型车床等的调速。

3. 直流电动机的反转

直流电动机的转动方向由电磁转矩方向决定。由式（3—18）可知实现直流电动机反转的方法有两种：

(1) 保持电枢电压两端极性不变，把励磁绕组反接，使励磁电流方向改变。

(2) 保持励磁绕组电流方向不变，把电枢绕组反接，使电枢电流方向改变。

他励和并励电动机绕组匝数多、电感大，励磁电流从正向额定值变到负向额定值时间长，反向磁通建立缓慢，且在励磁绕组反接断开瞬间，绕组中产生很大的自感电动势，可能造成绝缘击穿，所以他励和并励电动机通常采用改变电枢电流的方向使其反转。

3.8.6 步进电动机

步进电动机是一种控制电机，它可以将脉冲电信号变换为转角或转速，所以又称脉冲电

动机。步进电动机的转角与输入的电脉冲数成正比，其转速与电脉冲频率成正比，因此，它不受电压、负载以及环境条件变化的影响，在脉冲技术和数字控制系统中应用广泛。

目前应用最多的步进电动机，按照转子材料的不同，可分为反应式和永磁式两种。反应式转子是用高磁导率的软磁材料制成；永磁式转子是用永久磁铁制成。按照定子相数的不同，又分为三相、四相、五相和六相等几种。

现以三相反应式步进电动机为例来说明其基本结构和工作原理。原理图如图 3—50 所示，定子和转子由硅钢片叠成。定子上有六个磁极，磁极上绕有励磁绕组，每两个相对的磁极组成一相。转子上均匀分布很多齿（图中只画四个），其上无绕组。

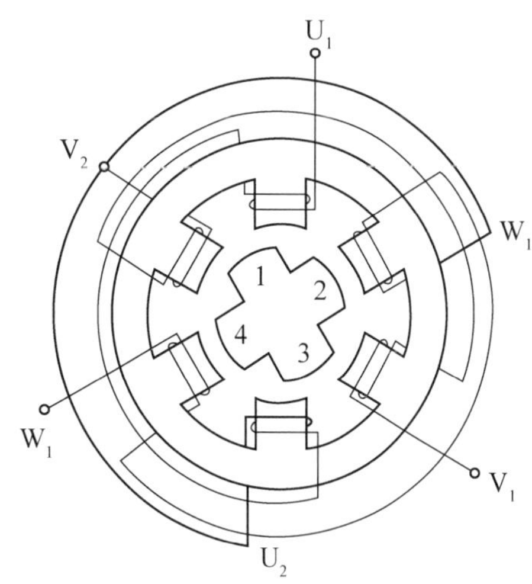

图 3—50　三相反应式步进电动机

工作时，定子各相绕组轮流通电（即轮流输入脉冲电压）。从一次通电到另一次通电称为一拍，每一拍转子转过的角度称为步距角。对于给定的步进电动机，步距角的大小与通电方式有关。m 相步进电动机的通电方式有以下几种：

1. m 相单 m 拍（例如三相单三拍）

这种通电方式是将 m 相绕组轮流单独通电，通电 m 次完成一个通电循环。例如三相单三拍的通电顺序为 U→V→W→U 或反之。每次通电时，该相定子磁极吸引转子相应的齿，使转子转过一个相应的角度。每次通电时，转子的位置如图 3—51 所示，其步距角为 30°。改变通电顺序，即按 U→W→V→U 顺序通电，则转子反向转动。

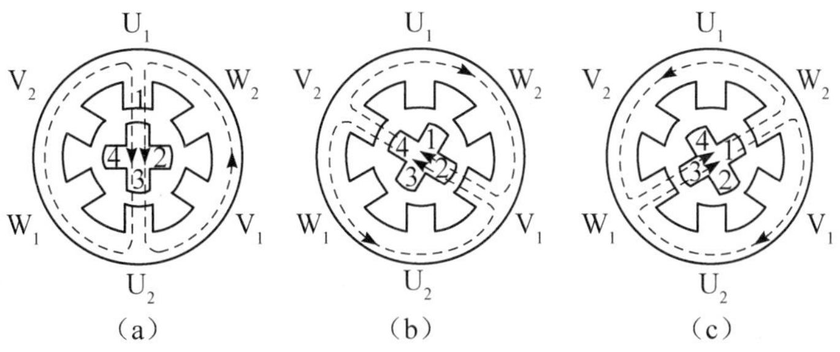

图 3—51　三相单三拍通电方式

（a）U 相通电　（b）V 相通电　（c）W 相通电

2. m 相双 m 拍（例如三相双三拍）

这种通电方式是每次给两相绕组通电，通电 m 次完成一次通电循环。例如三相双三拍的通电顺序为 UV→VW→WU→UV 或反之。每次通电时的转子位置如图 3—52 所示。步距角仍为 30°。

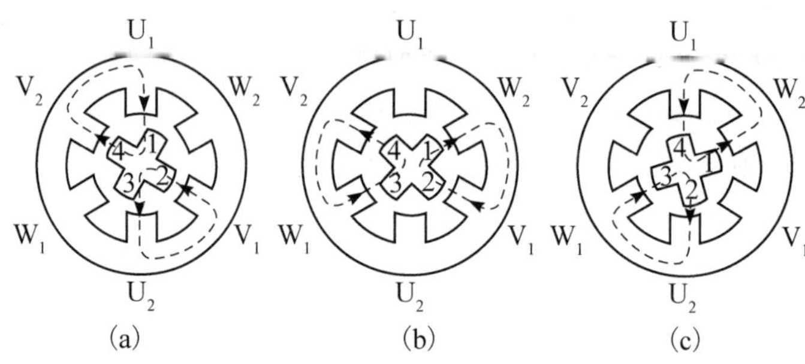

图 3—52　三相双三拍通电方式

(a) U 和 V 相通电　(b) V 和 W 相通电　(c) W 和 U 相通电

3. m 相 $2m$ 拍（例如三相六拍）

以三相六拍通电方式为例，通电顺序为 U→ UV→V→VW→W→WU→U 或反之，通电六次完成一个通电循环。显然，每次通电时，转子的位置应交替如图 3—52 所示，步距角为 15°。

通过以上的讨论可以看到，无论采用何种通电方式，步距角 θ 与转子齿数 Z 和拍数 N 之间的关系为

$$\theta = \frac{360^\circ}{ZN}$$

由于转子每经过一个步距角，相当于转了 $1/ZN$ 圈，若脉冲频率为 f，则转子每秒钟就转了 f/ZN 圈，故转子每分钟的转速为

$$n = \frac{60f}{ZN}$$

目前，由于结构和工艺的改进，转子齿数可以做得很多，步距角可以做得很小。例如三相步时电动机当转子齿数 $Z=40$ 时，若采用单三拍或双三拍，步距角为

$$\theta = \frac{360^\circ}{ZN} = \frac{360^\circ}{40 \times 3} = 3^\circ$$

若采用三相六拍，则步距角为

$$\theta = \frac{360^\circ}{ZN} = \frac{360^\circ}{40 \times 6} = 1.5^\circ$$

步进电动机的输入脉冲电压是由驱动电源提供的，它是步进电动机的专用电源，它可以按照指令的要求将脉冲信号按一定的顺序输送给步进电动机的各相绕组，使步进电动机按一定的通电方式工作。

3.8.7　直流电动机在汽车上的应用

直流电动机在汽车上的应用非常广泛，除了车辆起动、行驶及控制所必需的直流电动机之外，在汽车辅助电器设备中也大量应用直流电动机。这些直流电动机的应用主要是为了完善汽车性能、体现汽车的豪华、舒适、安全与可靠。比如汽车刮水器的作用是刮除风挡玻璃上的雨水、雪或灰尘，确保驾驶员有良好的视线。鼓风机用于促使车内冷气、暖气、除霜及通风的气流流动。电动车窗升降系统可以代替摇把式车窗。电动调节的后视镜，驾驶员只需操作开关便能将外面的后视镜调整到合适的位置。电动座椅调整

系统可以为乘员提供乘坐的舒适性。此外在汽车门锁、电动天线、水箱冷却等系统中也有应用。

1. 车用起动机

车用起动机一般由直流电动机、单向传动机构和操纵机构三部分组成，如图 3—53 所示。

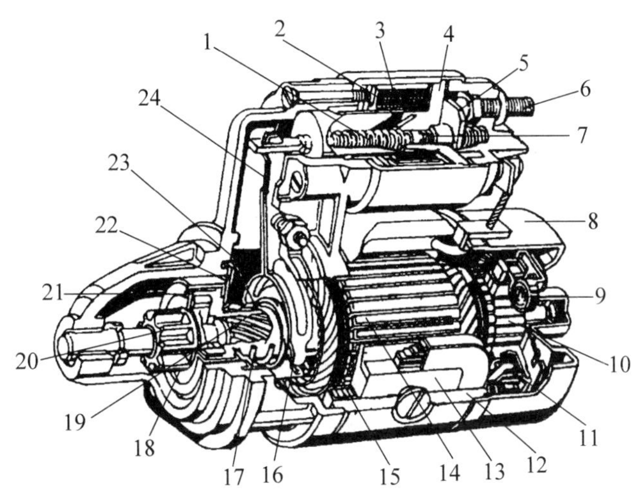

图 3—53 起动机的结构

1—回位弹簧 2—保持线圈 3—吸引线圈 4—电磁电磁壳体 5—触点 6—接线柱 7—接触盘 8—后端盖 9—电刷弹簧 10—换向器 11—电刷 12—磁极 13—磁极铁心 14—电枢 15—磁场绕组 16—移动衬套 17—缓冲弹簧 18—单向离合器 19—电枢绕组 20—驱动齿轮 21—罩盖 22—转动盘 23—传动套筒 24—拔叉

直流电动机是起动机的核心，其作用是产生发动机起动时所需的转矩。汽车上的起动机一般采用串励式直流电动机。单向传动机构的作用是联接或切断发动机与起动机之间的转矩传递。操纵机构的作用是接通或切断起动机与蓄电池之间的主电路。车用起动机的直流电动机由磁极、电枢、换向器等组成。其结构如图 3—54 所示。磁场绕组的连接方式如图 3—55 所示。

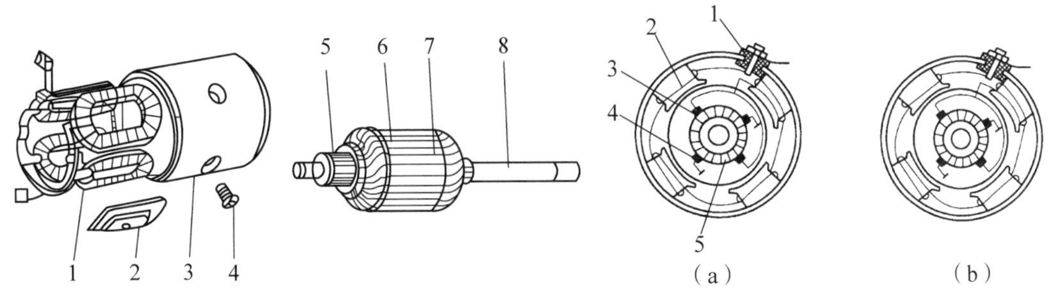

图 3—54 直流电动机的结构

1—磁场绕组 2—磁极铁心 3—起动机外壳 4—磁极固定螺钉 5—换向器 6—转子铁心 7—电枢绕组 8—电枢轴

图 3—55 磁场绕组的联接方式

(a) 四个绕组相互串联

(b) 两个绕组串联后并联

1—绝缘接线柱 2—磁场绕组 3—正电刷 4—负电刷 5—换向器

2. 永磁式刮水电动机

永磁式刮水电动机总成的结构，如图 3—56 所示。

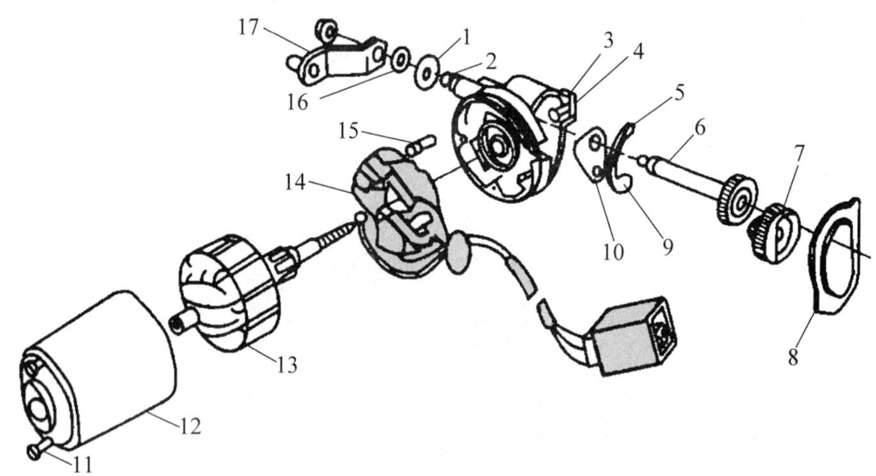

图 3—56　永磁式刮水电动机总成的结构

1—平垫圈　2—O 形圈　3—减速器壳　4—消除电枢轴轴向间隙弹簧　5—复位开关顶杆　6—输出齿轮　7—惰轮　8—减速器盖　9—放在凸轮表面的部分　10—复位开关顶杆的定位板　11—长螺钉　12—电动机外壳和磁铁总成　13—电枢　14—3 个电刷的安装板和复位开关总成　15—复位开关顶杆及其与开关联动用的销子　16—弹簧垫圈　17—输出臂

3. 空调用鼓风电动机

空调用鼓风电动机通常采用永磁式单速电动机，大多数安装在暖风机总成内，如图 3—57 所示。鼓风电动机开关位于仪表板上，开关通过控制调速电阻来控制电动机转速，其电路如图 3—58 所示。

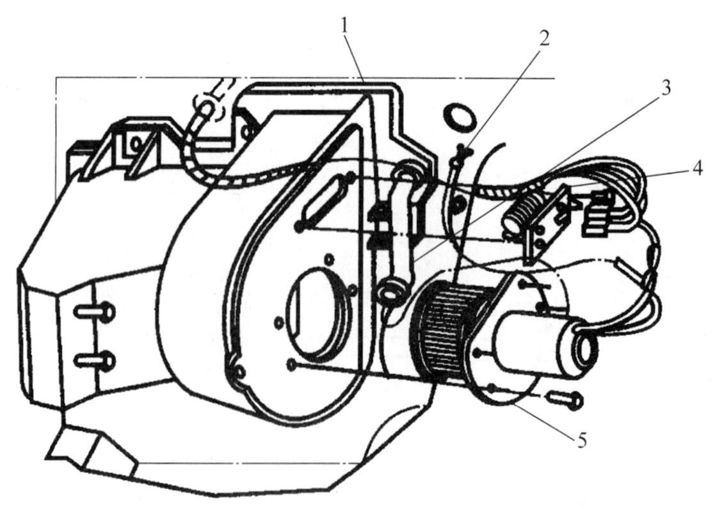

图 3—57　鼓风电动机安装位置

1—暖风机总成　2—搭铁线　3—暖风水管　4—调速电阻总成　5—鼓风机

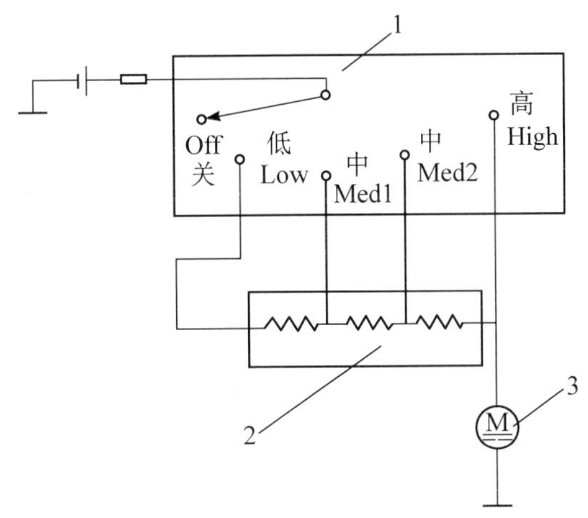

图 3—58　鼓风电动机工作电路图

1—鼓风机开关　2—调速电阻总成　3—鼓风电动机

鼓风电动机的工作原理为：当鼓风机开关置于低速、中速 1、中速 2 或高速挡时，电路中所串联的电阻值越来越小。电阻值变化改变了鼓风机的工作电压。由于鼓风机是单速电动机，工作电压越高，转速越高。所以随着串联的电阻越小，鼓风机的工作电压越高，转速越高。

本章学习小结

（1）汽车上有变压器、交流发电机、直流电动机、电磁铁、继电器等含有感性元件的电器设备。这些设备中存在电感线圈，当电感线圈通电后在电路中就产生了磁场，磁场的磁感线在铁心的限定范围内形成了闭合的路径，即形成了磁路。磁场的特征可以用磁感应强度、磁通、磁场强度和磁导率等概念来描述。

值得说明的是，磁导率是描述磁场中介质导磁能力的物理量。磁导率值大的材料，导磁性能好。在通电线圈所产生的磁场中，$\boldsymbol{H}$ 代表电流本身所产生的磁场的强弱，反映了电流的励磁能力，其大小只与电流成正比，而与介质的性质无关。$\boldsymbol{B}$ 代表电流所产生的以及介质被磁化后所产生的总磁场的强弱，其大小不仅与电流的大小有关，而且还与介质的性质有关。

（2）自然界的物质按磁导率的不同，大体上可分为两大类：磁性物质和非磁性物质。非磁性物质不具有磁化特性。而铁磁性物质内部存在磁畴结构，具有磁化特性。铁磁性物质具有高导磁性、磁滞性和磁饱和性。

（3）磁路的基本规律是分析磁路与电机等问题的基础。安培环路定律描述为：磁场中任何闭合回路磁场强度的线积分，等于通过这个闭合路径内电流的代数和。由此磁动势的表达式为 $\boldsymbol{H}l=NI=\boldsymbol{F}$；磁路欧姆定律可以表达为磁通量为磁动势与磁阻的比值，表达式 $\boldsymbol{\Phi}=\boldsymbol{F}/R_m$；当流过线圈的电流发生变化时，线圈中感应了电动势。电磁感应定律指出，感应电动势为 $e=-N\,\mathrm{d}\varphi/\mathrm{d}t$ 。

由于流过线圈本身的电流发生变化而引起的电磁感应现象叫自感现象。自感电动势的表达式为 $e_L=-L\,\mathrm{d}i/\mathrm{d}t$ ，表明线圈中的感应电动势的大小与线圈的电感及电流变化率成正比，负号表示自感电动势的方向与电流的变化率相反。

由一个线圈中的电流变化引起另一个线圈产生电磁感应的现象叫互感现象。由互感现象产生的感应电动势称为互感电动势。汽车点火电路中的点火线圈就是利用互感原理工作的。

当在半导体基片两端通以控制电流 $\boldsymbol{I}$，并在基片的垂直方向施加强度为 $\boldsymbol{B}$ 的磁场时，在垂直于电流和磁场的方向上将产生电动势 $\boldsymbol{U}_H$（称为霍尔电动势或霍尔电压），这种现象称为霍尔效应。霍尔电压可用下式表达 $U_H=R_{\mathrm{H}}l\boldsymbol{B}/d$。霍尔元件和霍尔传感器的广泛应用于汽车电控系统中。

（4）根据线圈所接入电源的不同，线圈电路可分为直流铁心线圈电路和交流铁心线圈电路。当线圈中通以恒定的直流电时，在线圈中产生了恒定不变的磁通，在线圈中不会产生感应电动势。交流铁心线圈电路通以交流电，产生交变磁通，产生电磁感应电动势。在线圈上电压及漏磁感应电动势可以忽略不计时，$U\approx\boldsymbol{E}=4.44fN\boldsymbol{\Phi}_m$，该式表明：在忽略线圈电阻 R 及漏磁通的条件下，当线圈匝数 N 及电源频率 f 为一定时，主磁通的幅值 $\boldsymbol{\Phi}_m$ 由励磁线圈外的电压有效值 U 确定，与铁心的材料及尺寸无关。

交流铁心线圈电路的功率跟一般的交流电路的功率相同，计算方法也相同。值得说明的是交流铁心线圈的有功功率 P 包括两部分，$P=P_{\mathrm{Cu}}+P_{\mathrm{Fe}}$、其中 $P_{\mathrm{Fe}}=P_{\mathrm{h}}+P_{\mathrm{e}}$。

（5）变压器是利用电磁感原理传输电能或信号的，它由闭合铁心和绕在其上的一、二次绕组组成，变压器按一、二次绕组的匝数比可以实现变压、变流和变换阻抗，即

$$\frac{U_1}{U_2}\approx\frac{N_1}{N_2}=K \qquad \frac{I_1}{I_2}\approx\frac{N_2}{N_1}=\frac{1}{K} \qquad |Z'_L|=\left(\frac{N_1}{N_2}\right)^2|Z_L|=K^2|Z_L|$$

变压器的额定值主要有额定电压、额定电流、额定容量和额定频率。使用变压器时必须使一次侧额定电压符合电源电压，二次侧电压满足负载要求，额定容量等于或略大于负载所需的视在功率，额定频率符合电源的频率和负载的要求。

变压器的外特性和电压变化率是评价供电质量的重要指标，变压器的外特性是指在一次侧电压不变的情况下，二次侧电压随二次侧电流变化的曲线，对电阻性和电感性负载而言，它是一条稍微向下倾斜的曲线，电压变化率为

$$\Delta U\%=\frac{U_{20}-U_2}{U_{20}}\times100\%$$

变压器的损耗包括铜损和铁损，其效率为

$$\eta=\frac{P_2}{P_1}\times100\%=\frac{P_2}{P_2+\Delta P_{\mathrm{cu}}+\Delta P_{\mathrm{Fe}}}\times100\%$$

变压器的种类很多，自耦变压器的特点是一次侧与二次侧共用一个绕组，一、二次侧即有磁的联系又有电的联系，由自耦变压器构成的调压器，其二次绕组匝数可以通过滑动触头任意改变，因此，二次侧电压可以平滑调节。

（6）电磁铁是利用通电的铁心线圈产生的电磁力或力矩吸引衔铁或保持某种工件于固定位置，通过将电磁能转化为机械能来实现各种控制的一种电器。电磁铁在汽车上应用广泛，如汽车泵进出油阀的启闭，气电喇叭发声，汽车电子喷射及 ABS 油阀等都是由电磁铁来控制的。按励磁线圈通入电流的不同，电磁铁分为直流电磁铁和交流电磁铁两类。在汽车电控系统中多为直流电磁铁。

继电器是自动控制电路中常用的一种元件，它是用较小的电流来控制较大电流的一种

自动开头，在电路中起着自动操作、自动调节、安全保护等作用。电磁式继电器成本较低，便于控制执行部件，因此在汽车电路中被广泛采用。汽车上经常利用开关控制继电器的吸合与断开，再利用继电器的触点控制电器设备的通断。

（7）汽车交流发电机是利用电磁感应的原理进行工作的。交流发电机发电时，由蓄电池给励磁绕组提供直流电流，即他励；当发电机达到蓄电池电压时，就由发电机供给励磁电流，即自励。

当转子旋转时，励磁线圈所产生的磁场也随之转动，形成旋转磁场。根据三相绕组的结构可以产生三个频率相同、幅值相等、相位相差 120° 的正弦电动势。

对于定型的三相同步交流发电机来说，在略去发电机内部压降的情况下，每相绕组的相电压可表示为 $U_p = Cn\boldsymbol{\Phi}$。发电机是利用发动机驱动而发电，当发动机转速变化时，发电机的电压也会变化，因此需要利用电压调节器来调节电压值。

汽车交流发电机的工作特性是指发电机输出电压经整流后的直流输出电压与电流、转速之间的关系。它包括输出特性、空载特性和外特性。其中输出特性尤为重要。

（8）直流电动机是将直流电能转换为机械能的装置。根据不同的励磁方式，直流电动机可分为他励电动机、并励电动机、串励电动机和复励电动机。

串励式直流电动机起动转矩和过载能力较大，同时转速随负载变化明显，且输出功率变化不大。基于这些优点，串励式直流电动机在汽车上得到广泛应用。

直流电动机的电磁转矩是由电枢绕组通入直流电流后在磁场中受力而形成的，电磁转矩 $\boldsymbol{T}$ 的大小可表示为 $\boldsymbol{T}=C_T\boldsymbol{\Phi}I_a$。

步进电动机是一种利用电磁铁的作用原理将电脉冲信号转换为线位移或角位移的电机，近年来在数字控制装置中的应用日益广泛。

本章学习测试

3.1　变压器的铁心是起什么作用的？不用铁心行不行？

3.2　为什么变压器的铁心要用硅钢片叠成？用整块的铁心行不行？

3.3　变压器能否用来变换直流电压？如果将变压器接到与额定电压相同的直流电源上，会有输出吗？会产生什么后果？

3.4　有一空载变压器，原边加额定电压 220V，并测得原绕组电阻 $R_1=10\Omega$，试问原边电流是否等于 22A？

3.5　变压器在运行中有哪些基本损耗？它们与哪些因素有关？

3.6　串励式直流电动机有哪些特点，为什么汽车起动机要用串励式直流电动机？

3.7　汽车交流发电机由哪几部分组成？各起什么作用？

3.8　简述汽车交流发电机的输出特性、空载特性和外特性。

3.9　在汽车点火电路中，为什么常在点火触点两端并联一个电容器？

3.10　电枢绕组中流过的是直流电还是交流电？换向器在直流电动机中起什么作用？

3.11　直流电动机的电磁转矩是怎样产生的？它的大小与哪些因素有关？

3.12　串励电动机运行时应该注意些什么问题？

3.13　直流电动机的调速方法有哪些？

3.14　对并励电动机能否改变电源电压来进行调速？

3.15 已知汽油发动机点火线圈次级线圈绕组 23 800 匝，初级线圈绕组 340 匝，一般要点燃混合气，次级电压需 15 000V 左右，问在点火时初级电压应为多少伏?

3.16 已知某单相变压器的原边电压为 3 000V，副边电压为 220V，负载是一台 220V，25kW 的电阻炉，求原、副边绕组中的电流各为多少?

3.17 有一单相照明变压器，容量为 10kVA，电压为 3 300/220V，今欲在副边接上 60W、220V 的白炽灯，如果要求变压器在额定状态下运行，可接多少个白炽灯? 并求原、副绕组的额定电流?

3.18 已知信号源的交流电动势 $E=2.4$V，内阻 $R_0=600\Omega$，通过变压器使信号源与负载完全匹配，若这时负载电阻的电流 $I_2=4$mA，则负载电阻应为多大?

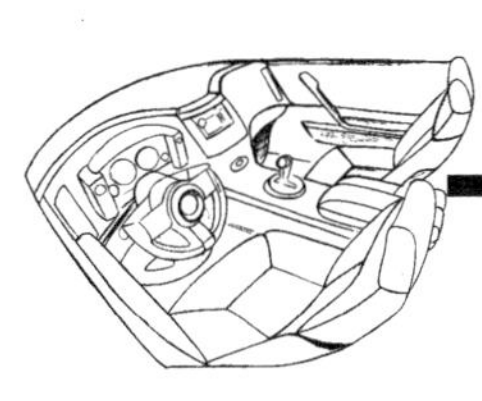

第4章

常用半导体器件与应用

引　言

自1948年第一个半导体器件问世以来，半导体器件就以其体积小、质量小、功耗小、寿命长、可靠性高等优点得到了迅猛的发展，在计算机、工业自动控制、通信及汽车电控技术等方面获得了广泛的应用。其中半导体二极管、三极管、晶闸管等都是常用的半导体器件，了解它们的结构、原理、特性及参数是学习电子技术和分析电子电路必不可少的基础，更是学好汽车控制技术必备的条件。

4.1 半导体基础知识

学习目标

了解半导体材料的导电特性，了解PN结的结构及形成过程。

自然界的各种物质，根据其导电能力的差别，可分为导体、绝缘体和半导体三大类。所谓半导体，就是导电能力介于导体和绝缘体之间的物质。常用的半导体有硅（Si）和锗（Ge）和大多数金属氧化物等。

半导体对温度特别敏感，环境温度升高时，它们的导电能力要增强很多，因此利用这种特性就制成了各种热敏电阻。又如有些半导体（如镉、铅等的硫化物）受到光照时，它们的导电能力变得很强，当无光照时，又变得像绝缘体那样不导电。利用这种特性制成光敏电阻。更重要的是，如果在纯净的半导体中掺入某种微量杂质元素后，其导电能力就会大幅度增加，例如在纯净硅中掺入百万分之一的硼元素（B），硅的电阻率就从大约 $2\times10^3\ \Omega\cdot m$ 减小到 $4\times10^{-3}\Omega\cdot m$。利用这种特性就制成了各种不同用途的半导体器件，如二极管、三极管及晶闸管等。半导体之所以具有上述特性，是由其内部结构决定的。

4.1.1 本征半导体

完全纯净的半导体称为本征半导体。根据本征半导体硅和锗的原子结构图可知，它们的原子核最外层都有四个价电子，都是四价元素。

在本征半导体中，当每一个原子的一个价电子与另一个原子的一个价电子组成一个公用电子对时，这对价电子是每两个相邻原子共有的，它们把相邻的原子结合起来，构成共价键结构。

在原子结构中，原子最外层有八个电子处于稳定状态，但在共价键结构中，显然也有八个电子处于较稳定状态，但在共价键结构中的电子不像绝缘体中的价电子被束缚的那样牢固，当获得一定能量（如温度升高或光照）时，很可能挣脱原子核的束缚（电子受激发）成为自由电子，温度越高，晶体中产生自由电子的数目越多。

在电子挣脱原子核的束缚成为自由电子后，共价键中就留下一个空位，称为空穴。在一般情况下，原子的中性便被打破而显正电。而具有空穴的原子又可以吸引相邻原子的价电子，填补这个空穴。同时，失去价电子的相邻原子的共价键中又出现了一个空穴，它也可以由相邻原子中的价电子来递补，如此继续下去，就好像自由电子和空穴都在运动，然而这种运动是杂乱无章的，如图 4—1 所示。但在电场作用下，空穴和自由电子的运动方向相反，空穴向电源负极运动，相当于正电荷的运动而形成电流（空穴电流）。而自由电子向电源正极运动也形成电流（电子电流）。

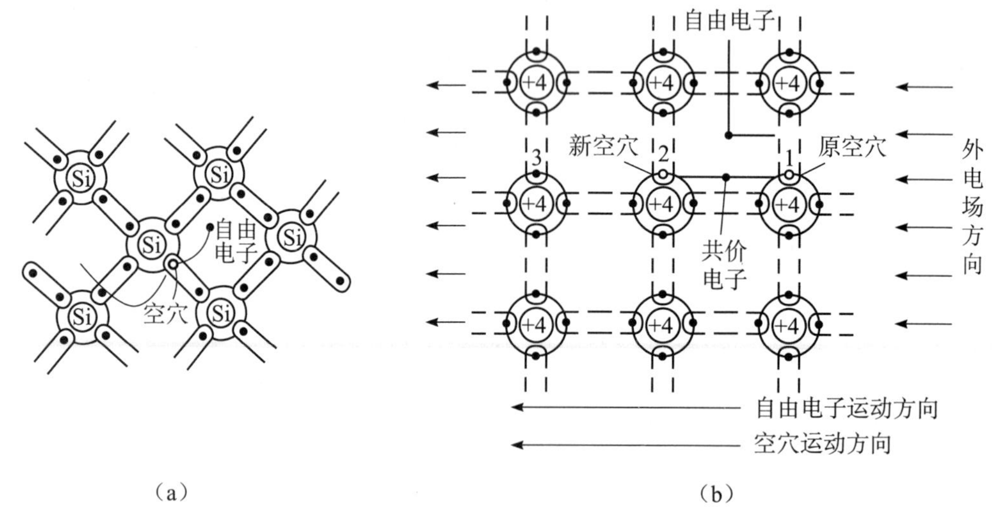

图 4—1　自由电子和空穴

（a）自由电子和空穴的形成　（b）自由电子和空穴导电

因此，当半导体两端加上外电压时，半导体中将出现两部分电流，这就是半导体导电方式的最大特点，也是半导体和金属导体在导电原理上的本质差别。

自由电子和空穴统称为载流子。本征半导体中的自由电子和空穴总是成对出现，同时又不断复合的。在一定温度下，当载流子的产生和复合达到动态平衡时，半导体中的载流子（自由电子和空穴）便会维持一定的数目。温度越高，载流子数目就越多，导电性就越好，所以温度对半导体器件的性能影响很大。

4.1.2　杂质半导体

本征半导体的载流子数目很少，导电能力也差，如果在本征半导体中掺入微量的杂质元素，这将使掺杂后的半导体（杂质半导体）的导电能力大大增强。根据掺入的杂质不同，杂质半导体可分为 N 型半导体和 P 型半导体两大类。

1. N 型半导体

在硅（或锗）的晶体中掺入磷（或其他的五价元素）时，磷的原子最外层有五个价电子，由于掺入硅（或锗）晶体的磷原子数目比硅原子的数目少得多，所以不会改变整个晶体的基本结构，只是某些位置上的硅（或锗）原子被磷原子所取代，磷原子参加共价键结构只需四个价电子，多余的第五个电子很容易挣脱磷原子核的束缚而成为自由电子，如图 4—2所示。

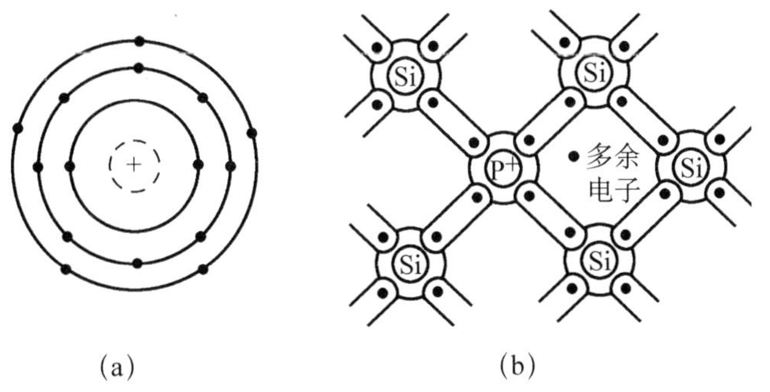

图 4—2　硅晶体中掺入磷原子形成 N 型半导体

(a) 磷的原子结构　(b) 硅晶体中掺入磷原子出现的自由电子

于是半导体中的自由电子数目大大增加，因此这种半导体主要以自由电子导电为主，故 N 型半导体又被称为电子半导体。在 N 型半导体中，自由电子是多数载流子，而空穴则是少数载流子。

2. P 型半导体

在硅（或锗）的晶体中掺入少量的硼（或其他三价元素）。每个硼原子只有三个价电子，在构成共价键结构时，将缺少一个电子而产生一个空位（空穴），当相邻原子中的价电子受到激发得到能量时，就有可能填补这个空穴，而在该相邻的原子中出现一个空穴，如图 4—3 所示，每个硼原子都能提供一个空穴，于是在半导体中就出现了大量空穴，因此，这种半导体以空穴导电为主，称为 P 型半导体或空穴半导体。在 P 型半导体中多数载流子是空穴，少数载流子是自由电子。

注意：不论 N 型或 P 型半导体，它们都会有一种载流子占多数，但是整个晶体还是中性的。

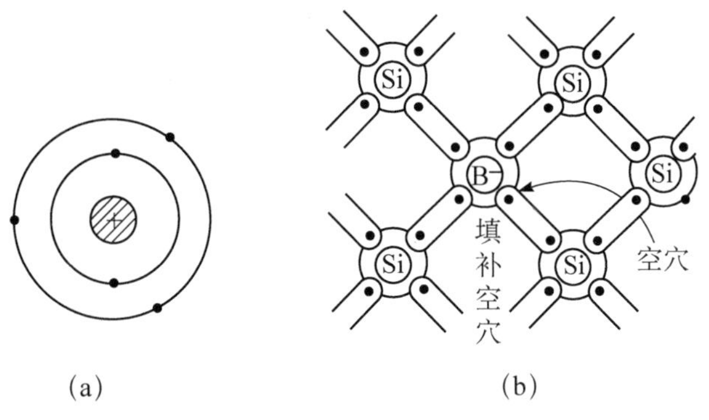

图 4—3　硅晶体中掺入硼原子形成 P 型半导体

(a) 硼原子结构　(b) 硅晶体中掺入硼原子而出现空穴

4.1.3 PN 结

P 型或 N 型半导体的导电能力虽然大大增强，但必须用特殊工艺将它们结合起来才能形成常用半导体器件的基本结构，即 PN 结。

1. PN 结的形成

当 P 型半导体和 N 型半导体结合在一起时，在交界面处就出现自由电子和空穴的浓度差。P 区空穴浓度大，N 区自由电子浓度大，由于浓度差别，自由电子和空穴都要从浓度高的区域向浓度低的区域扩散。于是在交界面附近形成了自由电子和空穴的扩散运动，N 区有一些自由电子向 P 区扩散并与空穴复合，而 P 区也有空穴向 N 型扩散并与电子复合。扩散运动的结果是在交界面附近的 P 区一侧失去了一些空穴而留下带负电的杂质离子（电子），N 区一侧失去了一些自由电子而留下了带正电的杂质离子（空穴），这样，在 P 型半导体和 N 型半导体交界面的两侧形成了一个空间电荷区，这个空间电荷区称为 PN 结。PN 结形成后，在其内部就形成了一个电场称为内电场，其方向是由 N 型区指向 P 型区，如图 4—4 所示。

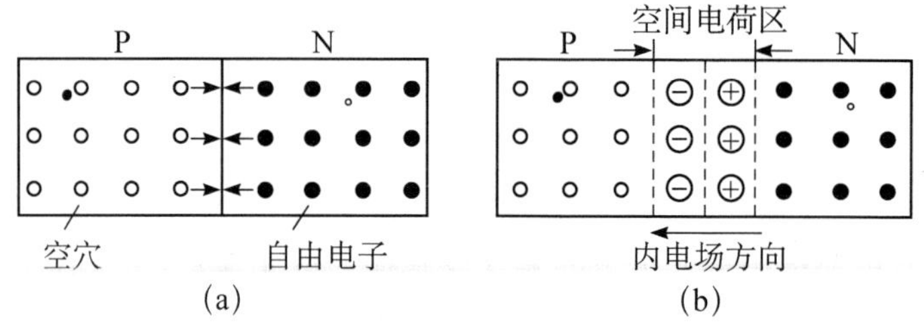

图 4—4 PN 结的形成

（a）扩散运动 （b）形成内电场

空间电荷区的形成对进一步的扩散运动起到了阻挡作用，所以空间电荷区又称为阻挡层。

但另一方面，内电场可推动少数载流子（P 区中的自由电子和 N 区中的空穴）越过空间电荷区，进入对方。少数载流子在内电场的作用下有规则的运动称为漂移运动。扩散运动和漂移运动是相互矛盾的，少数载流子的漂移运动使空间电荷区变窄，在 PN 结形成过程中，初期空间电荷区电荷较少，内电场不强，扩散运动占优势。随着多数载流子的不断扩散，空间电荷不断加宽，内电场也加强，这就使多数载流子的扩散运动减弱，而少数载流子的漂移运动却逐渐加强，最后，当扩散运动和漂移运动达到动态平衡时。空间电荷区的宽度基本确定，PN 结处于基本稳定状态。

2. PN 结的单向导电性

处于动态平衡的 PN 结，若在两端施加电压即会打破动态平衡，出现导电特性。

（1）正向偏置（正偏）。当 PN 结的 P 区接外电源正极，N 区接外电源负极，即 PN 结加正向电压时，称为正向偏置，如图 4—5 所示。

由图可见，外电压在 PN 结上形成外电场，此时外电场与 PN 结内电场的方向相反。在外电场的作用下，载流子的扩散运动和漂移运动的平衡被打破，外电场驱使 P 区中的多数载流子（空穴）和 N 区中的多数载流子（自由电子）都向 PN 结运动。当 P 区空穴进入

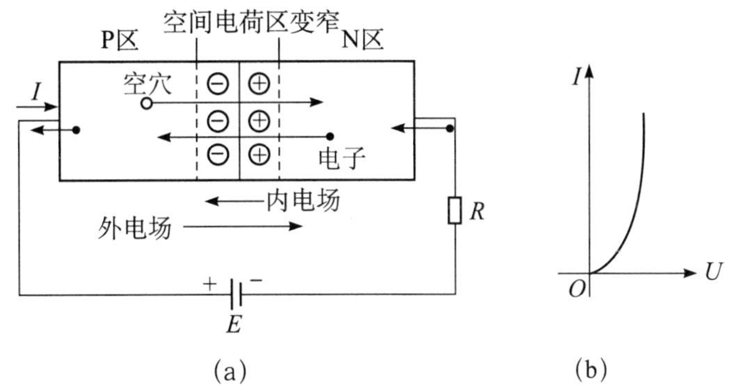

图 4—5　PN 结正向偏置

(a) PN 结加正向电压　(b) 正向伏安特性曲线

PN 结后，就要与 PN 结中 P 区的负离子复合，使 P 区的电荷量减少；同时，当 N 区自由电子进入 PN 结后，就要与 PN 结中的正离子复合，使 N 区中的电荷减少。结果 PN 结变窄，于是 N 区的自由电子不断地扩散到 P 区，形成扩散电流。

然而，当外电压较小时，并不能完全削弱内电场，此时，只有很小的电流，只有外电压增加到某一值时，才产生较大的扩散电流，该电压称为 PN 结的死区电压。硅材料的死区电压为 0.5V，锗材料的死区电压为 0.1V。由上可知，PN 结正向偏置时有很大导通电流（外加电压大于死区电压时）。

(2) 反向偏置（反偏）。当 PN 结的 P 区接外加电源负极，N 区接外加电源正极，即 PN 结加反向电压时称为反向偏置，如图 4—6 所示。

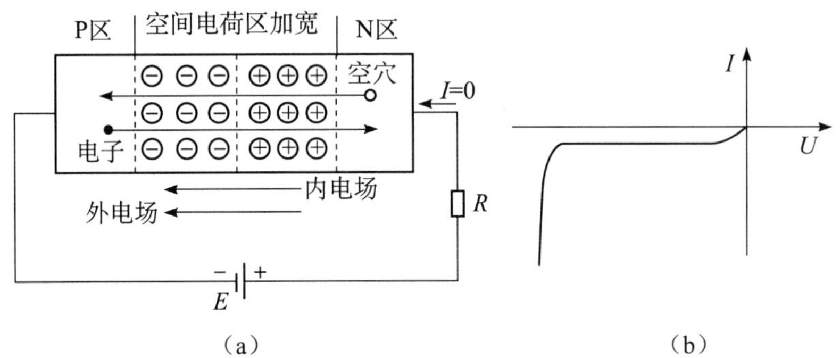

图 4—6　PN 结反向偏置

(a) PN 结加反向电压　(b) 反向伏安特性曲线

由图 4—6 可见，此时外电场的方向与 PN 结内电场的方向相同。在外电场作用下，多数载流子将背离 PN 结。即 P 区中的空穴和 N 区中的自由电子都将从原来的 PN 结附近移去，使空间电荷增加，空间电荷区变宽，内电场增强，因此，P 区和 N 区的多数载流子就更难越过 PN 结，但是由于内电场增强，使少数载流子更容易产生漂移运动，这样，PN 结原来的扩散与漂移也被打破，此时扩散电流趋近于零，而在内电场的作用下，N 区中的少数载流子（空穴）越过 PN 结进入 P 区。P 区中的少数载流子（自由电子）越过 PN 结进入 N 区，于是在外电源的作用下形成了连续不断的由 N 区流向 P 区的电流，称为反向电流。反向电流是由少数载流子在反向电压作用下的漂移运动形成的。由于少数载流子的浓度很小，因此形成的反向电流也很小，一般为微安级，但是，随着环境温度的升高，少数载流子的浓度也越大，反向电流也越大，所以反向电流的数值取决于温度，即几乎与外加电压大小无关。这是由于在一定温度下，少数载流子的数量是一定的，只要在一定的反向电压作用下就可以使所有的少数载流子全部都漂移过 PN 结而形成反向电流，即使电压再增加，也不会使反向电流增加，因而反向电流趋于恒定，此时的反向电流称为反向饱和电流。由于反向电流很小，因此在 PN 结反向偏置时，可以认为基本上不导通或称截止，表现很大电阻性。

由上述可知，PN 结正偏时导通，电阻很小，电流很大；反偏时截止，电阻很大，电流很小。这就是 PN 结的单向导电性。

4.2 半导体二极管

学习目标

了解二极管的结构及其基本特性，掌握二极管的单向导电性及其简易测试方法，掌握各种二极管在汽车电路中的实际应用。

4.2.1 二极管的基本结构

将 PN 结封装并引出两根电极就形成了二极管。目前的封装有金属封装、塑料封装、玻璃封装等。P 区引出的线称为阳极，用“+”表示。从 N 区引出的线称阴极，用“－”表示。二极管的图形符号如图 4—7 所示。

阳极

阴极

图 4—7 二极管图形符号

按结构分，二极管有点接触型和面接触型。点接触型一般为锗管，由于其 PN 结结面积很小，因此结电容很小。所谓结电容是由于 PN 结的 P 区和 N 区带有不同的电荷，可以看成电容器的两个极板，因此把 PN 结的电容称为结电容。一般点接触型适用于高频小功率的工作或数字电路中的开关元件。面接触型一般为硅管，因其 PN 结结面积很大（结电容大），故可通过较大电流。

4.2.2 二极管的伏安特性

二极管的伏安特性就是加在二极管两端的电压与流过二极管的电流之间的关系，即 $I=f(U)$。图 4—8 所示为硅二极管和锗二极管的实际伏安特性曲线。由图可见，二极管的伏安特性是非线性的，说明二极管是非线性元件。

1. 正向特性

在图 4—8 中曲线①的部分为正向特性，由图可见，在外加正向电压较小时，由于外电场较弱，还不足以克服 PN 结内电场对多数载流了扩散运动的阻力，因此此时正向电流很小，几乎为零，二极管呈现出很大的电阻。

电流几乎为零的范围称为死区电压或阈值电压，用 U_T 来表示。一般硅二极管的死区电压为 0.5V，锗二极管的死区电压为 0.1V。

当正向电压超过死区电压后，PN 结内电场被大大削弱，电流急剧增加，二极管处于正向导通状态，此时二极管的电阻很小，其电压降也很小，一般约为死区电压。

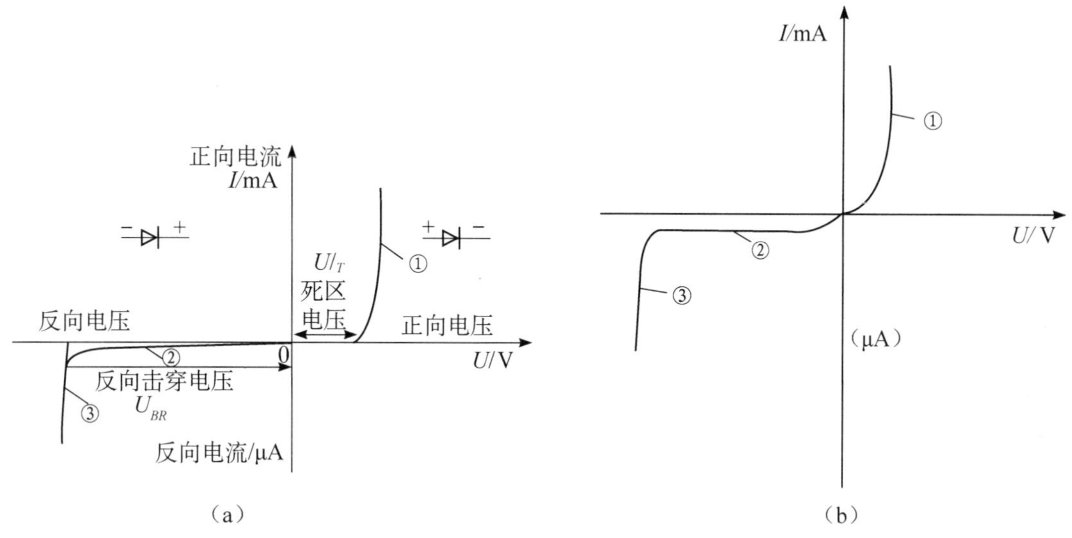

图 4—8　二极管的伏安特性

（a）硅二极管的伏安特性　（b）锗二极管的伏安特性

2. 反向特性

图 4—8 中曲线②的部分为反向特性。二极管加反向电压时，由少数载流子漂移而形成的反向电流很小。且在一定电压范围内基本不随反向电压而变化，所以这个电流称反向电流。反向电流只随着温度升高而增加。一般硅二极管的反向电流为一到几十微安，锗二极管的反向电流为几十到几百微安。由二极管的正向特性及反向特性可以看出其单向导电性。

3. 反向击穿特性

当外加反向电压达到一定值时，反向电流将突然增大，二极管失去单向导电性，这种现象称为击穿，如图 4—8 中曲线③的部分所示。二极管被击穿后一般不能恢复原来的特性。

击穿发生在空间电荷区，发生的原因一种是当反向电压高到一定数值时，因外电压过强，而把共价键中的价电子强行拉出。造成很大的反向电流。另一种是强电场引起自由电子加速后与原子碰撞，将价电子轰击出共价键而产生新的电子空穴对，使少数载流子的数量增加，形成很大的反向电流。反向击穿电压用 U_{BR} 来表示。

4.2.3　二极管的主要参数

二极管的参数是表征二极的性能及其适用范围的重要数据，是选择、使用二极管的主要依据。

1. 最大整流电流 I_{OM}

最大整流电流是指二极管长期工作时，允许通过二极管的最大正向平均电流，使用时不能超过最大整流电流，否则会使二极管迅速损坏。

2. 最大反向工作电压 U_{RM}

最大反向工作电压是指二极管不被击穿所允许的最大反向电压，一般取击穿电压的

1/3～2/3作为最大反向电压 U_{RM}。

3. 最大反向电流 I_{RM}

最大反向电流是指二极管加最大反向电压时的反向电流。反向电流越小，二极管的单向导电性越好。

4.2.4　二极管的简易判别

使用二极管时，需要判别二极管的好坏与极性，一般二极管可以从外表判别，但如果从外表不能判别，需要借助万用表（指针表或数字表）进行判别。晶体二极管有两个电极，且正向电阻小，反向电阻大，根据这一特点，我们可用万用表的电阻挡来大致判别二极管的好坏和极性。

1. 使用指针万用表判别

（1）好坏判别。一只特性良好的二极管其正向电阻为几千欧以下，反向电阻为几百千欧以上。将指针式万用表的欧姆挡拨到"$R\times100$"或"$R\times1$k"挡，将两表笔分别正接或反接在被测二极管的两端，测其电阻值：

如果测得的正、反向电阻均为无穷大，则二极管内部已断路。

如果测得的正、反向电阻均很小或为零，则二极管内部已短路。

如果测得正、反电阻接近，则二极管的性能已不良。

上述三种情况说明二极管已经损坏，不能再正常使用。

（2）极性判别。用指针式万用表的"$R\times100$"或"$R\times1$k"挡测量二极管的正向或反向电阻时，如果测得电阻值较小，则黑表笔所接的一端为二极管的阳极，红表笔所接的一端为二极管的阴极。这是因为指针式万用表的电阻挡中黑表笔与万用表内电池的正极相接，红表笔与电池负极相接。判别示意图如图 4—9 所示。

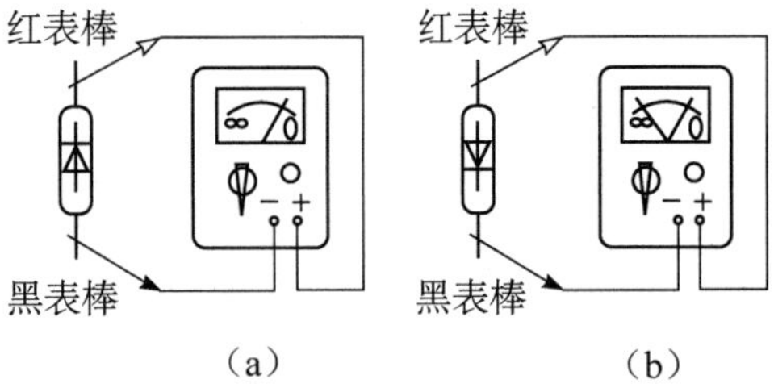

红表棒　红表棒

黑表棒　黑表棒

（a）　（b）

图 4—9　二极管的简易判别

（a）正向电阻小　（b）反向电阻大

2. 使用数字万用表判别

（1）好坏判别。将数字式万用表拨到"二极管测试"挡，两表笔分别正接或反接在被测二极管的两端，测其值。一只特性良好的二极管其正向值为 0.5 或 0.3 左右（硅二极管 0.5，锗二极管为 0.3），反向值为无穷大。

如果正反向测量值均为无穷大，则二极管内部已断路。

如果正反向测量值均为很小或零，则二极管内部已短路。

以上两种情况均不能继续使用。

（2）极性判别。在测得二极管的正向值为 0.5 或 0.3 左右时，红表笔所接的一端为二极管的正极，黑表笔所接一端为二极管的负极。这是因为数字式万用表的电阻挡中黑表笔与万用表内电池的负极相接，红表笔与电池正极相接。

在二极管的简易判别过程中值得注意的是：在测量正反向电阻时，指针式万用表和数字式万用表的两表笔与表内电池的极性连接相反；在使用不同欧姆挡测量同一二极管的电阻时，其测得值不同（由万用表内部电路决定了不同挡位两表笔间的电压不同）；以上判别适用于应用广泛的低频小功率二极管，若对汽车交流发电机中大功率整流二极管进行差别时，指针式万用表可用“$R\times1$”或“$R\times10$k”（该系列二极管整流电流较大，反向峰值电压较高）。

4.2.5　二极管及其在汽车上的应用

1. 普通二极管

利用二极管的单向导电性可以实现限幅、钳位、隔离和续流等作用。

（1）限幅作用。将输出电压的幅值限制在某一数值的作用称为限幅。例如在图 4—10（a）所示电路中，设 $u_i=2\sin\omega t$V，VD_1 和 VD_2 为锗管，其正向电压降 $U_{VD}=0.3$V。由二极管的近似特性可知：

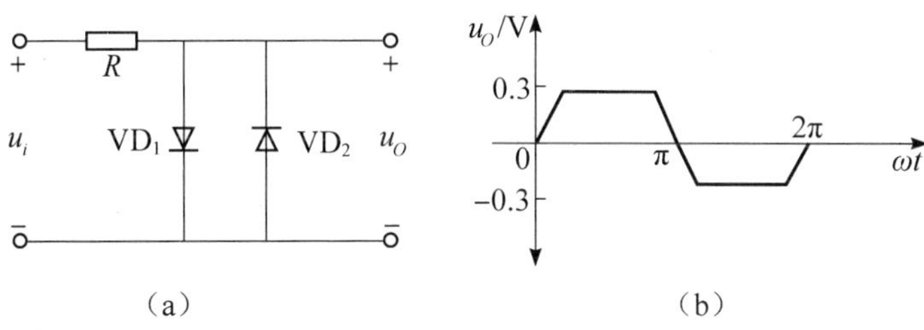

图 4—10　限幅电路

（a）电路　（b）波形

在 u_i 的正半周内，VD_2 截止，当 $U_i<0.3$V 时，VD_1 截止，$u_o=u_i$。当 $u_i>0.3$V 时，VD_1 导通，$u_o=u_D=0.3$V；在 u_i 的负半周内，VD_1 截止。当 $u_i>-0.3$V 时，VD_2 截止，$u_o=u_i$。当 $u_i<-0.3$V 时，VD_2 导通，$u_o=-0.3$V。最后求得 u_o 的波形如图 4—10（b）所示。由于该电路将输出电压的大小限制在 ±0.3V 的范围内，所以 VD_1 和 VD_2 是起限幅作用，这种电路称为限幅电路。

（2）钳位作用。将电路某点的电位钳制在某一数值的作用称为钳位。例如在如图 4—11 所示电路中，二极管 VD_A 和 VD_B 为硅二极管，其正向电压降 $U_{VD}=0.7$V。它们的阳极通过 R 接在+6V的电源上，而它们的阴极分别接输入端。若电位 $V_A=3$V，$V_B=0$V，由于 $V_A>V_B$，即加在二极管 VD_B 上的正向电压比加在二极管 VD_A 上正向电压大，所以 VD_B 抢先导通，因而输出端的电位 $V_F=V_B+U_{VD}=(0+0.7)$ V$=0.7$V，即 V_F 被钳制在 0.7V，故 VD_B 起钳位作用，这种电路称为钳位电路。

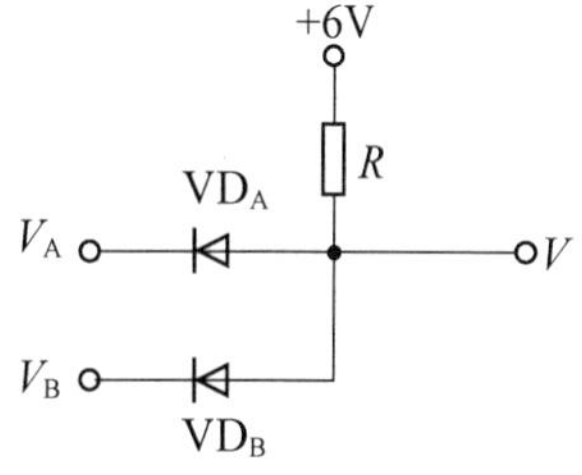

图 4—11　钳位电路

（3）隔离作用。利用二极管截止时相当于开路的特点，来隔断电路或信号之间的联系称为隔离。例如在图 4—11 所示电路中，VD_B 导通后，使得 VD_A 承受反向电压而截止，从而隔离了 V_A 和 V_B 的联系和影响，所以 VD_A 在该电路中起隔离作用。

（4）续流作用。一个通电的线圈，当突然断电时，就会在线圈中产生一个反向电动势，如果这个反向电动势叠加在电路中的其他电子元件（如三极管）上，就会引起元件的损坏。为了避免这种现象的出现，一般都在线圈旁边并联一个二极管来吸收反向电动势，

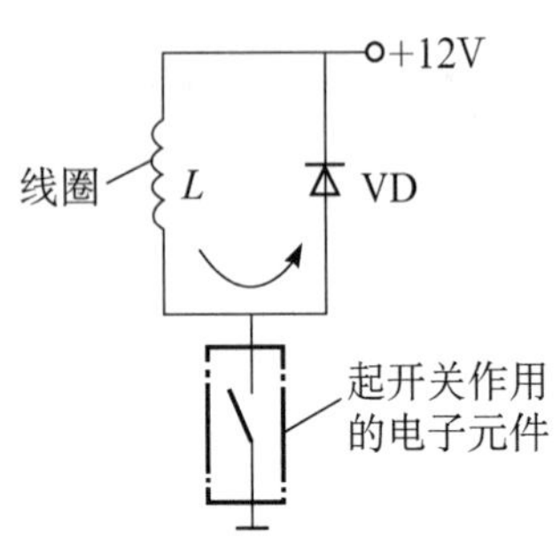

图 4—12　二极管续流作用

这种电路就是二极管的续流电路，如图 4—12 所示。

在这种电路中，二极管起到了对其他电子元件的保护作用，所以也称为保护二极管。

2. 整流二极管

整流二极管的作用是利用其单向导电性，将交流电变成直流电。其应用将在第 5 章中讲述。

整流二极管可分为硅管和锗管两大类，而每一类又可分为高频整流二极管、低频整流二极管、大功率整流二极管及中、小功率整流二极管等。

常见的国产整流二极管有 2CZ20 系列、2CZ55～60 系列、2CP10～20 系列和 2DG 系列等。汽车用整流二极管为 ZQ 系列等。

二极管除了整流外，还可以实现检波及在数字电路中作为开关元件。

3. 稳压二极管

稳压二极管也称齐纳二极管，是一种特殊的面接触型二极管，它和普通二极管一样也有一个 PN 结。

稳压管的伏安特性与二极管相似，其差别是稳压管的反向击穿性曲线比普通二极管较陡，且工作在击穿区，即曲线的 AB 段，如图 4—13 所示。

如图 4—13 所示，稳压管击穿后，反向电流在相当大的范围内变化时，稳压管两端的电压却变化很小，利用这一特性，稳压管在电路中起稳压作用。

稳压管是一种特殊二极管，当去掉反向电压后，稳压管又能恢复正常工作，但如果反向电流超过允许范围时，它将被过热击穿而损坏。

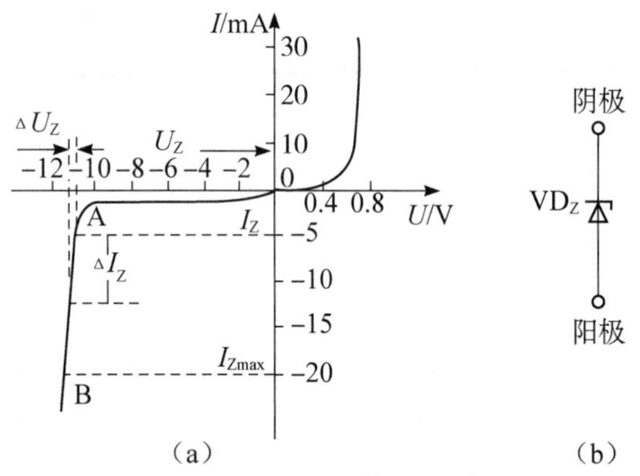

图 4—13　稳压管的伏安特性和符号

(a) 伏安特性曲线　(b) 图形符号

稳压二极管工作在反向击穿状态，外电路要加合适的限流电阻，以防电流过大而损坏二极管。多个稳压二极管不能并联使用，因为每个二极管的稳压值有差异，并联后通过每个二极管的电流不同，个别二极管会因过载而损坏。稳压二极管可以串联使用，其总稳压值为每个稳压二极管的稳压值之和。

稳压管的主要参数有两个：一是稳定电压 U_Z（稳压值），它是指稳压管在正常反向击穿状态时二极管两端的电压。二是最大稳定电流 $I_{Z\max}$，最大稳定电流 $I_{Z\max}$是指稳压管允许通过的最大反向电流，使用时要限制其工作电流不能超过 $I_{Z\max}$，否则管会因发热而损坏。

常见的稳压二极管有国产的 2CW 系列、2DW 系列和进口的 1N700 系列、1N900 系列等。

在汽车电路中由于各个电路总成器件或元件工作电流较大，使汽车电源系统的电压会出现波动。在汽车仪表电路和一部分电子控制电路中，一些需要精确电压值的地方经常利用稳压管来获取所需电压。图 4—14 所示为利用稳压管为汽车仪表提供稳定电压的电路，图中稳压管与电阻串联而与仪表并联。即使电源电压发生变化，也只是引起不同大小的电流通过电阻和稳压管，改变降落在电阻上的电压，而稳压管始终维持工作电压不变。

4. 发光二极管

发光二极管（LED）是一种由磷化镓等半导体材料制成的，能直接把电能变为光能的发光显示器件，当内部正向导通时，则发光，截止时不发光，其表示符号如图 4—15 所示。

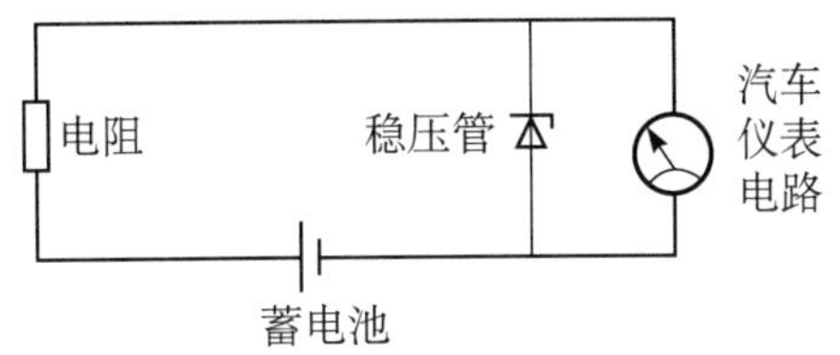

图 4—14　简化汽车仪表稳压电路

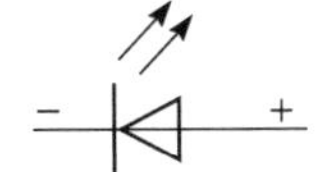

图 4—15　发光二极管的图形符号

发光二极管同样由 PN 结构成，具有单向导电性。普通单色发光二极管的发光颜色与发光的波长有关，而发光的波长又取决于制造发光二极管所用的半导体材料，它属于电流控制器件。

发光二极管具有体积小、功耗低、使用寿命长等特点，常用来作为显示器。发光二极管可以单个使用，也可以做成七段数码显示器（在第 6 章讲述）、矩阵显示屏等。

常见的国产普通单色发光二极管有 BT 系列、FG 系列和 2EF 系列。常见的进口普通单色发光二极管有 SLR 系列和 SLC 系列等。

在发光二极管技术发展的早期，LED 已经被用于汽车仪表照明和车内一些电子设备的指示灯。LED 作为一种光源几乎不发热，其寿命可达 10 年以上，一般的车辆寿命期间无需更换。另外，LED 照明可以直接把电能转化为光能，完全能够满足环保节能的需要。

除照明用途外，在汽车电路中发光二极管也随处可见，主要应用在仪表板上作为指示信号灯或报警信号灯。比如液体液面过低，制动蹄片过薄，制动灯、尾灯、前照灯等烧坏时，相应的发光二极管就会被接通而发光，发出报警信号。图 4—16 所示为浮子舌簧管开关式液位传感器应用电路。

如图 4—16（a）所示，圆管状轴内装有易磁化的强磁性材料制成的触点（舌簧管），浮子内嵌有永久磁铁。当液位低于规定值时，舌簧管与浮子的位置关系如图 4—16（b）中虚线浮子位置所示。当永久磁铁接近舌簧管时，磁感线从舌簧管中通过，舌簧管的触点闭合，报警二极管电路被接通，报警二极管发光，提示驾驶员液位已经低于规定值。当液位达到规定值时，浮子上升到规定位置，没有磁感线通过舌簧管，在舌簧管本身的弹力作用下，舌簧管触点打开，报警二极管熄灭，表示液位合乎要求。

5. 光敏二极管

光敏二极管是一种能将光能转变为电能的敏感型二极管。当光敏二极管被光照射时，它就会有电流通过，无光照射时则无电流通过，利用这一特性可以实现各种控制。其结构

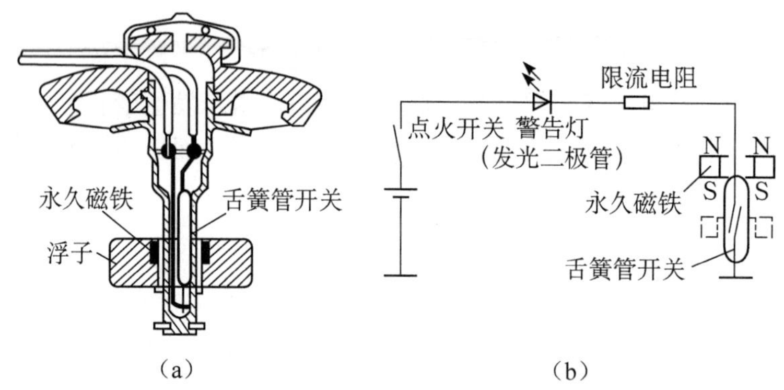

图 4—16　舌簧管开关式液位传感器

(a) 示意图　(b) 电路图

及图形符号如图 4—17 所示。

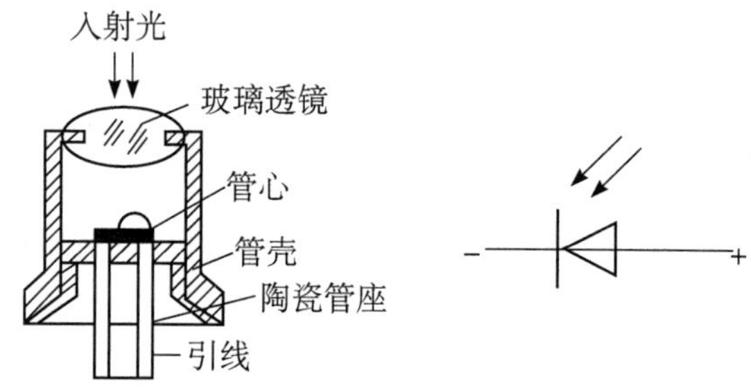

图 4—17　光敏二极管的结构及图形符号

光敏二极管有普通光敏二极管、红外光敏二极管等。在各种电子产品的遥控接收系统中得到广泛应用的是红外光敏二极管，它是一种特殊结构的光敏二极管，它可以将红外发光二极管发射的红外光信号转变为电信号。

常见的普通光敏二极管有 2CU 系列、2DU 系列等。

汽车上的许多传感器就是利用光敏二极管制成的，用于汽车自动控制系统的日照强度传感器就是一个光敏二极管，如图 4—18 所示。

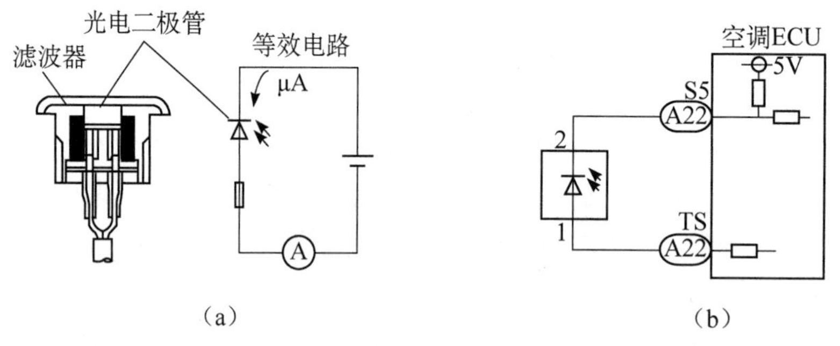

图 4—18　日照强度传感器及等效电路、汽车自动空调系统线路图

(a) 日照强度传感器及其应用等效电路　(b) 自动空调系统日照强度传感器线路图

日照强度传感器可以把太阳的照射情况转换成电流的变化，车内自动空调 ECU 对这种变化进行检测，来调节排风量和排风口温度。

光敏二极管作为光传感器还被应用到汽车灯光自动控制器中，用来检测车辆周围亮暗程度。

4.3 半导体三极管

学习目标

了解三极管的结构及工作状态，掌握三极管的简易测试方法，掌握三极管的放大、开关电路在汽车上的应用。

半导体三极管是最重要的一种半导体器件，它的放大作用和开关作用促使电子技术飞跃发展。晶体管的特性是通过特性曲线和工作参数来分析研究的，但是为了更好地理解和熟悉三极管的外部特性，首先介绍三极管的结构。

4.3.1　三极管的基本结构

三极管是通过一定的工艺在一块半导体基片上制成两个 PN 结，再引出三个电极，然后用管壳封装而成。三极管分为 NPN 型或 PNP 型两类。其结构示意图和图形符号如图 4—19 所示。

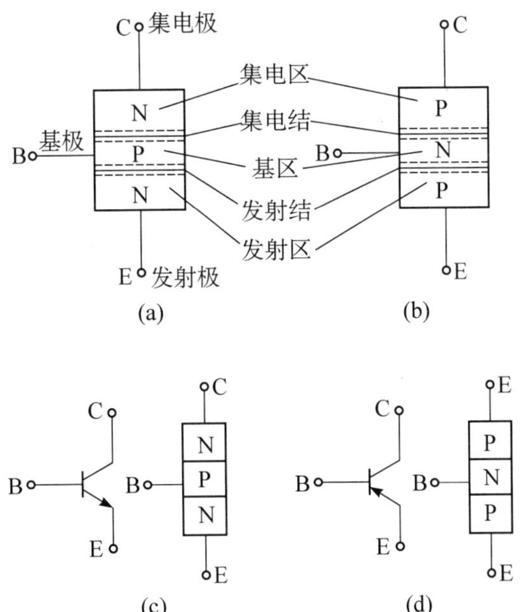

图 4—19　三极管的结构示意图及图形符号

(a) NPN 型三极管　(b) PNP 型三极管　(c) NPN 型图形符号　(d) PNP 型图形符号

每一类三极管都分成基区（很薄，浓度很低）、发射区（载流子浓度很高）、集电区（面积很大，浓度很低）。分别引出三个电极：基极 B、发射极 E 和集电极 C。每一类三极管都有两个 PN 结，基区和发射区之间的 PN 结称为发射结。基区和集电区之间的 PN 结称为集电结。

NPN 型和 PNP 型三极管的工作原理类似，仅在使用时电源极性不同而已，下面仅以 NPN 型三极管为例分析讨论。

4.3.2 三极管的电流放大作用

三极管发射区的作用是向基区发射载流子，基区是传送和控制载流子，而集电区是收集载流子的，因此，要使三极管能正常工作，必须外加合适的电源电压。首先，发射结要正向偏置，以保证发射区的多数截流子能到达基区；其次，集电结要反向偏置，以保证发射到基区的大多数载流子都能传输到集电区。三极管放大电路如图 4—20 所示。

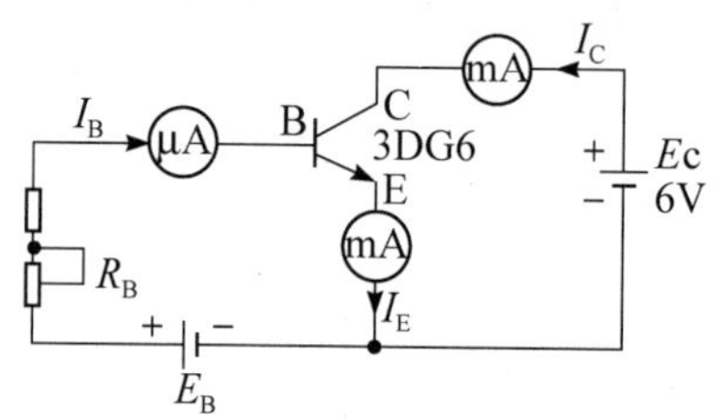

图 4—20 三极管电流放大电路

电源的极性应按图中的接法，发射极是公共端，这种接法称为三极管的共发射极接法。E_B 和 E_C 的极性一定要正确，且 E_C 大于 E_B。三极管的放大条件为：发射结正偏，集电结反偏。只有这样三极管才有电流放大作用。

当改变电位器 R_B 的阻值时，则基极电流 I_B，集电极电流 I_C 和发射极电流 I_E 都将发生变化，电流方向如图所示。通过对测量结果的分析可得出如下结论：

（1）$I_E=I_C+I_B$，结果符合基尔霍夫电流定律。

（2）I_C 比 I_B 大得多，且两者的比值远大于 1，且在一定范围内基本不变。

由此可看出，三极管微小的 I_B 变化可以引起较大的 I_C 变化，如果将微小信号加在基极上，会产生微小的 I_B 电流，但可以得到较大的 I_C 电流，这就是电流放大作用。

若把 $\beta = I_C/I_B$ 称为电流放大系数，则

$$I_C = \beta I_B,\ I_E = I_C + I_B = \beta I_B + I_B = (1+\beta)I_B$$

（3）当 $I_B=0$ 时（将基极开路）$I_C=I_{CEO}$（穿透电流）很小。

上述结论可用载流子在三极管内部运动来解释。

（1）发射区向基区扩散电子。发射结正偏，多数载流子的扩散运动加强，发射区的多数载流子（电子）向基区扩散，形成发射极电流 I_E，同时基区的多数载流子（空穴）也向发射区扩散，但由于基区的空穴浓度比发射区自由电子浓度低得多，因此空穴电流很小，可忽略不计。

（2）电子在基区扩散和复合。从发射区扩散到基区的自由电子起初都聚集在发射结附近，靠近集电结的自由电子很少，形成了浓度的差别，因而自由电子将向集电结方向继续扩散，在扩散过程中，自由电子不断与基区的空穴相遇而复合，由于基区接电源 E_B 正极，E_B 将基区中受激发的价电子不断拉走，形成电流 I_{BE}，基本上等于基极电流 I_B，同时补充了基区被复合掉的空穴，而基区很薄，掺杂浓度很低，被复合的自由电子就很少，因此绝大部分自由电子能扩散到集电结的边缘。

（3）集电区收集从发射区扩散过来的电子。由于集电结反向偏置，集电结内电场增强，因此它对多数载流子的扩散运动起阻挡作用，阻挡集电区的自由电子向基区扩散，但可将从发射区扩散到基区并到达集电结边缘的自由电子拉入集电区，从而形成电流 I_{CE}，它基本上等于集电极电流 I_C，如图4—21所示。

此外，由于集电结反向偏置，导致在内电场作用下，集电区的少数载流子（空穴）和基区的少数载流子（电子）发生漂移运动，形成电流 I_{CBO}，这部分电流很少，它构成集电极电流 I_C 和基极电流 I_B 的一小部分。但受温度影响很大。

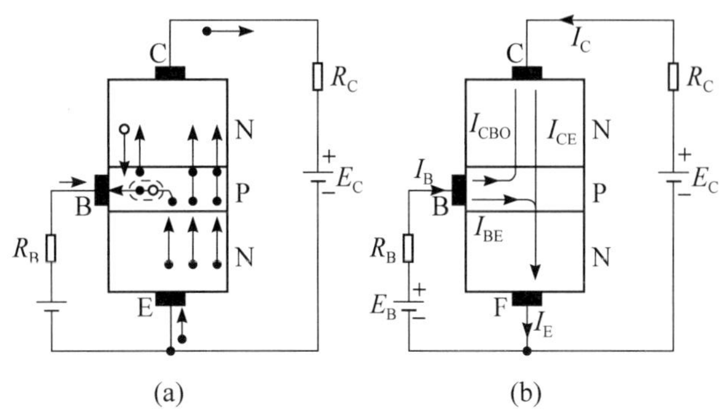

图 4—21　三极管中的电流

（a）载流子运动　（b）电流分配

如上所述，从发射区扩散到基区的电子只有一小部分在基区复合，绝大部分到达集电区，也就是构成发射极电流 I_E 的后两部分。由于 I_B 很小，而 I_C 很大，因此其电流放大系数为：

$$\beta=\frac{I_C-I_{CBO}}{I_B+I_{CBO}}\approx\frac{I_C}{I_B}$$

4.3.3　三极管的特性曲线

三极管的特性曲线是用来表示该三极管各极电压和电流之间相互关系的，它反映出三极管的性能，也是分析放大电路的重要依据，最常用的是共射极接法的输入特性曲线和输出特性曲线，这些曲线可用三极管图示仪直接观测得到，也可以通过图 4—22 所示的实验电路进行测绘。对于不同型号的三极管其特性也不相同，现在用的是 NPN 型硅管 3DG6，测出其特性。

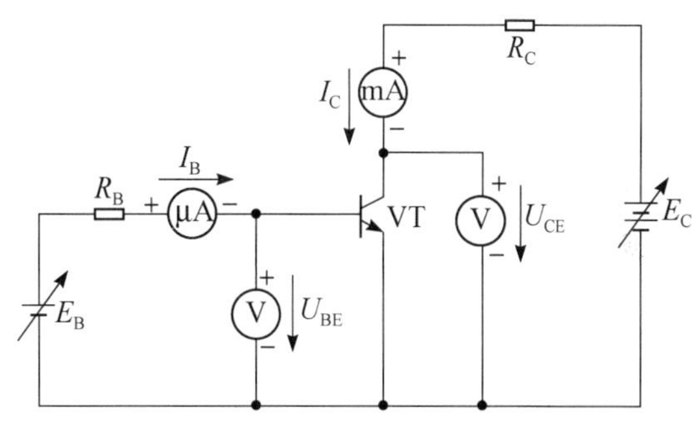

图 4—22　测量三极管特性的实验电路

1. 输入特性曲线

输入特性曲线是指当集射极电压 U_{CE} 为常数时，基极电流 I_B 与基射极电压 U_{BE} 之间的关系曲线，即 $I_B=f(U_{BE})$，$U_{CE}=$常数，如图 4—23（a）所示。

对硅管而言，当 U_{CE} 大于等于 1V 时，集电结反向偏置，只要 U_{BE} 相同，发射区扩散到基区的电子数目必然相同，而集电结的内电场足够大可以把从发射区扩散到基区的电子中绝大部分拉入集电区。若此时再增加 U_{CE}，只要 U_{BE} 保持不变，则从发射区扩散到基区的电子数就一定，I_B 电流也不再明显减小了，也就是说 U_{CE} 大于 1V 后的输入特性曲线基本上是重合的。所以通常只画出 U_{CE} 大于等于 1V 的一条输入特性曲线。

由图可见，三极管的输入特性和二极管的伏安特性一样都有一定的死区电压，硅管死区电压为 0.5V，发射结导通电压为 0.7V，锗管的死区电压为 0.2V，发射结导通电压 0.3V。

2. 输出特性曲线

输出特性曲线是指当基极电流 I_B 为常数时，三极管的集电极电流 I_C 和集—射极电压 U_{CE}之间的关系曲线，即 $I_C=f(U_{CE})$，I_B=常数。在不同的 I_B 下，可得出一组不同的曲线，如图 4—23（b）所示。

当 I_B 一定时，从发射区扩散到基区的电子数大致一定，在 $U_{CE}>1V$ 后，这些电子的绝大部分被拉入集电区而形成 I_C，以致再增加 U_{CE}，I_C 也不再有明显增加，具有恒流源特性。当 I_B 增加时，相应的 I_C 也增加，曲线上移，而且 I_C 比 I_B 增加的多得多，这就是三极管的电流放大作用。

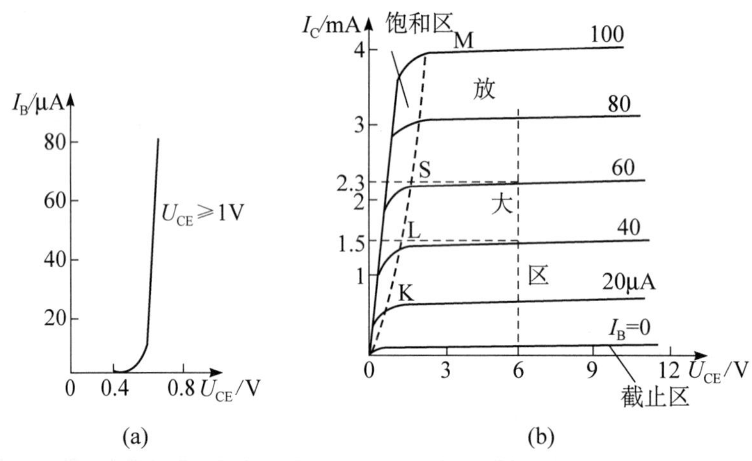

图 4—23 3DG6 特性曲线

（a）输入特性 （b）输出特性

（1）放大区。输出特性曲线的近于水平部分是放大区，在放大区内 $I_C=\beta I_B$，放大区也称线性区，因为 I_C 和 I_B 成正比关系。如前所述，三极管工作在放大状态时，发射结处于正向偏置，集电结处于反向偏置。

（2）截止区。当 $I_B=0$ 时，曲线以下的区域称为截止区。$I_B=0$，$I_C=I_{CEO}$。对 NPN 型管而言，$U_{BE}=U_T$ 时，即开始截止，但是为了可靠截止常使 U_{BE}小于或等于零。此时发射结，集电结都处于反向偏置，三极管的电流很小可以不计，相当于开关断开。

（3）饱和区。当 $U_{BE}>U_{CE}$时，发射结、集电结都处于正向偏置，三极管处于饱和工作状态。在饱和区 I_B 的变化对 I_C 的影响很小，两者不成正比，放大区的 β 不能用于饱和区，由于饱和时，两结都正向偏置，阻挡层消失，电流很大，相当于开关闭合。

4.3.4 三极管的主要参数

三极管的特性除用特性曲线表示外，还可用一些数据来证明，这些数据就是三极管的参数，它是设计电路、选用三极管的主要依据。

1. 电流放大系数（倍数）β

当三极管工作在动态时，基极电流的变化量为 ΔI_B，它引起集电极电流的变化量为 ΔI_C，它与 ΔI_B 的比值称为电流放大系数。$\beta=\Delta I_C/\Delta I_B$。

2. 集—基极反向饱和电流（I_{CBO}）

在发射极开路的情况下，集电极与基极之间加反向电压时的反向电流称集—基极反向饱和电流（I_{CBO}），如图 4—24 所示。它实际上和单个 PN 结的反向电流一样，受温度影响很大。在一定温度下 I_{CBO} 基本是一个常数。一般小功率锗三极管的 I_{CBO} 为几微安到几十微安，小功率硅三极管的 I_{CBO} 小于 1μA，显然 I_{CBO} 越小，锗三极管或硅三极管的工作稳定性越好。图 4—24（a）所示为 I_{CBO} 的测量电路。

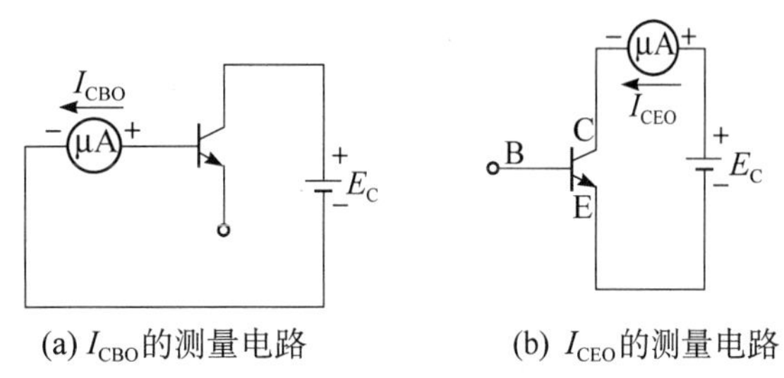

图 4—24　I_{CBO}和 I_{CEO}的测试电路

（a）I_{CBO}的测量电路　（b）I_{CEO}的测量电路

3. 集—射极反向穿透电流（I_{CEO}）

在基极开路的情况下，集电极与发射极之间加上一定反向电压时的集电极电流称集—射极反向穿透电流（I_{CEO}），如图 4—24（b）所示。由于这个电流是从集电区穿过基区到发射区，因此称为集—射极反向穿透电流。

当集电极与发射极之间加反向电压时，会使集电结处于反向偏置，发射结处于正向偏置，此时发射区的多数载流子（电子）就要扩散到基区。集电结反向偏置，一方面要使集电区的少数载流子（空穴）漂移到基区，另一方面，从发射区扩散到基区的大部分电子在集电结反向电压作用下必然被拉到集电区。由于基极开路使得集电区的空穴漂移到基区后，不能由基极外部电源补充电子与其复合形成电流，而只能与发射区扩散到基区的电子中一小部分复合形成反向电流 I_{CBO}。根据三极管电流分配关系，发射区每向基区提供一个复合用的载流子，就向集电区提供 β 个载流子，因此，电流为 βI_{CBO}，于是 $I_{CEO}=I_{CBO}+\beta I_{CBO}=(1+\beta)I_{CBO}$。

在共射极电路中，当有基极电流 I_B 存在并考虑穿透电流 I_{CEO} 时，可得集电极电流 I_C 的精确表达式：$I_C=\beta I_B+I_{CEO}=\beta I_B+(1+\beta)I_{CBO}$。

因为温度升高时，β 和 I_{CBO} 都要随着温度升高而增加，且 I_C 也要增加，所以三极管的温度稳定性较差。I_{CBO} 和 I_{CEO} 都是衡量三极管稳定性的重要参数，但 I_{CBO} 比 I_{CEO} 随温度的变化更大。因此，在选用三极管时，要求 I_{CBO} 尽可能小一些，而 β 值以不超过 100 为宜。

4. 集电极最大允许电流 I_{CM}

集电极电流超过某一值时，电流放大系数 β 值就要下降，I_{CM} 就是 β 下降到其正常值的 2/3 时的集电极电流。使用三极管时，I_C 超过 I_{CM} 三极管不一定会损坏，但 β 值要显著下降。

5. 集—射极反向击穿电压 $U_{(BR)CEO}$

$U_{(BR)CEO}$ 是在基极开路时加在集—射极之间的最大允许电压，当三极管的集—射极电压 U_{CE} 大于 $U_{(BR)CEO}$ 时，I_{CEO} 剧增三极管被击穿。

4.3.5　三极管的简易测试

使用三极管时，需要判别三极管的好坏与极性，一般三极管可以从外表判别，但如果从外表不能判别，需要借助万用表（指针表或数字表）进行判别。晶体三极管有三个电极，不论是PNP型还是NPN型，都由两个PN结构成，且PN结具有正向电阻小，反向电阻大的特点，因此我们可用万用表的电阻挡来大致判别三极管的好坏和极性。

1. 先判断基极b和三极管类型

将万用表欧姆挡置“$R\times100$”或“$R\times1\text{k}$”处，有黑表笔接三极管的任一管脚（设该管脚为三极管的基极），在用红表笔分别接另外两个管脚。如果表针两次的阻值都很大，那么该管就是PNP管，其中与黑表笔相接的那一管脚是基极；若表针两次指示的阻值均很小，说明该管是NPN管，其中与黑表笔相接的那一管脚是基极。如果指针指示的阻值是一个很大，一个很小，那么黑表笔所接的管脚就不是三极管的基极，要另换一个管脚进行类似的测试，直到找出基极。

2. 判断集电极c和发射极e

仍然用万用表欧姆挡“$R\times100$”或“$R\times1\text{k}$”。在未判别出的两个管脚中任意假定一个管脚为集电极，若为NPN管，则将黑表笔接假设的c极管脚，红表笔接另一管脚，将两手指接在b、c之间（或用一只100kΩ电阻），此时可测得一电阻值，然后将假设的c、e对调，同样将两手指接在b、c之间（或用一只100kΩ电阻），此时可再测得一电阻值，两次测得的电阻值中小的一次，黑表笔所接管脚为NPN管的实际集电极，红表笔所接为实际的发射极。注意测量时不要让集电极与基极碰在一起以免损坏晶体管，如图4—25所示。

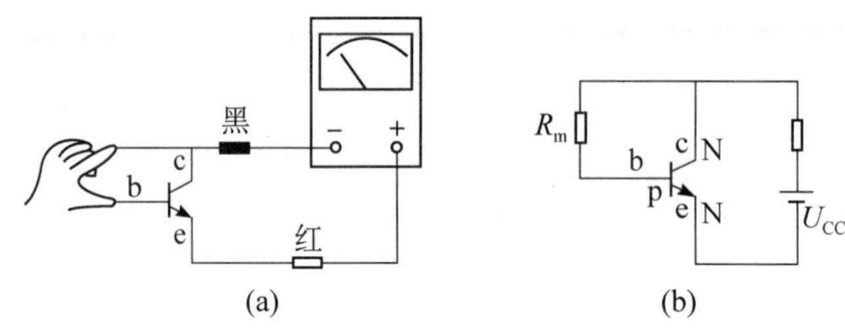

图4—25　判别三极管c、e电极的原理图

（a）示意图　（b）等效电路

3. 三极管性能的简易检测

（1）电流放大倍数的估测。用万用表“$R\times1\text{k}$”挡测量。用左手拇指和中指捏紧管壳，使管脚向上，右手以握筷子的姿势握住表笔，如图4—26所示。如果测的是NPN管，用黑表笔接触集电极，红表笔接发射极，这时指针应不动或摆动不大。如指针摆动较大，表明该管的穿透电流太大。然后用左手食指搭接在b、c极端部（也可用30kΩ～100kΩ的电阻代替），这时指针应向低阻值的方向摆动，摆动幅度越大（电阻越小），则电流放大倍数越大。如果测的管是PNP型，则红、黑表笔应对调，即红表笔接c极，黑表笔接e极。如各管脚接触良好，

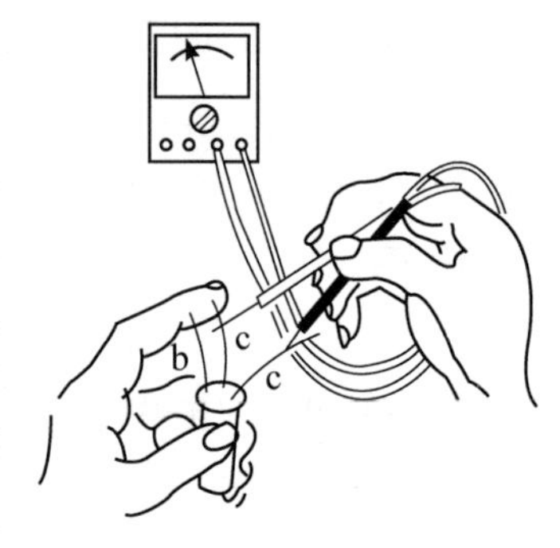

图4—26　估测三极管的电流放大倍数

估测电流放大倍数时指针不断右移或摇摆不定，则说明此管电流放大倍数值不稳定。

（2）估测穿透电流 I_{CEO}。用万用表“$R\times1k$”挡测量。如果是 NPN 管，黑表笔应接集电极，红表笔接发射极（PNP 管相反）。对小功率锗管如测出的阻值在几十千欧以上或小功率硅管测出的阻值在几百千欧以上，则说明管子的 I_{CEO} 不太大。如测出的阻值小，而且表针还缓缓地向低阻值方向移动，则表明管子的 I_{CEO} 大且管子的稳定性差。如果测出的阻值接近于零，表明管子已经击穿短路。如果测出的阻值为无穷大，表明管子内部已经开路。有些小功率硅管，由于它们的 I_{CEO} 很小，测量时阻值很大，表针可能移动不明显。而对于大功率管，由于 I_{CEO} 比较大，测得的阻值大约只有几十欧。

值得注意的是：在测量正反向电阻时，指针式万用表和数字式万用表的两表笔与表内电池的极性连接相反；以上判别适用于应用广泛的低频小功率管，对大功率管进行判别时，指针式万用表可用“$R\times1$”或“$R\times10k$”。

4.3.6　达林顿管及其在汽车电路中的应用

达林顿管是达林顿三极管的简称。所谓达林顿管就是连接在一起的两只三极管，又称复合管，其结构如图 4—27 所示。

达林顿管的放大倍数是两个三极管放大倍数的乘积。三极管作为前置放大管产生推动 VT_2 的基极电流，VT_2 作为末级放大管其输出与控制电路是隔离的，将电流继续放大以驱动负载部件。

在分析电路时可将达林顿管看作是点划线内构成的一个大功率三极管。汽车电子点火系统的控制模块大多采用达林顿管作为控制输出端。

由于达林顿管具有增益高、开关速度快、能简化电路设计等优点，主要用于大功率开关电路、电机调速，也用于驱动继电器以及驱动 LED 智能显示屏等。

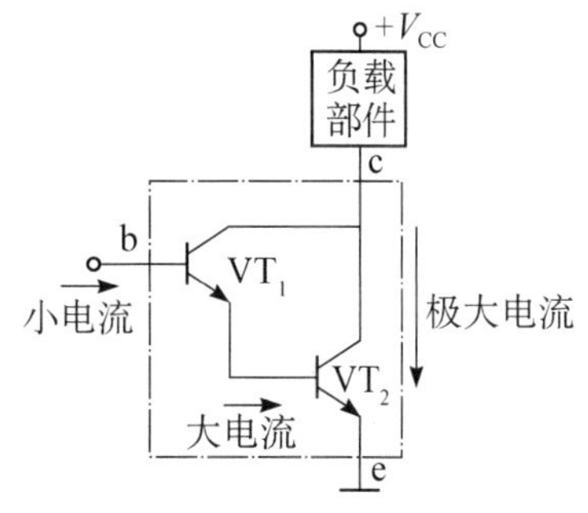

图 4—27　达林顿管的结构

4.3.7　光敏三极管及其在汽车电路中的应用

光敏三极管在原理上类似于三极管，只是它的集电结为光敏二极管结构。它的等效电路和符号如图 4—28 所示。

光敏三极管的基极电流由光电二极管提供，所以一般没有基极外引线。如果在光敏三极管的集电极和发射极加上正向电压，则有没有光照 c、e 间几乎没有电流。有光照射时，基极产生光电流，同时在 c、e 间形成集电极电流，大小在几毫安到几百毫安之间。光敏三极管的输出特性与三极管基本类似，只是用入射光的照度代替基极电流。光敏三极管制成达林顿管形式时，可以获得较大的输出电流而能直接驱动某些继电器。光敏三极管的响应速度比光敏二极管慢，灵敏度比较高。在要求响应快，对温度敏感小的场合选用光敏二极管而不用光敏三极管。

光敏三极管的基本应用电路如图 4—29 所示。A 点电位随着外界光线的照射而发生变化。

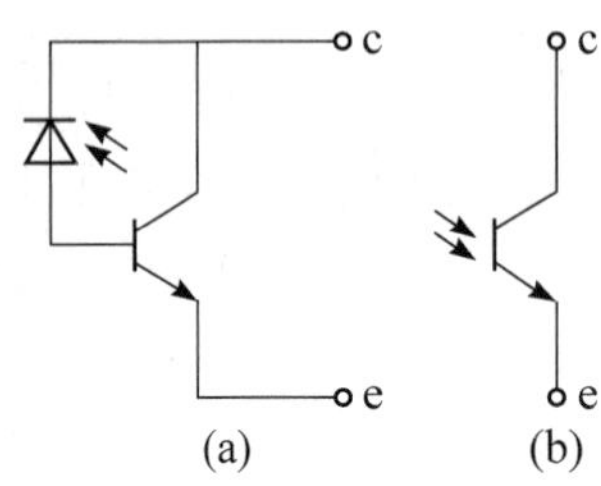

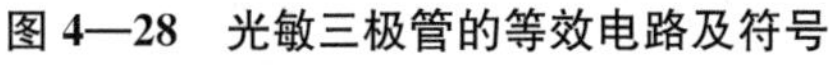

图 4—28 光敏三极管的等效电路及符号

（a）等效电路 （b）符号

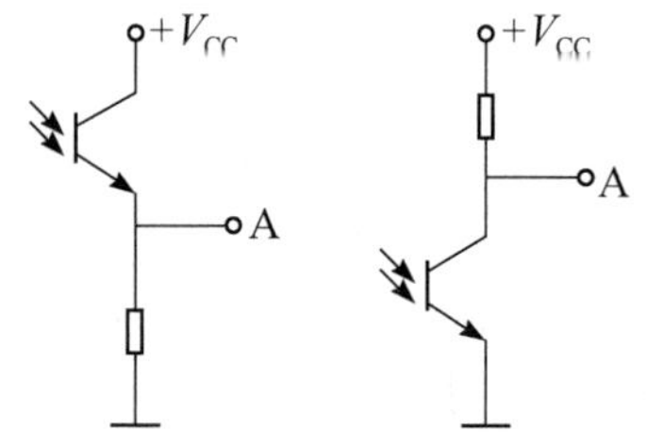

图 4—29 光敏三极管的基本应用电路

光敏三极管在汽车上主要应用于传感器中。把发光二极管和光敏三极管组合在一起，可实现以光信号为媒介的电信号的转换，采用这种组合方式的器件称为光电耦合器。当光电耦合器作为传感器来使用时，称为光传感器，如图 4—30 所示，它可以检测物体的有无和遮挡次数等信号。

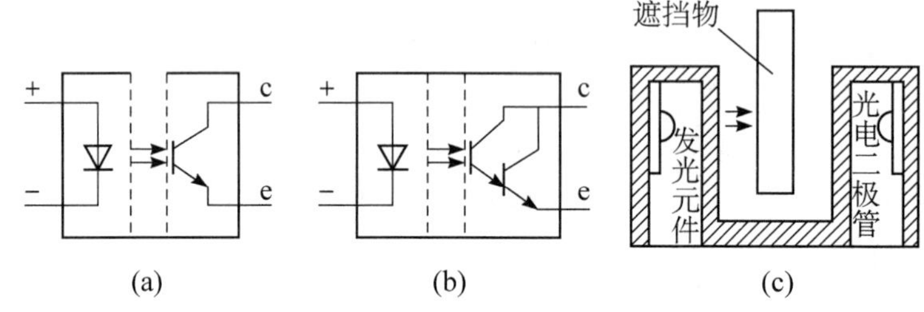

图 4—30 光传感器示意图

（a）三极管型 （b）达林顿型 （c）槽型光电传感器

在汽车上，光电式传感器被应用到许多场合，主要有：曲轴位置检测、车高位置检测、转向角度检测、车速传感器等。均是利用在光传感器的中间设置遮挡物，利用遮挡物是否挡住光线，来判断遮挡物的位置（遮挡物均和被检测的对象连接在一起），传递位置信号或转过的遮挡物的个数信号。

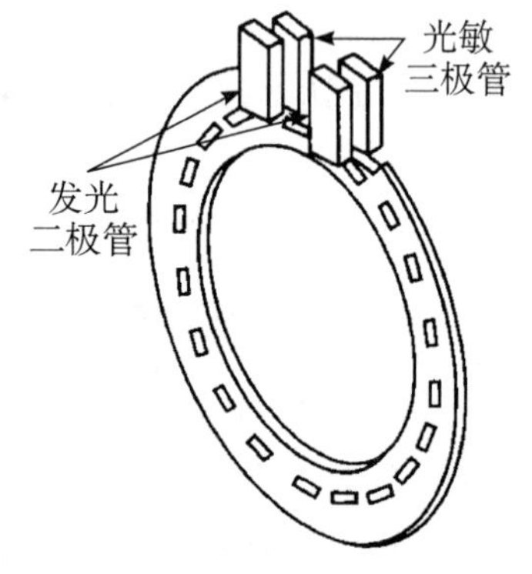

图 4—31 转向传感器

光电式传感器应用于转向传感器时，转向传感器为了检测轴的旋转角位移量和轴的旋转方向，在转向器的主轴上，设有一个遮光盘，夹在遮光盘两侧的是两组发光二极管和光敏三极管。这两组光电耦合器件与可旋转的遮光盘组成了光脉冲发生器，其结构如图 4—31 所示。遮光盘固定在转向轴上。当转向轴旋转时，遮光盘也随之转动，遮光盘整个圆周上均匀分布有一些槽。遮光盘的旋转使发光二极管的光时而通过遮光盘上的槽作用于光敏三极管，从而使光敏三极管导通；时而被遮光盘遮挡，从而使光敏三极管截止。根据二极管导通、截止的速度，就可以检测出转向器的速度。

光电式传感器应用于车身高度传感器时，这种传感器应用于空气悬架和主动悬架的控制。检测车体一悬架下支臂或减振器下支架之间的上下方向的相对位移。它与转角传感器一样，是由一个可旋转的遮光盘及发光二极管和光敏三极管构成的光脉冲发生器。传感器安装在车体侧面，通过控制机构将悬架的上下运动变换成带动圆盘的旋转运动，而且根据光脉冲发生器输出信号的变化，检测车身高度的变化。

4.4 绝缘栅场效应管

学习目标

了解场效应管的结构、工作原理及其与三极管的差别。

场效应管（简称 FET）是利用电场效应来控制电流的一种半导体器件，它具有输入电阻大（可高达 $10^5\Omega\sim10^{12}\Omega$），噪声低、热稳定性好和耗电少等优点。因此，场效应管被广泛应用于各种电子线路中。场效应管按其结构不同，可分为结型场效应管和绝缘栅型场效应管两大类。绝缘栅型场效应管应用更为广泛，这里介绍其结构、性能和应用。

4.4.1　基本结构和工作原理

绝缘栅场效应管按其导电类型可分为 N 沟道（电子导电）和 P 沟道（空穴导电）两类。

1. N 沟道绝缘栅场效应管

图 4—32 所示为 N 沟道绝缘栅场效应管的结构示意图。它用一块杂质浓度很低的 P 型硅片作衬底，在硅片上扩散两个掺杂浓度很高的 N 型区（称为 N^+ 区），并引出电极，分别称为源极 S 和漏极 D。在 P 型硅表面覆盖一层极薄的二氧化硅的绝缘层，在源极和漏极之间的绝缘层上制作一个金属电极称为栅极 G。栅极和其他电极是绝缘的，故称为绝缘栅场效应管。金属栅极和半导体之间的绝缘层目前常用二氧化硅，故又称为金属—氧化物—气体场效应管，简称 MOS 管。

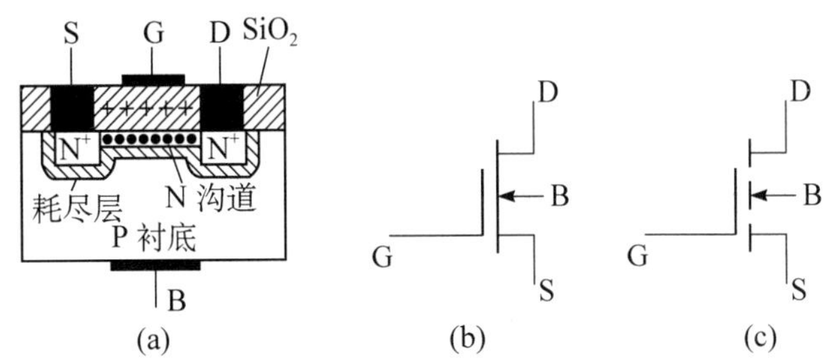

图 4—32　N 沟道绝缘栅场效应管

（a）耗尽型 NMOS 管结构　（b）耗尽型 NMOS 管图形符号　（c）增强型 NMOS 管图形符号

如果在制造 N 沟道 MOS 管时，在二氧化硅绝缘层中掺入大量的正离子，就会在 P 型衬底的表面产生足够大的正电场，这个强电场将会排斥 P 型衬底中的空穴，并把衬底中的电子吸引到表面，形成一个 N 型薄层，将两个 N^+ 区即源极和漏极沟通。这个 N 型薄层称为 N 型导电沟道。这种 MOS 管在制造时导电沟道就已形成，称为耗尽型场效应管。如果在制造时二氧化硅绝缘层中的正离子很少，不足以形成导电沟道，必须在栅极和源极之间外加一定的电压才能形成导电沟道，则称为增强型场效应管。N 沟道耗尽型和增强型 MOS 管的图形符号如图 4—32（b）和图 4—32（c）所示。在增强型 MOS 管的符号中，源极 S 和漏极 D 之间的连线是断开的，表示 $U_{GS}=0$ 时导电沟道没有形成。

2. P 沟道绝缘栅场效应管

P 沟道 MOS 管是用 N 型硅片作衬底，在衬底上面扩散两个杂质浓度很高的 P 区（称为 P^+ 区），两个 P^+ 区之间的表面覆盖二氧化硅，然后分别加上金属电极作为源极、漏极和栅极。P 沟道 MOS 管工作时连通两个 P^+ 区的是一条 P 型导电沟道。P 沟道 MOS 管也分为耗尽型和增强型，它们的符号分别如图 4—33（a）和图 4—33（b）所示。由于场效应管工作时只有一种极性的载流子参与导电，故亦称为单极型晶体管。

3. 场效应管和普通三极管的比较

和三极管的共发射极接法相类似，MOS 管常采用共源极接法。图 4—34 所示为用 N 沟道耗尽型 MOS 管构成的共源极电路。图中 MOS 管的 P 型衬底和源极 S 相连，使 P 型衬底的电位低于 N 型导电沟道的电位，P 型衬底和 N 型沟道之间的 PN 结始终处于反向偏置，保证 MOS 管的正常工作。

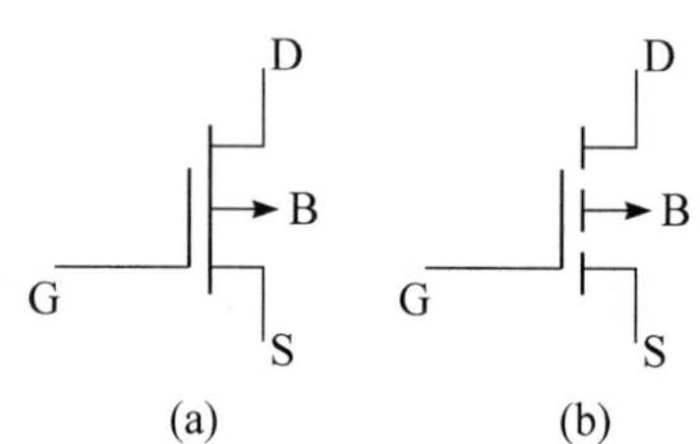

图 4—33　P 沟道 MOS 管的图形符号

（a）耗尽型　（b）增强型

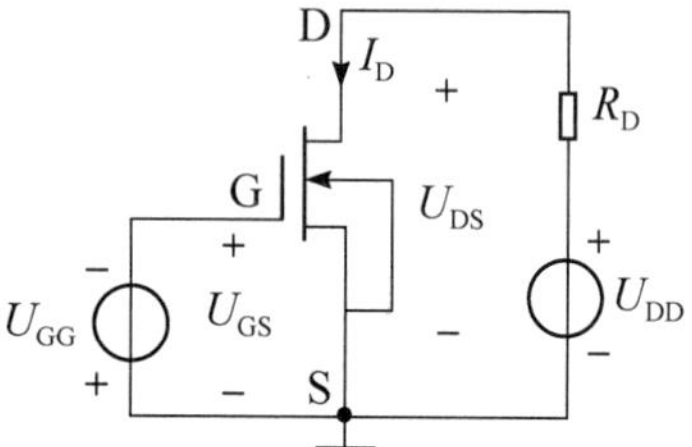

图 4—34　共源极电路

如图 4—34 所示，在正电源 U_{DD}的作用下，耗尽型 MOS 管 N 型沟道中的电子就从源极侧向漏极运动，形成漏极电流 I_D。如果栅极和源极间的电压 U_{GS}增加（或降低），则垂直于衬底的表面电场强度加强（或减弱），从而使导电沟道加宽（或变窄），引起漏极电流 I_D 增大（或减小）。因此 MOS 管是利用半导体表面的电场效应来改变导电沟道的宽窄而控制漏极电流的。或者说，是利用栅源电压 U_{GS}来控制漏极电流 I_D。

场效应管和三极管的差别为：

（1）场效应管和普通三极管在外形上是相似的，也有三个极。其栅极相当于普通三极管的基极，源极相当于发射极，漏极相当于集电极。

（2）场效应管和普通三极管在性能上主要有以下区别。

① 普通三极管是以基极电流控制集电极电流，属电流控制元件，其输入电阻较低。场效应管是以栅极电压 U_{GS}控制漏极电流，属电压控制元件，栅极回路基本上不取用电流，即 $I_G=0$。因此，输入电阻很高。

② 普通三极管中，运动的载流子有电子和空穴两种载流子，称为双极型晶体管，而场效应管中，只有一种载流子运动，称为单极型晶体管。

4.4.2　场效应管的主要参数

1. 夹断电压 $U_{GS(off)}$ 和开启电压 $U_{GS(th)}$

夹断电压 $U_{GS(off)}$是耗尽型 MOS 管的参数，开启电压 $U_{GS(th)}$是增强型 MOS 管的参数。

2. 饱和漏极电流 I_{DSS}

饱和漏极电流 I_{DSS}是耗尽型 MOS 管的参数。

3. 栅源直流输入电阻 R_{GS}

栅源直流输入电阻 R_{GS}是在栅源极间的电压为定值时，栅—源极间的直流电阻值。一般场效应管的 R_{GS}都很大，一般高达 $10^8\Omega$ 以上。

4. 最大漏源击穿电压 $U_{(BR)DS}$

$U_{(BR)DS}$是漏—源极间允许加的最高电压值，即 I_D 开始急剧上升时的 U_{DS}值。

5. 低频跨导 g_m

漏—源极间的电压为定值时，漏极电流的变化量 ΔI_D 和相应的栅—源输入电压的增量 ΔU_{GS}的比值。即

$$g_m = \frac{\Delta I_D}{\Delta U_{GS}}\bigg|_{U_{DS}=常数}$$

它是衡量场效应管放大能力的重要参数。跨导的一般表示式为它的大小是转移特性曲线在工作点的斜率。因此，也可从转移特性曲线上求得。显然，跨导的大小与工作点位置有关，g_m 的单位为西［门子］(s)。

6. 最大漏极电流 I_{DM}和最大耗散功率 P_{DM}

最大漏极电流 I_{DM}是指场效应管正常工作时所允许的漏极电流的最大值，而最大耗散功率 P_{DM}等于漏极电压的最大值。而最大耗散功率 P_{DM}等于漏极电压的最大值和漏极电流的最大值之乘积。

4.5 基本放大电路及其分析

学习目标

了解基本放大电路的组成及各元件的作用，掌握基本放大电路的分析方法。熟练掌握三极管放大电路及开关电路在汽车上的应用。

4.5.1 基本放大电路的组成

放大电路一般由电压放大和功率放大两部分组成。先由电压放大电路将微弱信号加以放大去推动功率放大电路，再由功率放大电路输出足够大的功率去推动执行元件。电压放大电路通常工作在小信号情况下，而功率放大电路通常工作在大信号情况下。在工业电子技术中，常用的交流放大电路是低频放大电路，其工作频率通常在 20Hz～20kHz。

1. 基本电压放大电路的组成

放大电路组成时必须遵循的几个原则：

(1) 电源的极性必须使发射结正向偏置而集电结反向偏置，以保证晶体管处于放大状态。

(2) 在接输入回路时，应当使输入的变化电压产生变化电流，在接输出回路时，应当使集电极电流尽可能多地流到负载上去，减少其他支路的分流作用。

(3) 在无外加信号时，不仅要使放大管处于放大状态，还要有一个合适的工作电压和电流。即合理地设置静态工作点，失真不超过允许范围。

图 4—35 所示为根据上述要求由 NPN 型晶体管组成的最基本的放大单元电路。许多放大电路就是以它为基础，经过适当的改造组合而成的。因此，掌握它的工作原理及分析方法是分析其他放大电路的基础。

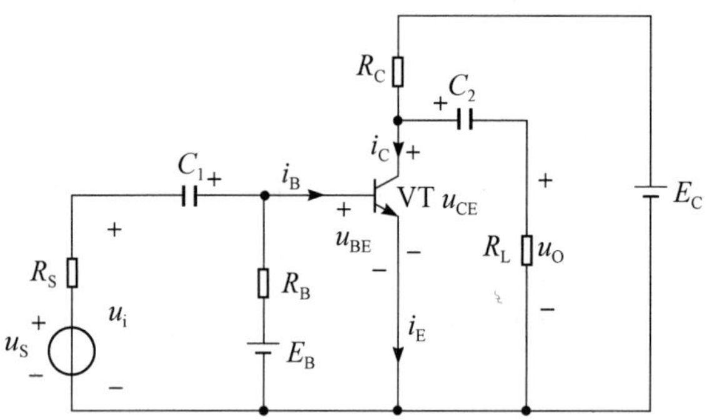

图 4—35　共射极单管放大电路

在一般放大电路中，有两个端点与输入信号相接，而由另两个端点，引出输出信号。所以放大电路是一个四端网络。作为放大电路中的晶体管，只有三个电极。因此，必有一个电极作为输入、输出电路的公共端。由于公共端选择不同，晶体管有三种连接方式：共发射极电路、共集电极电路和共基极电路。在实用中，三种电路各有特点，本书以共发射极电路为主进行分析。下面具体分析各元件的作用。

2. 各元件的作用

晶体管 VT：图 4—35 所示的 VT 是放大电路的放大元件。利用它的电流放大作用，在集电极电路获得放大的电流，这电流受输入信号的控制。从能量观点来看，输入信号的能量是较小的，而输出信号的能量是较大的，但不是说放大电路把输入的能量放大了。能量是守恒的，不能放大，输出的较大能量来自直流电源 E_C。即能量较小的输入信号通过晶体管的控制作用，去控制电源 E_C 所供给的能量，以便在输出端获得一个能量较大的信号。这种小能量对大能量的控制作用，就是放大作用的实质，所以晶体管也可以说是一个控制元件。

集电极电源 E_C：它除了为输出信号提供能量外，还保证集电结处于反向偏置，以使晶体管起到放大作用。E_C 一般为几伏到几十伏。

集电极负载电阻 R_C：它的主要作用是将已经放大的集电极电流的变化变换为电压的变化，以实现电压放大。R_C 阻值一般为几千欧到几十千欧。

基极电源 E_B 和基极电阻 R_B：它的作用是使发射结处于正向偏置，串联 R_B 是为了控制基极电流 I_B 的大小，使放大电路获得较合适的工作点。R_B 阻值一般为几十千欧。

耦合电容 C_1 和 C_2：它们分别接在放大电路的输入端和输出端。利用电容器对直流的阻抗很大，对交流的阻抗很小这一特性，一方面隔断放大电路的输入端与信号源、输出端与负载之间的直流通路，保证放大电路的静态工作点不因输出、输入的连接而发生变化；另一方面又要保证交流信号畅通无阻地经过放大电路，沟通信号源、放大电路和负载三者之间的交流通路。通常要求 C_1、C_2 上的交流压降小到可以忽略不计，即对交流信号可视作短路。电容值要求取值较大，对交流信号频率其容抗近似为零。一般取值 5 μF ～50 μF，用极性电容器，在连接时一定要注意其极性。

图 4—35 所示的电路中，用两个电源 E_B、E_C 供电。实际上 E_B 可以省去，再把 R_B 改接一下，只由 E_C 供电，这样只要适当增大 R_B，使 I_B 维持不变即可。

在放大电路中，通常把公共端接地，设其电位为零，作为电路中其他各点电位的参考点。同时为了简化电路，习惯上常不画电源 E_C 的符号，而只在连接其正极的一端标出它对"地"的电压值 U_{CC} 和极性（+或−），如图 4—36 所示。

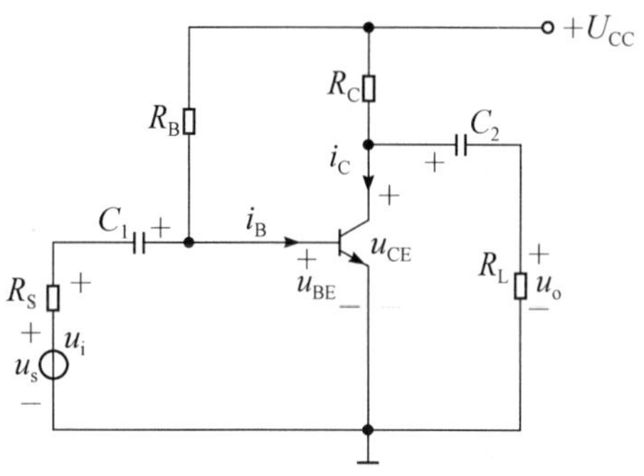

图 4—36　共射极基本放大电路

通常为了便于分析，可将电压和电流的符号作统一规定，以便区分，本书采用表 4—1 中的符号。

表 4—1　放大电路中电压和电流的符号

参数名称	静态值	动态值	
		交流瞬时值	交直流叠加的瞬时值
基极电流	I_B	i_b	i_B
集电极电流	I_C	i_c	i_C
发射极电流	I_E	i_e	i_E
集—射极电压	U_{CE}	u_{ce}	u_{CE}
基—射极电压	U_{BE}	u_{be}	u_{BE}

4.5.2　基本放大电路的分析

1. 放大电路的静态分析

对放大电路可以从两种状态来分析，即静态和动态。静态是当放大电路没有输入信号时的工作状态，动态则是有输入信号时的工作状态。静态分析是要确定放大电路的静态值（直流值）I_B、I_C、U_{BE} 和 U_{CE}，放大电路的质量与其静态值的关系甚大。动态分析是要确定放大电路的电压放大倍数 A_u、输入电阻 r_i 和输出电阻 r_o 等。

（1）用直流通路确定静态值。静态值既然是直流，故可用交流放大电路的直流通路来分析计算，例如，图 4—37 就是图 4—36 放大电路的直流通路。画直流通路时，电容 C_1 和 C_2 可视为开路。利用直流通路可得出静态时的基极电流为

$$I_B = \frac{U_{CC} - U_{BE}}{R_B} \approx \frac{U_{CC}}{R_B} \qquad (4\text{—}1)$$

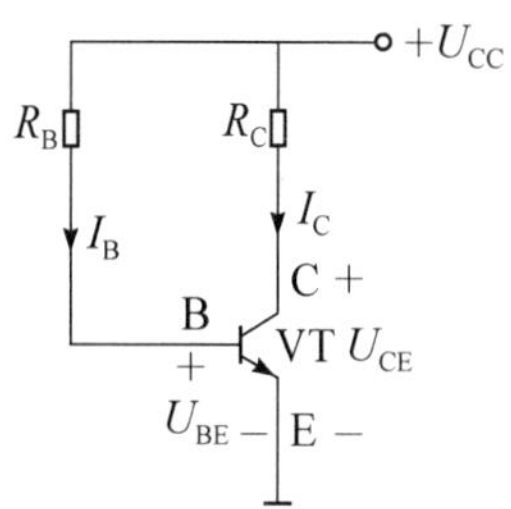

图 4—37　共射极放大电路的直流通路

因 $U_{CC} \gg U_{BE}$，硅管 U_{BE} 约为 0.7V，锗管 U_{BE} 约为 0.3V，故可忽略不计。显然当 U_{CC} 和 R_B 确定后，静态基极电流 I_B 就近似为一个固定值，因此，常把这种电路称作固定式偏置放大电路。I_B 称固定偏置电流，R_B 称固定偏置电阻。

由 I_B 可得出静态时的集电极电流为

$$I_C = \beta I_B \qquad (4\text{—}2)$$

静态时的集—射极电压为

$$U_{CE}=U_{CC}-I_CR_C \qquad (4—3)$$

静态时 I_B、I_C、U_{CE}的值称为放大电路的静态工作点。

【例 4.1】在图 4—36 中，已知：$U_{CC}=12V$，$R_C=2k\Omega$，$R_B=200k\Omega$，$\beta=50$，试求放大电路的静态值。

解：由式（4—1）得

$$I_B\approx\frac{U_{CC}}{R_B}=\frac{12}{200\times10^3}A=60\mu A$$

由式（4—2）和式（4—3）得

$$I_C=\beta I_B=(50\times60)mA=3mA$$

$$U_{CE}=U_{CC}-I_CR_C=(12-3\times2)V=6V$$

（2）用图解法确定静态值。静态值也可用图解法来确定，并能直观地分析和了解静态值的变化对放大电路工作的影响。所谓图解法，即电路的工作情况由负载线性和非线性元件的伏安特性曲线的交点确定。这些交点就是静态工作点，它既符合非线性元件上的电压与电流的关系，同时也符合线性电路中电压与电流的关系。

晶体管是一种非线性元件，其伏安特性曲线即为输出特性曲线，如图 4—38（a）所示。在图 4—37 所示的直流通路中，可列出如下方程：

$$U_{CE}=U_{CC}-I_CR_C$$

$$I_C=-\frac{1}{R_C}U_{CE}+\frac{U_{CC}}{R_C}$$

显然这是一个直线方程，其斜率为 $\tan\alpha=-1/R_C$，在横轴上的截距为 U_{CC}，在纵轴上的截距为 U_{CC}/R_C。连接此两点为一直线。因为它是由直流通路得出的，且与集电极负载电阻 R_C 有关，所以称为直流负载线，如图 4—38（b）所示。负载线与晶体管的某条输出特性曲线的交点 Q，即为放大电路的静态工作点。Q 点所对应的电流、电压值即为晶体管静态工作时的电流值（I_B、I_C）和电压值（U_{CE}）。

由图 4—38（c）可见，基极电流 I_B 的大小不同，静态工作点在负载线上的位置也就不同。$R_B\uparrow\rightarrow I_B\downarrow\rightarrow Q$ 点沿着直流负载线下移，如图中 Q_2 所示；$R_B\downarrow\rightarrow I_B\uparrow\rightarrow Q$ 点沿着直流负载线上移，如图中 Q_1 所示。在放大电路中，为了获得合适的工作点，使晶体管工作于特性曲线的放大区，通常用改变偏置电阻 R_B 的阻值大小来调整偏流 I_B 大小。

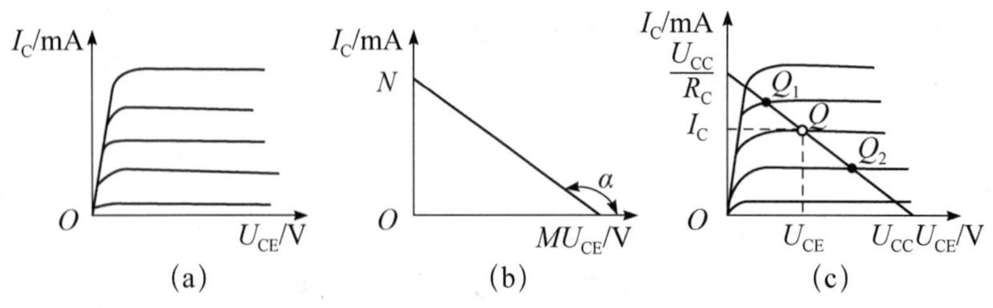

图 4—38　图解法求静态工作点

（a）晶体管伏安特性曲线　（b）直流负载线　（c）静态工作点

2. 放大电路的动态分析

在静态的基础上，当放大电路接入交流输入信号时，晶体管的各个电流和电压都含有直流分量和交流分量，此时放大电路的工作状态称为动态。动态分析就是分析信号在电路中的传输情况，即分析各个电压、电流随输入信号变化的情况。微变等效电路法和图解法是动态分析的两种基本方法。

（1）微变等效电路法。所谓放大电路的微变等效电路，就是把非线性元件晶体管组成的放大电路等效为一个线性电路。这样，就可以像处理线性电路那样来处理晶体管放大电路。当小信号（微变量）输入时，放大器运行于静态工作点附近的小范围内，晶体管的特性曲线可以近似为一直线。在这种情况下，就可以把由非线性元件晶体管组成的放大电路等效为一个线性电路来分析。

首先，从晶体管的输入回路着手。图 4—39（b）是晶体管的输入特性曲线，是非线性的。但当输入信号很小时，在静态工作点 Q 附近的工作段可以认为是直线，这样就会使 Q 点的切线与原特性曲线重合，因而可以用一个等效电阻 r_{be} 来代替输入电压和输入电流之间的关系，即

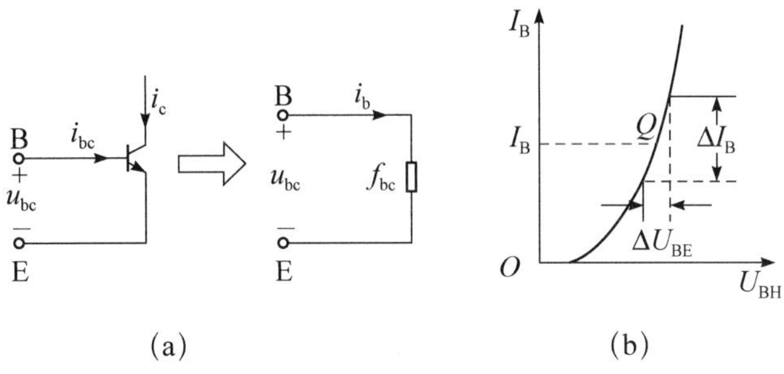

图 4—39　从晶体管的输入特性曲线求 r_{be}

（a）晶体管 B、E 间的等效电路　（b）从输入特性曲线求 r_{be}

$$r_{be}=\frac{\Delta U_{BE}}{\Delta I_B}\Big|_{U_{CE}=\text{正常}}$$

$$=\frac{\Delta U_{be}}{i_b}\Big|_{U_{CE}=\text{正常}}$$

式中，r_{be} 为晶体管的输入电阻。晶体管的输入回路可以等效为图 4—39（a）。低频小功率晶体管的输入电阻常用式（4—4）估算

$$r_{be}=300+(1+\beta)\frac{26}{I_E} \tag{4—4}$$

式中，I_E 是发射极电流的静态值。r_{be} 一般为几百欧到几千欧。它是对交流而言的动态电阻，在晶体管手册中常用 h_{ie} 代表。

再分析晶体管的输出回路，如图 4—40（a）所示。图 4—40（b）是晶体管的输出特性曲线，在 Q 点附近的线性工作区是一组近似等距离的平行直线，当 U_{CE} 为常数时，ΔI_C 与 ΔI_B 比为常数 β，即为晶体管的电流放大系数。在小信号条件下，β 是一常数。晶体管的输出回路可以用一等效电流源 $i_c=\beta i_b$ 代替，显然 i_c 是受 i_b 控制的，因此它实际上是一个受控电流源。此外，晶体管的输出特性曲线并不完全与横轴平行，当 I_B 为常数时，ΔU_{CE} 与 ΔI_C 之比为

$$r_{ce}=\frac{\Delta U_{CE}}{\Delta I_C}\Big|_{I_B=\text{常数}}=\frac{u_{CE}}{i_C}\Big|_{I_B=\text{常数}}$$

式中，r_{ce} 为晶体管的输出电阻。在小信号条件下，r_{ce} 也是一个常数。晶体管的输出回

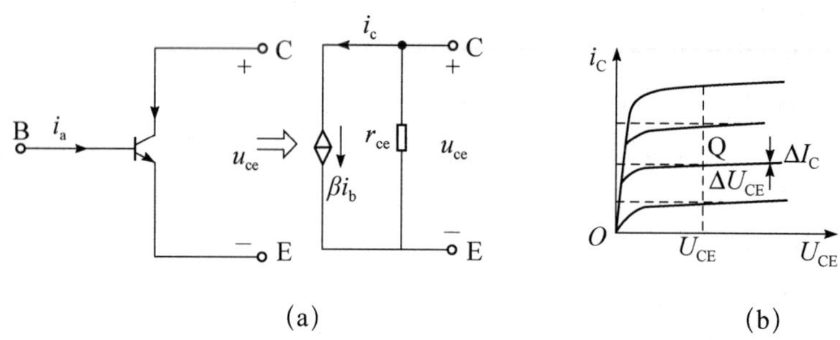

图 4—40 从晶体管的输出特性曲线求 r_{ce}、β

(a) 晶体管 C、E 间的等效电路 (b) 从输入特性曲线求 r_{ce}、β

路可以等效成 r_{ce} 与电流源 βi_b 并联，由于 r_{ce} 的阻值很高，约为几十千欧到几百千欧，因此一般在微变等效电路中常将其省略掉。

综上所述，晶体管可以用图 4—41 所示的等效电路来表示。晶体管的输入端用它的输入电阻 r_{be} 来等效，输出端用一个受控电流源 βi_b 来等效。

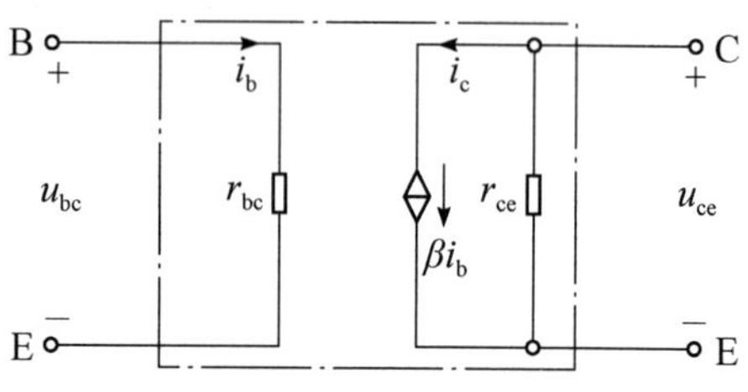

图 4—41 晶体管的微变等效电路

由晶体管的微变等效电路和放大电路的交流通路可得出放大电路的微变等效电路，如图 4—42 (c) 所示。所谓交流通路就是交流信号在放大电路中的传输通道。图 4—42 (b) 是图 4—42 (a) 所示交流放大电路的交流通路。画交流通路的原则是：电路中耦合电容 C_1、C_2 的容抗 X_c 很小，可视为短路；直流电源的内阻一般很小，也可以忽略，视为短路。据此就可画出交流通路。再把交流通路中的晶体管用它的微变等效电路代替，即为放大电路的微变等效电路。微变就是指信号的变化量很小，即小信号。

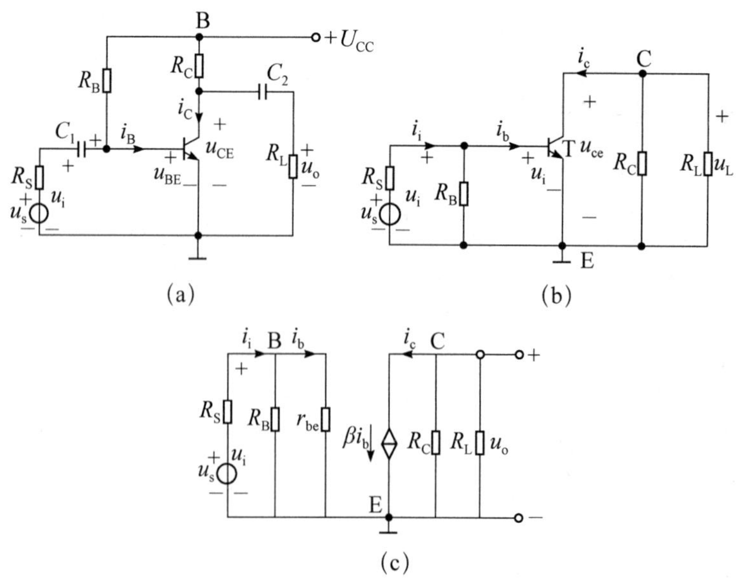

图 4—42 放大电路微变等效电路简化过程

(a) 原电路 (b) 交流通路 (c) 微变等效电路

（2）电压放大倍数的计算。设输入的是正弦信号，则图 4—42（c）中的各量都可用相量表示。因 $R_B \gg r_{be}$，故由图可得

$$\dot{U}_i = \dot{I}_b r_{be}$$

$$\dot{U}_o = -\beta \dot{I}_b R'_L$$

式中，$R'_L = R_C \parallel R_L$ 称为等效负载电阻。

故电压放大倍数为

$$A_u = \frac{\dot{U}_o}{\dot{U}_i} = -\beta \frac{R'_L}{r_{be}} \tag{4—5}$$

若 $R_L = \infty$，则开路时的放大倍数为

$$A_u = -\beta \frac{R_C}{r_{be}} \tag{4—6}$$

式中的负号表示输出电压与输入电压的相位相反。

从式（4—5）中可见，电压放大倍数 A_u 与等效负载电阻 R'_L 成正比。因此，放大电路输出端接了负载电阻 R_L 后，将使等效负载电阻 R'_L 减小，从而使电压放大倍数 A_u 下降。

（3）放大电路输入电阻和输出电阻的计算。一个放大电路的输入端总是与信号源（或前级放大电路）相连，其输出端总是与负载（或后级放大电路）相连。因此放大电路与信号源和负载之间，或前级放大电路与后级放大电路之间，都是相互联系、相互影响的。利用放大电路输入电阻和输出电阻的概念，可以帮助分析和解决放大电路与信号源、负载之间及放大电路各级之间的耦合问题。

1）输入电阻。因放大电路对信号源（或对前级放大电路）来说，相当于一个负载，故可用一个等效电阻来代替，这个等效电阻就是放大电路的输入电阻 r_i，即

$$r_i = \frac{\dot{U}_i}{\dot{I}_i}$$

它等于从放大电路的输入端看进去所呈现的交流等效电阻，从求输入电阻的微变等效电路图 4—43 可知，由于 $R_B \gg r_{be}$，因此

$$r_i \approx r_{be} \tag{4—7}$$

2）输出电阻。放大电路对负载（或对后级放大电路）来说，是一个信号源，其内阻即为放大电路的输出电阻 r_o。它等于从放大电路的输出端看进去所呈现的交流等效电阻。放大电路的输出电阻可在信号源短路和输出端开路的情况下求得。从求输出电阻的微变等效电路图 4—44可知，当 $\dot{U}_i = 0, \dot{I}_b = 0, \dot{I}_c = \beta \dot{I}_b = 0$。由于晶体管的输出电阻（$r_{ce}$）很高，在图中已略去，因此

$$r_o \approx R_C \tag{4—8}$$

由于 R_C 一般为几千欧，因此，共射极放大电路的输入电阻较高。

3）输入、输出电阻的大小对放大电路的影响。通常情况下，要求放大电路的输入电阻要大，输出电阻要小。这是因为输入电阻越大，放大电路从信号源或前级放大电路索取的电流就越小，即放大电路对信号源（或后级放大电路）的影响就越小；输出电阻要小的原因是，当负载电阻改变时，使输出电压变化小，即带负载能力越强。所以输入电阻和输出电阻也是放大电路性能优劣的一个重要标志。

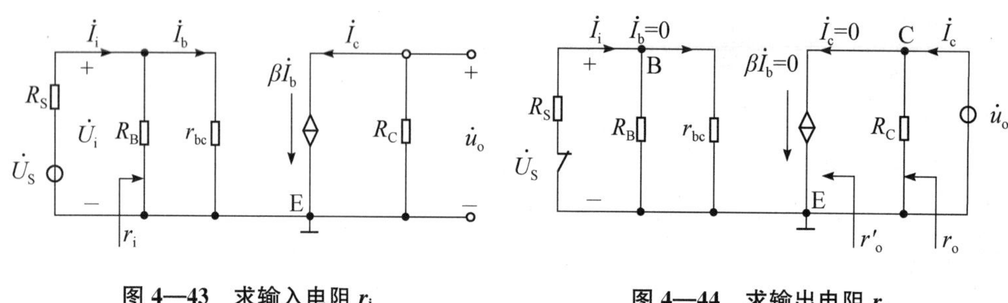

图 4—43　求输入电阻 r_i　　　　图 4—44　求输出电阻 r_o

4.5.3　三极管放大电路在汽车上的应用

三极管放大电路在汽车电路中应用广泛。我们知道，在汽车电控系统中，任一个传感器输出的信号都是微弱的电信号，必须经过放大之后才能输入汽车电子控制单元（ECU），经处理后执行自动控制。在驱动执行元件时也需要对功率较小的控制信号进行放大。

图 4—45 所示为一汽车电气线路搭铁探测器电路。

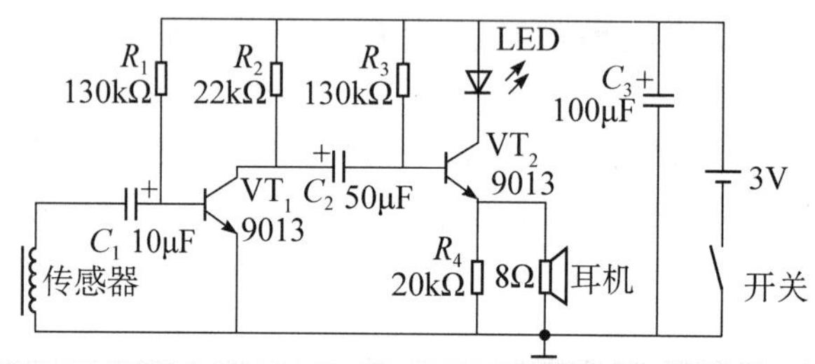

图 4—45　汽车电气线路搭铁探测器电路

该电路的用途是，快速查找搭铁故障点所在的位置。其原理为：当导线搭铁后，在搭铁点处的短路电流会发出高频波信号，这个信号就被由线圈和铁心构成的传感器收到，在传感器中产生交变电信号。该信号较微弱，但经 VT_1 和 VT_2 放大后，使 LED 发光，耳机发声。探测器离故障点越近，LED 越亮，耳机越响。

4.5.4　三极管开关电路在汽车上的应用

由三极管的工作特性可知，当三极管在饱和状态和截止状态转换时，三极管即工作在开和关的状态。

1. 基本应用电路

汽车电路中的开关电路很多。开关电路在工作时，受控制的电子元件一般接在集电极上，控制信号加在基极上。当基极有控制信号来临时，三极管就处于饱和导通状态，集电极和基极之间相当于开关闭合，接在集电极上的电子元件得电工作；当控制信号与基极断开时，三极管处于截止状态，集电极与基极之间相当于开关断开，电子元件的电路被切断而失电。在汽车电子电路中，工作较小的控制信号经过三极管开关电路，可以控制喷油器、继电器、指示灯等大功率器件的工作。基本应用电路如图 4—46 所示。

2. 无触点电子闪光器

图 4—47 所示为简单的无触点电子闪光器。接通转向开关 3，VT_1 通过 R_2 得到正向电

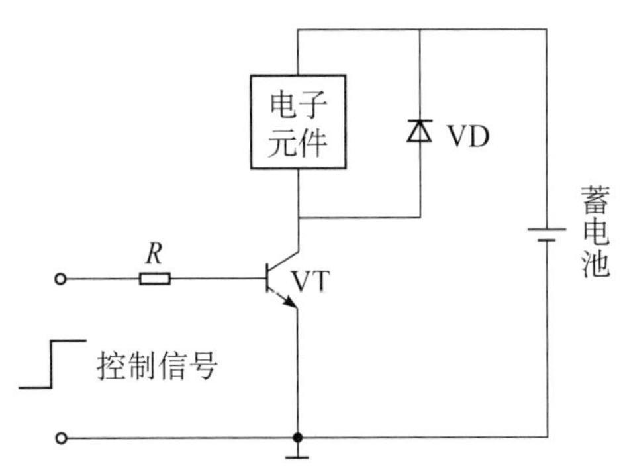

图 4—46　三极管开关电路基本应用示意图

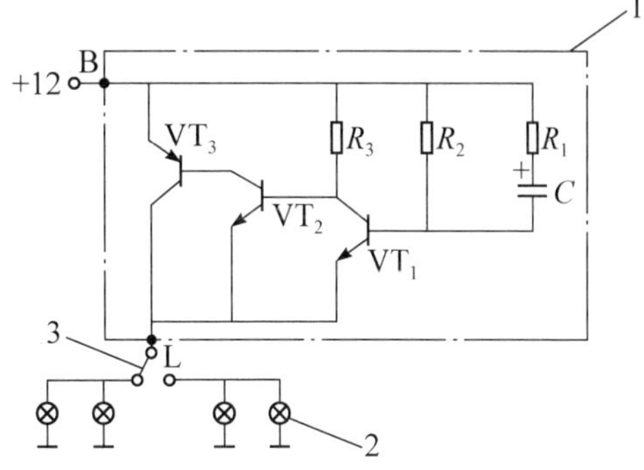

图 4—47　无触点电子闪光器

1—闪光器　2—转向信号灯　3—转向灯开关

压而导通饱和，VT_2、VT_3 则截止。由于 VT_1 的发射极电流很小，故转向灯较暗。同时，电源通过 R_1 对 C 充电，使 VT_1 的基极电位下降，当低于其导通所需正向偏置电压时，VT_1 截止。VT_1 截止后，VT_2 通过 R_3 得到正向偏置电压而导通，VT_3 也随之导通饱和，转向灯变亮。此时，C 经 R_1、R_2 放电，使 VT_1 仍保持截止，转向信号灯继续发亮。随着 C 放电电流减小，VT_1 基极电位又升高，当高于其正向导通电压时，VT_1 又导通，VT_2、VT_3 又截止，转向信号灯又变暗。随着电容的充电、放电，VT_3 不断地导通、截止，如此反复，使转向灯闪烁。

3. 电子式电压调节器电路

汽车发电机中的电压调节器也是利用三极管的开关作用来实现自动调节电压的。其原理是：发电机输出电压与发电机励磁绕组通过的励磁电流成正比，通过控制励磁线圈电路通断就可以控制流过的励磁电流的平均值的大小，从而使发电机输出电压基本稳定在一个定值。电子调压器就是利用三极管的开关作用来控制励磁线圈电路的通断，达到调节电压的目的。

图 4—48 所示为电压调节器的基本电路。

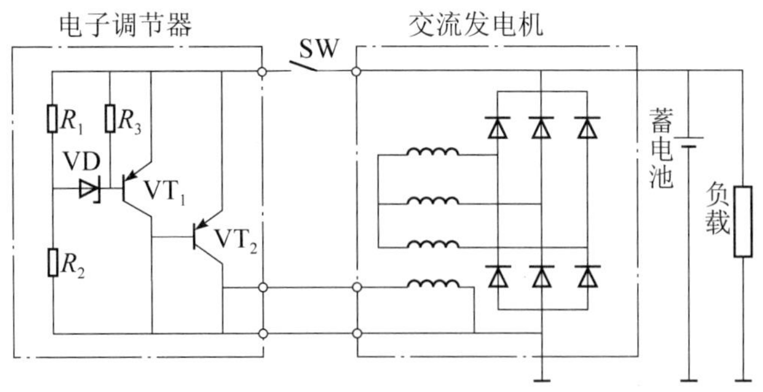

图 4—48　电子式电压调节器的基本电路

发电机电压通过 R_1、R_2 组成的分压器，将一定比例的电压加于稳压管 VD；VD 随着发电机电压的变化而导通或截止，VT_1 为小功率三极管，主要起放大作用，VT_1 的导通或截止由 VD 控制；大功率三极管 VT_2 用于控制励磁电流，VT_2 导通时，发电机磁场绕组励磁回路通路，VT_2 截止，励磁回路则断路。电路参数的设置使 VT_1、VT_2 均工作在开关状态。

发电机电压达到调节电压前，R_1 上的分压低于稳压管 VD 的导通电压，VD 不导通，从而 VT_1 也不导通。VT_1 的截止使得 VT_2 的基极电位很低，从而 VT_2 有足够高的正向偏压而饱和导通，发电机励磁回路通路；当发电机的电压上升到设定的调节电压时，R_1 上的分压达到了稳压管 VD 的导通电压，VD 导通，VT_1 也导通，从而使 VT_2 的基极与发射极之间被短路，VT_2 无正向偏压而截止，发电机励磁回路断路。由于无励磁电流，发电机电压迅速下降，当降到 R_1 上的分压不足以维持 VD 导通时，VD 又截止，VT_1 也截止，从而又使 VT_2 导通，发电机励磁回路又通路。如此反复，使发电机的电压维持在设定的调节电压值范围内。

4.6 集成运算放大器

学习目标

了解集成运算放大器的构成、特点及分析方法，掌握集成运算放大器在基本运算、信号处理等方面的应用。

集成运算放大器（集成运放）是模拟集成电路中发展最早、应用最广泛的一种集成器件，早期应用于模拟信号的运算。随着集成技术的发展，集成运放的品种除了通用型外，还出现了多种专用型。因此，目前集成运放的应用已经远远超出数学运算范围，而广泛应用于信号的处理和测量、信号的产生和转换以及自动控制等许多方面，成为电子技术领域中广泛应用的基本电子器件。

4.6.1 集成运算放大器概述

1. 集成电路的基本概念

利用微电子技术将二极管、晶体管、场效应管、电阻、电容等元器件和连接导线等整个电路都集合在一小块半导体晶片上，封装外壳，向外引出若干个管脚，构成一个完整的具有一定功能的固体块。

集成电路一般是在一块 0.2mm～0.5mm，面积约为 0.5mm^2 的 P 型硅片上通过平面工艺制作的。按其所集成的半导体元件的个数可分为：小规模集成电路（不超 100 个元器件）、中规模集成电路（不超 1 000 个元器件）、大规模集成电路（不超 10 000 个元器件）和超大规模集成电路（超过 10 000 个元器件）。按处理信号不同可分为：模拟集成电路（研究输出与输入信号之间的大小和相位关系）、数字集成电路（研究输出与输入之间的逻辑关系）。

集成电路具有体积小、重量轻、功耗小、特性好、可靠性强等一系列优点，是分立元件电路所无法比拟的。

2. 集成运算放大器的特点及组成

集成运算放大器是一种具有很高放大倍数、性能优越的多级放大电路，是发展最早、应用最广泛的一种模拟集成电路。由于集成运放的类型、性能和用途不同，因此，内部电路结构也有很大差异。但不管内部电路多么复杂，其基本组成主要有四个部分：输入级、中间级、输出级和偏置电路，如图 4—49 所示。

输入级是运算放大器的关键部分，由差动放大电路组成，可以减小放大电路的“零点漂移”，提高输入电阻；中间级的作用是提高整个电路的电压放大倍数，它可由一级或多级放大电路组成；输出级一般由射极输出器或互补对称电路构成，输出电阻很低，能输出较大的功率，提高带负载的能力。偏置电路的作用是给集成运算放大器的各级电路提供合适的静态工作点。

3. 集成运算放大器的性能及符号

集成运算放大器具有放大倍数（A_o）很高、输入电阻大（r_i）、输出电阻小（r_o）、零点漂移小、抗干扰能力强、可靠性高、成本低、体积小、耗电少等优点。具体说，A_o 可达 $10^4 \sim 10^6$；r_i 可达 $10^5\Omega \sim 10^6\Omega$；$r_o$ 可达几十欧～几百欧。

集成运算放大器的符号如图 4—50 所示。

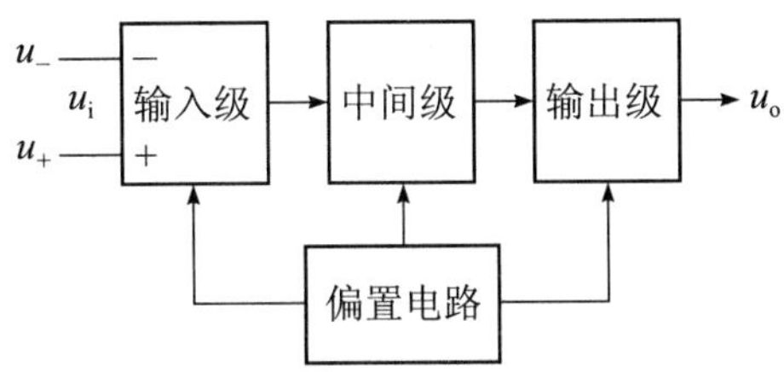

图 4—49　集成运算放大器的基本组成

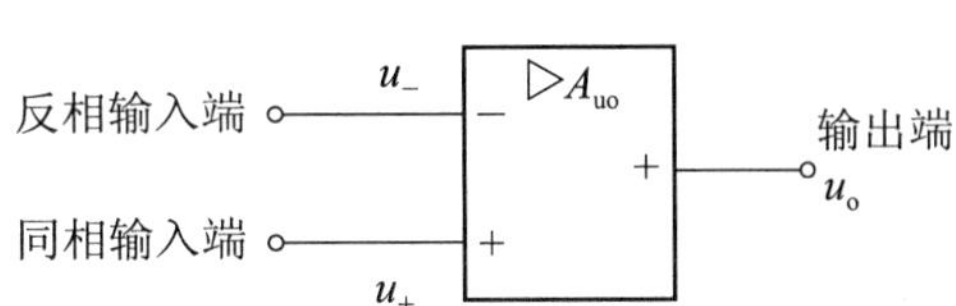

图 4—50　集成运算放大器符号

运算放大器的符号中有三个引线端，两个输入端，一个输出端。一个称为同相输入端，即该端输入信号变化的极性与输出端相同，用符号“＋”表示；另一个称为反相输入端，即该输入端信号变化的极性与输出端相异，用符号“－”表示；输出端一般画在输入端的另一侧，另符号边框内标有“＋”号。实际的运算放大器通常必须有正、负电源端，有的品种还有补偿端和调零端。

4. 集成运算放大器输入输出方式

集成运算放大器的输入方式可分为：同相输入、反相输入和差分输入。同相输入和反相输入都是对“地”输入的，即以“地”为公共端。差分输入是双端输入，输入信号大小取同相端与反相端输入信号的差值。输出信号是对“地”输出的。

5. 集成运算放大器的电压传输特性

集成运算放大器的电压传输特性是指开环（无反馈）时输出电压与输入电压的关系曲线，即 $u_o = f(u_i)$。集成运算放大器的电压传输特性如图 4—51 所示，它有一个线性区和两个饱和区。

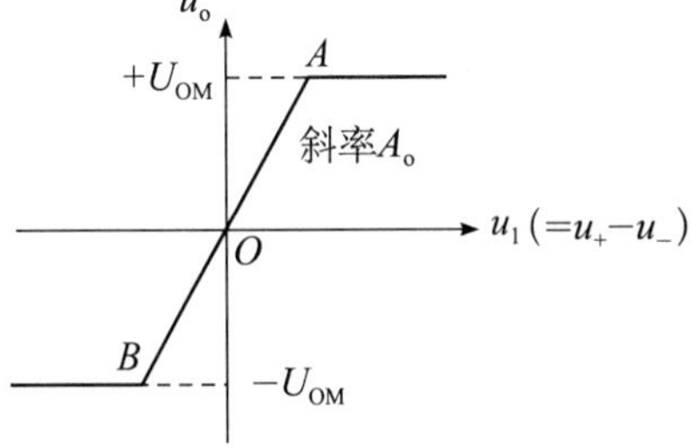

图 4—51　集成运算放大器的电压传输特性曲线

如图 4—51 所示，A、B 之间呈线性关系，是集成运算放大器的线性工作区，满足

$$u_o = A_o u_i = A_o(u_+ - u_-) \qquad (4—9)$$

式中，u_+ 和 u_- 分别是同相输入端和反相输入端的对地电压。

图 4—51 所示的 A、B 以外的区域分别为正负饱和区。在正饱和区，$u_o = +U_{OM}$，在负饱和区时，$u_o = -U_{OM}$。即输出分别为正饱和电压和负饱和电压，其绝对值分别略低于正、负电源电压。

由于集成运算放大器的开环电压放大倍数很大，而输出电压为有限值，因此传输特性曲线中的线性区是很窄的。

4.6.2 理想运算放大器

为了突出主要特性，简化分析过程，在分析实际电路时，一般将实际运算放大器当作理想运算放大器来处理。

1. 理想运算放大器的主要参数

常用集成运算放大器具有很高的开环电压放大倍数，很大的输入电阻，很小的输出电阻。因此，在实际应用中可将集成运算放大器理想化，即认为：

(1) 开环电压放大倍数 $A_o \to \infty$。

(2) 输入电阻 $r_i \to \infty$。

(3) 输出电阻 $r_o \to 0$。

2. 理想运算放大器的符号

理想运算放大器的符号如图 4—52 所示。

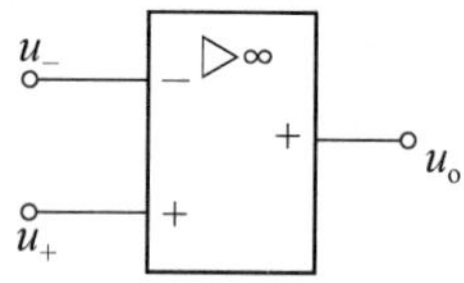

图 4—52 理想运算放大器的符号

3. 理想运算放大器的特点

工作在线性区的理想运算放大器，利用它的理想参数可以导出分析运算放大器时的两条重要依据：

(1) 在线性区内，由于 u_o 为有限值，而 $A_o \to \infty$，所以 $u_d = u_+ - u_- = u_o/A_0 \approx 0$，或

$$u_+ \approx u_- \tag{4—10}$$

即理想运算放大器两输入端间的电压为零（但不是短路），常称为“虚短”。

(2) 因为 $r_i \to \infty$，所以运算放大器的反相输入端电流 i_- 和同相输入端电流 i_+ 均为零，即

$$i_- = i_+ = 0 \tag{4—11}$$

电流为零但不是断路，称理想运算放大器两输入端为“虚断”。

利用这两条法则来分析各种运算放大器的线性应用电路，将十分简便。

理想运算放大器工作在非线性区时的电压传输特性曲线如图4—53所示。

如图 4—53 所示，当 $u_+ - u_- > 0$，即 $u_+ > u_-$ 时，集成运算放大器呈现正饱和，$u_o = +U_{OPP}$；当 $u_+ - u_- < 0$，即 $u_+ < u_-$ 时，集成运算放大器呈现负饱和，$u_o = -U_{OPP}$。

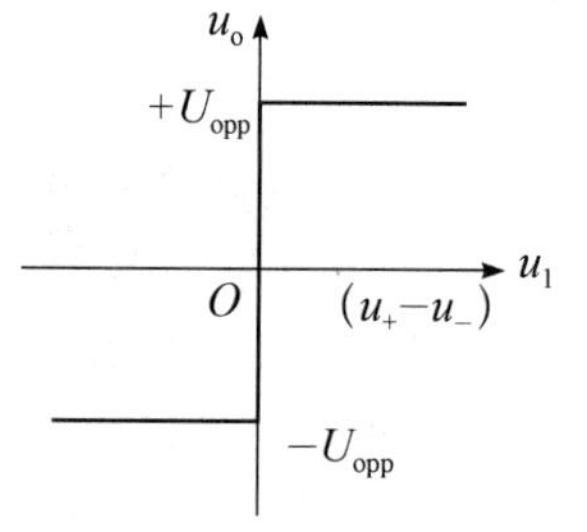

图 4—53 理想运算放大器的电压传输特性曲线

集成运算放大器在应用时，工作于线性区的称为线性应用，工作于饱和区的称为非线性应用。由于集成运算放大器的 A_o 非常大，线性区很陡，即使输入电压很小，由于外部干扰等原因，不引入深度的负反馈（见 4.6.3 节）很难在线性区稳定工作。

4.6.3 反馈的基本概念及其在汽车电路中的应用

如前所述，集成运算放大器引入负反馈才能在线性区工作。反馈技术在电子电路中应

用广泛。在放大电路中采用负反馈，可以改善放大电路性能。

1. 反馈的概念

所谓反馈，就是将放大电路的输出信号（电压或电流）的一部分或全部，通过某一电路或元件再送回输入端回路。其示意图如图 4—54 所示，实现反馈的电路和元件称为反馈电路和反馈元件。

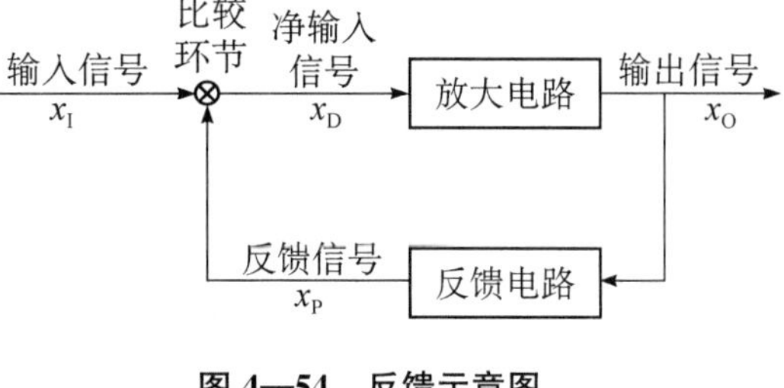

图 4—54　反馈示意图

无反馈时，放大电路的电压放大倍数称为开环电压放大倍数，即

$$A_o = \frac{x_o}{x_D} \tag{4—12}$$

有反馈时，放大电路的电压放大倍数称为闭环电压放大倍数，即

$$A_f = \frac{x_o}{x_I} \tag{4—13}$$

反馈信号与输出信号之比称为反馈系数，即

$$F = \frac{x_F}{x_o} \tag{4—14}$$

2. 反馈的分类

(1) 正反馈和负反馈。根据反馈极性的不同，可以分为正反馈和负反馈。若反馈信号使净输入信号增加，电压放大倍数增大，则为正反馈；若反馈信号使净输入信号减少，电压放大倍数降低，则为负反馈。

(2) 串联反馈和并联反馈。根据反馈信号与输入信号在放大电路输入端连接方式的不同，可以分为串联反馈和并联反馈。若反馈信号以电压形式作用于信号输入端（即反馈信号与输入信号串联），则称为串联反馈；若反馈信号以电流形式作用于输入端（即反馈信号与输入信号并联），则称为并联反馈。

(3) 电压反馈和电流反馈。根据反馈信号采样方式的不同，可以分为电压反馈和电流反馈。若反馈信号取自输出电压，或与输出电压成正比，则称为电压反馈；若反馈信号取自输出电流，或与输出电流成正比，则称为电流反馈。

(4) 直流反馈和交流反馈。根据反馈信号的交直流性质，可以分为直流反馈和交流反馈。直流反馈的作用是稳定静态工作点，交流反馈将改善放大电路的各项动态性能指标。

3. 反馈的判断

判断某一电路中是否有反馈存在的方法是分析该电路中是否有将输出回路与输入回路联系起来的反馈元件。例如在图 4—55 所示的电路中，R_F 的一端接在输出回路中，另一端接在输入回路中，所以 R_F 是反馈元件，该电路中有反馈。反馈信号是通过反馈元件和接地端送到输入回路的。

正、负反馈的判断常采用瞬时极性法。这种方法就是设想输入电压 u_I 瞬时增加而使净输入信号增加时，分析输出电压 u_O 的变化分析出反馈信号的变化，比较反馈信号和输入信号的关系，找出它对净输入信号的影响，若是使净输入信号增加，则是正反馈，若是使净输入信号减小，则为负反馈。在对反馈信号和输入信号进行比较时，注意以下两种情况：

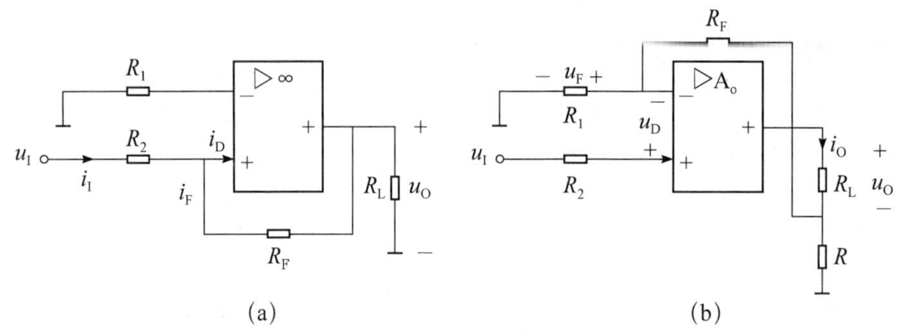

图 4—55　集成运放电路中的反馈

(a) 并联电压正反馈　(b) 串联电流负反馈

见图 4—55 (a)，当反馈元件 R_F 接回信号输入端一侧时，反馈信号与输入信号宜以电流的形式进行比较，即取 $x_I=i_I, x_F=i_F, x_D=i_D$ 。在图 4—55 (a) 所示电路中，u_I 应加在同相输入端，u_I 增加时，u_O 也增加，R_F 上的电压减小，使得反馈信号 i_F 减小，净输入信号 $i_D=i_I-i_F$ 随之增加，故为正反馈。上述分析过程可简述为

$$u_I\uparrow \rightarrow u_O\downarrow \rightarrow i_F\downarrow \rightarrow i_D\uparrow$$

见图 4—55 (b)，当反馈元件 R_F 接回信号输入端一侧时，反馈信号与输入信号应以电压的形式进行比较，即取 $x_I=u_I, x_F=u_F, x_D-u_D$ 。在图 4—55 (b) 所示电路中，u_I 加在同相输入端，u_I 增加时，u_O 也增加，使得反馈信号 u_F 增加，净输入信号 $u_D=u_I-u_F$ 随之减少，故为负反馈。上述分析过程可简述为

$$u_I\uparrow \rightarrow u_O\uparrow \rightarrow u_F\uparrow \rightarrow u_D\downarrow$$

串联反馈和并联反馈的判断可以根据反馈信号与输入信号的上述比较方式来判断。当反馈信号与输入信号以电流形式比较时，说明它们是以并联的形式作用于净输入端的，故为并联反馈。当反馈信号与输入信号是以电压的形式进行比较时，说明它们是以串联的形式作用于净输入关的，故为串联反馈。因此，图 4—55 (a) 为并联反馈，图 4—55 (b) 为串联反馈。

电压反馈和电流反馈的判断，比较简单的方法是：令 $R_L=0$，即输出端短路，则 $u_O=0$，如果这时反馈信号等于零，说明它与 u_O 成比例，为电压反馈；若反馈信号不为零，说明它与 i_O 成比例，为电流反馈。或者令 $R_L\rightarrow\infty$，即输出端开路，则 $i_O=0$，如果这时反馈信号等于零，说明它与 i_O 成比例，为电流反馈；若反馈信号不为零，说明它与 u_O 成比例，为电压反馈。按照这一方法可判断出图 4—55 (a) 为电压反馈，图 4—55 (b) 为电流反馈。

4. 负反馈对放大电路性能的改善

在放大电路中经常利用负反馈来改善电路的工作性能，在振荡电路中则采用正反馈。运算放大器在作线性应用时普遍采用负反馈，在作非线性应用时或加正反馈或不加反馈。

负反馈对放大电路性能的改善是以降低电压放大倍数为代价的。因为在有负反馈的放大电路中，反馈信号与输入信号作用相反，使净输入信号减小，等于削弱了输入信号，使得输出信号减小，因而电压放大倍数下降。负反馈虽使电压放大倍数下降，但是它能从多方面改善放大电路的性能。

(1) 提高放大倍数的稳定性。在集成运放和其他放大电路中，由于温度的变化、器件的老化或更换、负载的变化等原因都引起电压放大倍数的变化，放大倍数的不稳定将影响放大电路的准确性和可靠性。

理论可以证明，闭环放大倍数 A_f 与开环放大倍数 A_o 存在下列关系

$$|A_f| = \frac{|A_o|}{1+|A_o||F|} \tag{4—15}$$

其相对变化率为

$$\frac{d|A_f|}{|A_f|} = \frac{1}{1+|A_o||F|}\frac{d|A_o|}{|A_o|} \tag{4—16}$$

上式表明：放大电路闭环放大倍数的相对变化量只有开环放大倍数相对变化量的 $\frac{1}{1+|A_o||F|}$ 倍，即放大倍数的稳定性提高了 $(1+|A_o||F|)$ 倍。

(2) 改善了非线性失真。晶体管是非线性元件，在输入信号较大时，其工作范围可能会进入特性曲线的非线性部分，使输出波形产生非线性失真。图 4—56 (a) 所示为无负反馈时的放大电路。

引入负反馈后，可将输出端的失真信号反送到输入端，使净输入信号发生某种程度的失真，经过放大后，即可使输出信号的失真得到一定程度的补偿。从本质上说，负反馈是利用了失真的波形来改善波形的失真，因此只能减小失真，不能完全消除失真，如图4—56 (b)所示。

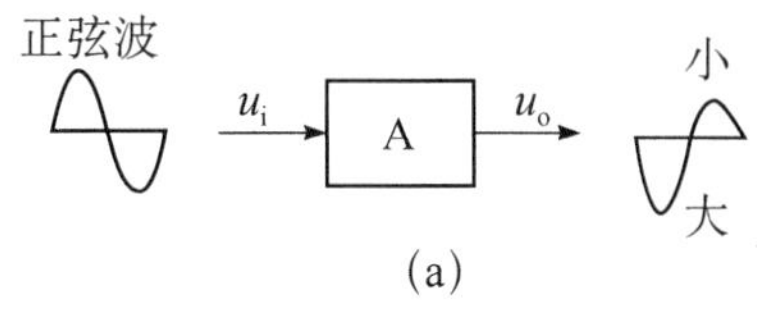

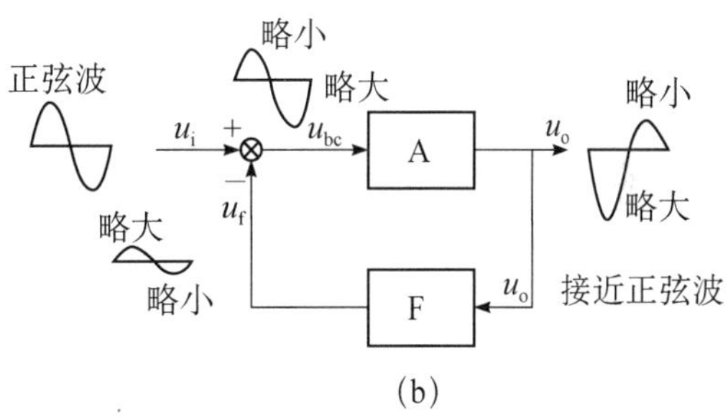

图 4—56　利用负反馈改善波形失真

(a) 无负反馈放大电路　(b) 有负反馈放大电路

(3) 改变了输入输出电阻。负反馈对放大电路输入电阻和输出电阻的影响与反馈的方式有关。串联负反馈在保持 u_i 一定时，会使电路的输入电流 i_i 减小，致使输入电阻 r_i 增加。并联负反馈在保持 u_i 一定时，会使电路的输入电流 i_i 增加，致使输入电阻 r_i 减小。

电压负反馈使输出电压趋于稳定，致使输出电阻 r_o 减小；电流负反馈使输出电流趋于稳定，致使输出电阻 r_o 增加。

此外，负反馈还可以展宽通频带、稳定输出电压和输出电流。

5. 反馈在汽车电路中的应用

图 4—57 所示为正反馈在汽车点火装置中的应用电路。

图中虚线框部分是电容式蓄能点火系统的直流升压器。直流升压器由两个共集电极的三极管 VT_1、VT_2 和变压器 B 构成的自励正反馈电路及单相桥式整流器（将在第 5 章讲述）等组成。

直流升压器的工作过程如下：

(1) 接通点火开关。由于 R_1 和 R_2 的分压作用，在 R_1 上产生了正向偏压 (0.3V～0.6V)，

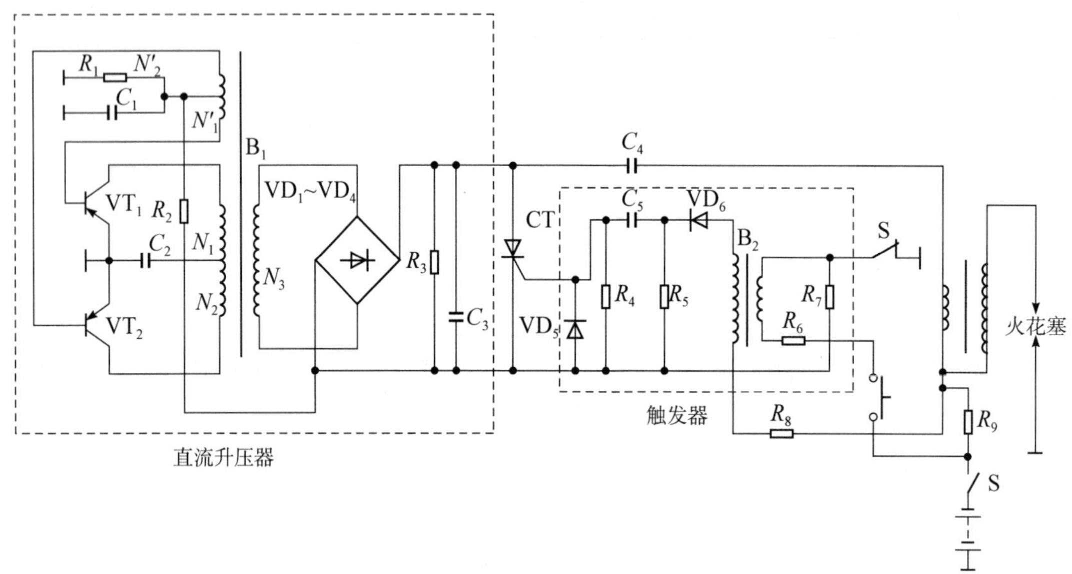

图 4—57　电容放电式有触点晶体管点火装置

通过反馈绕组 N'_1 和 N'_2 加在 VT_1 和 VT_2 的基极与发射极上。但因为 VT_1、VT_2 的电路参数不可能绝对平衡，其中就会有一个优先导通。设 VT_1 先导通，其电流经电池正极→VT_1 发射极、集电极→ N_1 →点火开关→电池负极。VT_1 导通的同时，使变压器磁化，在绕组中感应出电动势。N'_1 中的感应电动势会使 VT_1 的基极电位更负，促使 VT_1 更加导通，经过正反馈过程后迅速饱和。而 N'_2 中的感应电动势加在 VT_2 的发射结上为反向偏压，使 VT_2 更加截止。

(2) 当 VT_1 达到饱和状态时，集电极电流达到最小值，不再增加，于是各绕组中的感应电动势为零，VT_1 的基极电位上升，基极电流减小，集电极电流又急剧减小，这样在各绕组中又产生了感应电动势。N'_1 中的感应电动势使 VT_1 迅速截止，而 N'_2 中的感应电动势使 VT_2 迅速导通，这时的电流方向为：搭铁→VT_2→ N_2 →点火开关→电源负极。

(3) 当 VT_2 达到饱和状态时，又重复 VT_1 饱和后的变化规律。如此反复，就形成了正反馈，就会在变压器的 N_3 中感应出一个交流电压，再由桥式整流器整流为 300V～500V 的直流电压。这样就能将较低的蓄电池电压升高到所需的较高直流电压。

4.6.4　基本运算电路

集成运放接入适当的反馈电路就可构成各种运算电路，主要有比例运算，加、减法运算和微、积分运算等。此时的运放工作在线性区，运放两输入端之间满足“虚短”和“虚断”规律，根据这两个重要依据就可以分析各种运算电路。

1. 比例运算电路

比例运算包括同相比例运算和反相比例运算，它们是最基本的运算电路，也是组成其他各种运算电路的基础。

(1) 反相比例运算电路。图 4—58 所示为反相比例运算电路，输入信号 u_i 通过电阻 R_1 加到集成运放的反相输入端，而输出信号通过电阻 R_F 为反馈电阻，构成深度电压并联负反馈。同相端通过电阻 R_2 接地，R_2 称为直流平衡电阻，其作用是使集成运放两输入端的对地直流电阻相等，从而避免运放输入偏置电流在两输入端之间产生附加的差模输入电压，故要求 $R_2=R_1 // R_F$。

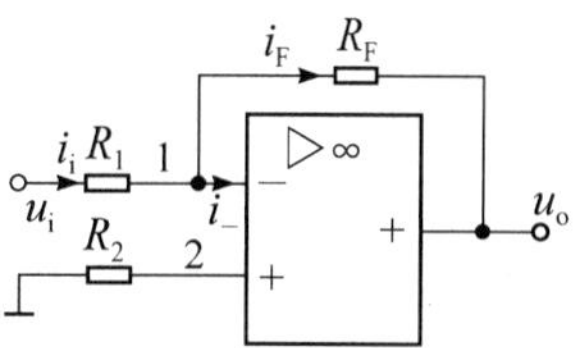

图 4—58 反相比例运算电路

根据运放输入端“虚断”可得 $i_+ \approx 0$，故 $u_+ \approx 0$，根据运放两输入端“虚短”可得 $u_- \approx u_+ \approx 0$，因此由图 4—58 可得

$$i_1=\frac{u_i-u}{R_1}\approx\frac{u_i}{R_1}$$

$$i_F=\frac{u_- -u_o}{R_F}\approx-\frac{u_o}{R_F}$$

根据运放输入端“虚断”，可知，$i_- \approx 0$ 故有 $i_i \approx i_F$，所以

$$\frac{u_i}{R_1}\approx-\frac{u_o}{R_F}$$

故可得输出电压与输入电压的关系为

$$u_o=-\frac{R_F}{R_1}u_i \tag{4—17}$$

可见，u_o 与 u_i 成比例，输出电压与输入电压反相，因此称为反相比例运算电路，其比例系数为

$$A_F=\frac{u_o}{u_i}=-\frac{R_F}{R_1} \tag{4—18}$$

因此，反相比例运算电路主要有如下工作特点：

1）它是深度电压并联负反馈电路，可作为反相放大器，调节 R_F，R_1 比值即可调节放大倍数 A_F，A_F 值可大于 1 也可小于 1。

2）$u_- \approx u_+ \approx 0$，常将集成运放输入端称为“虚地”。

（2）同相比例运算电路。图 4—59 所示为同相比例运算电路，输入信号 u_i 通过电阻 R_2 加到集成运放的同相输入端，而输出信号通过反馈电阻 R_F 回送到反相输入端，构成深度电压串联负反馈，反相端则通过电阻 R_1 接地。R_2 同样是直流平衡电阻，应满足 $R_2=R_1 // R_F$。

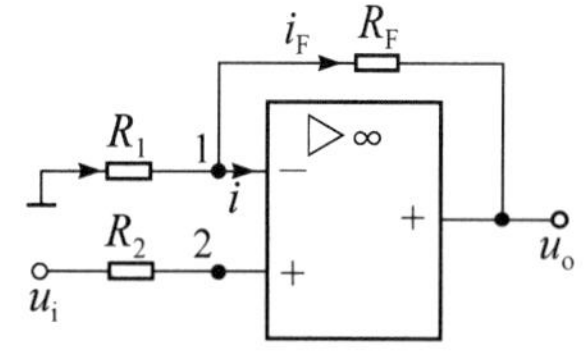

图 4—59 同相比例运算电路

根据运放正输入端“虚断”可得 $i_- \approx 0$，故有 $i_i \approx i_F$，因此由图 4—59 可得

$$\frac{0-u}{R_1}\approx\frac{u_- -u_o}{R_F}$$

由于 $u_- \approx u_+ \approx u_i$，由此可求得输出电压 u_o 与输入电压 u_i 的关系为

$$u_o=\left(1+\frac{R_F}{R_1}\right)u_+=\left(1+\frac{R_F}{R_1}\right)u_i \tag{4—19}$$

可见 u_o 与 u_i 同相且成比例，故称为同相比例运算电路，其比例系数为

$$A_F=\frac{u_o}{u_i}=1+\frac{R_F}{R_1} \tag{4—20}$$

若取 $R_1=\infty$或 $R_F=0$，则由式（4—20）可得 $A_F=1$，这种电路称为电压跟随器，如图 4—60 所示。

同相比例运算电路是深度电压串联负反馈电路，可作为同相放大器，调节 R_F、R_1 比值即可调节放大倍数 A_F，电压跟随器是它的应用特例。

2. 加法运算电路

加法运算即对多个输入信号进行求和，根据输出信号与求和信号反相还是同相分为反相加法运算和同相加法运算两种方式。现以反相加法运算电路为例讲解。

图 4—61 所示为反相输入加法运算电路，它是利用反相比例运算电路实现的。图中，输入信号 u_{i1}、u_{i2} 分别通过电阻 R_1、R_2 加至运放的反相输入端，R_3 为直流平衡电阻，要求 $R_3=R_1/\!/R_2/\!/R_F$。

根据运放反相输入端虚断可知 $i_F\approx i_1+i_2$，而根据运放反相运算时输入端虚地可得 $u_-\approx 0$，因此由图 4—61 可得

$$-\frac{u_o}{R_F}\approx\frac{u_{i1}}{R_1}+\frac{u_{i2}}{R_2}$$

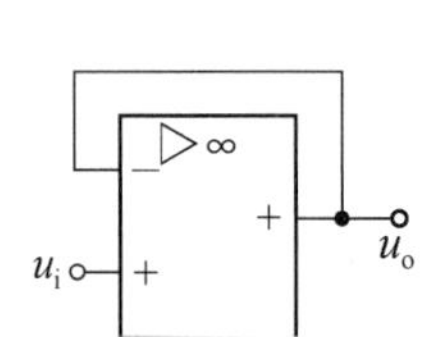

图 4—60　电压跟随器

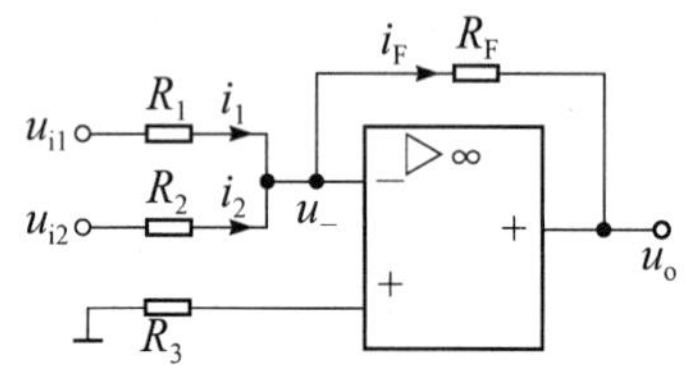

图 4—61　反相输入加法运算电路

故可求得输出电压为

$$u_o=-R_F\left(\frac{u_{i1}}{R_1}+\frac{u_{i2}}{R_2}\right)\tag{4—21}$$

可见实现了反相加法运算。若 $R_F=R_1=R_2$，则 $u_o=-(u_{i1}+u_{i2})$。

由式（4—21）可见，这种电路在调一路输入端电阻时并不影响其他路信号产生的输出值，因而调节方便，使用得比较多。

3. 减法运算电路

图 4—62 所示为减法运算电路，图中，输入信号 u_{i1} 和 u_{i2} 分别加至反相输入端和同相输入端，这种形式的电路也称为差分运算电路。对该电路也可用"虚短"和"虚断"来分析，下面应用叠加定理根据同、反相比例电路已有的结论进行分析，这样可使分析更简便。

首先，设 u_{i1} 单独作用，而 $u_{i2}=0$，此时电路相当于一个反相比例运算电路，可得 u_{i1} 产生的输出电压 u_{o1} 为

$$u_{o1}=-\frac{R_F}{R_1}u_{i1}$$

再设由 u_{i2} 单独作用，而 $u_{i1}=0$，则电路变为一同相比例运算电路，可求得 u_{i2} 产生的输出电压 u_{o2} 为

$$u_{o2}=\left(1+\frac{R_F}{R_1}\right)u_+=\left(1+\frac{R_F}{R_1}\right)\frac{R'_F}{R'_1+R'_F}u_{i2}$$

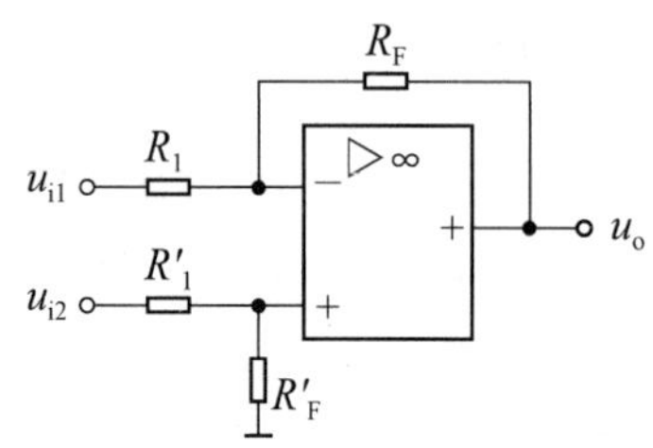

图 4—62　减法运算电路

由此可求得总输出电压为

$$u_o+u_{o1}+u_{o2}=-\frac{R_F}{R_1}u_{i1}+\left(1+\frac{R_F}{R_1}\right)\frac{R'_F}{R'_1+R'_F}u_{i2} \quad (4—22)$$

当 $R_1=R'_1$，$R_F=R'_F$ 时，则

$$u_o=\frac{R_F}{R_1}(u_{i2}-u_{i1}) \quad (4—23)$$

假如式（4—23）中，$R_F=R_1$，则 $u_o=u_{i2}-u_{i1}$。

4. 微分运算电路

图 4—63（a）所示为微分运算电路，它和反相比例运算电路的差别是用电容 C_1 代替电阻 R_1。为使直流电阻平衡，要求 $R_2=R_F$。

根据运放反相虚地可得

$$i_i=C_1\frac{du_i}{dt}, i_F=-\frac{u_o}{R_F}$$

由于 $i_i\approx i_F$，因此可得输出电压 u_o 为

$$u_o=-R_FC_1\frac{du_i}{dt} \quad (4—24)$$

可见输出电压 u_o 正比于输入电压 u_i 对时间 t 的微分。从而实现了微分运算。式中 R_FC_1 即为电路的时间常数。当 U_I 为阶跃直流电压时，输出电压的波形如图 4—63（b）所示。

5. 积分运算电路

将微分运算电路中的电阻和电容位置互换，即构成积分运算电路，如图 4—64（a）所示。

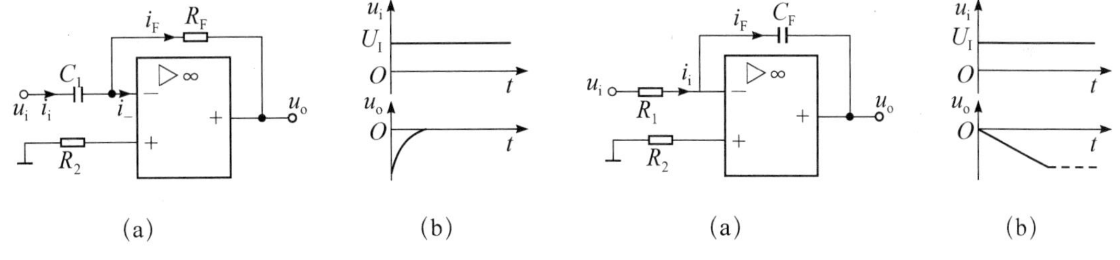

(a)　(b)

图 4—63　微分运算电路

（a）电路图　（b）波形图

(a)　(b)

图 4—64　积分运算电路

（a）电路图　（b）波形图

由图 4—64（a）可得

$$i_1=\frac{u_i}{R_1}, i_F=-C_F\frac{du_o}{dt}$$

由于 $i_1=i_F$，因此可得输出电压 u_o 为

$$u_o=-\frac{1}{R_1C_F}\int u_i dt \quad (4—25)$$

可见输出电压 u_o 正比于输入电压 u_i 对时间 t 的积分，从而实现了积分运算。式中 R_1C_F 为电路的时间常数。

当 u_i 为直流电压 U_I，且在 $t=0$ 时加入，则 $u_o=U_I/RC\,t$，即输入直流电压 U_I 形成的电流 U_I/R 对电容器充电，输出电压 u_o 在一定时间内线性变化，随着时间的增加，输出电

压逐渐趋于饱和，如图 4—64（b）所示。

微分和积分电路常常用以实现波形变换。例如，微分电路可将方波电压变换为尖脉冲电压，积分电路可将方波电压变换为三角波电压，如图 4—65 所示。

4.6.5 集成运放在汽车电路中的应用

图 4—66 所示为电桥信号放大电路，该电路用于对温度、压力或形变等进行检测。图中电桥的一个臂是由传感器构成的。

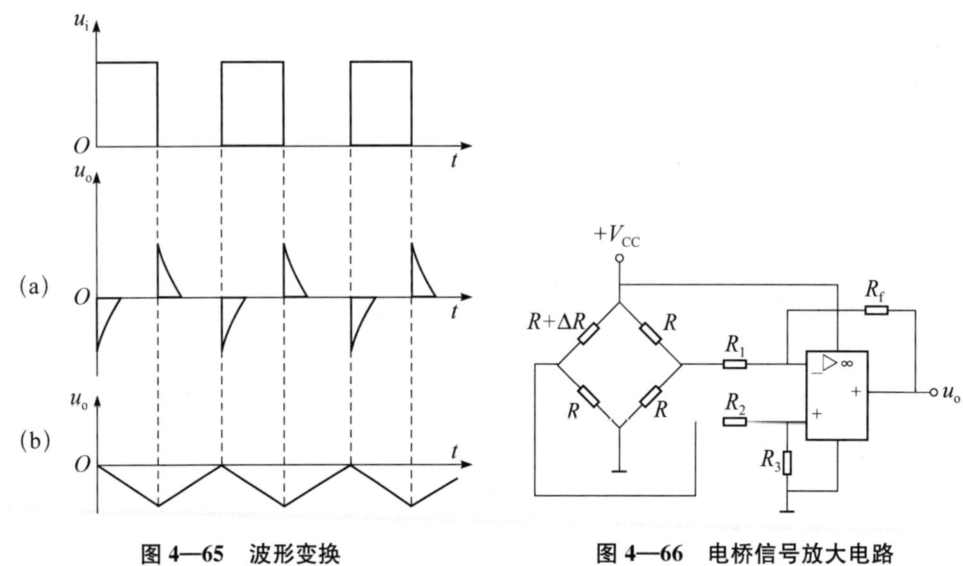

图 4—65 波形变换　　**图 4—66 电桥信号放大电路**

当传感器的阻值不变化时，即 $\Delta R=0$ 时，电桥平衡，电路输出电压 $u_o=0$；当传感器因温度、压力或其他变化而使传感器元件的电阻值发生变化时，电桥就失去平衡，变化量变成了电信号而产生输出电压 u_o，输出电压 u_o 一般很小，需要经过放大器进行放大。

图 4—67 所示为压敏电阻式进气压力传感器的结构示意图和工作原理。

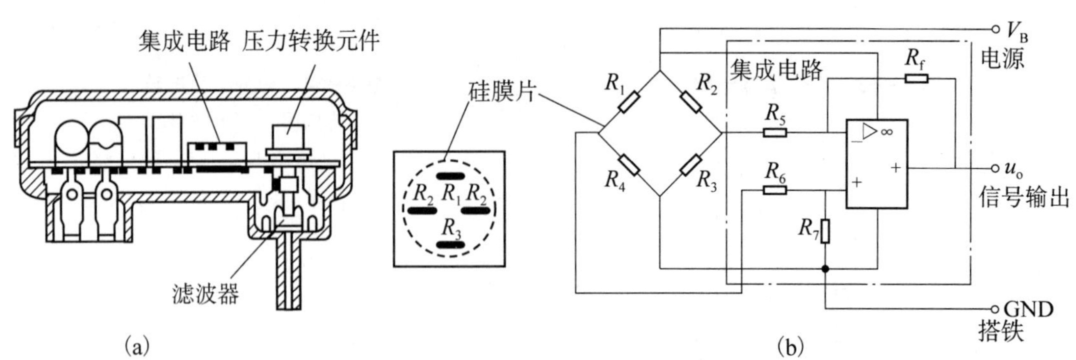

图 4—67 压敏电阻式进气压力传感器

（a）结构图　（b）工作原理图

该传感器有一个通气口与进气管相通，进气压力通过该口加到压力转换元件上。压力转换元件是由四个压敏电阻构成的硅膜片。硅膜片受压力变形后，电桥输出信号，压力越大，输出信号越强。该信号经集成运放大后送给 ECU。

4.6.6　电压比较器及其在汽车电路中的应用

1. 电压比较器

集成运放工作于非线性区时，可构成幅值比较器。其功能是对送到集成运放输入端的两个信号（输入信号和参考信号）进行比较，并在输出端以高低电平的形式给出比较结果。

图 4—68（a）为电压比较器电路，图 4—68（b）为输入信号接入反相输入端、参考电压 U_R 接在同相输入端时的电压传输特性。

如图 4—68 所示，当 $u_i < U_R$ 时，$u_o = -U_{OM}$；当 $u_i > U_R$ 时，$u_o = +U_{OM}$；当 $u_i = U_R$ 时，是状态转换点，输出电压 u_o 产生跃变。因此，根据输出状态便可以判断两个输入电压的相对大小，这就是一般意义上的比较器。

当输入信号接在反相输入端、参考电压接在同相输入端时，电路的工作特性为：$u_i > U_R$ 时，$u_o = -U_{OM}$；$u_i < U_R$ 时，$u_o = +U_{OM}$。

在图 4—68 所示电路中，当参考电压 $U_R = 0$ 时，输入电压每经过一次零值，输出电压就要产生一次跃变，这种比较器称为过零电压比较器。其电压传输特性曲线如图 4—69 所示。

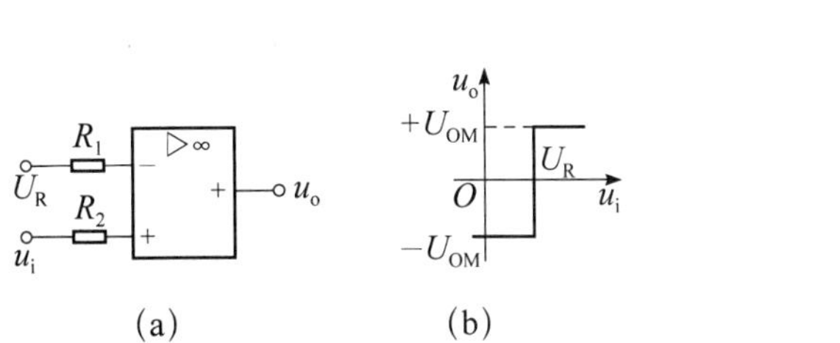

图 4—68　电压比较器

（a）电路组成　（b）传输特性曲线

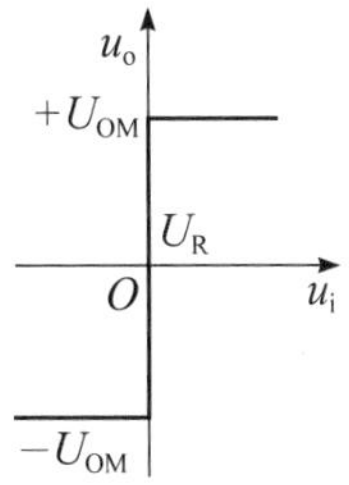

图 4—69　过零电压比较器电压传输特性曲线

利用过零比较器可以实现信号的波形变换。例如，若 u_i 为正弦波时，如图 4—70（a）所示，u_i 每过零一次，比较器的输出电压就产生一次跳变，正、负输出电压的幅度决定于运算放大器的最大输出电压，输出电压 u_o 是与 u_i 同频率的方波，如图 4—70（b）所示。

2. 电压比较器在汽车电路中的应用

（1）电喷汽车氧传感器电路。电喷发动机的主要目的是控制发动机在理论空燃比附近工作，保证排放合乎法规要求。氧传感器在电喷发动机控制系统中承担着向 ECU 传递发动机是否工作在理论空燃比附近的任务。在小于理论空燃比的浓混合气燃烧时，排气中的氧消耗殆尽，氧传感器几乎不产生电压；在大于理论空燃比的稀混合气燃烧时，排气中还含有一部分多余的氧气，氧传感器产生大约 1V 左右的电压。控制系统根据氧传感器的输出信号对喷油量进行修正。

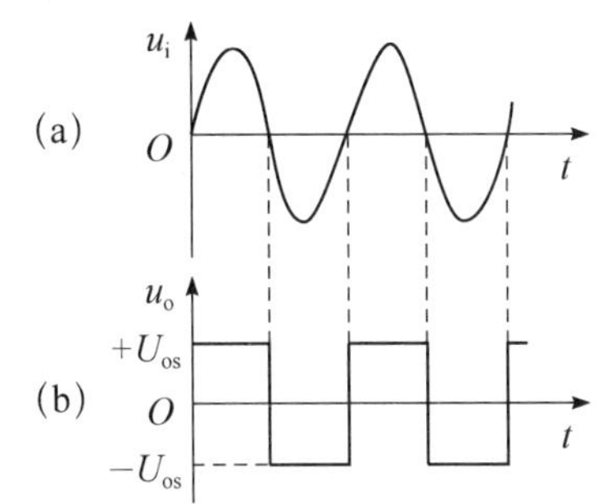

图 4—70　过零比较器的波形变换作用

（a）u_i 波形　（b）u_o 波形

控制系统规定，当氧传感器输出电压大于0.5V时，认为混合气体过浓；小于0.5V，认为混合气过稀。氧传感器与ECU之间就是通过电压比较器进行信号传递的。图4—71所示为氧传感器与ECU连线原理图。

ECU设定0.45V为基准电压，当氧传感器信号电压大于基准电压时，比较器输出$u_o \approx 0V$，ECU判断混合气过稀，增加喷油量；当氧传感器信号电压小于基准电压时，比较器输出$u_o \approx 5V$，ECU判断混合气过浓，减少喷油量。

（2）蓄电池电压过低报警电路。图4—72所示为蓄电池电压过低报警电路。该电路由集成运放、稳压管、发光二极管及一些电阻组成。

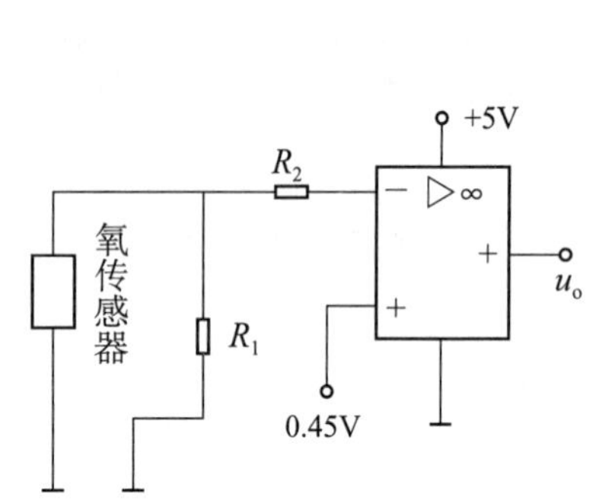

图4—71　氧传感器与ECU的连接

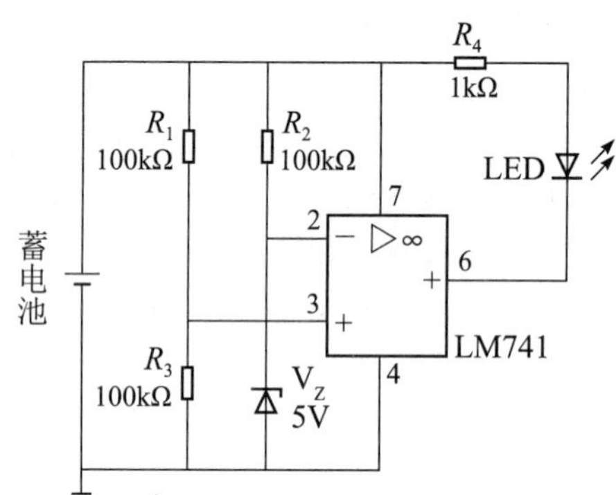

图4—72　蓄电池电压过低报警电路

如图4—72所示，电阻R_2与稳压管V_Z组成电压基准电路，向比较器提供5V的基准电压。R_1、R_3组成分压电路，中间点作为电压检测点。当蓄电池电压高于10V时，比较器输出电压为12V，发光二极管不发光，指示电压正常；当蓄电池电压低于10V时，比较器输出电压为零，发光二极管发光，指示电压过低。

4.7 晶闸管

学习目标

了解晶闸管的结构，掌握晶闸管的工作原理及其在汽车电路中的应用。

晶闸管是晶体闸流管的简称，又称可控硅（SCR），它是一种大功率可控整流元件，只要给它的控制极以小的电流，它就像闸门打开一样，让大电流通过。因此，利用晶闸管可以对大功率的电源进行控制和变换。晶闸管具有体积小、重量轻、功耗低、寿命长、效率高、控制灵敏、容量大等优点，得到了广泛的应用。晶闸管在汽车电子设备中，起着电子开关、调压、调速、调光、逆变等作用。

4.7.1 晶闸管结构

晶闸管是由三个PN结组成的半导体器件，其内部结构如图4—73（a）所示。它有三个电极：由外层P区引出的电极为阳极A、外层N区引出的电极为阴极K、中间P区引出的电极为控制极G（又称触发极或门极）。

普通晶闸管的外壳结构主要有两种形式，一种是螺栓型，如图4—73（b）所示。螺栓一端是阳极引出端，并利用它与散热器固定，另一端粗的引出线是阴极，细的是控制极。另一种是平板型，如图 4—73（c）所示。除此之外还有一种小功率塑封式晶闸管。图 4—73（d）所示为晶闸管电路符号。

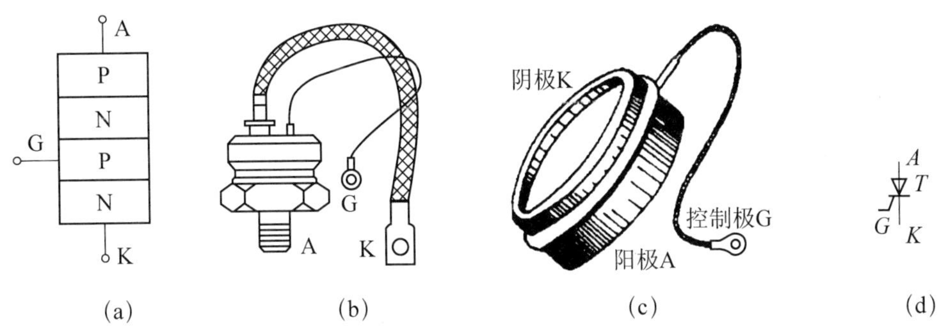

图 4—73　晶闸管结构、外形及图形符号

（a）结构图　（b）螺栓型　（c）平板型　（d）图形符号

4.7.2　晶闸管工作原理

为说明晶闸管的导电原理，先观察图 4—74 所示的晶闸管导电实验情况。

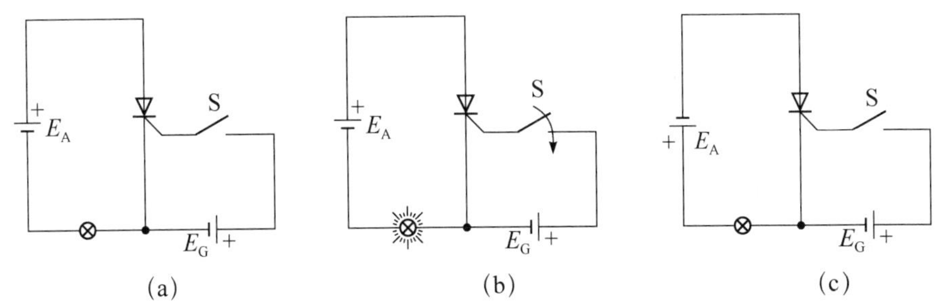

图 4—74　晶闸管演示电路

（a）S 断开　（b）S 接通后断开　（c）E_A 反接

1. 晶闸管的导电实验

（1）如图 4—74（a）所示，晶闸管阳极接直流电源的正端，阴极经灯接电源的负端，此时晶闸管承受正向电压。控制极电路中开关 S 断开（不加电压），这时灯不亮，说明晶闸管不导通。

（2）如图 4—74（b）所示，晶闸管的阳极和阴极之间加正向电压，控制极相对于阴极也加正向电压，这时灯亮，说明晶闸管导通。

（3）晶闸管导通后，如果去掉控制极上的电压（将图 4—74（b）中的开关 S 断开），灯仍然亮。这表明晶闸管继续导通，即晶闸管一旦导通后，控制极就失去了控制作用。

（4）如图 4—74（c）所示，晶闸管的阳极和阴极间加反向电压，无论控制极加不加电压，灯都不亮，晶闸管截止。

（5）如果控制极加反向电压，晶闸管阳极回路无论加正向电压还是反向电压，晶闸管都不导通。

从上述实验可以看出，晶闸管的导通与关断必须满足相应条件。

2. 晶闸管的导通、关断条件

晶闸管导通时必须同时具备两个条件：

（1）晶闸管阳极电路加正向电压。

（2）控制极电路加适当的正向电压（实际工作中加正触发脉冲信号）。

晶闸管关断的条件是：在阳极与阴极之间加反向电压，或去掉正向电压，使流过晶闸管的阳极主电流小于某一数值。

3. 晶闸管的工作原理

为说明晶闸管的工作原理，可把晶闸管看作是两个三极管 PNP（VT_1）管和 NPN（VT_2）管的组合，等效如图 4—75 所示。

设在阳极和阴极之间接上电源 E_A，在控制极和阴极之间接入电源 E_G，如图 4—76 所示。

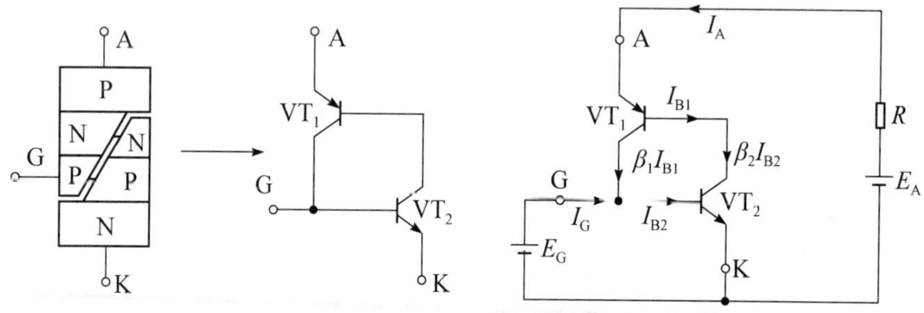

图 4—75　晶闸管电路模型　　**图 4—76　晶闸管工作原理**

（1）晶闸管阳极加正电压 E_A 时，若控制极不加电压，且其中有一个 PN 结反偏截止，则晶闸管截止。此时，晶闸管的状态称为正向阻断状态。

（2）晶闸管阳极加正电压 E_A，同时控制极也加正电压 E_G，则 VT_1、VT_2 两个三极管都满足放大条件。在 E_G 作用下，产生控制极电流 I_G，为 VT_2 极管提供基极电流 I_{B2}，I_{B2} 经 VT_2 放大后形成集电极电流 $I_{C2}=\beta_2 I_{B2}=\beta_2 I_G$，$I_{C2}$就是 VT_1 极管的基极电流 I_{B1}，I_{B1}经 VT_1 极管放大后，产生较大的集电极电流 I_{C1}，$I_{C1}=\beta_1 I_{B1}=\beta_1\beta_2 I_G$，这个电流又流回 VT_2 极管的基极，再进行放大。这个正反馈过程如此循环往复，使 VT_1 和 VT_2 的电流迅速增大，从而进入饱和导通状态，即晶闸管由截止状态转变为导通状态。晶闸管导通后，如果撤掉控制极电压，由于 I_{C1}远大于 I_G，故 VT_2 仍有较大的基极电流进入放大循环，使晶闸管继续导通。因此，E_G 只起触发作用，一经触发后，晶闸管就不受 E_G 控制。

控制极电压 E_G 称为触发电压。晶闸管导通后，性能与二极管相同。要使导通的晶闸管截止，必须将阳极电压降至零或为负，使晶闸管阳极电流降至维持电流 I_H 以下。维持电流指维持上述正反馈过程所需的最小电流。

（3）晶闸管阳极加负电压$-E_A$ 时，因为至少有一个 PN 结反偏截止，只能通过很小的反向漏电流，所以晶闸管截止。此时，晶闸管的状态称为反向阻断状态。

综上所述，晶闸管阳极加正电压 E_A，同时控制极也加正电压晶闸管导通，晶闸管一旦导通，控制极即失去控制作用。要使晶闸管重新关断，必须将阳极电压降至零或为负，使晶闸管阳极电流降至维持电流 I_H 以下。

4.7.3　晶闸管的主要参数

为了正确使用晶闸管，需要了解它的参数。其主要参数为：

(1) 正向阻断峰值电压 U_{FRM}。在控制极断开和晶闸管正向阻断的情况下，允许重复加到晶闸管阳极与阴极之间的正向峰值电压。

(2) 反向阻断峰值电压 U_{RRM}。在控制极断开的情况下，允许重复加到晶闸管阳极与阴极间的反向峰值电压。如果晶闸管的 U_{FRM} 和 U_{RRM} 不相等，则取较小的那个电压值，作为该元件的额定电压。

在实际应用中，由于晶闸管的过载能力较差，所以在选择晶闸管的额定值时，需要留有一定的余量。通常选额定电压和额定电流是实际工作电压和工作电流的两倍左右。

(3) 额定正向平均电流 I_F。在环境温度不超过 40℃ 和规定的散热条件下，晶闸管的阳极与阴极之间允许连续通过的工频正弦半波电流的平均值。应当指出的是，晶闸管的额定正向平均电流并不是一成不变的，它与环境温度、散热条件、元件的导通角等因素有关。

(4) 维持电流 I_H。在规定的环境温度和控制极断开的情况下，维持晶闸管继续导通所需要的最小阳极电流，称为维持电流。当晶闸管的阳极电流小于此值时，晶闸管将自行关断。I_H 一般为几十毫安至二三百毫安。

4.7.4　晶闸管在汽车电路中的应用

图 4—77 所示为晶闸管式燃油油量警告灯电路。

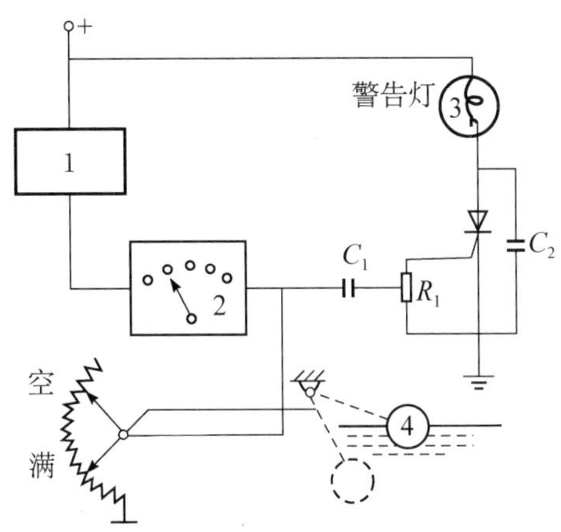

图 4—77　晶闸管式燃油油量警告灯电路

1—电源稳压器　2—双金属片式燃油表　3—警告灯　4—浮子

燃油油量警告灯电路与汽车上已有的燃油表和传感器一起工作。当仪表电源稳压器每输送一个电压脉冲给指示表，在可变电阻式传感器上便会出现油液位成比例的脉冲电压。当燃油液位下降时，串入指示表电路中的可变电阻值增大，脉冲电压振幅增大，当脉冲电压振幅达到一定值时，触发晶闸管导通，接通警告灯电路，使警告灯点亮。通过警告灯闪烁用于提示驾驶员及时加油。只有油箱内加入一定量的燃油后，警告灯才熄灭。电阻 R_1

用来调整晶闸管导通时机。

本章学习小结

（1）自然界的各种物质，根据其导电能力可分为导体、绝缘体和半导体三大类。常用的半导体有硅（Si）和锗（Ge）和大多数金属氧化物等。本征半导体对温度、光照特别敏感，升温或光照时导电能力明显增强。杂质半导体其导电能力大幅度增加，但必须用特殊工艺将它们结合起来才能形成常用半导体器件的基本结构，即 PN 结。PN 结正偏时导通，电阻很小；反偏时截止，电阻很大，这就是 PN 结的单向导电性。

（2）二极管的伏安特性是非线性的，一般硅二极管的死区电压为 0.7V，锗二极管的死区电压为 0.3V。使用二极管时，需要判别二极管的好坏与极性，根据正向电阻小，反向电阻大的特点，可用万用表的电阻挡来大致判别二极管的好坏和极性。

特殊二极管包括整流二极管、稳压二极管、发光二极管、光敏二极管等。

稳压二极管是一种特殊的面接触型二极管。稳压管击穿后，反向电流在相当大的范围内变化时，稳压管两端的电压却变化很小，利用这一特性，稳压管在电路中起稳压作用。稳压二极管工作在反向击穿状态，外电路要加合适的限流电阻，以防电流过大而损坏二极管。

发光二极管同样由 PN 结构成，具有单向导电性。发光颜色取决于制造发光二极管所用的半导体材料，它属于电流控制器件。它具有体积小、功耗低、使用寿命长等特点，常用来作为显示器。发光二极管可以单个使用，也可以做成七段数码显示器、矩阵显示屏等。

光敏二极管是一种能将光能转变为电能的敏感型二极管。当光敏二极管被光照射时，它就会有电流通过，无光照射时则无电流通过，利用这一特性可以实现各种控制。

（3）半导体三极管是最重要的一种半导体器件，它的放大作用和开关作用促使电子技术飞跃发展。三极管分为 NPN 型或 PNP 型两类。三极管分成基区（很薄，浓度很低）、发射区（载流子浓度很高）、集电区（面积很大，浓度很低）。分别引出三个电极：基极 B、发射极 E 和集电极 C。三极管都有两个 PN 结，即发射结和集电结。

三极管的输出特性曲线有三个区，即放大区、截止区、饱和区。三极管处于放大区的条件是发射结正偏，集电结反偏。处于饱和区的条件是发射结、集电结均正偏，此时三极管相当于开关断开。处于截止区的条件是发射结、集电结均反偏，此时三极管相当于开关闭合。

达林顿管就是连接在一起的两只三极管，又称复合管。具有增益高、开关速度快、能简化电路设计等优点，主要用于大功率开关电路、电机调速，也用于驱动继电器以及驱动 LED 智能显示屏等。

光敏三极管在原理上类似于三极管，只是它的集电结为光敏二极管结构。光敏三极管制成达林顿管形式时，可以获得较大的输出电流而能直接驱动某些继电器。

三极管的测试方法与二极管的测试方法相同。

（4）在低频放大电路中，共发射极电路是一种常用的电路。其他的放大电路是在它的基础上建立起来的，因此它是分析其他放大电路的基础。它的输出信号电压与输入信号电压相位相反，即具有倒相作用。放大电路的工作既有静态又有动态。静态是当放大电路没有输入信号时的工作状态。通过放大电路的直流通路可确定静态工作点 Q；要合理设置静态工作点，Q 点太高，可能工作到特性曲线的饱和区，产生饱和失真，Q 点太低，可能工作到特性曲线的截止区，产生截止失真。动态则是有输入信号时的工作状态。动态分析是要确定放大电路的电压放大倍数、输入电阻和输出电阻等。

基本电压放大电路的组成必须遵循三个原则：电源的极性保证发射结正偏、集电结反偏，以保证晶体管处于放大状态；在输入回路，应当使输入的变化电压产生变化电流，在输出回路，应当使变化的电流变为变化的电压；合理地设置静态工作点，失真不超过允许范围。

(5) 集成运算放大器是一种具有很高放大倍数、性能优越的多级放大电路。是发展最早、应用最广泛的一种模拟集成电路。集成运放的基本组成主要有四个部分：输入级、中间级、输出级和偏置电路。

集成运算放大器具有放大倍数很高、输入电阻大、输出电阻小、零点漂移小、抗干扰能力强、可靠性高、成本低、体积小、耗电少等优点。

集成运放的电压传输特性有一个线性区和两个饱和区。线性工作区满足 $u_o = A_o(u_+ - u_-)$。在正饱和区，$u_o = +U_{OM}$，在负饱和区时，$u_o = -U_{OM}$。

在分析实际电路时，一般将实际运放当做理想运放来处理。即 $A_o \to \infty$、$r_i \to \infty$、$r_o \to 0$。工作在线性区的理想运放，可以导出分析运放的两条重要依据：即“虚短”和“虚断”。集成运放接入适当的反馈电路就可构成各种运算电路，主要有比例运算，加、减法运算和微、积分运算等。

(6) 反馈，就是将放大电路的输出信号（电压或电流）的一部分或全部，通过某一电路或元件再送回输入端回路。根据反馈极性的不同，可分为正反馈和负反馈。根据反馈信号与输入信号在输入端连接方式的不同，可分为串联反馈和并联反馈。根据反馈信号采样方式的不同，可分为电压反馈和电流反馈。根据反馈信号的交直流性质，可分为直流反馈和交流反馈。

正、负反馈的判断常采用瞬时极性法。当反馈信号与输入信号以电流形式比较时，为并联反馈。当反馈信号与输入信号是以电压的形式进行比较时，为串联反馈。

负反馈能够改善放大电路的性能，具体说，可以提高放大倍数的稳定性、改善非线性失真、改变了输入输出电阻。

(7) 晶闸管又称可控硅。它是一种大功率可控整流元件，利用晶闸管可以对大功率的电源进行控制和变换。晶闸管具有体积小、重量轻、功耗低、寿命长、效率高、控制灵敏、容量大等优点，得到了广泛的应用。晶闸管在汽车电子设备中，起着电子开关、调压、调速、调光、逆变等作用。

晶闸管是由三个 PN 结组成的半导体器件。晶闸管导通时必须同时具备两个条件：晶闸管阳极电路加正向电压；控制极电路加适当的正向电压（实际工作中加正触发脉冲信号）。晶闸管关断的条件是：在阳极与阴极之间加反向电压，或去掉正向电压，使流过晶闸管的阳极主电流小于某一数值。

本章学习测试

4.1　N 型半导体带负电，而 P 型半导体带正电，这种说法是否正确？

4.2　什么叫扩散运动？什么叫漂移运动？如何形成的？

4.3　试述半导体 PN 结的单向导电性。

4.4　金属导电原理和半导体导电的原理有何不同？

4.5　什么是“虚短”和“虚断”？

4.6　为什么二极管会出现死区电压？

4.7　试比较普通二极管和稳压二极管的异同点？

4.8　特殊二极管有汽车上有哪些应用？

4.9　简述霍尔元件的工作原理？

4.10　三极管作开关用时工作在什么区？三极管放大的实质是什么？

4.11　晶闸管和二极管都具有单向导电性，二者有何不同？

4.12　晶闸管和三极管都有三个电极，试从结构和工作原理说明它们的区别。

4.13　晶闸管的导通条件和关断条件是什么？

4.14　基本电压放大电路由哪几部分组成？其组成原则是什么？

4.15　晶体管用微变等效电路来代替条件是什么？

4.16　为什么在交流放大电路中要设置合适的静态工作点？否则输出电压信号将会出现什么现象？

4.17　负反馈可以改善电路的哪些性能？

4.18　理想运算放大电路应满足哪些条件？

4.19　何为“虚地”？同相输入运算电路是否存在“虚地”？

4.20　如图 4—78 所示，图中二极管均为硅管，试判断图中二极管的状态。

4.21　电路如图 4—79 所示，已知 $u_i = 10\sin\omega t$ V，试画出 u_i 与 u_o 的波形。设二极管正向导通电压可忽略不计。

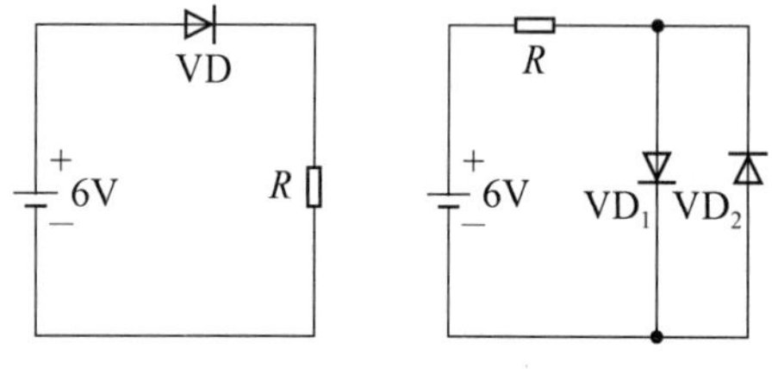

图 4—78　4.20 电路图

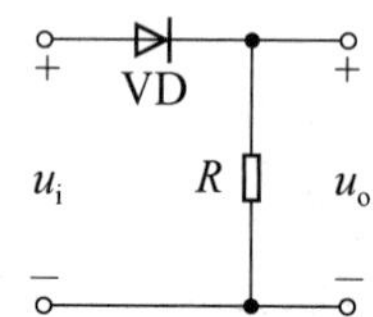

图 4—79　4.21 电路图

4.22　特性完全相同的稳压二极管 2CW15，$U_Z=8.2$V，接成图 4—80 所示的电路，各电路输出电压 U_o 是多少？

4.23　图 4—81 放大电路中，已知 $U_{CC}=12$V，$R_C=4$kΩ，$R_B=300$kΩ，晶体管 $\beta=50$，试计算放大电路的静态工作点。

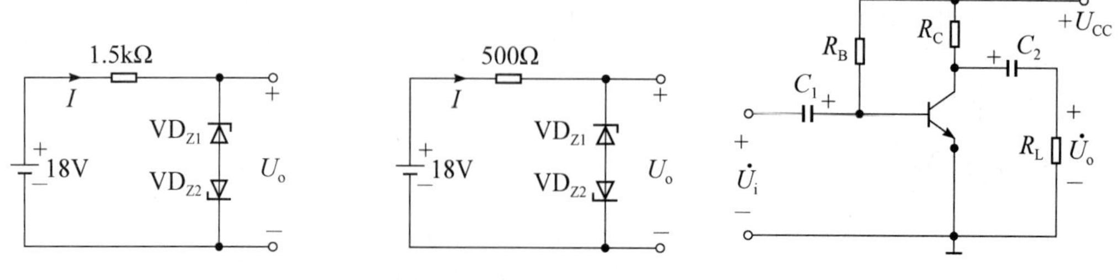

图 4—80　4.22 电路图

图 4—81　4.23 电路图

4.24　在图 4—81 所示放大电路中，$U_{CC}=12V$，$R_B=300k\Omega$，$R_C=5k\Omega$，晶体管 $\beta=40$，试画出放大电路的微变等效电路，求放大电路的电压放大倍数、输入电阻和输出电阻。

4.25　求图 4—82 所示电路中的 u_o 和 R_2。已知 $R_1=10k\Omega$，$R_F=50k\Omega$，$u_i=0.2V$。

4.26　运算放大电路如图 4—83 所示，计算 u_o。

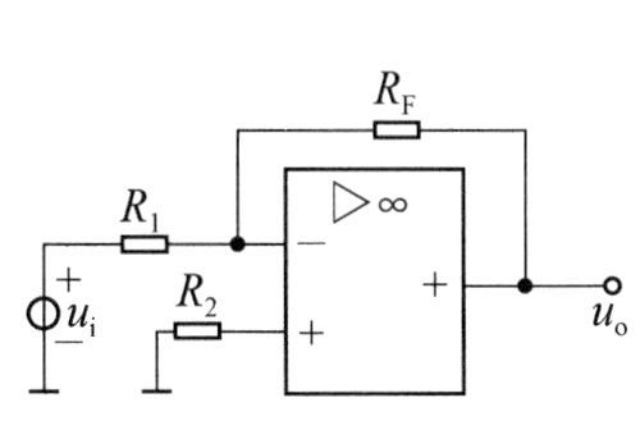

图 4—82　4.25 电路图

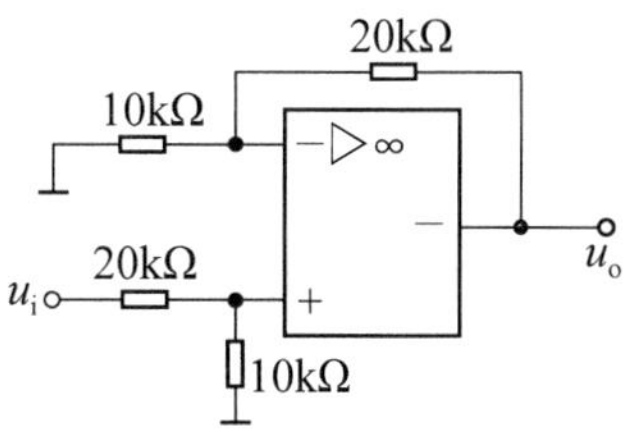

图 4—83　4.26 电路图

第 5 章

直流稳压电源

引　言

目前市电供给的都是交流电，但是许多电子线路、电子设备和自动控制装置都需要稳定的直流电。除利用干电池、蓄电池和直流发电机等获得直流电外，较为经济和方便的方法是使用交流电变换为直流电的直流稳压电源。

5.1 直流稳压电源的组成

学习目标

掌握直流稳压电源的组成及各部分的作用。

直流稳压电源通常是由图 5—1 所示框图中的各部分组成。

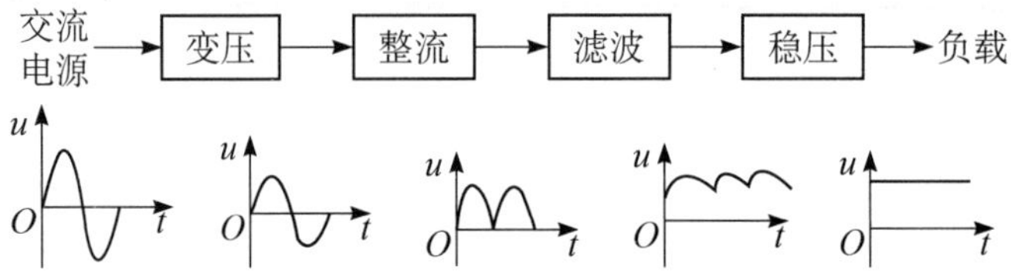

图 5—1　直流稳压电源原理框图

电源变压器的作用是将交流电网电压变为整流所需要的交流电压，有时也起隔离交流电源和整流电路的作用。

整流电路的作用是将大小和方向都随时间变化的交流电变成方向不变的脉动直流电。脉动直流电只能用于电镀、电解和蓄电池充电等波形要求不高的工艺和设备中。而大多数电子设备所需要的直流电源要脉动程度小的平滑直流电压，这就需要在整流之后再进行滤波。

滤波电路的作用是将脉动直流电中的交流成分滤除，输出平滑的直流电。由于交流电源电压的波动和负载电流的变化会引起输出直流电压的不稳定，直流电压的不稳定会使电子设备、控制装置、测量仪器等设备的工作不稳定，产生误差，甚至不能正常工作，为此，在需要稳定直流电压的情况下，还需要在滤波电路之后再加上稳压电路。

稳压电路的作用是将不稳定的直流电压变换为不随电网电压波动或负载变化而变化的稳定直流电压。通过稳压电路的自动调整使输出电压维持平稳。

直流稳压电源各部分对应的波形变化如图 5—1 所示。

5.2 整流电路

学习目标

理解整流电路（尤其是三相桥式整流电路）的工作原理，掌握电压、电流等参数的计算方法。

整流电路的作用是利用二极管（或晶闸管）的单向导电特性，把交流电转变成脉动直流电。整流电路按被整流交流电的相数可分为单相整流电路和三相整流电路，根据负载电流或电压的波形又可分为半波整流电路和全波整流电路，根据整流元件的不同又可分为不可控整流电路和可控整流电路。汽车交流发电机采用的就是三相不可控桥式全波整流电路。

5.2.1 单相不可控桥式整流电路

1. 电路组成

单相桥式不可控整流电路如图 5—2（a）所示。之所以称为不可控整流，是因为构成整流电路的是四只二极管，其输出电压不能控制。该电路由四只整流二极管接成电桥形式，其中两个共阴极组二极管的阴极接负载 R_L 的一端，为输出直流电的正极。另两个共阳极组二极管的阳极接负载 R_L 的另一端，为输出直流电的负极。两个二极管阳极和阴极相连的端子接整流变压器的次级线圈。

2. 工作原理

设整流变压器次级线圈电压为 $u_2(t)=\sqrt{2}U_2\sin\omega t$(V)。当 $u_2(t)$ 为正半周时，VD_1、VD_3 正偏导通，VD_2、VD_4 反偏截止，电流经 $VD_1 \to R_L \to VD_3$ 形成回路，R_L 上输出电压波形与 $u_2(t)$ 的正半周波形相同，电流 i_L 从 b 流向 c。当 $u_2(t)$ 为负半周时，VD_2、VD_4 正偏导通，VD_1、VD_3 反偏截止，电流经 $VD_2 \to R_L \to VD_4$ 形成回路，R_L 上输出电压波形是 $u_2(t)$ 的负半周波形的倒相，电流 i_L 仍从 b 流向 c。所以无论 $u_2(t)$ 为正半周还是负半周，流过 R_L 的电流方向是一致的。单相桥式整流的输出波形如图 5—2（b）所示。

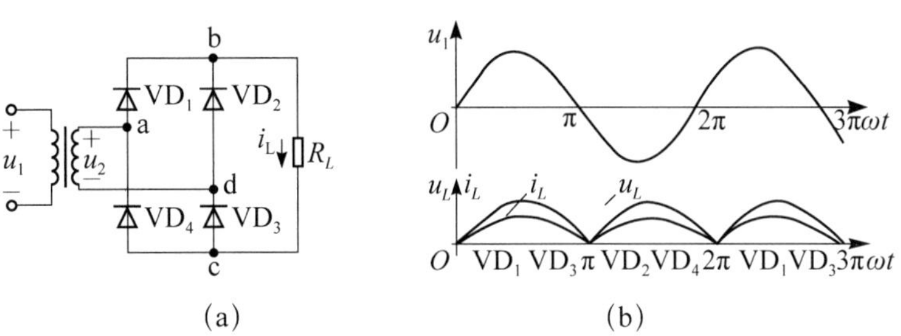

图 5—2　单相不可控桥式整流电路

（a）电路原理图　（b）不可控整流电路输出波形

图 5—2（a）中如果有一个二极管断开时，整流电路输出会减半；如果有一个二极管接反时，会引起短路，烧坏元器件。

3. 参数估算

（1）负载直流电压 U_L。单相不可控桥式整流电路输出负载直流电压 U_L 是指 $u_2(t)$ 在交流电压一个周期内的平均值。由图 5—2（b）可知

$$U_L = \frac{1}{\pi}\int_0^{\pi}\sqrt{2}U_2\sin\omega t\,\mathrm{d}(\omega t) = \frac{2\sqrt{2}}{\pi}U_2 = 0.9U_2 \tag{5—1}$$

式中，U_2 为整流变压器次级线圈电压有效值。

（2）负载直流电流 I_L。

$$I_L = \frac{U_L}{R_L} \tag{5—2}$$

（3）二极管平均电流 I_D。由于每个二极管只在半个周期内导通，因此流过每个二极管的电流为

$$I_D = \frac{1}{2}I_L \tag{5—3}$$

（4）二极管反向电压最大值 U_{DRM}。在单相不可控桥式整流电路中，二极管导通时压降几乎为零，而二极管截止时，$u_2(t)$的峰值电压加在了它上面，即二极管截止时承受的最大反向电压为

$$U_{\mathrm{DRM}} = \sqrt{2}U_2 \tag{5—4}$$

式（5—1）、式（5—2）是计算负载直流电压和电流的依据。式（5—3）、式（5—4）是选择二极管的依据。所选用的二极管参数必须满足

$$I_{\mathrm{F}} \geqslant I_{\mathrm{D}} \tag{5—5}$$

$$U_{\mathrm{R}} \geqslant U_{\mathrm{DRM}} \tag{5—6}$$

目前封装成一个整体的多种规格的整流桥块已批量生产，给使用者带来了不少方便，其形如图 5—3 所示。使用时只要将交流电压接到标有“～”的管脚上，从标有“＋”和“－”的管脚上引出的就是整流后的直流电压。

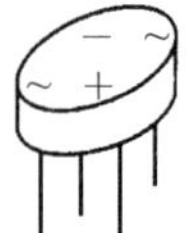

图 5—3　整流桥块

【例 5.1】图 5—2 所示的单相桥式整流电路，若要求在负载上得到 24V 直流电压，80mA 的直流电流，求整流变压器次级电压 U_2，并选出整流二极管。

解：由式（5—1）可得

$$U_2 = \frac{U_L}{0.9} = \left(\frac{24}{0.9}\right)\mathrm{V} \approx 26.7\ \mathrm{V}$$

由式（5—5）、式（5—6）可得二极管的最大整流电流和最高反向工作电压分别为

$$I_{\mathrm{OM}} = \frac{1}{2}I_L = 50\mathrm{mA}$$

$$U_{\mathrm{RM}} = \sqrt{2}\,U_2 = 37.5\mathrm{V}$$

根据上述数据，查手册可选出最大整流电流为 80mA，最高反向工作电压为 50V 的整流二极管 2CZ52B。

5.2.2 单相可控桥式整流电路

1. 电路组成

图 5—4（a）所示为单相可控桥式整流电路。电路中由于四个整流元件中的两个为可控的晶闸管，两个为不可控的二极管，故称为“半控”整流。

2. 工作原理

在 u_2 的正半周内，VT_2 和 VD_1 承受反向阳极电压而截止，VT_1 和 VD_2 虽承受正向阳电压，但 VT_1 在 $\omega t=\alpha$ 时才加上控制电压，故在 $\alpha \leqslant \omega t \leqslant \pi$ 时，VT_1 和 VD_2 导通，电流的通路是 $a \to VT_1 \to R_L \to VD_2 \to b$。

在 u_2 的负半周内，VT_1 和 VD_2 承受反向阳极电压而截止，VT_2 和 VD_1 虽承受正向阳电压，但 VT_2 在 $\omega t=\alpha+\pi$ 时才加上控制电压，故在 $\alpha+\pi \leqslant \omega t \leqslant 2\pi$ 时，VT_2 和 VD_1 导通，电流的通路是 $b \to VT_2 \to R_L \to VD_1 \to a$。

单相可控桥式整流电路的不完整全波脉动输出电压波形如图 5—4（b）所示。

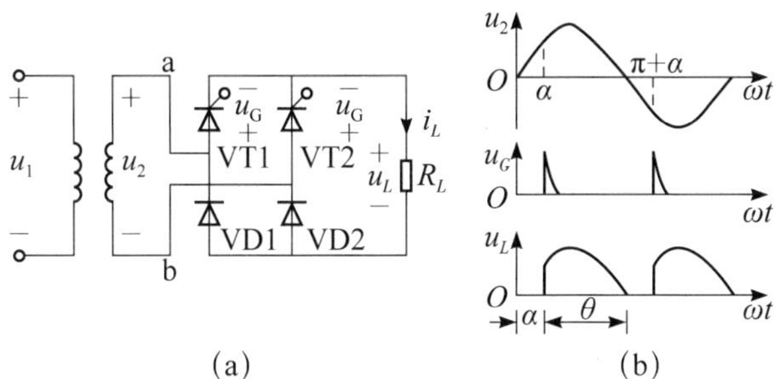

(a) (b)

图 5—4 单相可控桥式整流电路

（a）电路原理图 （b）可控整流电路输出波形

3. 参数估算

由图 5—4（b）可知该电路的输出电压和直流电流为

$$U_L=\frac{1}{\pi}\int_0^{\pi}\sqrt{2}U_2\sin\omega t\,\mathrm{d}(\omega t)=\frac{1+\cos\alpha}{2}0.9U_2 \tag{5—7}$$

$$I_L=\frac{U_L}{R_L} \tag{5—8}$$

4. 应用

图 5—5 所示为一台 8kW 可控硅移相调压充电机。由于采用移相调压，故体积小、重量轻，结构合理，使用方便可靠，比较适合汽车修理厂使用。现将电气原理简要介绍如下：该充电机包括主整流电路、触发电路和控制电路三个部分。

主整流电路是用两个硅二极管、两个晶闸管元件组成的单相桥式整流电路，并由 220V 单相交流电直接供电，不设置整流变压器，以提高输出直流电压。

触发电路是典型的单结晶体管移相触发电路。三极管 VT_1 的基极是通过控制电路来改变的。从同步变压器 8V 一侧绕组来的交流电经整流、滤波、稳压后，加在电阻 R_F 上，调节 R_P，改变三极管的基极与发射极之间的电压，达到移相调压的目的。

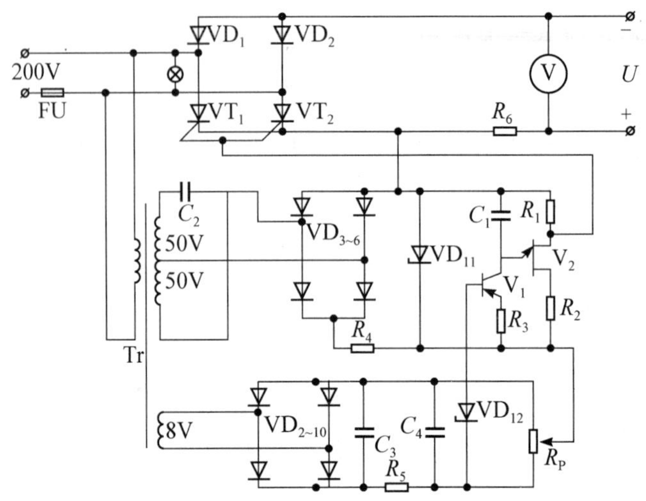

图 5—5 单相半控桥式充电机电气原理图

在触发电路中，还设置了电容器 C_2，它的作用是，当三极管 VT_1 的基极—发射极之间电压升高时，VT_1 导通，触发电路的直流电通过 R_3，VT_1 向电容器 C_1 充电。如果充电速度加快，电容器 C_1 两端的电压上升速度就加快，输出脉冲就提前，晶体管将提前导通而使充电电压提高。设置了电容器 C_2 之后，可以使相位角后移 6°左右，保证在充电电压低时也能很好地触发。使用时，应首先将电位器 R_P 调到阻值最小处，接上蓄电池，再接交流电源，指示灯亮。调节 R_P 使输出的直流电压达到需要的数值。充电完毕后，先将电位器 R_P 的阻值回调到最小，再切断交流电源，最后卸下蓄电池。

在使用可控硅移相调压充电机时应注意以下几点：

（1）在充电电压低于蓄电池电动势一定值时，还会出现充电电流，这是因为可控硅充电机输出的是短脉冲电压，而电压表测量的是平均电压。

（2）在实际充电时可控硅充电机的功率选择应尽可能接近实际需要的功率，以便可控硅能在较大的导通角下工作。

（3）充电机输出电线应选用截面积较大的导线，避免发热损坏。一般按输出电流的有效值来选择线径，并有一定的余量。

5.2.3 汽车交流发电机三相桥式整流电路

整流电路在汽车交流发电机中也有重要应用。虽然汽车上装有蓄电池，但其储存的电能非常有限，远不能满足汽车上用电设备的需求。因此发电机是汽车电器设备的主要电源。当今汽车上普遍采用的是硅整流交流发电机，其整流部分由 6 个硅二极管组成，如图 5—6 所示。压装在后端盖上的 3 个二极管其引线为负极，外壳为正极，俗称负极管，管壳底上有黑色标记；压装在散热板上的 3 个二极管其引线为正极，外壳为负极，俗称正极管，管壳底上有红色标记。汽车交流发电机的整流电

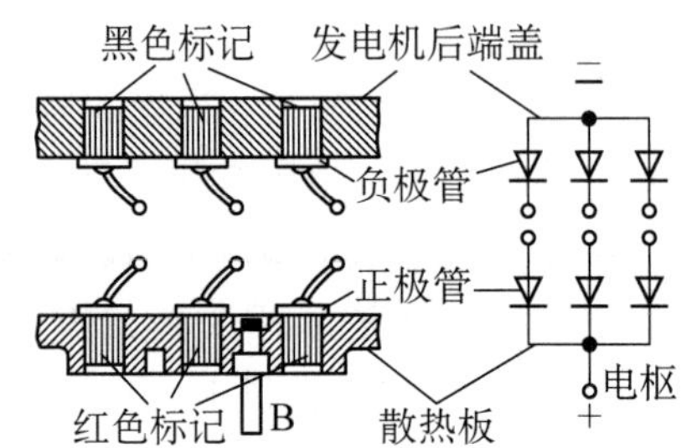

图 5—6 汽车交流发电机中的整流二极管

路为三相桥式整流电路。

1. 整流电路组成

三相桥式整流电路如图 5—7 所示。电路由三个绕组和六个二极管组成。六个二极管中，VD_1、VD_3、VD_5 阴极连在一起，为共阴极管，阳极电位最高者导通；VD_2、VD_4、VD_6 阳极连在一起，为共阳极管，阴极电位最低者导通。共阴极端和共阳极端分别为整流器输出直流电的正端和负端。而 VD_1、VD_3、VD_5 的阳极和 VD_2、VD_4、VD_6 的阴极，则分别连接到三相绕组各相的端点 a、b、c 上。

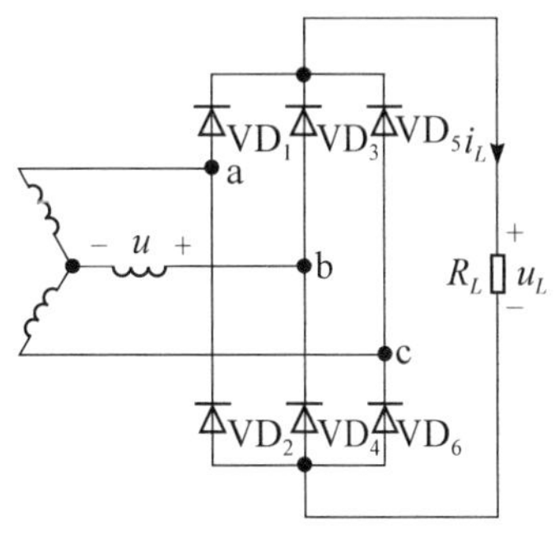

图 5—7　三相桥式整流电路

2. 工作原理

设三相绕组输出的交流电压 u_a、u_b、u_c 为对称三相电压，其波形如图 5—8（a）所示。为了便于分析，现将交流电压的波形在时间上等分成若干小区间加以说明。

在 t_1～t_2 期间，由于 a 点电位最高，因此 VD_1 导通，VD_1 导通后使 VD_3、VD_5 承受反向电压而截止；由于 b 点电位最低，因此 VD_4 导通，VD_4 导通后使 VD_2、VD_6 承受反向电压而截止。此期间电流的通路为：a→VD_1→R_L→VD_4→b。

在 t_2～t_3 期间，a 点电位最高，c 点电位最低，所以 VD_1、VD_6 导通，其余四个二极管都截止，电流通路为：a→VD_1→R_L→VD_6→c。

其余时间各二极管导通情况依此类推。输出电压波形及二极管导通顺序如图 5—8 (b)所示。从图中可以看出每只二极管的导通时间是 1/3 周期。

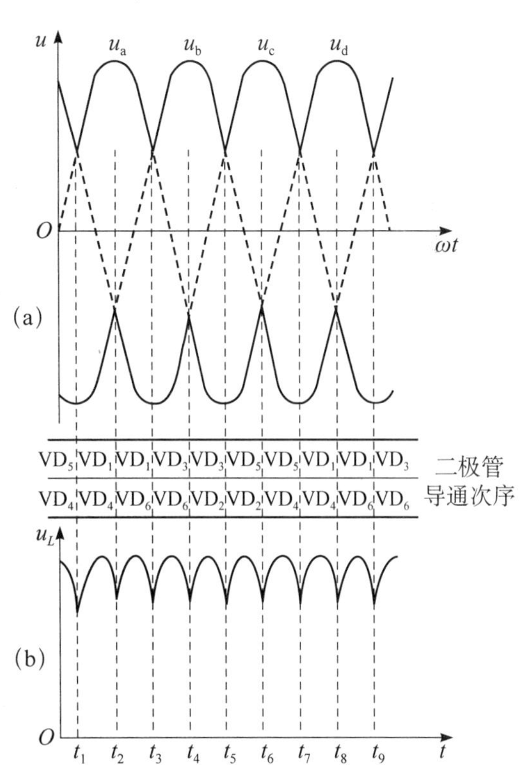

图 5—8　三相桥式整流的电压波形

3. 参数估算

（1）负载直流电压 U_L。由图 5—8 可知，负载所得整流电压 U_o 的大小，等于三相绕组每相电压的上下包络线间的垂直距离所对应的电压值。它的脉动较小，其平均值为

$$U_L = 2.34U_2 \tag{5—9}$$

式中，U_2 为三相绕组每相电压的有效值。

（2）负载直流电流 I_L。

$$I_L = \frac{U_L}{R_L} \tag{5—10}$$

（3）二极管上直流电流 I_{VD}。由于在一个周期中，每个二极管只有 1/3 的时间导通，因此流过每个管的平均电流为

$$I_{VD}=\frac{1}{3}I_L=0.78\frac{U_L}{R_L} \tag{5—11}$$

（4）二极管反向工作电压 U_{DRM}。每个二极管所承受的最高反向电压为三相绕组线电压的幅值，即

$$U_{DRM}=\sqrt{3}U_{2m}=\sqrt{3}\cdot\sqrt{2}U_2=2.45U_2 \tag{5—12}$$

5.3 滤波电路

学习目标

理解滤波电路的工作原理，掌握电压、电流等参数的计算方法。

整流电路虽然可以把交流电转换为直流电，但是它们的输出电压都含有较大的脉动成分，这远不能满足需要。在大多数电子设备中都需要接滤波器，以改善输出电压的脉动程度，使输出电压更加平滑。

滤波电路的主要元件是电容和电感，利用它可构成电容滤波电路、电感滤波电路和 π 型滤波电路等，其中以电容滤波电路最常用。

5.3.1 电容滤波电路

1. 电路组成

在整流电路和负载之间并联一个电容就组成了电容滤波电路。电容滤波电路如图 5—9 (a)所示。

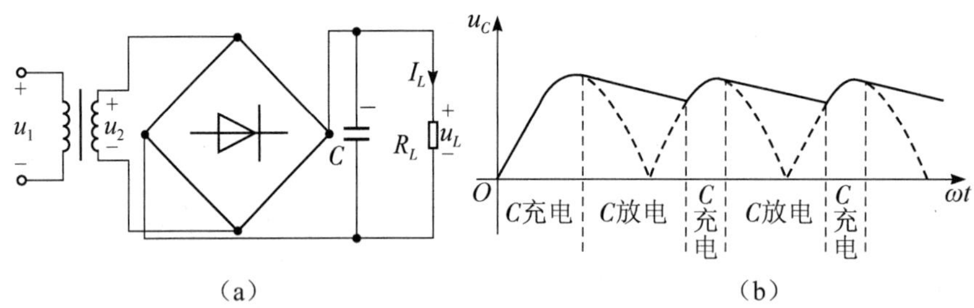

图 5—9 电容滤波电路

（a）滤波电路原理图 （b）滤波波形图

2. 工作原理

根据电容器两端电压不能突变的特点，可以实现电容滤波。电容滤波电路输出波形如图 5—9（b）所示。

设 $t=0$ 时电路接通电源，电路中电容电压 u_C 从零开始增大，电流分成两路：一路流向 R_L，一路向电容器 C 充电。由于桥式整流电路中二极管导通时的内阻和整流变压器次级绕组的直流电阻都很小，因此充电时间常数 τ_1 很小，充电速度很快，$u_C(t)$ 可跟随 $u_2(t)$ 的变化。当 $u_2(t)$ 达到 $\sqrt{2}U_2$ 时，$u_C(t)$ 也达到 $\sqrt{2}U_2$。$u_2(t)$ 达到最大值后开始下降，由于 $u_C(t)$ 放电也逐渐下降，当 $u_2(t)<u_C(t)$ 时，电桥中二极管截止，电容器 C 经 R_L 放电，这个回路的放电时间常数 $\tau_2=R_LC$ 较大，因此 $u_C(t)$ 下降比较缓慢。τ_2 越大，$u_C(t)$ 下降越缓慢，输

出电压波形就越平滑。当下一个正弦半波来到并大于 u_C（t）时，电容器 C 又开始充电，充至最大值后再次放电向 R_L 供电。如此周而复始地进行下去，就得到如图 5—9（b）所示的比较平滑的波形。

3. 参数估算

（1）负载直流电压 U_L。根据以上分析，单相桥式整流电容滤波电路的输出直流电压为

$$U_L \approx 1.2U_2 \tag{5—13}$$

（2）滤波电容器的电容量。滤波电容器的电容量通常取 $R_LC \gg \frac{T}{2}$，一般取

$$C \geqslant (3\sim5)\frac{T}{2R_L} \tag{5—14}$$

式中，T 为电网交流电压的周期。

（3）滤波电容器耐压 U_C。滤波电容器的额定工作电压（又称耐压）应大于 $u_2(t)$ 的峰值，通常取

$$U_C \geqslant (1.5\sim2)\ U_2 \tag{5—15}$$

【例 5.2】已知单相桥式整流电容滤波电路如图 5—9（a）所示。要求 $U_L=12\text{V}$，$I_L=10\text{mA}$，电网工作频率为 50Hz。试计算整流变压器次级电压有效值 U_2，并计算 R_L 和 C 的值。

解：根据式（5—13）可得

$$U_2=\frac{U_L}{1.2}=\frac{12}{1.2}\text{V}=10\text{V}$$

因为 $I_L=\frac{U_L}{R_L}$，所以　$R_L=\frac{U_L}{I_L}=\frac{12}{10}\text{k}\Omega=1.2\text{k}\Omega$

由式（5—13）可得

$$C \geqslant (3\sim5)\frac{T}{2R_L}=(3\sim5)\frac{0.02}{2\times1.2\times10^3}\mu\text{F}=(24.3\sim41.5)\ \mu\text{F}$$

取 C 为 47 μF，其耐压为

$$U_C \geqslant (1.5\sim2)\ U_2=15\text{V}\sim20\text{V}$$

取 $U_C=25\text{V}$。故整流变压器次级电压有效值为 10V，负载 R_L 为 1.2kΩ，滤波电容器的参数为 47 μF /25V。

4. 电容滤波的特点

（1）滤波后的输出电压中直流分量提高了，交流分量降低了。

（2）由于 R_LC 较大时滤波效果好，因此电容滤波适用于负载电阻 R_L 较大的场合。

（3）存在浪涌电流。当电路接入电源的瞬间，$u_2(t)$ 若不为零，由于充电电阻较小，会产生很大的充电电流，即浪涌电流，因此有可能烧毁整流二极管。实用中，常采用每个整流二极管两端并联一个 0.01 μF 的电容器来防止浪涌电流烧坏整流二极管。

（4）R_LC 值的改变可以影响输出直流电压的大小。R_L 开路时，输出 U_L 为 $1.4U_2$；C 开路时，输出 U_L 为 $0.9U_2$；若 C 的容量减小，则输出 U_L 小于 $1.2U_2$。这些典型数值有助于电路故障的判断。

5.3.2 电感滤波电路

1. 电路组成

图 5—10 所示为一个桥式整流电感滤波电路，它是在整流电路之后与负载串联一个电感器。

2. 工作原理

如图 5—10 所示，利用通过电感的电流不能突变的特性来实现滤波。当电感电路电流增大时，电感产生的自感电动势阻止电流的增加；而电流减小时，自感电动势则阻止电流的减小。从而使得负载电流和电压的脉动程度减小。脉动电流的频率越高，滤波电感越大，则滤波效果越好。

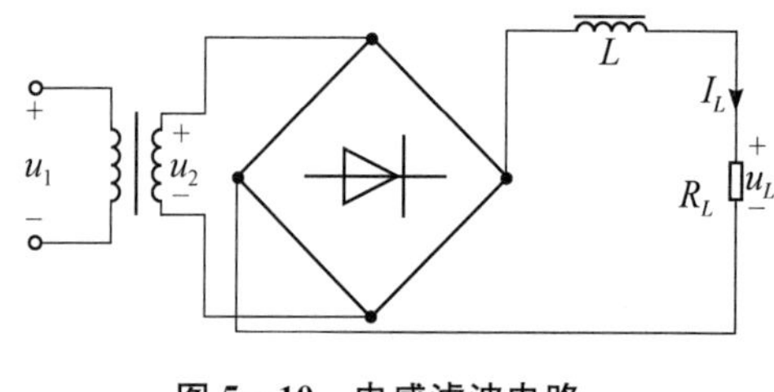

图 5—10 电感滤波电路

电感滤波适用于大功率整流设备和负载电流变化较大的场合。

5.3.3 复式滤波电路

为了得到更好的滤波效果，还可以将电容滤波和电感滤波混合使用而构成复式滤波电路。如图 5—11 (a)所示的 π 型滤波电路就是其中的一种。由于电感器体积大、成本高，在负载电流较小时，可以用电阻代替电感，电路如图 5—11 (b) 所示。因为 C_2 的容抗较小，所以脉动电压的交流分量较多地降落在电阻 R 的两端，而 R_L 值又比 R 大，故直流分量主要降落在 R_L 两端，使输出电压脉动减小。

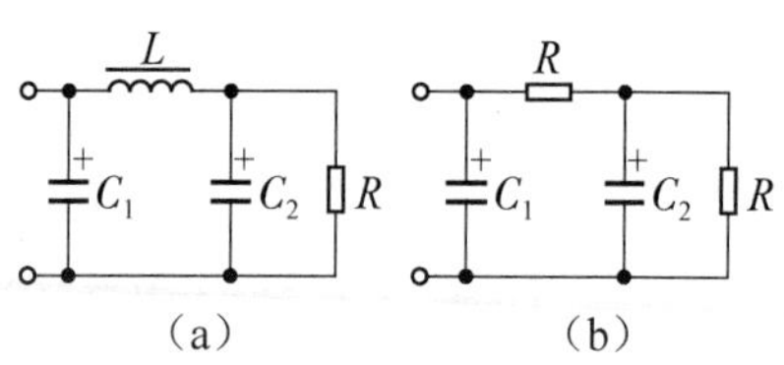

图 5—11 π 型滤波电路

(a) π 型 LC 滤波 (b) π 型 RC 滤波

5.4 稳压电路

学习目标

理解稳压电路的工作原理，了解三端集成稳压器的应用方法。

整流滤波后所得的直流电压虽然比较平滑，但是当电网电压波动或负载变动时，输出的直流电压也跟着变动。实际工作中，电网电压的波动及负载的变动是客观存在的，因此，负载两端的电压是不稳定的。稳压电路的作用就是向负载提供稳定的直流电压。

稳压电路按所用器件可分为分立元件直流稳压电路和集成直流稳压电路，按电路结构可分为并联型直流稳压电路和串联型直流稳压电路，按电压调整单元的工作方式则可分为线性直流稳压电路和开关型直流稳压电路。

5.4.1 并联型稳压电路

如图 5—12 所示，将稳压管与适当数值的限流电阻 R 配合即组成了稳压电路。由于稳压管与负载并联，所以称为并联型稳压电路。

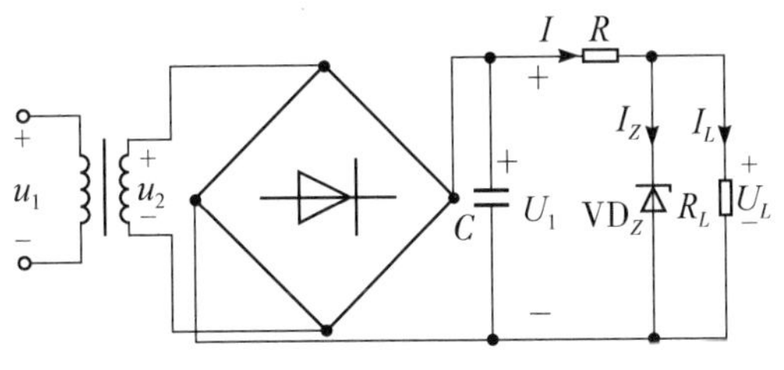

图 5—12　并联型稳压电路

如图 5—12 所示，由 KCL 和 KVL 有

$$I=I_Z+I_L \qquad U_i=U_R+U_L$$

式中，U_i 为整流滤波电路的输出电压（也是稳压电路的输入电压）。其稳压过程如下：

当交流电网波动时使电压上升时，则

$$U_i\uparrow\rightarrow U_L\uparrow\rightarrow U_Z\uparrow\rightarrow I_Z\uparrow\rightarrow I\uparrow\rightarrow U_R\uparrow\rightarrow U_L\downarrow$$

当负载 R_L 变动使 R_L 减小时，则

$$I_L\uparrow\rightarrow I\uparrow\rightarrow U_R\uparrow\rightarrow U_L\downarrow\rightarrow U_Z\downarrow\rightarrow I_Z\downarrow\rightarrow I\downarrow\rightarrow U_R\downarrow\rightarrow U_L\uparrow$$

总之，无论是电网波动或负载变动，负载两端电压经稳压管自动调整后都能维持稳定。

并联型稳压电路结构简单，在负载电流变动较小时，稳压效果较好。但其输出电压只能等于稳压管的稳定电压，允许电流变化的幅度也受到稳压管稳定电流的限制。因此这种电路只适用于功率较小和负载电流变化不大的场合。

5.4.2　串联型稳压电路

1. 电路组成

串联型稳压电路是一个反馈调节系统，它包括取样电路、基准电压电路、比较放大电路和调整电路四部分，如图 5—13 所示。

(1) 取样电路。取样电路由 R_P 和 R_1 组成，与负载 R_L 并联，通过它可以反映输出电压 U_o 的变化。反馈电压 U_f 与输出电压 U_o 有关，即

$$U_f=\frac{R_{P2}+R_1}{R_P+R_1}U_o \tag{5—16}$$

反馈电压 U_f 取出后送到集成运放的反相输入端，改变电位器 R_P 的滑动端子可以调节输出电压 U_o 的高低。

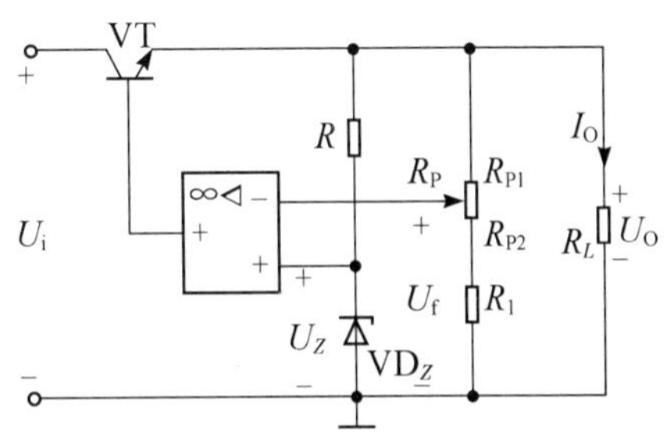

图 5—13　串联型稳压电路

(2) 基准电压电路。基准电压电路由限流电阻 R 与稳压管 VD_Z 组成。VD_Z 两端电压 U_Z 作为整个稳压电路自动调整和比较的基准电压。

(3) 比较放大电路。比较放大单元由集成运放组成。它将取样所得的反馈电压 U_f 与基准电压 U_Z 比较放大后加到 VT 的输入端基极，控制调整管 VT 基极的电位 U_B。

(4) 调整电路。调整电路由晶体管 VT 组成，它和负载串联，因此称为串联型稳压电路。VT 的基极电位 U_B 反映了整个稳压电路的输出电压 U_o 的变动，控制调整管 VT 基极

的电位 U_B，就可自动调整 U_o 的值，使其维持稳定。

2. 工作原理

如图 5—13 所示，当电网电压波动或负载电阻变动时，串联型稳压电路的自动稳压过程如下：

$$U_i\uparrow\rightarrow U_o\uparrow\rightarrow U_f\uparrow\rightarrow (U_Z-U_f)\downarrow\rightarrow U_B\downarrow\rightarrow I_B\downarrow\rightarrow U_{CE}\uparrow\rightarrow U_o\downarrow$$

$$R_L\uparrow\rightarrow U_o\uparrow\rightarrow U_f\uparrow\rightarrow (U_Z-U_f)\downarrow\rightarrow U_B\downarrow\rightarrow I_B\downarrow\rightarrow U_{CE}\uparrow\rightarrow U_o\downarrow$$

当 $U_i\downarrow$ 或 $R_L\downarrow$ 时的调整过程与上述相反，由此可以实现自动稳压。

5.4.3 三端集成稳压器

随着集成工艺的发展，稳压电路也制成了集成器件。它具有体积小、质量轻、内部含有过流和过热保护、使用方便、运行可靠和价格低等一系列优点，因而得到广泛应用。集成稳压器件种类繁多，其中三端集成稳压器应用最广。

三端集成稳压器又分为三端固定式集成稳压器和三端可调式集成稳压器两种，前者输出电压是固定的，后者输出电压是可调的。

1. 三端固定式集成稳压器

国产三端固定式集成稳压器有输出正电压的 W7800 系列和输出负电压的 W7900 系列两种。W7800 系列的外形如图 5—14 所示。其三端指输入端（1 脚）、输出端（2 脚）及公共端（3 脚）三个引出端。W7800 系列和 W7900 系列可输出电压±5V、±6V、±9V、±12V、±15V、±18V、±24V 等。型号后两位数字（00）为输出电压值，例如 W7815 表示输出电压＋15V。在选择稳压器型号时，要求输入电压高于输出电压 2V～3V（输出负电压时要低 2V～3V），但不宜过大。

W7900 系列的三端为：输入端 3 脚、输出端 2 脚及公共端 1 脚，应用时注意差别。

(1) 基本应用电路。三端固定式集成稳压器的基本应用电路如图 5—15 所示。在图 5—15 中 C_1 用以抑制过电压，抵消因输入线过长产生的电感效应并消除自激振荡；C_2 用以改善负载的瞬态响应，即瞬时增减负载电流时不致引起输出电压有较大的波动。C_1、C_2 的容量为 0.1 μF 至几个 μF。

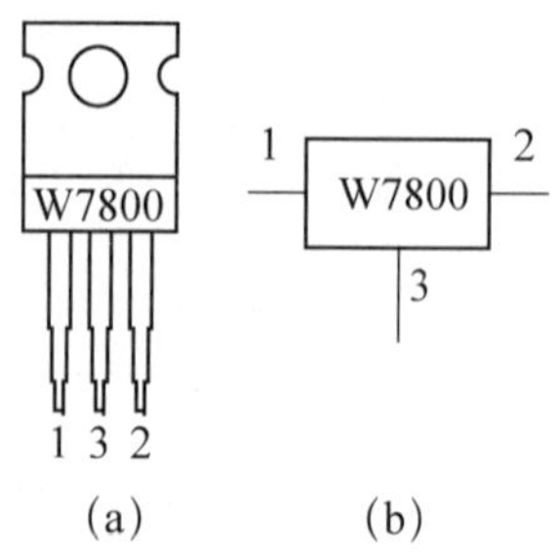

图 5—14 三端固定式集成稳压器的外形及符号
(a) 外形 (b) 电路符号

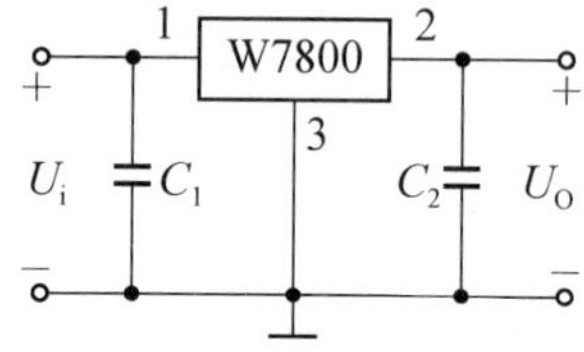

图 5—15 三端固定式集成稳压器基本应用电路

(2) 同时输出正负电压的电路。图 5—16 所示为一个双向稳压电路。利用 W7815 和 W7915 两个三端集成稳压器，可构成同时输出＋15V 和－15V 两种电压的双向稳压电源。

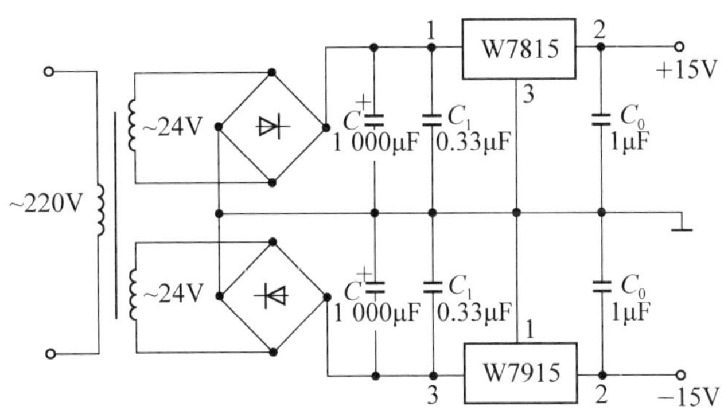

图 5—16　双向稳压电路

2. 三端可调式集成稳压器

国产三端可调式集成稳压器有输出正电压的 CW117、CW217、CW317 和输出负电压的 CW137、CW237 和 CW337 等产品，它既保持了三端的简单结构，又实现了输出电压连续可调。

三端可调式集成稳压器与三端固定式集成稳压器 W7800 比较，它们没有接地（公共）端，只有输入、输出和调整三个端子。不同系列的三端可调式集成稳压器引脚功能不同，如图 5—17 所示。

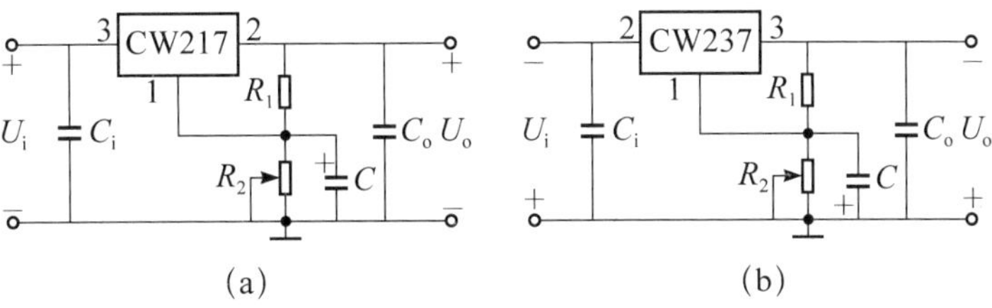

图 5—17　三端可调式集成稳压器接线图

（a）CW217 系列接线图　（b）CW237 系列接线图

图 5—17 所示为 CW217 和 CW237 系列接线图。调节 R_2 即可调节输出电压 U_o 的大小。调压范围为±1.25V～37V。输出电流为 0.1A、0.5A 和 1.5A 三个等级。由于上述产品的输出端和调节端之间的电压为 1.25V，故输出电压的计算公式为

$$U_o = \pm 1.25\left(1+\frac{R_2}{R_1}\right) \tag{5—17}$$

U_o 的单位为 V。

5.4.4　汽车稳压电路

汽车交流发电机发出的电压随着发动机的转速和负荷会产生波动，发电机输出电压与发电机励磁绕组通过的励磁电流成正比，通过控制励磁线圈电路通断就可以控制流过的励磁电流的平均值的大小，从而使发电机输出电压基本稳定在一个定值。电子调压器就是利用三极管的开关作用来控制励磁线圈电路的通断，达到调节电压的目的。

图 4—48 所示为电子式电压调节器的基本电路。发电机电压通过 R_1、R_2 组成的分压

器，将一定比例的电压加于稳压管 VD；VD 随着发电机电压的变化而导通或截止，VT_1 为小功率三极管，主要起放大作用，VT_1 的导通或截止由 VD 控制；大功率三极管 VT_2 用于控制励磁电流，VT_2 导通时发电机励磁绕组形成通路，VT_2 截止时励磁绕组失电而断路。电路参数的设置使 VT_1、VT_2 均工作在开关状态。

发电机电压达到调节电压前，R_1 上的分压低于稳压管 VD 的导通电压，VD 不导通，从而 VT_1 也不导通。VT_1 的截止使得 VT_2 的基极电位很低，从而 VT_2 有足够高的正向偏压而饱和导通，发电机励磁回路通路；当发电机的电压上升到设定的调节电压时，R_1 上的分压达到了稳定管 VD 的导通电压，VD 导通，VT_1 也导通，从而使 VT_2 的基极与发射极之间被短路，VT_2 无正向偏压而截止，发电机励磁回路断路。由于无励磁电流，发电机电压迅速下降，当降到 R_1 上的分压不足以维持 VD 导通时，VD 又截止，VT_1 也截止，从而又使 VT_2 导通，发电机励磁回路又形成通路。如此反复，使发电机的电压维持在设定的调节电压值范围内。

本章学习小结

（1）直流稳压电源一般电源变压器、整流电路、滤波电路、稳压电路等组成。

电源变压器将交流电网电压变为整流所需要的交流电压；整流电路将大小和方向都随时间变化的交流电变成方向不变的脉动直流电；滤波电路将脉动直流电中的交流成分滤除，输出平滑的直流电；稳压电路将不稳定的直流电压变换为不随电网电压波动或负载变化而变化的稳定直流电压。

（2）整流电路的作用是利用二极管（或晶闸管）的单向导电特性，把交流电转变成脉动直流电。整流电路按被整流交流电的相数可分为单相整流电路和三相整流电路；根据负载电流或电压的波形又可分为半波整流电路和全波整流电路；根据整流元件的不同又可分为不可控整流电路和可控整流电路。汽车交流发电机采用的就是三相不可控桥式全波整流电路。

单相桥式不可控整流电路，是因为构成整流电路的是四只二极管，其输出电压不能控制。其参数估算用下列公式

$$U_L = 0.9U_2$$

$$I_L = \frac{U_L}{R_L}$$

$$I_D = \frac{1}{2} I_L$$

$$U_{DRM} = \sqrt{2}U_2$$

单相可控桥式整流电路由于四个整流元件中的两个为可控的晶闸管，故称为可控整流。其参数为

$$U_L = \frac{1+\cos\alpha}{2}0.9U_2$$

$$I_L = \frac{U_L}{R_L}$$

汽车上普遍采用的是硅整流交流发电机，其整流部分由 6 个硅二极管组成，压装在后端盖上的 3 个二极管其引线为负极，外壳为正极，俗称负极管，管壳底上有黑色标记；压

装在散热板上的 3 个二极管其引线为正极，外壳为负极，俗称正极管，管壳底上有红色标记。汽车交流发电机的整流电路为三相桥式整流电路。其参数为

$$U_L = 2.34U_2$$

$$I_L = \frac{U_L}{R_L}$$

$$I_D = \frac{1}{3}I_L$$

$$U_{DRM} = 2.45U_2$$

（3）滤波电路的主要元件是电容和电感，利用它可构成电容滤波电路、电感滤波电路和 π 型滤波电路等。

在整流电路和负载之间并联一个电容就组成了电容滤波电路。根据电容器两端电压不能突变的特点，可以实现电容滤波。电容滤波适用于负载电阻 R_L 较大的场合。其参数为

$$U_L \approx 1.2U_2$$

$$C \geqslant (3 \sim 5)\frac{T}{2R_L}$$

$$U_C \geqslant (1.5 \sim 2)\,U_2$$

电感滤波电路是在整流电路之后与负载之间串联一个电感器。利用通过电感的电流不能突变的特性来实现滤波。脉动电流的频率越高，滤波电感越大，则滤波效果越好。电感滤波适用于大功率整流设备和负载电流变化较大的场合。

为了得到更好的滤波效果，还可以将电容滤波和电感滤波混合使用而构成复式滤波电路。

（4）当电网电压波动或负载变动时，输出的直流电压也跟着变动。稳压电路的作用就是向负载提供稳定的直流电压。

稳压电路按所用器件可分为分立元件直流稳压电路和集成直流稳压电路；按电路结构可分为并联型直流稳压电路和串联型直流稳压电路；按电压调整单元的工作方式则可分为线性直流稳压电路和开关型直流稳压电路。

将稳压管与适当数值的限流电阻 R 配合即组成了并联型稳压电路。

并联型稳压电路结构简单，在负载电流变动较小时，稳压效果较好。但其输出电压只能等于稳压管的稳定电压，允许电流变化的幅度也受到稳压管稳定电流的限制。因此这种电路只适用于功率较小和负载电流变化不大的场合。

串联型稳压电路包括取样电路、基准电压电路、比较放大电路和调整电路四部分组成。

三端集成稳压器因其体积小、质量轻、内部含有过流和过热保护、使用方便、运行可靠和价格低等一系列优点，因而得到广泛应用。三端集成稳压器分为三端固定式集成稳压器和三端可调式集成稳压器两种，前者输出电压是固定的，后者输出电压是可调的。

汽车交流发电机发出的电压随着发动机的转速和负荷会产生波动，发电机输出电压与发电机励磁绕组通过的励磁电流成正比，通过控制励磁线圈电路通断就可以控制流过的励磁电流的平均值的大小，从而使发电机输出电压基本稳定在一个定值。电子调压器就是利用三极管的开关作用来控制励磁线圈电路的通断，达到调节电压的目的。

本章学习测试

5.1　直流稳压电源由几个部分组成?

5.2　整流电路的作用是什么?所用的元件是什么?利用了元件的什么特性?

5.3　一般在什么情况下应采用三相桥式整流电路?

5.4　滤波电路的作用是什么?所用的主要元件是什么?与负载怎样连接?利用了元件的什么特性?

5.5　串联稳压电路主要由哪几部分组成?它的稳压原理是什么?

5.6　简述三端集成稳压器如何使用。

5.7　在稳压管稳压电路中,如果稳压管接反了会产生什么后果?

5.8　为什么不能用稳压管或普通二极管的正向压降来实现稳压?

5.9　有一电压为110V,电阻为55Ω的直流负载,采用单相桥式整流电路供电,试求变压器副边电压并选用二极管。

5.10　已知单相桥式整流滤波电路的变压器副边电压为 $u_2=25\sin\omega t$V,$f=50$Hz。(1) 估算负载电压 U_L,若 R_L 断开,则输出电压为多少?(2) 滤波电容 C 开路时,U_L 为多少?(3) 当有一个二极管正负极接反,将产生什么后果?

5.11　有一电阻性负载,其阻值为6Ω,要求它的直流电压在0V～60V范围内调节。如果采用单相桥式整流电路,试计算直流电压为30V和60V时的导通角,通过晶闸管的电流。

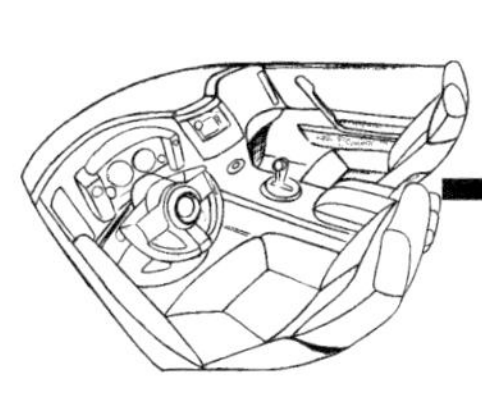

第6章

数字电子技术

引　言

在此之前我们介绍的都是模拟电路，其中的电信号是随时间连续变化的模拟信号，主要作用是放大。正弦信号、语音信号以及传感器上的信号就是典型的模拟信号，如图6—1（a）所示。而接下来要介绍的是数字电路，其中的电信号是不连续变化的脉冲信号，主要作用是实现一定的逻辑功能。矩形波、三角波和尖脉冲就是常见的数字信号，如图6—1（b）所示。

数字电路和模拟电路都是电子技术的重要基础。数字电路包括组合逻辑电路和时序逻辑电路两大类。数字电路因为其抗干扰能力强、能耗低、便于集成等优点而发展迅猛，在电子计算机、数字式仪表、数字控制装置、汽车电子控制单元（ECU）等方面都有非常广泛的应用。

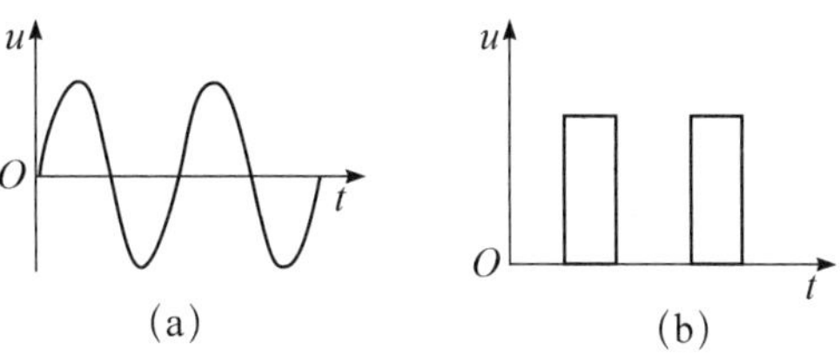

图6—1　模拟信号和数字信号

（a）正弦信号　（b）矩形波

6.1 数字电路基础

学习目标

理解脉冲、数制和数码的概念，掌握脉冲的基本参数、不同进制数之间的相互转换；掌握三种逻辑关系、表达式及其真值表。

6.1.1 脉冲的基本概念

1. 脉冲的基本概念

脉冲信号是多种多样的，常见的有方波、三角波、矩形波、尖峰波等，如图6—2所示。各种脉冲波的共同特点就是突然变化和不连续性。

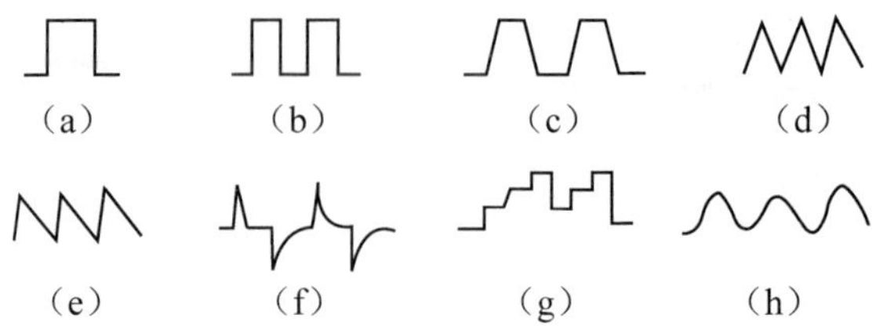

图 6—2　几种常见的脉冲波形

(a) 方形波　(b) 矩形波　(c) 梯形波　(d) 三角波
(e) 锯齿波　(f) 尖峰波　(g) 阶梯波　(h) 钟形波

正弦波电压或电流可以用三要素来表征其变化情况。同样，各种各样的脉冲信号也可以用一些参数来描述它的特征。但由于脉冲信号波形复杂，因而参数也较多，现以脉冲数字电路中最常见的矩形脉冲波为例，介绍脉冲信号的几个主要参数。

2. 脉冲信号的主要参数

矩形脉冲是一种典型的数字信号，图 6—3（a）所示为矩形脉冲信号的理想形式。矩形脉冲有正脉冲和负脉冲之分，脉冲跃变后的值比初始值高的称为正脉冲，反之则称为负脉冲，如图 6—3（b）所示。但实际的矩形脉冲波形的脉冲上升和下降都需要一定的时间，不可能达到理想脉冲那么陡峭，是图 6—3（c）所示的形式。它的参数主要有：

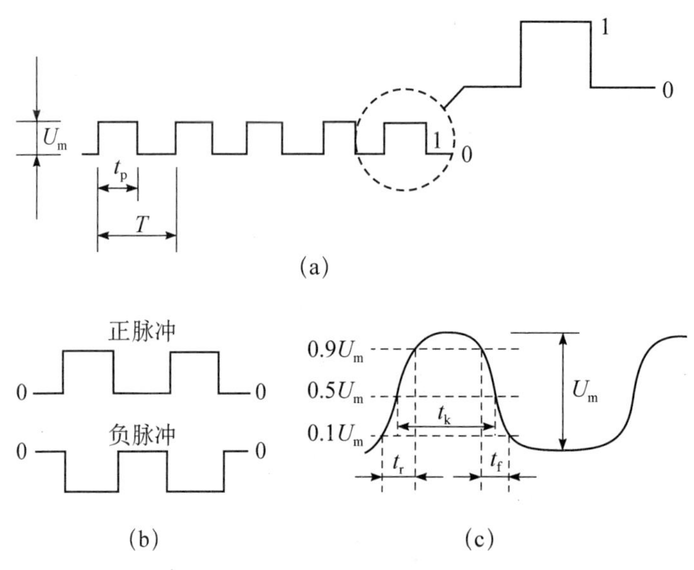

图 6—3　矩形脉冲信号

(a) 理想的矩形波信号　(b) 正脉冲和负脉冲　(c) 实际的矩形波信号

(1) 脉冲幅度 U_m。是脉冲电压变化的最大值。它是一个表示脉冲信号强弱的主要参数。

(2) 脉冲前沿时间 t_r 和脉冲后沿时间 t_f。脉冲前沿时间是指脉冲幅度从 0.1U_m 上升到 0.9U_m 所需的时间。前沿时间越小，前沿越陡。

脉冲后沿时间是指脉冲幅度从 0.9U_m 下降到 0.1U_m 所需的时间。

(3) 脉冲宽度 t_k。脉冲宽度是指从前沿脉冲幅度的 50%到后沿脉冲幅度的 50%的时间。

(4) 脉冲频率 f 和脉冲周期 T。脉冲频率是指单位时间（s）内的脉冲个数。脉冲周期是指脉冲前后两次出现的时间间隔。即 $T=1/f$。

6.1.2　数的进制和码制

1. 数制

数制就是数的表示方法。数制有二进制、八进制、十进制和十六进制等，常用的有二进制和十进制等。

(1) 二进制。二进制数是用 0 和 1 两个数码按照一定的规律排列起来来表示数值大小的。它们与电路的两个状态（开和关、高电平和低电平等）直接对应。

二进制数的进位规则是“逢二进一”，即 $1+1=10$，可写成 $(10)_2=1\times2^1+0\times2^0$，也就是说，二进制以 2 为基数，如：

$$(1101)_2=1\times2^3+1\times2^2+0\times2^1+1\times2^0$$

式中，2 是基数，注脚 2 表示 2 进制数。以 2 为底的指数 2^3、2^2、2^1、2^0 称为二进制数相应各位的“权”。显然，一个数中每一位的数值，不仅取决于该位数码的本身，还取决于该位的权，即用每位的数码乘以该位的权就得到该位的值。对于一个 n 位二进制，其由高到低的各相应位的权分别为 2^{n-1}、2^{n-2}、… 2^1、2^0。

(2) 十进制。十进制数是用 0～9 十个数码按照一定的规律排列起来来表示数值大小的。

十进制数的进位规则是“逢十进一”，即 $9+1=10$，可写成 $10=1\times10^1+0\times10^0$，也就是说，二进制以 10 为基数，如：

$$259=2\times10^2+5\times10^1+9\times10^0$$

对于一个 n 位十进制，其由高到低的各相应位的权分别为 10^{n-1}、10^{n-2}、… 10^1、10^0。

(3) 二进制数和十进制数之间的转换。二进制数转换为十进制数的方法是：将各位二进制乘以对应位的权，然后相加，其相加的和即为转换成的十进制数。如

$$(11101)_2=1\times2^4+1\times2^3+1\times2^2+0\times2^1+1\times2^0=(31)_{10}$$

若将十进制数转换成二进制数，则方法是用“除 2 取余”法，如

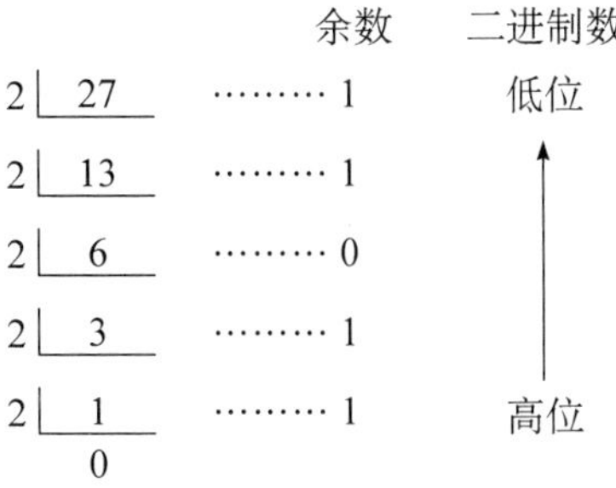

即：$(27)_{10}=(11011)_2$

2. 码制

数字信息可分为两类：一类为数值信息；另一类为文字、图形、符号等非数值信息。

对后一类信息，在数字系统中也用一定位数的二进制数来表示，以便计算机能够处理。这些代表信息的二进制码不再有数值的意义，称为代码。为了便于记忆、查找、区别，在编制各种代码时，总要遵循一定的规律，这一规律称为码制。建立这种与文字、符号等非数值信息之间一一对应关系的过程称为编码。

对数字系统而言，使用最为方便的是按二进制数编制代码。如在用二进制数码表示一位十进制数的 0～9 这十个状态时常用 8421 码制，而 8、4、2、1 是十位二进制数所在位的权。

有 8421 码制编制的代码属于 BCD 码的一种，意思是这种编码为“以二进制编码的十进制码”。8421BCD 码都以 4 位二进制数来表示 1 位十进制数，每位二进制都有固定的权位。8421 码制的编码表见表 6—1。

表 6—1　　8421BCD 码编码表

十进制数码	二进制数码			
	位权 8	位权 4	位权 2	位权 1
0	0	0	0	0
1	0	0	0	1
2	0	0	1	0
3	0	0	1	1
4	0	1	0	0
5	0	1	0	1
6	0	1	1	0
7	0	1	1	1
8	1	0	0	0
9	1	0	0	1

6.1.3　逻辑代数及基本运算

1. 逻辑代数

逻辑代数也称布尔代数，是分析和设计逻辑电路的一种数学工具，用来描述数字电路和数字系统的结构和方法。

逻辑代数有 1 和 0 两种逻辑值，它们并不表示数量的大小，而是表示两种对立的逻辑状态，例如电平的高低、晶体管的导通与截止、脉冲信号的有无、事物的是非等。所以，逻辑 1 和逻辑 0 与自然数的 1 和 0 有本质的区别。

在逻辑代数中，输出逻辑变量和输入逻辑变量的关系，叫逻辑函数，可表示为 $F=f\ (A,\ B,\ C\cdots)$。式中 A、B、C 为输入逻辑变量，F 为逻辑函数。

2. 逻辑代数的基本运算

（1）逻辑“与”运算。逻辑与是描述与逻辑关系的，又称与运算。其表达式为

$$F=A\cdot B \tag{6—1}$$

其意义是仅当决定事物发生的所有条件 A、B 均具备时，事件 F 才发生。例如把两只开关和一盏电灯串联到电源上，只有当两只开关均闭合时灯才亮。两只开关中有一只不闭

合灯就不能亮。在 A 和 B 分别取 0 或 1 时，F 的逻辑状态列于表 6—2，称为真值表。

表 6—2　**与逻辑真值表**

A	B	F
0	0	0
0	1	0
1	0	0
1	1	1

（2）逻辑“或”运算。逻辑或是描述或逻辑关系的，又称或运算。其表达式为

$$F=A+B \tag{6—2}$$

其意义是仅当决定事物发生的所有条件 A、B 中，只要有一个或一个以上的条件具备时，事件 F 就发生。例如把两只开关并联和一盏电灯串联到电源上，当两只开关中有一只或一个以上闭合时灯均能亮。只有当两只开关全断开时灯才不亮。在 A 和 B 分别取 0 或 1 时，F 的逻辑状态列于真值表表 6—3。

表 6—3　**或逻辑真值表**

A	B	F
0	0	0
0	1	1
1	0	1
1	1	1

（3）逻辑“非”运算。逻辑非是描述非逻辑关系的，是对一个逻辑变量的否定，也称非运算。其表达式为

$$F=\overline{A} \tag{6—3}$$

其意义是事物的结果与发生的条件相反。例如一只开关与电灯并联后串联到电源上，当开关闭合时灯不亮，开关断开时灯亮。在 A 分别取 0 或 1 时，F 的逻辑状态列于真值表 6—4。

表 6—4　**非逻辑真值表**

A	F
0	1
1	0

6.2 基本门电路

学习目标

掌握与门电路、或门电路、非门电路的逻辑功能及相应的逻辑运算规律。门电路是数字电路的基础，也是组合成组合逻辑电路的基本单元，其应用极为广泛。所谓“门”就是一种开关，在一定条件下它能允许信号通过，条件不满足时，信号就通不过。因此利用开

关的不同连接形式，可以实现一定的逻辑关系。门电路中的“开关”是利用二极管、三极管或场效应管的导通和截止的开关状态来实现的。

6.2.1 与门电路

实现与逻辑关系的电子电路称为与门电路，简称与门。门电路内部是由二极管、晶体管或场效应管等半导体元件构成的电子电路，利用半导体元件的开关特性（导通或截止）实现开关作用。研究逻辑关系所关心的是，条件是否满足及结果是否发生，而在门电路中则是输入和输出二极管与门电路如图 6—4（a）所示。由图可知，输入 A、B 中有一个（或一个以上）为低电平，则与输入端相连的二极管必然获得正偏电压而导通，使输出端 F 为低电平，只有输入 A、B 同时为高电平，输出 F 才是高电平。由此可知输入对输出呈现与逻辑关系，即 $F=A\cdot B$，其逻辑符号如图 6—4（b）所示，其真值表见表 6—2。

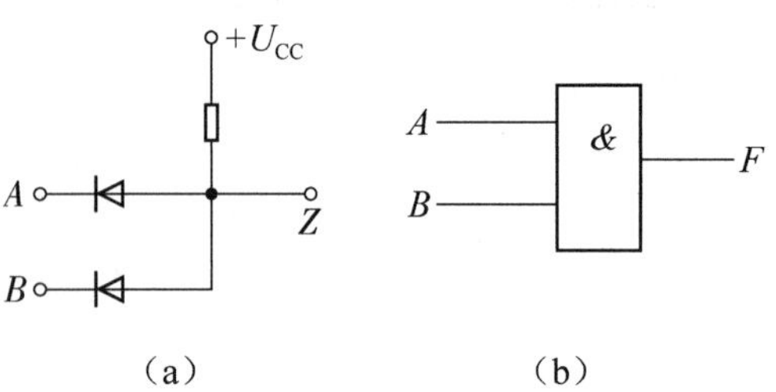

图 6—4　二极管与门电路及其逻辑符号

（a）二极管与门电路　（b）与门逻辑符号

根据与门电路真值表可得与门电路的逻辑功能为“有 0 为 0，全 1 为 1”。

根据与门电路真值表和逻辑表达式可以得出逻辑乘的运算规律为

$$0\cdot 0=0 \quad 0\cdot 1=0 \quad 1\cdot 0=0 \quad 1\cdot 1=1 \tag{6—4}$$

$$A\cdot 0=0 \quad A\cdot 1=A \quad A\cdot A=A \tag{6—5}$$

与门电路应用广泛，利用与门电路，可以控制信号的传送。例如有一个 2 输入端与门，假定在输入端 B 送入一个持续的脉冲信号，而在输入端 A 输入一控制信号，由与门逻辑关系可画出输出端 F 的输出信号波，如图 6—5 所示。只有当 A 为 1 时，信号才能通过，在输出端 F 得到所需的脉冲信号，此时相当于门被打开；当 A 为 0 时，信号不能通过，无输出，相当于门被封锁。

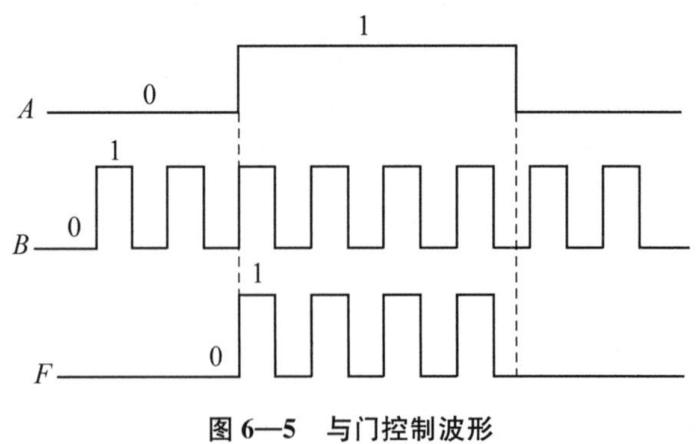

图 6—5　与门控制波形

6.2.2 或门电路

二极管或门电路如图 6—6（a）所示。由图可知，输入 A、B 中有一个（或一个以上）为高电平，则与之相连的二极管必然获得正偏电压而导通，使输出端 F 为高电平，只有输

入 A、B 同时为低电平时，输出 F 才是低电平。由此可知输入对输出呈现或逻辑关系，即 $F=A+B$，其逻辑符号如图 6—6（b）所示，其真值表见表 6—3。

根据或门电路真值表可得或门电路的逻辑功能为“有 1 为 1，全 0 为 0”。

根据或门电路真值表和或门电路逻辑表达式，可以得出逻辑加的运算规律为

$$0+0=0 \quad 0+1=1 \quad 1+0=1 \quad 1+1=1 \tag{6—6}$$

$$A+0=A \quad A+1-1 \quad A+A=A \tag{6—7}$$

或门电路应用广泛，图 6—7 所示为两路防盗报警电路。该电路采用了一个 2 输入端的或门，S_1 和 S_2 为微动开关，可装在门和窗户上，当门和窗户都关上时，开关 S_1 和 S_2 闭合，或门输入端全部接地，$A=0$，$B=0$，输出端 $F=0$，报警灯不亮。如果门或窗任何一个被打开，相应的开关 S 断开，该输入端经 1 kΩ 电阻接至 5V 电源，为高电平，故输出也为高电平，报警灯亮。输出端还可接音响电路实现声光同时报警。

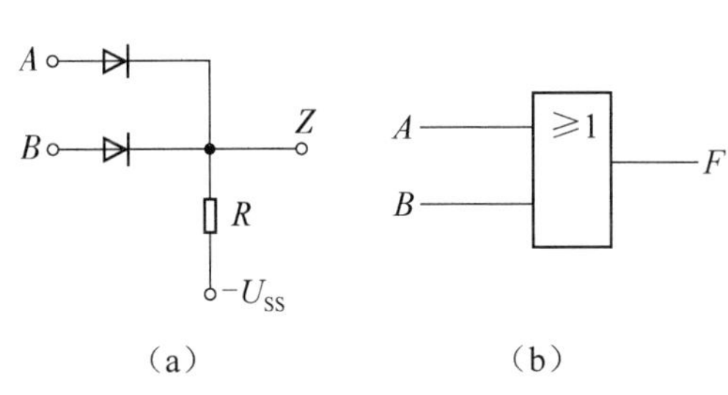

图 6—6　二极管或门电路及其逻辑符号

（a）二极管或门电路　（b）或门逻辑符号

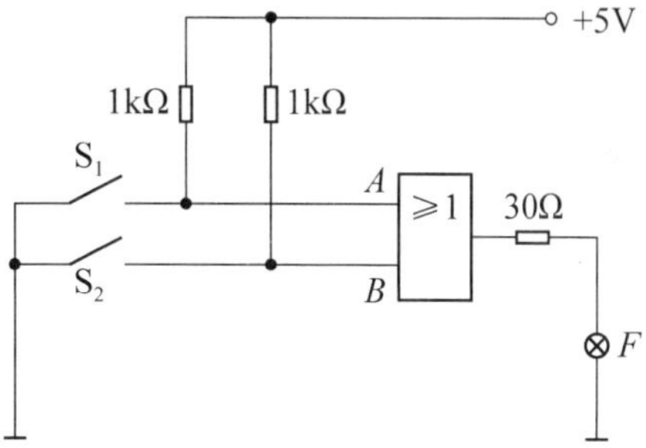

图 6—7　或门应用举例

6.2.3　非门电路

三极管非门电路如图 6—8（a）所示。非门又称反相器，是实现逻辑翻转的门电路。它对输入的逻辑电平取反，实现相反的逻辑功能输出。只要电阻 R_1、R_2 和负电源 $-U_{ss}$ 参数配合适当，则当输入低电平信号时，三极管基极为负电位，发射结反偏，三极管可靠截止，输出为高电平，而当输入为高电平时，三极管基极为正电位而饱和导通，输出为低电平，从而实现非运算。非运算的逻辑符号如图 6—8（b）所示。其真值表如表 6—4所示。

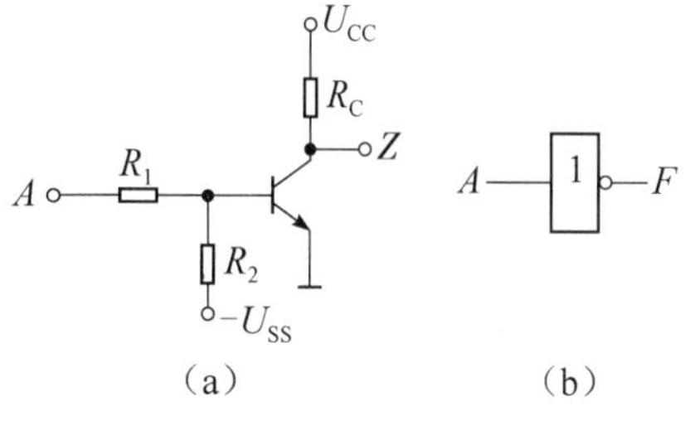

图 6—8　非门电路及其逻辑符号

（a）三极管非门电路　（b）非门逻辑符号

非门电路只有一个输入端和一个输出端。非门电路的逻辑功能是：输出与输入的电平相反。可记为“入 1 出 0，入 0 出 1”。

非逻辑的运算称为非运算，又称逻辑非，非门的逻辑表达式为

$$F=\overline{A} \tag{6—8}$$

根据非门真值表和非门逻辑表达式，可以得出逻辑非的运算规律为

$$\overline{0}=1; \quad \overline{1}=0 \tag{6—9}$$

$A+\overline{A}=1$　$A\cdot\overline{A}=0$　$\overline{A}$<mo stretchy='true'>−=A　（6—10）

6.2.4 集成复合门电路

由上述三种基本门电路，可以组成各种复合门电路。常用的复合门电路有与非门、或非门、异或门等。在实际应用中，广泛使用的是 TTL 和 CMOS 集成复合门电路。TTL 门电路是晶体管一晶体管逻辑门电路的简称，TTL 生产较早，制造工艺成熟、产量大、品种全、价格低、速度快，是中小规模集成电路的主流。国产的 TTL 电路主要有 CT1 000～CT4 000 四个系列。MOS 型数字集成电路可分为 NMOS、PMOS 和 CMOS。CMOS 电路是互补 MOS 电路的简称。所谓互补是从电路结构来说的，它是由两种不同类型的 MOS 管组合而成的门电路，由 P 沟道增强型 MOS 管作为负载管，由 N 沟道增强型 MOS 管作为驱动管。COMS 管的特点是制造方便、功耗小，带负载和抗干扰能力强，工作速度接近于 TTL 电路，在大规模和超大规模集成电路中大多采用这种电路。国产 CMOS 电路主要有 CC0 000～CC4 000 等几个系列。

TTL 门电路是晶体管—晶体管逻辑门电路的简称，有多种类型。

1. TTL 与非门电路

（1）电路组成。实现与逻辑和非逻辑复合运算的门电路称为与非门电路。图 6—9（a）所示为 TTL 与非门电路，VT_1 是一个多发射极的晶体管，它在电路中的作用可以用图 6—9（b）所示的等效电路来代替。

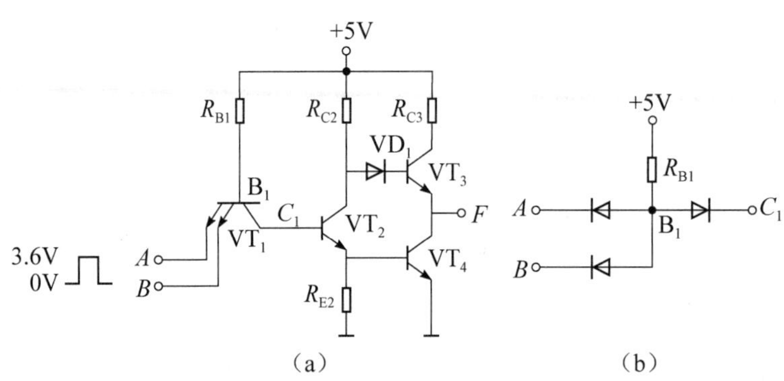

图 6—9 TTL 与非门

（a）TTL 与非门电路 （b）多发射极晶体管等效电路

（2）工作原理。当 A 或 B 中任一个或两个为低电平时，VT_1 的基极 B_1 的电位被钳制在 0.7V 左右，由 B_1 经 VT_1 集电结、VT_2 发射结和 VT_4 发射结到地经过三个 PN 结，0.7V 的电压不可能让它们都导通，所以 VT_1 将处于饱和状态，VT_2 和 VT_4 都处于截止状态，VT_3 导通，F 为高电平。

当 A 和 B 都为高电平时，+5V 电源经 R_{B1}、VT_1 集电结、VT_2 发射结和 VT_4 发射结到地构成通路，基极 B_1 的电位被钳制在 2.1V 左右，低于 A 和 B 的电位 3.6V，使得 VT_1 截止，而 VT_2 和 VT_4 饱和导通，VT_3 截止，F 为低电平。

简而言之，当输入全为高电平时，输出为低电平；当输入端至少有一个为低电平时，输出为高电平。由以上分析可知该电路实现了与非逻辑功能，其逻辑符号如图 6—10 所示。

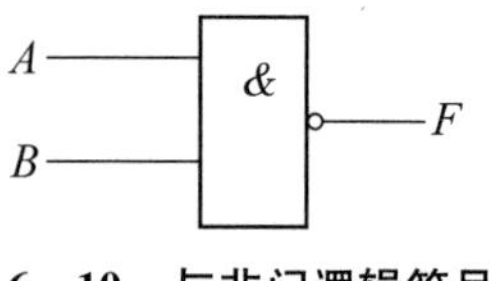

A
B
&
F

图 6—10 与非门逻辑符号

$$F=\overline{A \cdot B} \tag{6—11}$$

与非门电路的真值表见表 6—5。

表 6—5　　与非门真值表

A	B	$A \cdot B$	F
0	0	0	1
0	1	0	1
1	0	0	1
1	1	1	0

由真值表可得与非门的逻辑功能为：有 0 为 1，全 1 为 0。

同一集成电路内可含有多个与非门电路，各个与非门电路可独立使用，但共用一个电源线和一个接地线，电源电压为＋5V。

2. CMOS 或非门电路

（1）电路组成。实现或逻辑和非逻辑复合运算的门电路称为或非门电路。图 6—11（a）所示为 CMOS 或非门电路。电路中上面两个增强型 PMOS 管串联，下面两个增强型 NMOS 管并联。增强型 NMOS 管的开启电压 $U_{GS(th)}$ 为正值，只有在 $U_{GS}>U_{GS(th)}$ 时，NMOS 管导通，否则 NOMS 管截止；增强型 PMOS 管的开启电压 $U_{GS(th)}$ 为负值，只有在 $U_{GS}<U_{GS(th)}$ 时，PMOS 管导通，否则，PMOS 管截止。

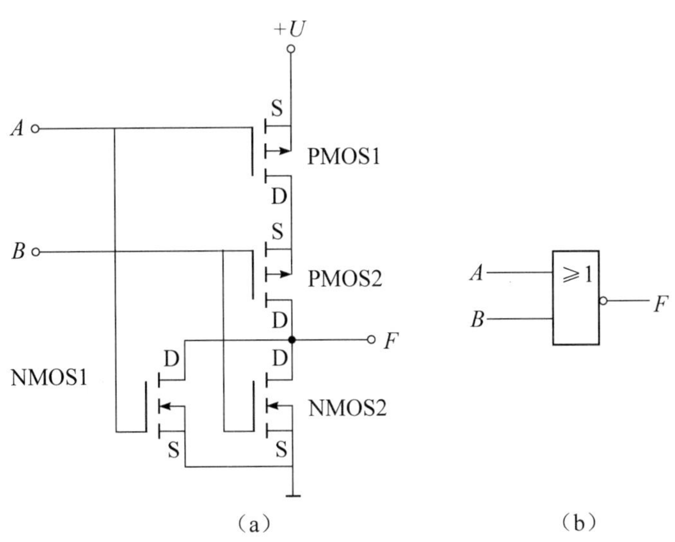

图 6—11　CMOS 或非门

（a）CMOS 或非门　（b）或非门逻辑符号

（2）工作原理。当 $A=0$，$B=0$ 时，PMOS1 和 PMOS2 导通，NMOS1 和 NMOS2 截止，$F=1$。

当 $A=0$，$B=1$ 时，PMOS1 导通，PMOS2 截止，NMOS1 截止，NMOS2 导通，$F=0$。

当 $A=1$，$B=0$ 时，PMOS1 截止，PMOS2 导通，NMOS1 导通，NMOS2 截

止，$F=0$。

当 $A=1$，$B=1$ 时，PMOS1 和 PMOS2 截止，NMOS1 和 NMOS2 导通，$F=0$。

或非门电路的逻辑符号如图 6—11（b）所示。

或非门的逻辑表达式为

$$F=\overline{A+B} \tag{6—12}$$

与非门电路的真值表见表 6—6。

表 6—6　　或非门真值表

A	B	$A+B$	F
0	0	0	1
0	1	1	0
1	0	1	0
1	1	1	0

由真值表可得或非门的逻辑功能为：有 1 为 0，全 0 为 1。

同一集成电路内可含有多个或非门电路，各个或非门电路可独立使用，但共用一个电源线和一个接地线，电源电压在 3V～18V 范围内都能正常工作。

3. 异或门电路

实现 $F=A\overline{B}+\overline{A}B$ 复合运算的门电路称为异或门电路。其逻辑符号如图 6—12 所示。

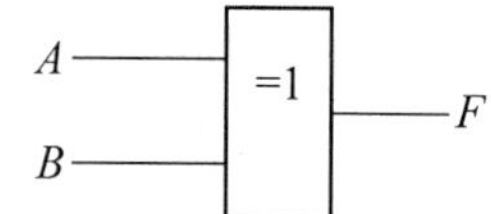

图 6—12　与非门逻辑符号

异或门的逻辑表达式也可记为

$$F=A\oplus B=A\overline{B}+\overline{A}B \tag{6—13}$$

异或门电路的真值表见表 6—7。

表 6—7　　异或门真值表

A	B	$A\overline{B}$	$\overline{A}B$	F
0	0	0	0	0
0	1	0	1	1
1	0	1	0	1
1	1	0	0	0

由真值表可得异或门的逻辑功能为：相同出 0，不同出 1。

4. 三态与非门电路

（1）电路组成。三态与非门输出有 1 态、0 态和高阻（即开路）状态，所以称为三态。

如果把几个逻辑门的输出端都接到同一根传输线上，要求每个逻辑门能在不同时刻轮流向传输线送信号，这就需要对每个逻辑门进行分时控制，为此可采用一种带有控制端的逻辑门，即三态门。图 6—13 所示为一个 TTL 三态与非门电路。其中 $\overline{EN}$ 即为控制端或称为使能端。

（2）工作原理。当控制信号 $\overline{EN}=0$ 时，VD 截止，与变通与非门一样，$F=\overline{AB}$。当控制信号 $\overline{EN}=1$ 时，多发射极三极管 VT_1 有一个输入端为低电平，所以 VT_2、

VT_5 截止，同时 VD 导通，VT_3 基极电位也变低，所以 VT_4 截止。因 VT_4、VT_5 都截止，输出端 F 便被悬空，呈现高阻状态。所以三态门有三种状态：高阻态、低电平和高电平。

三态与非门有两种：一种是低电平有效的三态与非门，即 $\overline{EN}=1$ 时 F 为高阻态，$\overline{EN}=0$ 时，$F=\overline{AB}$；另一种是高电平有效的三态与非门，即 $EN=0$ 时 F 为高阻态，$EN=1$时，$F=\overline{AB}$。两种与非门的逻辑符号及逻辑功能表见表 6—8。

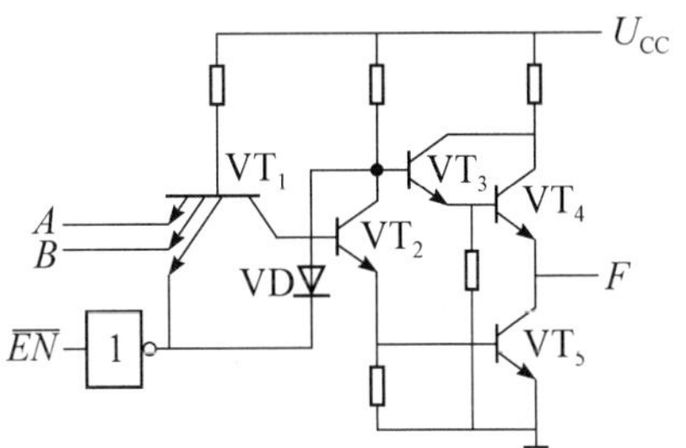

图 6—13　TTL 三态与非门电路

表 6—8　三态与非门逻辑符号和逻辑功能表

逻辑符号	逻辑功能	
A、B 输入 &，$\overline{EN}$ 输入（带非号）EN，▽ 输出 F	$\overline{EN}=0$	$F=\overline{A\cdot B}$
	$\overline{EN}=1$	F=高阻态
A、B 输入 &，EN 输入 EN，▽ 输出 F	$EN=0$	F=高阻态
	$EN=1$	$F=\overline{A\cdot B}$

表 6—8 中控制端加非表示低电平有效，不加非则表示高电平有效。三态与非门在信号传输、计算机等数字系统中是一种重要的接口电路。

集成三态门除了三态与非门外，还有三态非门、三态缓冲门等。三态门在信号传输中是非常有用的。

6.2.5　门电路在汽车电路中的应用

1. 制动灯故障检测器电路

图 6—14 所示为汽车制动灯故障监测器电路。该电路用一块 CMOS 与非门集成电路 CD4011 接成非门的形式，用来自动监测汽车制动灯泡的工作状况，在图中 X_{D1}、X_{D2} 为尾部制动信号灯泡，LED_1 和 LED_2 为驾驶室内的工作指示灯，其工作状况和尾部信号灯相对应，K 为制动开关。

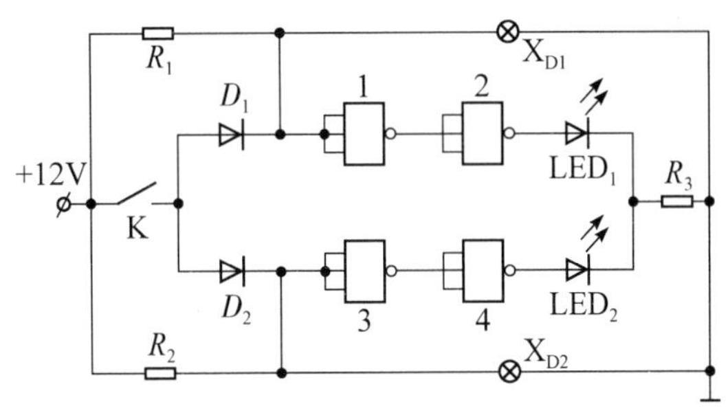

图 6—14　由与非门组成的制动灯故障检测器电路

当信号灯 X_{D1}、X_{D2} 完好时，由于灯丝阻值较小，故二极管和与非门 1、与非门 3 的输入端全为低电平，与非门 2、与非门 4 的输出端也为低电平，发光二极管 LED_1、LED_2 均不亮。当 X_{D1} 或 X_{D2} 断路时，与非门 1 或与非门 3 的输入端由于 R_1、R_2 的接入变高电平，故与非门 2、与非门 4 的输出端为高电平，发光二极管亮。LED_1、LED_2 相对应。

2. 水箱水位过低报警电路

图 6—15 所示为汽车水箱水位过低报警电路。当水箱水位低于最低水位时发出声光报警，提醒司机加水。

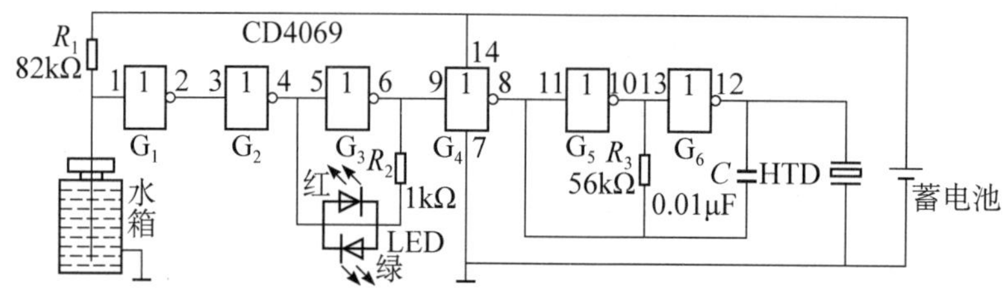

图 6—15 水箱水位过低报警电路

电路中 CD4069 为六反相器，HTD 为压电陶瓷蜂鸣器，水箱中放置一根铜线作为传感器，铜线的下端应置于最低水位处，但不能与水箱体接触，水箱体搭铁。当水箱水位符合要求时，铜线浸在水中。由于水箱搭铁和水的导电作用，使得 CD4069 的 1 脚为低电平，2 脚为高电平，4、5 脚为低电平，6、9 脚为高电平，使得绿色 LED 发光，指示水位正常。8 脚为低电平，由于二极管的钳位作用，11 脚被固定在低电平，所以由 G_5、G_6 构成的多谐振荡器不工作，蜂鸣器不鸣叫。当水箱水位低于最低水位时，铜线离开冷却水悬空，使得 CD4069 的 1 脚为高电平，2 脚为低电平，4、5 脚为高电平，6、9 脚为低电平，使得红色 LED 发光，指示水位低于最低限制水位。8 脚为高电平，由于二极管的单向导电性，11 脚被悬空，所以多谐振荡器开始振荡，蜂鸣器发出鸣叫声，提醒司机加水。

6.3 组合逻辑电路

学习目标

通过学习，理解编码器、译码器和数字显示器的原理及其应用。

基本门电路功能简单，实用中将它们组合起来，构成各种组合逻辑电路，以实现各种较复杂的逻辑功能。常用的组合逻辑电路有编码器和译码器电路。

6.3.1 编码器

在数字电路中，把某种控制信息用一个规定的二进制数来表示，这种表示控制信息的二进制数称为代码。将信息变换成二进制代码的过程，称为编码。实现编码功能的组合逻辑电路称为编码器。例如计算机的输入键盘功能，就是由编码器组成的，每按下一个键，编码器就将该按键的含义转换成一个计算机能够识别的二进制数，用它去控制机器的操作。

编码器可分为二进制编码器、二—十进制编码器和优先编码器。

1. 二进制编码器

用 n 位二进制代码对 2^n 个信息进行编码的电路，称为二进制编码器。例如 3 位二进制数有 8 种组合（8 个代码），可以用来表示 8 种控制信息，因而这一编码器有 8 根输入线，3 根输出线，图 6—16所示为由非门和与非门组成的 3 位二进制编码器。I_0～I_7 为 8 个需要编码的输入信号 I_0 未画出，输出 Y_2、Y_1 和 Y_0 为三位二进制代码。

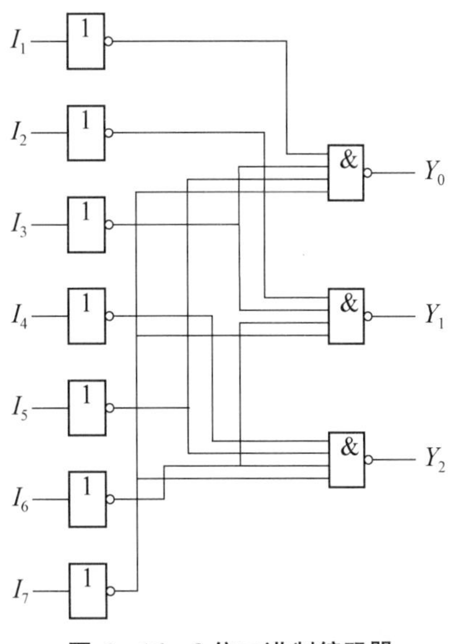

图 6—16　3 位二进制编码器

由图 6—16 可写出编码器的输出逻辑函数为

$$\begin{aligned} Y_0 &= \overline{\bar{I}_1 \cdot \bar{I}_3 \cdot \bar{I}_5 \cdot \bar{I}_7} \\ Y_1 &= \overline{\bar{I}_2 \cdot \bar{I}_3 \cdot \bar{I}_6 \cdot \bar{I}_7} \\ Y_2 &= \overline{\bar{I}_4 \cdot \bar{I}_5 \cdot \bar{I}_6 \cdot \bar{I}_7} \end{aligned} \qquad (6—14)$$

由式（6—14）可列出表 6—9 所示的真值表。由该表可知，图 6—16 所示编码器在任何时刻只能对一个输入信号进行编码，不允许有两个或两个以上的输入信号同时请示编码，否则输出编码会发生混乱。这就是说。I_0～I_7 这 8 个编码信号是相互排斥的。在I_1～I_7 为 0 时，输出就是 I_0的编码，故 I_0未画出。

由于该编码器有 8 个输入端，3 个输出端，故称为 8 线－3 线编码器。同理还有 4 线—2线编码器、16 线—4 线编码器等。

表 6—9　　3 位二进制编码器的真值表

输入								输出		
I_0	I_1	I_2	I_3	I_4	I_5	I_6	I_7	Y_2	Y_1	Y_0
1	0	0	0	0	0	0	0	0	0	0
0	1	0	0	0	0	0	0	0	0	1
0	0	1	0	0	0	0	0	0	1	0
0	0	0	1	0	0	0	0	0	1	1
0	0	0	0	1	0	0	0	1	0	0
0	0	0	0	0	1	0	0	1	0	1
0	0	0	0	0	0	1	0	1	1	0
0	0	0	0	0	0	0	1	1	1	1

2. 二—十进制编码器

二进制虽然适用于数字电路，但是人们习惯使用的是十进制。因此，在计算机和其他数控装置中输入和输出数据时，要进行十进制数与二进制数的相互转换。为了便于人机对话，一般是将准备输入的十进制数的每一位数都用一个四位二进制数来表示。它既具有十进制的特点又具有二进制的形式，是一种用二进制代码来表示的十进制数，称为二—十进制编码，简称 BCD 码。

四位二进制数 0000、0001、0010、…1111 共有 16 个，而表示十进制数码 0～9，只需要 10 个四位二进制数即可，从 16 个四位二进制数中选择其中的 10 个，来表示十进制数码 0～9 的方式可以有很多种，最常用的方式是取前面 10 个四位二进制数 0000～1001，来表示对应的十进制数码 0～9。由于 0000～1001 中每位二进制数的权（即基数 2 的幂次）分别为 2^3、2^2、2^1、2^0，即为 8421，因此这种 BCD 码又称为 8421BCD 码。

用 0～9 十个十进制数转换为二进制代码的电路，称为二—十进制编码器。图 6—17 所示为二—十进制编码器，I_0～I_9 为 10 个需要编码的输入信号（I_0 未画出），输出 Y_3、Y_2、Y_1 和 Y_0 为四位二进制代码。

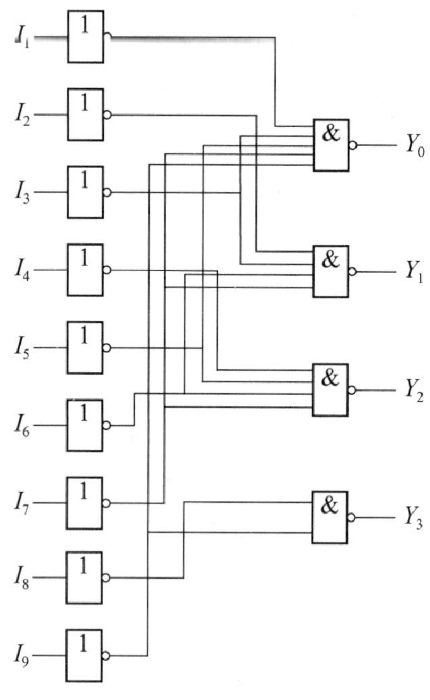

图 6—17　8421BCD 码编码器

由图 6—17 可写出编码器的输出逻辑函数为

$$
\begin{aligned}
Y_0 &= \overline{\bar{I}_1 \cdot \bar{I}_3 \cdot \bar{I}_5 \cdot \bar{I}_7 \cdot \bar{I}_9} \\
Y_1 &= \overline{\bar{I}_2 \cdot \bar{I}_3 \cdot \bar{I}_6 \cdot \bar{I}_7} \\
Y_2 &= \overline{\bar{I}_4 \cdot \bar{I}_5 \cdot \bar{I}_6 \cdot \bar{I}_7} \\
Y_3 &= \overline{\bar{I}_8 \cdot \bar{I}_9}
\end{aligned}
\tag{6—15}
$$

由式（6—14）可列出表 6—10 所示的真值表。由该表可知，当编码器某一个输入信号为 1 而其他信号都为 0 时，则有一组对应的数码输出，如 $I_7=1$ 时，$Y_3Y_2Y_1Y_0=0111$。由表 6—10 可看出，该编码器输入 I_0～I_9 这 10 个编码信号也是相互排斥的。

表 6—10　　8421BCD 码编码器的真值表

输入										输出			
I_0	I_1	I_2	I_3	I_4	I_5	I_6	I_7	I_8	I_9	Y_3	Y_2	Y_1	Y_0
1	0	0	0	0	0	0	0	0	0	0	0	0	0
0	1	0	0	0	0	0	0	0	0	0	0	0	1
0	0	1	0	0	0	0	0	0	0	0	0	1	0
0	0	0	1	0	0	0	0	0	0	0	0	1	1
0	0	0	0	1	0	0	0	0	0	0	1	0	0
0	0	0	0	0	1	0	0	0	0	0	1	0	1
0	0	0	0	0	0	1	0	0	0	0	1	1	0
0	0	0	0	0	0	0	1	0	0	0	1	1	1
0	0	0	0	0	0	0	0	1	0	1	0	0	0
0	0	0	0	0	0	0	0	0	1	1	0	0	1

3. 优先编码器

二进制编码器和二—十进制编码器的输入信号之间是相互排斥的，而在优先编码器中就不存在这个问题，它允许同时输入多个编码信号，而电路只对其中优先级别最高的信号进行编码，而不会对级别低的信号编码，这样的电路称为优先编码器。

在优先编码器中，是优先级别高的编码信号排斥级别低的，至于优先权的顺序，这完全是根据实际需要来确定的。图 6—18 所示为二—十进制优先编码器 CT74LS147 的逻辑功能示意图，又称 10 线—4 线优先编码器。

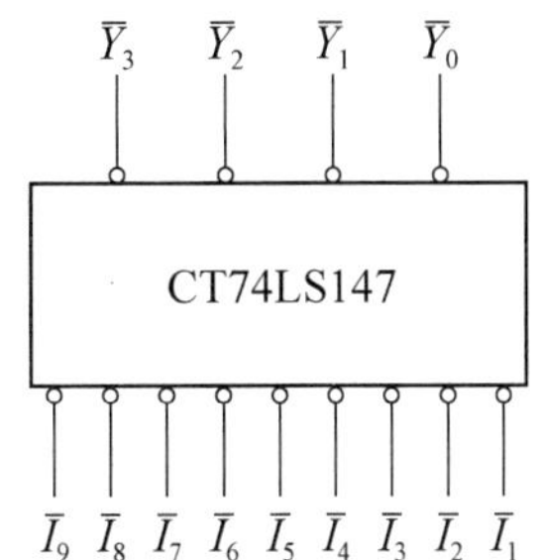

图 6—18　CT74LS147 的逻辑功能示意图

CT74LS147 的真值表见表 6—11。

表 6—11　　CT74LS147 的真值表

输入									输出			
$\overline{I_1}$	$\overline{I_2}$	$\overline{I_3}$	$\overline{I_4}$	$\overline{I_5}$	$\overline{I_6}$	$\overline{I_7}$	$\overline{I_8}$	$\overline{I_9}$	$\overline{Y_3}$	$\overline{Y_2}$	$\overline{Y_1}$	$\overline{Y_0}$
1	1	1	1	1	1	1	1	1	1	1	1	1
*	*	*	*	*	*	*	*	0	0	1	1	0
*	*	*	*	*	*	*	0	1	0	1	1	1
*	*	*	*	*	*	0	1	1	1	0	0	0
*	*	*	*	*	0	1	1	1	1	0	0	1
*	*	*	*	0	1	1	1	1	1	0	1	0
*	*	*	0	0	1	1	1	1	1	0	1	1
*	*	0	1	1	1	1	1	1	1	1	0	0
*	0	1	1	1	1	1	1	1	1	1	0	1
0	1	1	1	1	1	1	1	1	1	1	1	0

$\overline{Y_3}$、$\overline{Y_2}$、$\overline{Y_1}$、$\overline{Y_0}$为数码输出端，输出为 8421BCD 码的反码。$\overline{I_1}\sim\overline{I_9}$为编码信号输入端，输入低电平 0 有效，这时表示有编码请求。输入高电平 1 无效，表示无编码请求。在$\overline{I_1}\sim\overline{I_9}$中，$\overline{I_9}$的优先级别最高，$\overline{I_8}$次之，其余依次类推。也就是说，当 $\overline{I_9}=0$ 时，其余输入信号不论是 0 还是 1 都不起作用，电路只对 $\overline{I_9}$进行编码，输出 $\overline{Y_3}\,\overline{Y_2}\,\overline{Y_1}\,\overline{Y_0}=0110$，为反码，其原码为 1001。其余类推。在图 6—18 中，没有 $\overline{I_0}$，这是因为当 $\overline{I_1}\sim\overline{I_9}$都为高电平 1 时，输出 $\overline{Y_3}\,\overline{Y_2}\,\overline{Y_1}\,\overline{Y_0}=1111$，其反码为 0000，相当于输入 $\overline{I_0}$。因此，在逻辑功能示意图中没有输入端 $\overline{I_0}$。

6.3.2　译码器

译码器的作用与编码器相反，译码是将二进制代码变换成信息的过程，实现译码功能的组合逻辑电路称为译码器。

1. 二进制译码器

如果译码器输入的信号是两位二进制数，它就有四种组合，对应着四种信息，即 00、01、10、11，也就是说它有两个逻辑变量，共有四种输出状态。变换成信息时，就需要译码器有 2 根输入线、4 根输出线。

CT74LS139 为双 2 线—4 线译码器，其引脚图和逻辑电路图如图 6—19 所示。

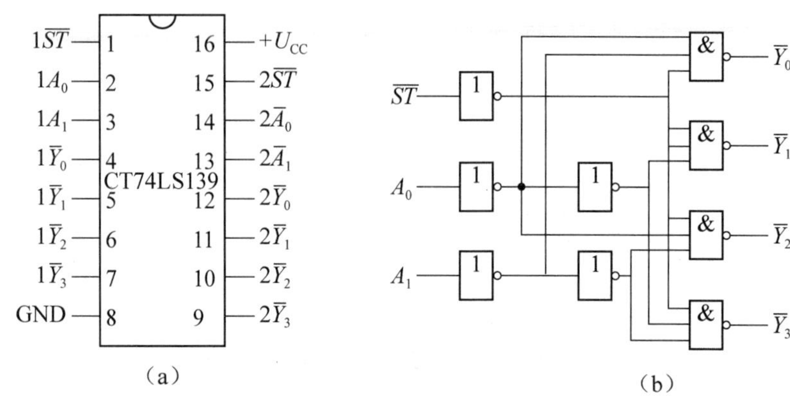

图 6—19 CT74LS139 双 2 线—4 线译码器

(a) 引脚图 (b) 逻辑电路图

图 6—19 (a) 中，其内部包含两个独立的 2 线—4 线译码器，图中 1 $\overline{ST}$、1A_0、1A_1、1 $\overline{Y_0}$、1 $\overline{Y_1}$、1 $\overline{Y_2}$、1 $\overline{Y_3}$ 中的 1 表示是同一个译码器的引脚（2 的含义也一样）。图 6—19 (b)为一个译码器的逻辑电路图。图中 A_0、A_1 是输入端，$\overline{ST}$为控制端，由 $\overline{ST}$ 端的状态决定是进行译码还是禁止译码。$\overline{Y_0}$～$\overline{Y_3}$是输出端。

根据逻辑电路图可列出逻辑状态表 6—12。

表 6—12 CT74LS139 的逻辑状态表

输入			输出				功能
控制 $\overline{ST}$	选择输入 A_1	选择输入 A_0	$\overline{Y_0}$	$\overline{Y_1}$	$\overline{Y_2}$	$\overline{Y_3}$	
1	*	*	1	1	1	1	禁止译码
0	0	0	0	1	1	1	进行译码（输出低电平有效）
	0	1	1	0	1	1	
	1	0	1	1	0	1	
	1	1	1	1	1	0	

一般来说，一个 n 位的二进制数，就有 n 个逻辑变量，有 2^n 个输出状态，译码器就需要 n 根输入线，2^n 根输出线。因此，二进制译码器可分为 2 线—4 线译码器、3 线—8 线译码器、4 线—16 线译码器等，它们的工作原理则是相同的。现都有集成电路产品出售，使用时可查找有关手册。

2. 显示译码器

在数字电路中，还常常要将需要测量和运算的结果直接用十进制数的形式显示出来，这就是要把二—十进制代码通过显示译码器变换成输出信号再输入驱动数码显示器。

(1) 数码显示器。数码显示器简称数码管，是用来显示数字、文字或符号的器件。常用的有液晶显示器、发光二极管（LED）显示器、辉光数码管、荧光数码管等。不同的显示器对译码器有不同的要求。下面以应用较多的 LED 显示器为例简述数字显示的原理。

发光二极管（LED）显示器又称半导体数码管，是一种能够将电能转换成光能的发光器件。它的基本单元是 PN 结，目前较多采用磷砷化镓做成的 PN 结，当外加正向电压时，能发出清晰的光亮。将七个 PN 结发光段组装在一起便构成了七段 LED 显示器。通过不同发光段的组合便可显示 0～9 共 10 个十进制数码。LED 显示器的结构及外引线排列如图 6—20 所示。图 6—20（a）为外引线排列图（共阴极）。其内部电路有共阴极和共阳极两种接法，共阴极接法如图 6—20（b）所示，七个发光二极管阴极一起接地，阳极加高电平时发光，共阳极接法如图 6—20（c）所示，七个发光二极管阳极一起接正电源，阴极加低电平时发光。其中一个圆点（•）h 为圆形发光二极管。

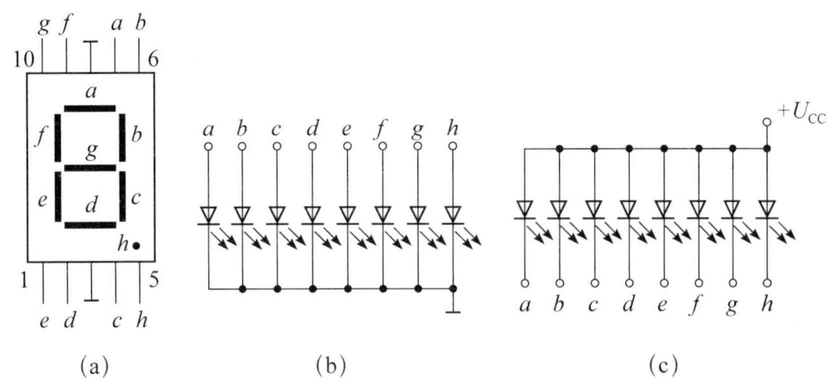

图 6—20　LED 显示器

（a）外引线排列图　（b）共阴极接法　（c）共阳极接法

（2）显示译码器的结构与功能。供 LED 显示器用的显示译码器有多种型号。显示译码器有四个输入端，七个输出端，它将 8421 代码译成七个输出信号以驱动七段 LED 显示器。其逻辑状态表见表 6—13。

表 6—13　　8421BCD 码—七段译码器逻辑状态表

输入				输出							显示的十进制数
D	C	B	A	a	b	c	d	e	f	g	
0	0	0	0	1	1	1	1	1	1	0	0
0	0	0	1	0	1	1	0	0	0	0	1
0	0	1	0	1	1	0	1	1	0	1	2
0	0	1	1	1	1	1	1	0	0	1	3
0	1	0	0	0	1	1	0	0	1	1	4
0	1	0	1	1	0	1	1	0	1	1	5
0	1	1	0	1	0	1	1	1	1	1	6
0	1	1	1	1	1	1	0	0	0	0	7
1	0	0	0	1	1	1	1	1	1	1	8
1	0	0	1	1	1	1	1	0	1	1	9

七段译码器有多种型号，CT74LS248BCD 七段译码器与共阴极半导体发光管连接的示意图如图 6—21 所示。

如图 6—21 所示，除了译码功能外，CT74LS248BCD 还设置了一些控制测试端。图中 $\overline{LT}$为灯测试端，用来检查七段数码管各段的发光是否正常。当 $\overline{LT}=0$ 时，数码管七段全亮，说明工作正常。正常译码时 $\overline{LT}$应为高电平。$\overline{BI}$为灭灯控制端，当 $\overline{BI}=0$ 时，七段全灭；正常译码时，$\overline{BI}$应为高电平。$\overline{RBI}$为动态灭灯输入端，当 $\overline{LT}=1$，$\overline{BI}=1$，且$DCBA$为 0000 时，若 $\overline{RBI}=1$ 则显示 0，若 $\overline{RBI}=0$ 则七段全熄灭，不把 0 显示出来；当 $DCBA$

不为 0000 时，$\overline{RBI}$不起作用。这样就可以利用 $\overline{RBI}$来控制当输入 $DCBA$ 为 0000 时是否要将 0 显示出来。CT74LS248 适用于驱动共阴极半导体数码管，当输入端 $DCBA$ 加上 8421BCD 码时，数码管便显示相应的十进制数码。

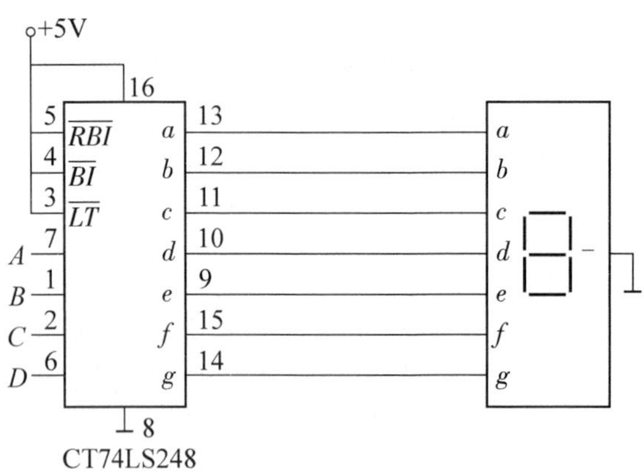

图 6—21　七段译码器与半导体发光数码管的连接

6.4 触发器及时序逻辑电路

学习目标

理解并掌握常用触发器的逻辑功能及其逻辑符号，掌握寄存器、计数器的工作原理及逻辑功能，掌握 555 定时器的工作原理，了解其应用。

组合逻辑电路在某一时刻的输出是由当时的输入状态决定的，然而，在一个复杂的逻辑电路系统中，还使用着另一类型的电路，称为时序逻辑电路。这种电路的特点是，它们在某一时刻的输出不仅与当时的输入状态有关，还与电路原来的输出状态有关，触发器是构成时序逻辑电路的基本单元。

6.4.1 基本触发器

在数字系统中，不仅要对数字信号进行运算，还要将运算结果进行保存，这就需要具有记忆功能的逻辑单元。人们把能够存储一位二进制数字信号的基本逻辑单元电路称作触发器。触发器具有两个基本特征：

（1）触发器具有两个稳定状态，即逻辑“0”状态和逻辑“1”状态，无触发信号作用时，触发器维持原来的稳定状态不变，即触发器具有记忆功能。

（2）在一定的触发信号作用下，触发器可以从一个稳定状态转变到另一处稳定状态。转变的过程称为翻转。

当触发信号消失后，电路将新建立的稳定状态保存下来。可见触发器具有双稳态，也称双稳态电路。

触发器可分为基本 RS 触发器、同步 RS 触发器、JK 触发器、D 触发器及 T'触发器等。

1. 基本 RS 触发器

在各种触发器中，基本 RS 触发器的结构最简单，但却是各种复杂结构触发器的基本组成部分。

（1）电路组成。基本 RS 触发器的逻辑电路图及图形符号如图 6—22 所示。它是由两个与非门 G_1 和 G_2 交叉耦合组成的。Q 和 $\overline{Q}$ 为触发器的输出端，正常情况下两者的状态相反。通常以 Q 的状态定义为触发器的状态，即 $Q=0$，$\overline{Q}=1$ 时称触发器为 0 态，$Q=1$，$\overline{Q}=0$ 时称触发器为 1 态。$\overline{R}$ 和 $\overline{S}$ 为触发器的输入端，输入信号采用负脉冲，即无信号时 $\overline{R}=1$ 或 $\overline{S}=1$，有信号时 $\overline{R}=0$ 或 $\overline{S}=0$。即由与非门组成的基本 RS 触发器低电平有效，所以在输入端 R 和 S 上加“—”。图 6—22（b）中 R、S 端的小圆圈表示输入信号为低电平有效。

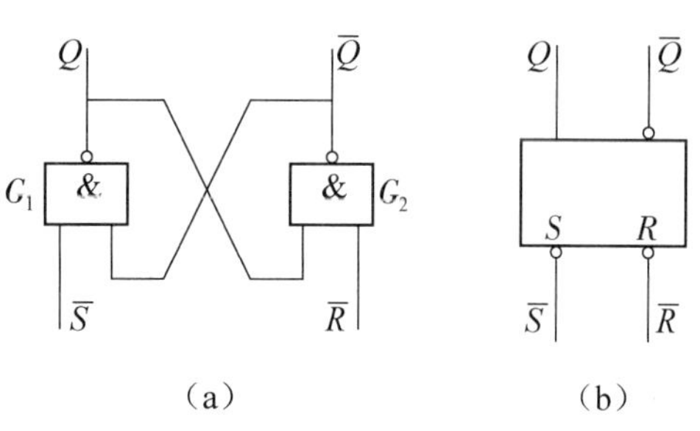

图 6—22　基本 *RS* 触发器

（a）逻辑电路图　（b）图形符号

（2）逻辑功能。当 $\overline{R}=0$，$\overline{S}=1$ 时，根据与非门的逻辑功能可知 $\overline{Q}=1$，$Q=0$。可见，$\overline{R}$ 端有信号输入时，触发器为 0 态，因此 $\overline{R}$ 端称为置 0 端或复位端。

当 $\overline{R}=1$，$\overline{S}=0$ 时，$\overline{Q}=0$，$Q=1$。可见，$\overline{S}$ 端有信号输入时，触发器为 1 态，因此 $\overline{S}$ 端称为置 1 端或置位端。

当 $\overline{R}=1$，$\overline{S}=1$ 时，如果触发器原来为 0 态，则 $\overline{Q}=1$，$Q=0$；如果触发器原来为 1 态，则 $\overline{Q}=0$，$Q=1$。可见，触发器无信号输入时，触发器触发器保持原态，所以触发器具有记忆功能。

当 $\overline{R}=0$，$\overline{S}=0$ 时，$\overline{Q}=1$，$Q=1$，不符合两者状态相反的要求，此时触发器既不是 0 态也不是 1 态，称为不定状态。因此应约束触发器的输入信号，避免触发器出现该不定状态。

（3）真值表。综合上述逻辑功能，可得基本 RS 触发器的真值表见表 6—14。

表 6—14　　基本 *RS* 触发器的真值表

$\overline{R}$	$\overline{S}$	Q_{n+1}
0	0	不定
0	1	0
1	0	1
1	1	Q_n

由或非门构成的基本 RS 触发器，其输入信号采用正脉冲，即高电平有效。

【例 6.1】 试画出图 6—23 所示输入信号的基本 RS 触发器的输出波形图（答案见图 6—23（b））。

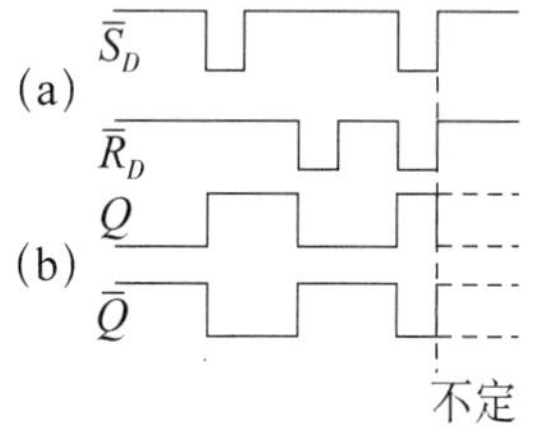

图 6—23　基本 *RS* 触发器的波形图

（a）输入信号　（b）输出波形

2. 同步 RS 触发器

基本 RS 触发器虽有记忆功能，但实际应用时，常常要求触发器的动作时刻和其他部件相一致，这就必须有一个同步信号来协调。同步信号为一种脉冲信号，通常称为时钟脉冲（简称 CP）。由时钟脉冲控制的触发器称为同步触发器。

（1）电路组成。同步 RS 触发器是同步触发器中最简单的一种，其逻辑图和逻辑符号如图 6—24所示，图中 G_1 和 G_2 组成基本 RS 触发器，G_3 和 G_4 组成输入控制门电路。R 和 S 为信号输入端，CP 是时钟脉冲的输入端，Q 和 $\overline{Q}$ 是输出端。它的输入电平称为触发电平，时钟脉冲采用同期一定的一串正脉冲。

当时钟脉冲 $CP=0$ 时，无论 R 和 S 有无信号输入，G_3、G_4 均为 1，触发器保持原状态不变，R 和 S 不起作用，输入控制门被封锁；当时钟脉冲 $CP=1$ 时，触发器的状态由 R 和 S 的输入信号决定，此时输入控制门被打开。

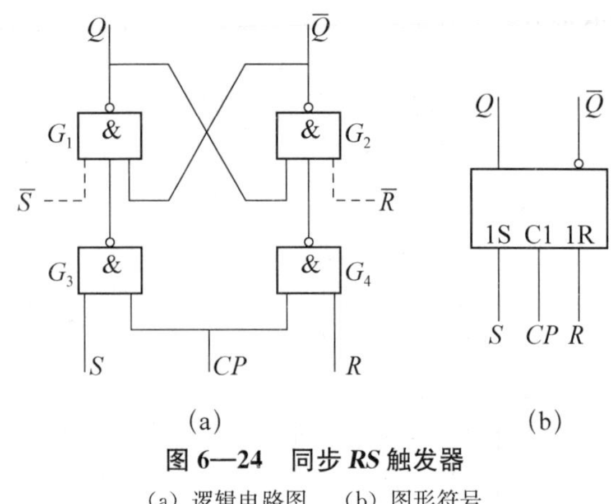

图 6—24　同步 RS 触发器

(a) 逻辑电路图　(b) 图形符号

(2) 逻辑功能。当 $R=0$，$S=0$ 时，时钟脉冲到来即 $CP=1$ 后，G_3、G_4 输出均为 1，对 G_1 和 G_2 无影响。可见，当 R 和 S 都无信号输入时，触发器保持原态。

当 $R=0$，$S=1$ 时，时钟脉冲到来即 $CP=1$ 后，G_3 输出 1、G_4 输出 0，使 $Q=1$，$\overline{Q}=0$。可见，当 S 端有信号输入时，触发器为 1 态，所以 S 称为置 1 端。

当 $R=1$，$S=0$ 时，时钟脉冲到来即 $CP=1$ 后，G_3 输出 0、G_4 输出 1，使 $Q=0$，$\overline{Q}=1$。可见，当 R 端有信号输入时，触发器为 0 态，所以 R 称为置 0 端。

当 $R=1$，$S=1$ 时，时钟脉冲到来即 $CP=1$ 后，G_3、G_4 输出均为 0，对 G_1 和 G_2 状态不定。可见，当 R 和 S 都有信号输入时，触发器的状态是不确定的，应该禁止出现。

(3) 真值表。综合上述逻辑功能，可得同步 RS 触发器的真值表见表 6—15。

表 6—15　　同步 RS 触发器的真值表

R	S	Q_{n+1}
0	0	Q_n
0	1	1
1	0	0
1	1	不定

【例 6.2】试画出图 6—25 所示输入信号的同步 RS 触发器的输出波形图（答案见图 6—25（b））。

(4) 存在的问题。与基本 RS 触发器相比，同步 RS 触发器对翻转功能增加了时间控制，且要求在 $CP=1$ 时触发器只能翻转一次，即在 $CP=1$ 期间 R、S 的状态应不变，否则 R、S 状态的变化将会引起触发器状态的相应变化，从而触发器的状态不能严格按时钟节拍变化，即发生空翻现象，失去同步的意义。这种工作方式的触发器在应用中受到一定的限制，现在常见的触发器多为边沿触发器。

边沿触发器只在时钟脉冲 CP 上升沿或下降沿接收输入信号，以使电路状态发生翻转，从而提高了触发器工作的可靠性和抗干扰能力，使之没有空翻现象。边沿触发器主要有 JK 触发器、D 触发器等。

3. *JK* 触发器

（1）电路结构。图 6—26 所示为一个主从型电路结构的 *JK* 触发器，它是由两个同步 *RS* 触发器组成，上面的触发器为低电平触发，下面的触发器为高电平触发。在两个 *RS* 触发器中，输入信号的 *RS* 触发器称为主触发器，输出信号的 *RS* 触发器为从触发器。从触发器的状态由主触发器的状态决定。

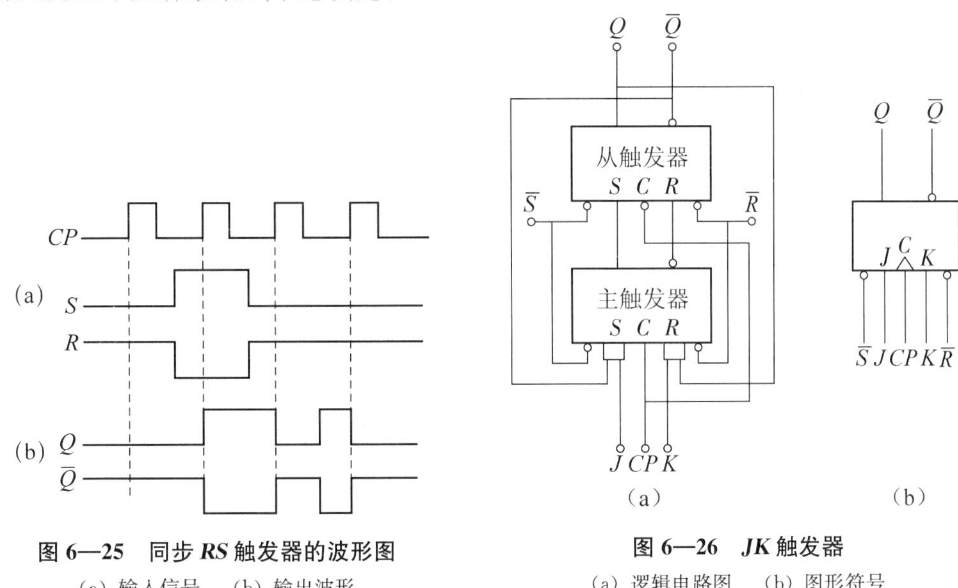

图 6—25　同步 *RS* 触发器的波形图

（a）输入信号　（b）输出波形

图 6—26　*JK* 触发器

（a）逻辑电路图　（b）图形符号

当 *CP* 从 0 到 1，即时钟脉冲前沿到来时，由于 *CP*＝1，主触发器（高电平触发）接收输入信号，其输出状态由 *J*、*K*、*Q*、$\overline{Q}$决定。而从触发器（低电平触发）不接收输入信号，其输出状态不变；当 *CP* 从 1 到 0，即时钟脉冲后沿到来时，由于 *CP*＝0，主触发器不接收输入信号，其输出状态保持 *CP*＝1 时的状态不变，而从触发器接收输入信号，其输出状态由主触发器的状态来决定。可见，在时钟脉冲的前沿到来时，主触发器接收输入信号，在时钟脉冲的后沿到来时，从触发器才输出相应的状态。

（2）逻辑功能。若 *J*＝0，*K*＝0，主触发器 *R*＝0，*S*＝0。因此，当 *CP* 的前沿到来时，主触发器状态不变；当 *CP* 的后沿到来时，从触发器的状态也不变，即 $Q_{n+1}=Q$。

若 *J*＝0，*K*＝1，当触发器原态为 0 时，则主触发器的 *R*＝0，*S*＝0，当 *CP* 的前沿到来时，主触发器保持 0 态；当触发器原态为 1 时，则主触发器的 *R*＝1，*S*＝0，当 *CP* 的前沿到来时，主触发器翻转为 0 态。可见，无论触发器原态为 0 还是 1，当 *CP* 的后沿到来时，从触发器都为 0 态，即 $Q_{n+1}=0$。所以 *K* 为置 0 端。

若 *J*＝1，*K*＝0，则触发器状态与 *J*＝0，*K*＝1 时相反，即触发器为 1 态，所以 *J* 为置 1 端。

若 *J*＝1，*K*＝1，当触发器原态为 0 时，则主触发器的 *R*＝0，*S*＝1，当 *CP* 的前沿到来时，主触发器保持 1 态；当触发器原态为 1 时，则主触发器的 *R*＝1，*S*＝0，当 *CP* 的前沿到来时，主触发器翻转为 0 态。可见，当 *CP* 的后沿到来时，从触发器翻转，即 $Q_{n+1}=Q$。不会出现不定状态。

（3）真值表。综合上述逻辑功能，可得 *JK* 触发器的真值表见表 6—16。

表 6—16　　**JK 触发器的真值表**

J	K	Q_{n+1}
0	0	Q_n
0	1	0
1	0	1
1	1	$\overline{Q}$

从表中可看出，JK 触发器不但具有记忆和置数（0 和 1）功能，而且还具有计数功能。所谓计数就是来一个时钟脉冲，触发器就翻转一次，从而记忆脉冲的个数。

【例 6.3】 已知某 JK 触发器的输入信号 J、K 及 CP 波形如图 6—27 所示，设触发器的初始状态为 0，试画出 Q 的波形图（答案见图 6—27）。

4. D 触发器

(1) 电路结构。图 6—28 所示为上升沿触发的 D 触发器图形符号。注意图中方框内 $C1$ 处有一个符号“∧”，表示 $C1$ 的输入由 0 变 1 时（上升沿），$1D$ 的输入起作用。

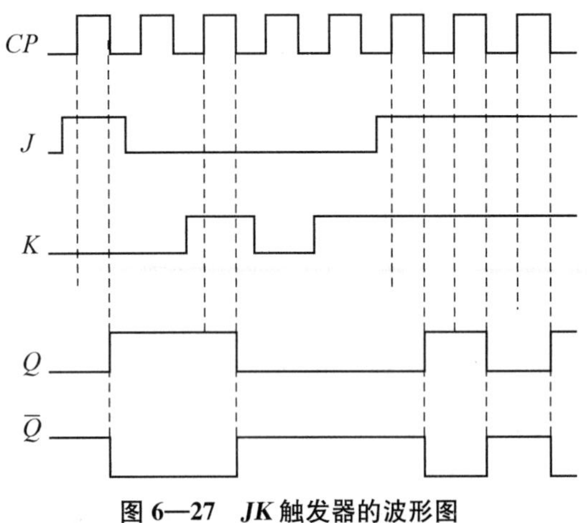

图 6—27　**JK 触发器的波形图**

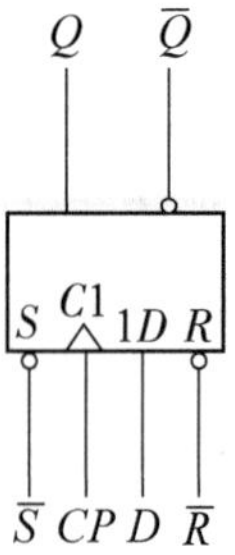

图 6—28　**D 触发器的图形符号**

(2) 逻辑功能。当 $D=0$，CP 上升沿到来时，触发器为 0 态；当 $D=1$，CP 上升沿到来时，触发器为 1 态。

(3) 真值表。根据 D 触发器的逻辑功能，可得 D 触发器的真值表见表 6—17。

表 6—17　　**D 触发器的真值表**

D	Q_{n+1}
0	0
1	1

在 TTL 集成电路中，CT74LS74、CT74LS273 等都属于正边沿触发的 D 触发器。

【例 6.4】 已知 D 触发器的输入信号及 CP 波形如图 6—29所示，设触发器的初始状态为 0，试画出 Q 的波形图（答案见图 6—29（b））。

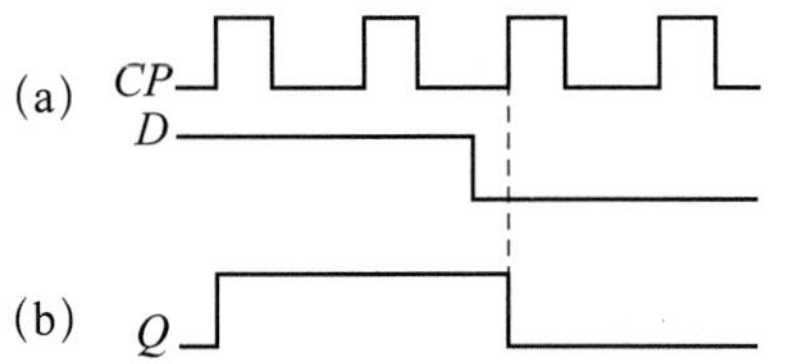

图 6—29　**D 触发器的波形图**

（a）输入信号及 CP 波形　（b）输出波形

5. 触发器在汽车电路中的应用

触发器在汽车电路中的应用也比较广泛，图 6—30 所示为汽车前照灯变光器电路。

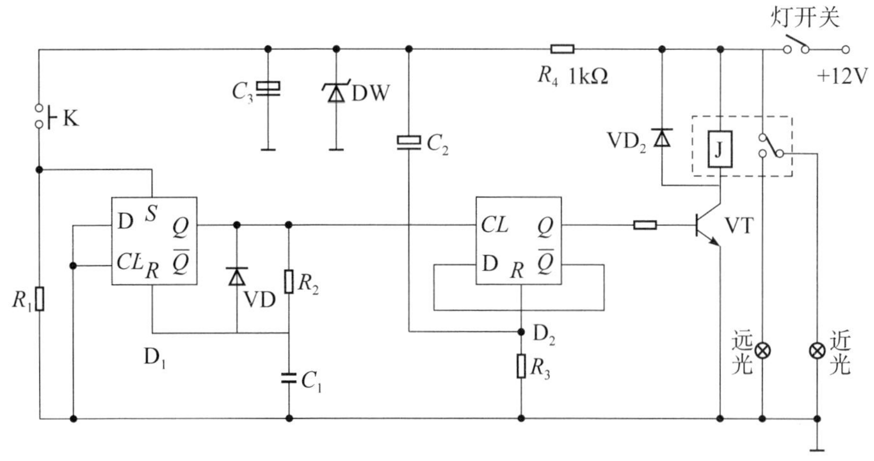

图 6—30　汽车前照灯变光电路

如图 6—30 所示，该电路由一块 CMOS 双 D 触发器 CD4013 构成的汽车大灯变光电子开关。R_4、DW、C_3 是稳压电路，为 CD4013 提供稳定电压。触发器 D_1 构成单稳态电路，用来消除开关抖动，保证开关动作时，只输出一个等宽的高电平。输出脉冲宽度由时间常数 R_2、C_1 的数值决定。开关 K 选用不带锁按键开关，当开关按动一下时，S 为高电位，使 Q 输出高电位，经 R_2 对 C_1 充电 R 上的电位慢慢升高，当升高到 R 的阀值电平时，D_1 触发器复位，Q_1 变为低电平“0”，这样开关按下一次，保证输出只有一个等宽的脉冲去触发 D_2。D_2 构成 T 触发器，C_2、R_3 为上电复位电路，使开机 D_2 输出为低电平，继电器不吸合，处在近光位置，每按一次开关，D_2 在脉冲作用下，翻转一次，继电器改变一次状态，由吸合变放开或释放变吸合，起到远近光切近作用。

6.4.2　时序逻辑电路

若逻辑电路由触发器或触发器加组合逻辑电路组成，则它的输出不仅与当前时刻的输入状态有关，而且还与电路原来状态有关，这种电路称为时序逻辑电路。这里的“时序”是指电路的状态与时间顺序有密切的关系。

时序逻辑电路根据时钟脉冲加入方式的不同，可分为同步时序逻辑电路和异步时序逻辑电路。同步时序逻辑电路中各触发器共用同一个时钟脉冲，因而各触发器的动作均与时钟同步。异步时序逻辑电路中各触发器不共用同一个时钟脉冲，因而各触发器的动作时间不同步。

时序逻辑电路的分析就是找出电路的输出状态随输入变量和时钟脉冲作用下的变化规律。常用的时序逻辑电路有寄存器和计数器等。

1. 寄存器

在数字系统中，常常需要将一些数码或指令存放起来，以便随时调用，这种存放数码和指令的逻辑部件称为寄存器。因此寄存器必须具有记忆单元——触发器，因为触发器具有 0 和 1 两个稳定状态，所以一个触发器只能存放 1 位二进制数码，存放 N 位数码就应具备 N 个触发器。常用的有四位、八位、十六位寄存器等。

寄存器存放数码的方式有并行和串行两种。并行方式就是数码各位从各对应位输入端同时输入到寄存器中；串行方式就是数码从一个输入端逐位输入输入到寄存器中。从寄存器取出数码的方式也有并行和串行两种。在并行方式中，被取出的数码各位在对应于各位的输出端上同时出现；而在串行方式中，被取出的数码在一个输出端逐位出现。

一般寄存器都是借助时钟脉冲作用而把数据存放或送出触发器的，故寄存器还必须具有控制作用的门电路，以保证信号的接收和清除。

寄存器按所具备的功能不同可分为两大类：数码寄存器和移位寄存器。

（1）数码寄存器。这种寄存器只具有接收数码和清除原有数码的功能，在数字电路系统中，常用于暂时存放某些数据。

1）电路组成。图 6—31 所示是一个由 D 触发器构成的四位数码寄存器，四个 D 触发器的触发输入端 $D_3 \sim D_0$ 作为数码寄存器的并行数码输入端，$Q_3 \sim Q_0$ 为数据输出端。时钟输入端接在一起作为送数脉冲（CP）控制端。

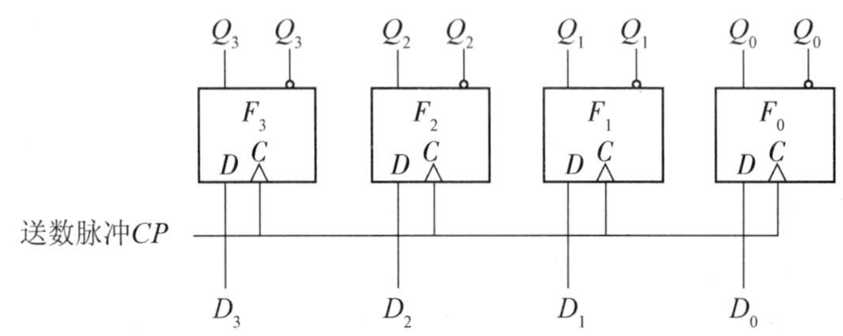

图 6—31　D 触发器构成的四位数码寄存器

2）工作原理。根据 D 触发器的工作原理：在触发脉冲到来后，触发器的状态为 D 端的状态。寄存器在送数脉冲 CP 的上升沿作用下，将四位数码（$D_3 \sim D_0$）寄存到四个 D 触发器（$Q_3 \sim Q_0$）中，即触发器 Q 端的状态与 D 端相同。送数时，特别要注意的是：由于触发器为边沿触发，因此在计数脉冲以 CP 的触发沿到来之前，输入的数码一定要预先准备好，以保证触发器的正常寄存。

3）集成数码寄存器。将构成寄存器的各个触发器以及有关控制逻辑门集成在一个芯片上，就可以得到集成数码寄存器。集成数码寄存器种类较多，常见的有四 D 触发器（如 74HC175）、六 D 触发器（如 74HC174）、八 D 触发器（如 74HC374、74HC377）等。由锁存器组成的寄存器，常见的有八 D 锁存器（如 74HC373）。锁存器与触发器的区别是：其计数脉冲为一使能信号（电平信号），当使能信号到来时，输出跟随输入数码的变化而变化（相当于输入端直接接到输出端）；当使能信号结束时，输出保持使能信号跳变的状态不变，这一类寄存器有时也称为“透明”寄存器。

（2）移位寄存器。移位寄存器除具有存储数码功能外，还具有数码移位功能。所谓数码移位功能，就是寄存器中所存数据，可以在移位脉冲作用下逐次左移或右移。

移位寄存器是计算机及各种数字系统中的一个重要部件，其应用范围很广泛。例如在单片机中，将多位数据左移一位就相当于乘 2 运算；又如在串行运算器中，需用移位寄存器把二进制数一位一位依次送入全加器进行运算，运算的结果又一位一位依次存入寄存器中。另外，在有些数字装置中，要将并行传送的数据转换成串行传送，或将串行传送的数据换成并行传送，要完成这些转换也需要应用移位寄存器。此外，利用移位寄存器还可以构成一些具有特殊功能的计算器等。

根据数码在寄存器中移动情况的不同，又可把移位寄存器划分为单向移位型和双向移位型；从并行和串行的变换来看，又可分为串入/并出和并入/串出移位寄存器两大类。

图 6—32 所示为用 D 触发器组成的单向移位寄存器。其中每个触发器的输出端 Q 依次接到高一位触发器的 D 端，只有第一个触发器 F_0 的 D 端接收数据。所有触发器的复位端 R 并联在一起作为清 0 端，时钟端并联在一起作为移位脉冲输入端 CP，所以它是一同步时序电路。

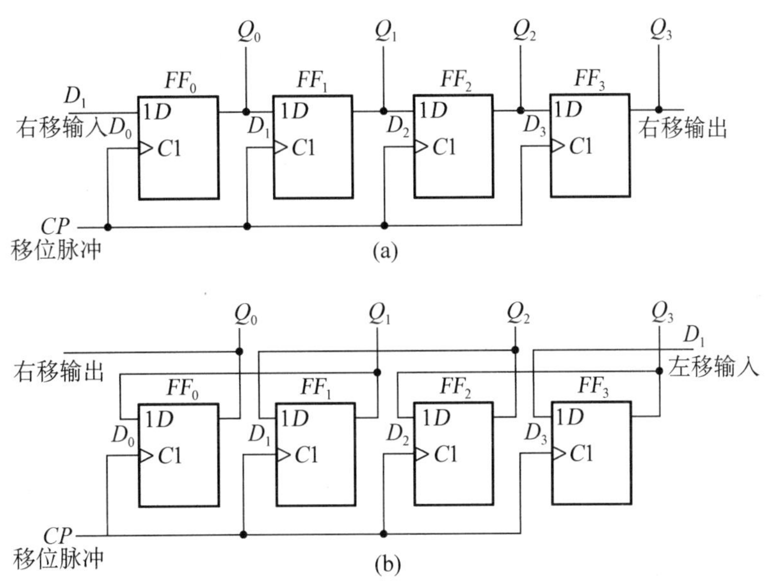

图 6—32　D 触发器组成的单向移位寄存器

每当移位脉冲上升沿到来时，输入数据便一个接一个地依次移入 F_0，同时每个触发器的状态也依次移给高一位触发器，这种输入方式称为串行输入。假设输入的数码为 1011，那么在移位脉冲作用下，寄存器中数码的移动情况如表 6—18 所示。可以看到，当经过四个 CP 脉冲后，1011 这 4 位数码恰好全部移入寄存器中，$Q_3Q_2Q_1Q_0=1011$。这时，可以从四个触发器的 Q 端同时输出数据 1011，这种输出方式称为并行输出。若需要将寄存的数据从 Q_3 端依次输出（即串行输出），则只需再输入几个移位脉冲即可，如图 6—33 所示。因此，可以把如图 6—33 所示电路称为串行输入、并行输出（串行输出）单向移位寄存器，简称串入/并出（串出）移位寄存器。

移位寄存器的输入也可以采用并行输入方式。图 6—34 所示为一个串行或并行输入，串

表 6—18　寄存器中数码的移动情况

移位脉冲	Q_3	Q_2	Q_1	Q_0	输入数据
初始	0	0	0	0	1
1	0	0	0	1	0
2	0	0	0	0	1
3	0	1	0	1	1
4	1	0	1	1	
并行输出	1	0	1	1	

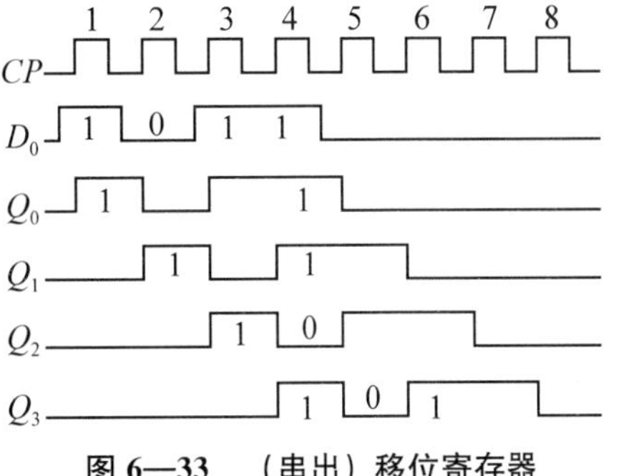

图 6—33　（串出）移位寄存器

行输出的移位寄存器电路。在并行输入时，采用了两步接收：第一步先用清零负脉冲把所有触发器清零，第二步利用送数正脉冲，打开与非门，通过触发器的直接置位端 S 输入数据。然后，再在移位脉冲作用下进行数码移位。设输入数据 $D_3D_2D_1D_0$ 为 1011，其工作过程如图 6—35 所示。

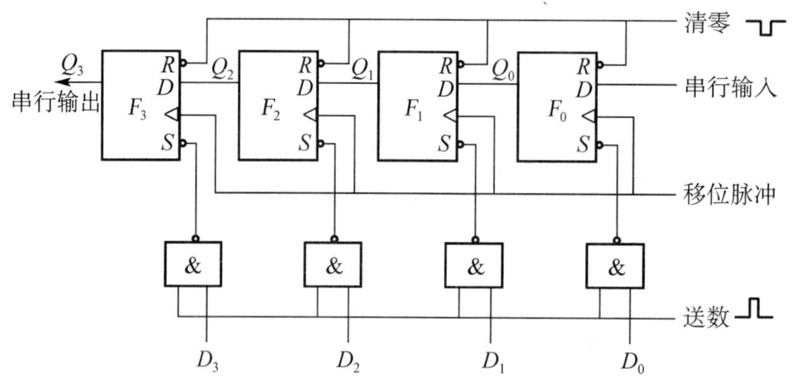

图 6—34　串行（并行）输入、串行输出的移位寄存器

在上述各单向移位寄存器中，由于数码的移动情况是自右向左，完成自低位至高位的移动功能，因此又称为左向移位寄存器。若将各触发器连接的顺序调换一下，让左边触发器的输出作为右邻触发器的数据输入，则也可构成右向移位寄存器。另外，若在单向移位寄存器中添加一些控制门，在控制信号的作用下，则可构成既能左移又能右移的双向移位寄存器，其电路较复杂，这里不再赘述。

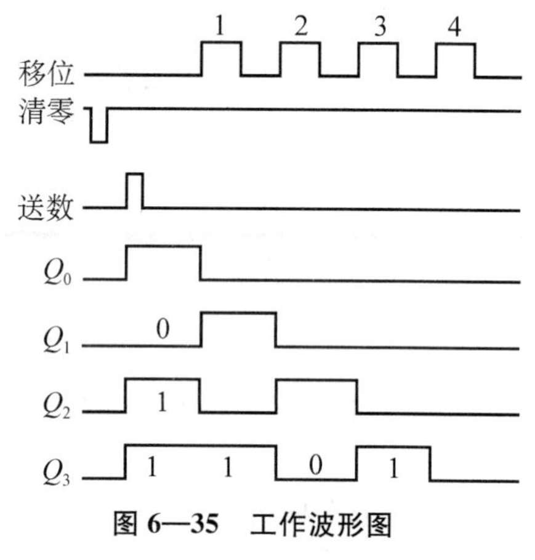

图 6—35　工作波形图

2. 计数器

记忆输入脉冲个数的功能称为计数，实现计数操作的电路称为计数器。由于计数是一种极为重要的基本操作，因此计数器应用十分广泛。计数器存在于小型数字仪表和大型电子数字计算机中，是任何现代数字系统中不可缺少的组成部分。

按照计数器中各个触发器状态更新情况的不同，计数器可分为两大类：一类称为同步计数器，另一类称为异步计数器。在同步计数器中，由于各个触发器都受同一时钟脉冲——输入计数脉冲的控制，因此它们状态的更新是同步的。异步计数器则不同，有的触发器直接受输入计数脉冲控制，有的则是将其他触发器的输出当作时钟脉冲，因此它们状态的更新有先有后，是异步的。

按照计数器中计数长度的不同，计数器又有二进制、十进制、N 进制之分。一般来说，几个状态构成一个计数循环，就称为几进制计数器。严格来说，二进制和十进制计数器是 N 进制计数器的特例。

按照在输入计数脉冲操作下，计数器中数值增、减情况的不同，又有加法、减法和可逆计数器三种不同类型。随着计数脉冲的输入进行递增计数的称为加法计数器，进行递减计数的称为减法计数器，而可增可减的则称为可逆计数器。

（1）二进制计数器。二进制计数器指按二进制进位规律进行计数的计数器，是各种计数器的基础。

1）异步二进制计数器。图 6—36 所示为由四个 JK 触发器组成的异步四位二进制加法计数器。

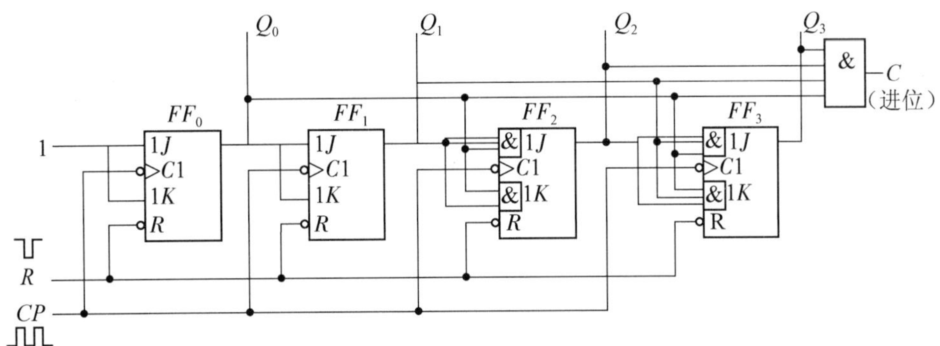

图 6—36　异步四位二进制加法计数器

由图 6—36 可知，每个 CP 的下降沿 Q_0 翻转；每个 Q_0 的下降沿 Q_1 翻转；每个 Q_1 的下降沿 Q_2 翻转；每个 Q_2 的下降沿 Q_3 翻转。这样就得到了图 6—37 所示的波形图，图中 C 是进位信号。表 6—19 为该计数器的状态变化情况。

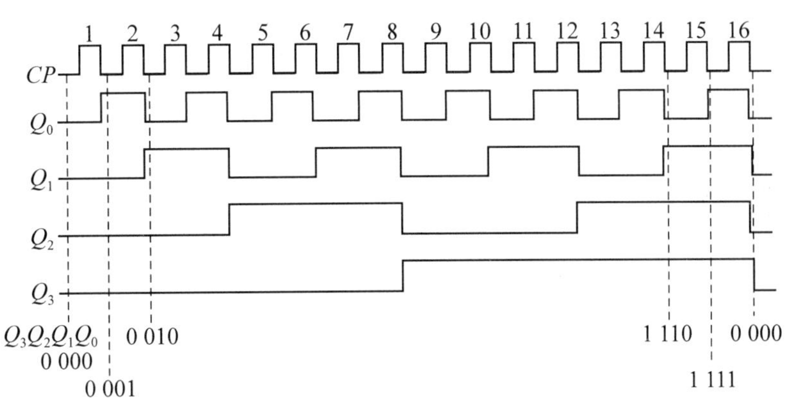

图 6—37　异步四位二进制加法计数器波形图

表 6—19　　**异步四位二进制加法计数器状态表**

CP	Q_3	Q_2	Q_1	Q_0	C
0	0	0	0	0	0
1	0	0	0	1	0
2	0	0	1	0	0
3	0	0	1	1	0
4	0	1	0	0	0
5	0	1	0	1	0
6	0	1	1	0	0
7	0	1	1	1	0

续前表

CP	Q_3	Q_2	Q_1	Q_0	C
8	1	0	0	0	0
9	1	0	0	1	0
10	1	0	1	0	0
11	1	0	1	1	0
12	1	1	0	0	0
13	1	1	0	1	0
14	1	1	1	0	0
15	1	1	1	1	1
16	0	0	0	0	0

异步计数器的优点是结构简单，缺点是各触发信号逐级传递，需要一定的传输延迟时间，所以计数器速度较慢。

2）同步二进制计数器。图 6—38 所示为四位集成二进制同步加法计数器 74LS161 的引脚图和逻辑功能示意图。它由四个 JK 触发器和若干控制门组成。

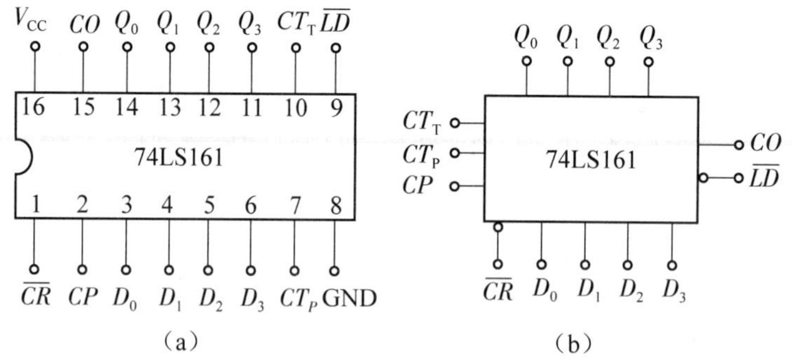

图 6—38　74LS161 的引脚图和逻辑功能示意图

(a) 引脚排列图　(b) 逻辑功能示意图

当复位端 $\overline{CR}=0$ 时，输出 Q_0、Q_1、Q_2、Q_3 全为零，实现异步清除功能（又称复位功能)。

当 $\overline{CR}=$ “1” 时，预置控制端 $\overline{LD}=$ “0”，并且 CP 为上升沿时，$Q_3Q_2Q_1Q_0=D_3D_2D_1D_0$，实现同步预置数功能。

当$\overline{CR}=\overline{LD}=$ “1” 且$CT_p\cdot CT_T=0$ 时，输出 $Q_3Q_2Q_1Q_0$ 保持不变。

当$\overline{CR}=\overline{LD}=CT_p=CT_T=$ “1”，并且 CP 为上升沿时，计数器才开始加法计数，实现计数功能。

(2) 同步十进制加法计数器。十进制计数器与二进制计数器工作原理基本相同，只是将十进制数的每一位都用二进制数来表示而已。最常用的是采用 8421 码。由于十进制数只有 0～9 十个数码。因此采用 4 位二进制计数器来累计十进制数的每一位数时，只能取用 0000～1001，剩余的 1010～1111 六个数要舍去不用。也就是说当计数到 9，即 4 个触发器的状态为 1001 时，再来一个计数脉冲，计数器不能像二进制计数器那样翻转成 1010，而必须返回到 0000，同时向另一组十进制计数器进位，其状态见表 6—20。

表 6—20　　十进制计数器状态表

CP	Q_3	Q_2	Q_1	Q_0	十进制数
0	0	0	0	0	0
1	0	0	0	1	1
2	0	0	1	0	2
3	0	0	1	1	3
4	0	1	0	0	4
5	0	1	0	1	5
6	0	1	1	0	6
7	0	1	1	1	7
8	1	0	0	0	8
9	1	0	0	1	9
10	0	0	0	0	10

图 6—39 所示为由四个 JK 触发器和两个进位门组成的同步十进制加法计数器，CP 是输入计数脉冲，同时输入各触发器的时钟脉冲输入端，故称为同步计数器。CO 是向高位进位的输出信号。

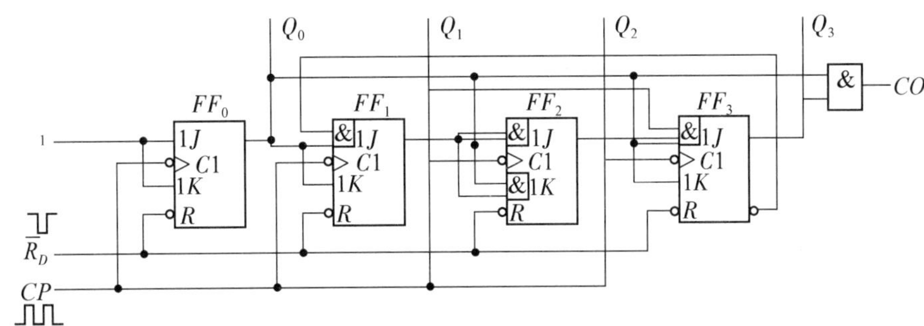

图 6—39　同步十进制加法计数器

第 1 个触发器的翻转条件是 $J=K=1$，由于 J 和 K 都接高电平 1，故每来 1 个计数脉冲都要翻转一次。由于触发器采用的是后沿主从触发，所以翻转时间是在每个 CP 的后沿到来之时，故 Q_0 的状态和波形如表 6—20 和图 6—40 中 Q_0 所示。

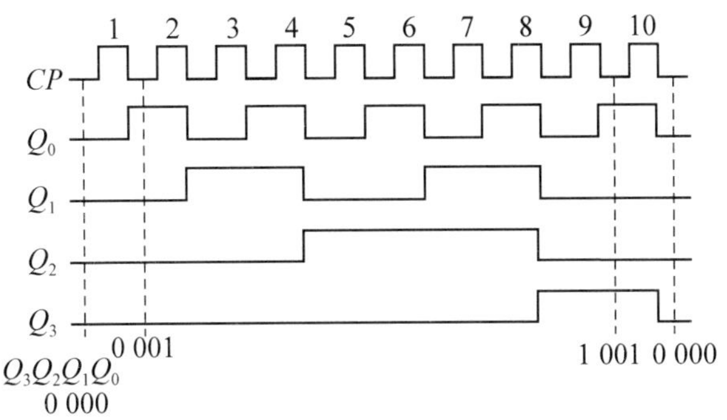

图 6—40　十进制同步加法计数器波形

第 2 个触发器有两个 J 和两个 K 端，一个 J 接 $\overline{Q_3}$，另一个 J 与两个 K 一起都接到 Q_1 端。由于两个 J 之间和两个 K 之间是逻辑乘的关系，因此触发器的翻转条件是 $\overline{Q_3}\cdot Q_0=1$。

即在 $Q_3=0$ 的情况下，每当 $Q_0=1$ 后的下一个 CP 后沿到来时 Q_1 翻转。

第 3 个触发器的两个 J 和两个 K 端分别接到 Q_0 和 Q_1，因此其翻转条件是 $Q_1 \cdot Q_0=1$，即在 Q_1 和 Q_0 同时为 1 的下一个 CP 后沿到来之时 Q_2 才能翻转。

第 4 个触发器有 3 个 J 和K，3 个 K 与 1 个 J 接到 Q_0，其余个 J 分别接到 Q_1 和 Q_2。所以它的翻转条件是 $Q_2 \cdot Q_1 \cdot Q_0=1$，即 Q_2、Q_1 和 Q_0 都为 1 的下一个 CP 后沿到来时，Q_3 才能翻转。同时，要注意：当 $K=Q_0=1$，$J=Q_2 \cdot Q_1 \cdot Q_0=0$ 时，即 $Q_0=1$，而 Q_2 或 Q_1 为 0 时，触发器应为 0 态。

根据上述翻转手触发方式，便可分段求得每个 CP 时，Q_3、Q_2 和 Q_1 的状态和波形如表 6—19 和图 6—40 中的 Q_3、Q_2 和 Q_1 所示。

可见，该电路正好满足表 6—20 所示十进制加法计数器的功能。

6.5 集成定时器

学习目标

掌握 555 定时器的工作原理，理解 555 定时器构成的单稳态触发器和无稳态触发器的工作原理及其应用。

6.5.1 555 集成定时器

555 定时器是一种将模拟电路和数字电路集成于一体的电子器件，属于中规模集成电路。它使用方便，应用非常广泛。

1. 电路结构

555 集成定时器的内部结构如图 6—41（a）所示，它包括以下几部分：1 个由 3 个阻值相等的电阻 R 组成的分压器；2 个电压比较器 C_1 和 C_2；1 个基本 RS 触发器；1 个晶体管。整个组件共有 8 个引线端，排列如图 6—41（b）所示。

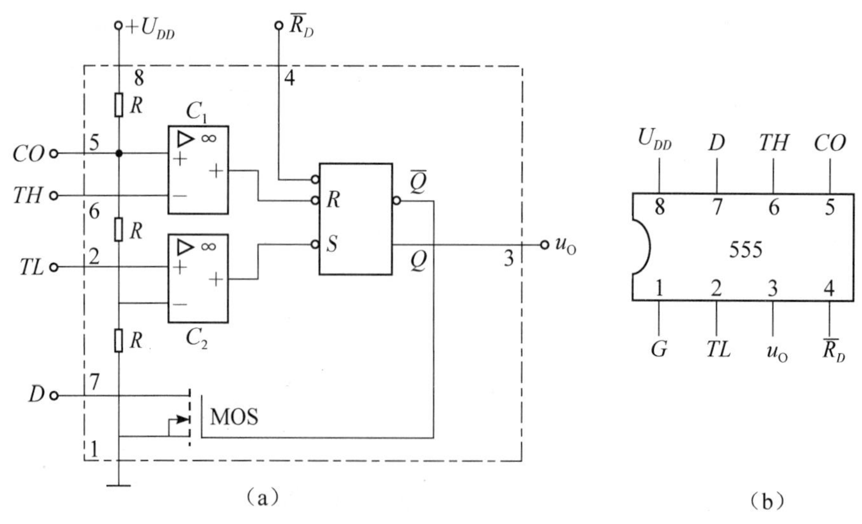

图 6—41　555 集成定时器

（a）内部结构图　（b）外引线排列图

C_1 的同相输入端和 C_2 的反相输入端分别接到分压器中间电阻的两端，使它们的电压被分别固定在 $2/3U_{DD}$ 和 $1/3U_{DD}$。这两个固定电压作为电压比较器的参考电压。C_1 和 C_2 的另一输入端分别引出，通过这两个引线端可以分别输入触发脉冲。C_1 和 C_2 的输出作为基本 RS 触发器的输入，从而确定该触发器的输出状态。

2. 引脚功能

6（TH）是高电平触发端。当 6 端的输入电压小于 $2/3\ U_{DD}$ 时，C_1 输出为高电平 1；小于 $2/3U_{DD}$ 时，C_1 输出为低电平 0，使触发器置 0，即 $Q=0$。

2（TL）是低电平触发端。当 2 端的输入电压大于 $1/3U_{DD}$ 时，C_2 输出为高电平 1；小于 $1/3U_{DD}$ 时，C_2 输出为低电平 0，使触发器置 1，即 $Q=1$。

3（u_0）是定时器的输出端。即基本 RS 触发器的 Q 端。

4（$\overline{R}_D$）是复位端，是专门设置以便基本 RS 触发器可以从外部进行直接置 0。需要置 0 时，从 4 端输入负脉冲，即 $\overline{R}=0$ 时，$Q=0$。

5（CO）是电压控制端，由此端可以外加一电压以改变电压比较器的参考电压。不用时应经过 0.01 μF 的电容接地，以防干扰的侵入。

7（D）是放电端，从晶体管的集电极 D 引出。晶体管构成开头，其状态受 $\overline{Q}$控制。$\overline{Q}=1$时，晶体管导通，为外接电容元件提供放电通路；$\overline{Q}=0$ 时，晶体管截止。

8（U_{DD}）是电源端，电压可在 4.5V～18V 范围内工作。

1（G）是接地端。

3. 逻辑状态

集成定时器的状态可见表 6—21。

表 6—21　　555 集成定时器状态表

U_6	U_6	R	S	Q	$\overline{Q}$	晶体管
$>2/3\ U_{DD}$	$>1/3\ U_{DD}$	0	1	0	1	导通
$<2/3\ U_{DD}$	$<1/3\ U_{DD}$	1	0	1	0	截止
$<2/3\ U_{DD}$	$>1/3\ U_{DD}$	1	1	保持		保持

集成定时器不仅提供了复位电平 $2/3U_{DD}$ 置位电平 $1/3U_{DD}$，而且提供了可通过 $\overline{R}$端直接从外部进行直接置 0 的基本 RS 触发器，还提供了一个状态受该触发器控制的晶体管开头。因此使用起来极为方便，应用范围非常广泛，只需通过外部适当的连线和拉入合适的电阻、电容便能以多种方式工作。

6.5.2　555 集成定时器构成的单稳态触发器

单稳态触发器是只有一个稳态的触发器。它的特点是：在外来触发信号的作用下，能够由稳态翻转成另一暂稳状态，暂稳状态维持一定时间后，又会自动返回到稳态。

1. 电路结构

集成单稳态触发器有现成的产品可供选用，也可以由集成定时器来组成，由 555 集成定时器组成的单稳态触发器如图 6—42（a）所示，R 和 C 是外接元件，两者的连接点接到高电平触发端 6 和放电端 7，R 的另一端接电源 $+U_{DD}$，C 的另一端接地。外来触发信号 u_1 采用负脉冲，由低电平触发端 2 输入。输出信号从输出端 3 输出。

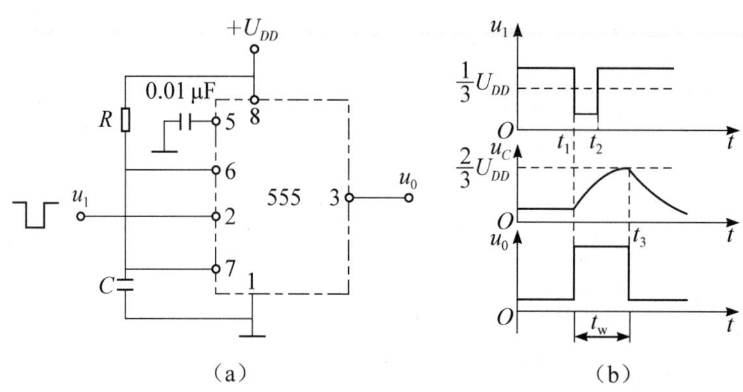

（a） （b）

图 6—42 由 555 集成定时器组成的单稳态触发器

（a）电路图 （b）波形图

2. 工作原理

在触发脉冲未输入时，$u_0=Q=0$，这是触发器的稳态。因为在接通电源$+U_{DD}$瞬间：

若 $Q=0$，$\overline{Q}=1$，则晶体管导通，$u_c\approx0$，$u_6=u_c<2/3U_{DD}$，$u_2=u_1>1/3U_{DD}$，故 $R=1$，$S=1$，基本 RS 触发器保持 0 态。

若 $Q=1$，$\overline{Q}=0$，则晶体管截止，U_{DD}通过 R 对 C 充电。当 $u_6=u_c$升到大于 $2/3U_{DD}$时，$u_2=u_1$仍大于 $1/3U_{DD}$，由状态表可知，$R=0$，$S=1$，基本 RS 触发器将翻转到 0 态，即$Q=0$，$\overline{Q}=1$。这时晶体管又导通，u_c 迅速放电，$u_6=u_c$ 下降。当 $u_6=u_c<2/3U_{DD}$时，$u_2=u_1>1/3U_{DD}$，$R=1$，$S=1$，触发器又保持 0 态不变。

可见，在稳态时，$u_0=Q=0$。若以稳定后作为计时的起点，则可分成以下几个阶段来分析其工作原理，对应的波形如图 6—42（b）所示。

（1）$t=0\sim t_1$ 时，u_1 未输入，这时电路的状态已如前述，$u_0=0$。

（2）$t=t_1\sim t_2$ 时，输入触发负脉冲。$u_2=u_1<1/3U_{DD}$，u_c 不能突变，$u_6=u_c<2/3U_{DD}$。$R=1$，$S=0$，$u_0=Q=1$，进入暂稳状态。这时晶体管截止、电容 C 充电，u_c 按指数上升。

（3）$t=t_2\sim t_3$ 时，触发负脉冲过去。$u_2=u_1>1/3U_{DD}$，$u_6=u_c<2/3U_{DD}$。$R=1$，$S=0$，$u_0=Q$ 保持 1，电容 C 继续充电。

（4）$t=t_3$ 时，$u_6=u_c>2/3U_{DD}$。$u_2=u_1>1/3U_{DD}$。$R=0$，$S=1$，基本 RS 触发器自动翻转到 $u_0=Q=0$，重新恢复稳态。这时晶体管导通，C 迅速放电。

（5）$t>t_3$ 后，$u_6=u_c<2/3U_{DD}$，$u_2=u_1>1/3U_{DD}$。$R=1$，$S=1$，$u_0=Q$ 保持 0。

3. 逻辑状态

各阶段的状态汇总见表 6—22。

表 6—22 555 集成定时器组成的单稳态触发器状态表

时间	u_1	u_c	$u_6=u_c$	$u_2=u_1$	R	S	$u_0=Q$	晶体管	状态
$0\sim t_1$	未输入，高电平	≈0	$<\frac{2}{3}U_{DD}$	$>\frac{1}{3}U_{DD}$	1	1	保持 0	导通	稳态
t_1	负脉冲开始输入，低电平	≈0	$<\frac{2}{3}U_{DD}$	$<\frac{1}{3}U_{DD}$	1	0	1	截止	跳变

续前表

时间	u_1	u_c	$u_6=u_c$	$u_2=u_1$	R	S	$u_0=Q$	晶体管	状态
$t_1\sim t_2$	负脉冲，低电平	充电，指数上升	$<\frac{2}{3}U_{DD}$	$<\frac{1}{3}U_{DD}$	1	0	1	截止	暂稳
$t_2\sim t_3$	负脉冲过去，高电平	继续充电	$<\frac{2}{3}U_{DD}$	$>\frac{1}{3}U_{DD}$	1	1	保持 1	截止	暂稳
t_3	负脉冲过去，高电平	刚大于 2/3UDD	$>\frac{2}{3}U_{DD}$	$>\frac{1}{3}U_{DD}$	0	1	0	导通	跳变
t_3 后	负脉冲过去，高电平	放电、指数下降	$<\frac{2}{3}U_{DD}$	$>\frac{1}{3}U_{DD}$	1	1	保持 0	导通	稳态

可见，这一单稳态触发器其稳定状态为 0，在触发脉冲作用下，它翻转成暂稳状态 1，输出矩形脉冲，脉冲宽度 t_W 即暂稳状态的持续时间，它与充电的时间常数 τ 有关，由于

$$u_c=U_{DD}\ (1-e^{-\frac{t}{\tau}})$$

将 $t=t_w$，$u_c=2/3U_{DD}$ 代入整理后得

$$e^{\frac{t_W}{\tau}}=3$$

两边取对数得

$$t_w=\tau\ln 3=1.1RC$$

单稳态触发器在数字系统中一般用于定时（产生一定宽度的方波）、整形（把不规则的波形变换成宽度、幅度都相等的脉冲）、延时（使输入信号延迟一定时间后输出）。

6.5.3　555 集成定时器构成的无稳态触发器

无稳态触发器也称多谐振荡器，是通过自激振荡能输出一定频率矩形脉冲的电子器件。在数字系统、微型计算机中，各种部件都用统一的时钟脉冲来定时操作的，时钟脉冲一般由多谐振荡器来产生。

1. 电路结构

图 6—43（a）所示为用 555 定时器组成的一种多谐振荡器电路。R_1、R_2 和 C 为外接元件。

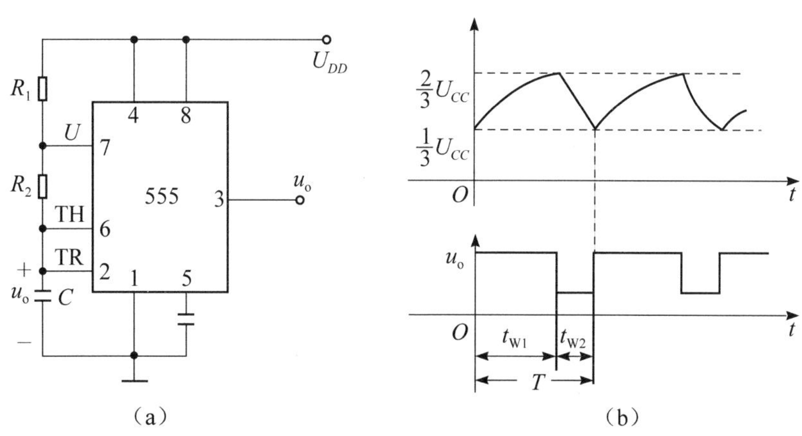

图 6—43　用 555 定时组成的一种多谐振荡器电路

（a）电路图　（b）波形图

2. 工作原理

因为刚接通电源时，$u_C=0$（设电容 C 原先未充电），所以 $U_6=U_2<\frac{1}{3}U_{DD}$，由图可知，此时 $u_o=1$，定时器中的晶体管 VT 截止，电源 U_{CC} 通过 R_1、R_2 对电容 C 充电，在 u_c 达到 $\frac{2}{3}U_{DD}$ 之前，$u_o=1$ 的状态保持不变。当 u_c 上升到 $\frac{2}{3}U_{DD}$ 时，比较器 A_1 输出低电平，使触发器置 0，定时器输出状态翻转，u_o 由 1 变 0。同时 $\overline{Q}$ 端的高电平使放电晶体管 VT 导通，使电容 C 通过 R_2 和 VT 放电，u_c 下降。在 u_c 下降到 $\frac{1}{3}U_{DD}$ 之前，$u_o=0$ 的状态保持不变。当 u_c 下降到 $\frac{1}{3}U_{DD}$ 时，比较器 A_2 输出高电平，使触发器置 1，定时器输出状态再次翻转，u_o 又由 0 变为 1。与此同时，$\overline{Q}$ 端的低电平使晶体管 VT 截止，于是电容 C 再次充电。如此不断反复，重复上述过程，在多谐振荡器的输出端就可得到一串矩形波脉冲信号。工作波形如图 6—43（b）所示。

3. 逻辑状态

以上各阶段的状态汇总见表 6—23。

表 6—23　555 集成定时器组成的无稳态触发器状态表

时间	u_c	R	S	$u_o=Q$	晶体管	状态
0	$u_c=0$	1	0	1	截止	开始
$0\sim t_1$	充电，$u_c>\frac{1}{3}U_{DD}$	1	0	1	截止	过渡
$t_1\sim t_2$	充电，$\frac{1}{3}U_{DD}<u_c<\frac{2}{3}U_{DD}$	1	1	保持 1	截止	暂稳
t_2	$u_c\geqslant\frac{2}{3}U_{DD}$	0	1	0	导通	跳变
$t_2\sim t_3$	放电，$\frac{1}{3}U_{DD}<u_c<\frac{2}{3}U_{DD}$	1	1	保持 0	导通	暂稳
t_3	$u_c\leqslant\frac{1}{3}U_{DD}$	1	0	1	截止	跳变

第 1 个暂稳态，即 C 充电的时间

$$t_{W1}=\tau_1\ln 2=0.7(R_1+R_2)C$$

第 2 个暂稳态，即 C 放电的时间

$$t_{W2}=\tau_2\ln 2=0.7R_2C$$

振荡周期

$$T=t_{W1}+t_{W2}=0.7(R_1+2R_2)C$$

方波宽度 t_{W1} 与振荡周期 T 之比称为占空比或空宽比，即

$$k_{PDR}=\frac{t_{W1}}{T}=\frac{R_1+R_2}{R_1+2R_2}$$

显然，改变 R_1 和 R_2 的大小，尤其是改变 R_2 的大小即可改变占空比。

6.5.4　555 集成定时器在汽车电路中的应用

1. 单稳态触发器的应用

如前所述，单稳态触发器有一个稳定状态和一个暂稳状态，在外来触发脉冲作用下，

能够从稳定状态翻转到暂稳状态，维持一段时间后将自动返回到稳定状态，而暂稳状态时间的长短与触发脉冲无关，仅决定于电路本身的参数。

图 6—44 所示为发动机 555 转速表电路，L_{IG}为点火线圈一次绕组，P 为继电器触点。

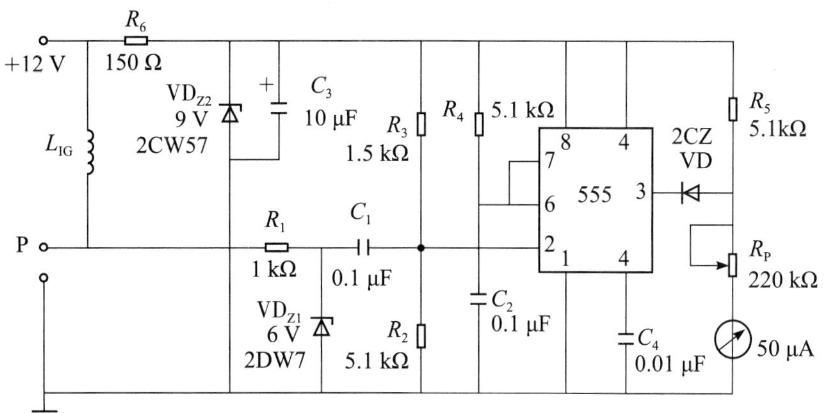

图 6—44　发动机 555 转速表电路

每当继电器触点断开而产生一个脉冲时，通过 R_1 和 VD_{Z1}的钳位限幅，由 C_1 耦合去触发 555 电路。在 555 电路输出端 3 脚输出高电平期间，VD 反向截止，由 R_5 及 R_P 供给指示表。单脉冲过后，555 电路输出端为低电平，VD 将 R_5 提供的电流旁路，不再经过电位器 R_P 和指示表。因此，指示表通过的电流平均值与继电器触点 P 所产生的脉冲频率成正比，这就可以由指示表来指示发动机的转速。

2. 多谐振荡器的应用

图 6—45 所示为 555 集成定时器构成的汽车转向闪光器电路。图中 555 的输出端 3 接继电器 J 的线圈，使继电器按多谐振荡器的频率进行工作，继电器的触点接到转向灯的电源回路中，控制电源的通断，使转向灯按一定频率闪烁。闪光器灯亮时间由 C_1 的充电时间决定，灭灯时间由 C_1 的放电时间决定。闪光器的灯亮灯灭周期即多谐振荡器的振荡周期为 C_1 充电和放电时间之和。通过适当选择 R_A、R_B 和 C_1 的值，即可取得一定的闪烁频率。

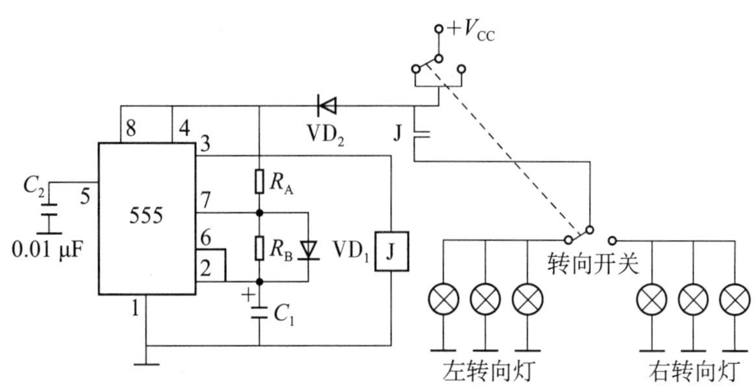

图 6—45　由 555 集成定时器构成的汽车转向闪光器电路

6.6 A/D 和 D/A 转换器

学习目标

掌握常用的 D/A 转换器和 A/D 转换器的基本组成和工作原理。

汽车在工作过程中，经常需要将传感器拾取的一些物理量如速度、温度、压力等模拟信号转换为汽车 ECU（电控单元）能够识别和处理的数字信号，而经过 ECU 处理后的数字信号又必须再转换为模拟信号，才能控制驱动装置以实现对控制对象的控制。以上过程的控制方框图如图 6—46 所示。

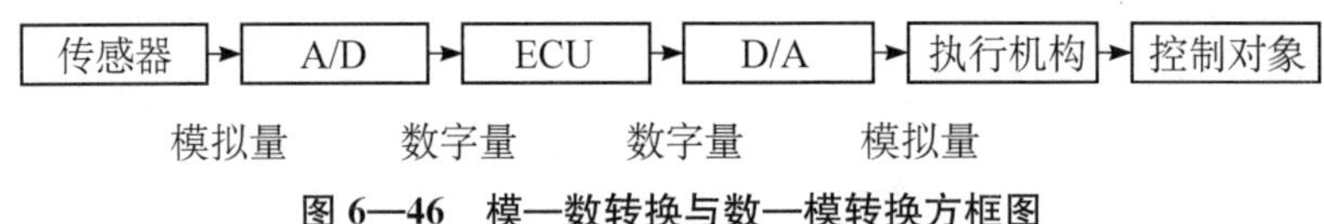

图 6—46 模—数转换与数—模转换方框图

将模拟信号转换为数字信号的装置称为模数转换器（简称 A/D 转换器），而将数字信号转换为模拟信号的装置称为数模转换器（简称 D/A 转换器）。

6.6.1 D/A 转换器

D/A 转换器是将数字量输入转换成模拟量输出的电子线路，它是数字处理系统与模拟系统的接口电路。D/A 转换器有多种电路类型，其中 T 型电阻 D/A 转换器是较常用的一种。

1. T 型电阻 D/A 转换器

(1) 电路组成。图 6—47 所示为一个四位 T 型电阻 D/A 转换器的原理图，它主要由四部分组成。

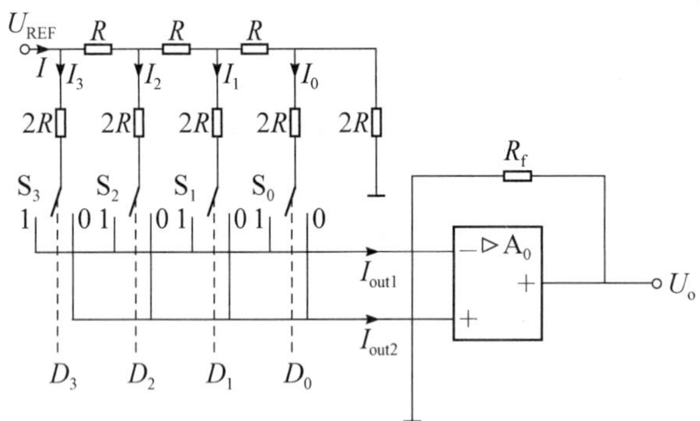

图 6—47 T 型电阻 D/A 转换器

T 型电阻网络：由若干个 R 和 $2R$ 的电阻构成。

模拟开关：模拟开关 S_3、S_2、S_1、S_0 的状态分别受输入数字信号 D_3、D_2、D_1、D_0 控制，即每一位二进制数码相应控制一个开关。以 D_3 为例，当 $D_3=1$ 时模拟开关 S_3 合向左边，支路电流 13 流向 I_{out1}。当 $D_3=0$ 时，S_3 合向右边，支路电流 13 流向 I_{out2}。

电流求和放大器：对各位数字量所对应的电流进行求和，并转换成相应的模拟电压。

基准电压：用作基准的高精度电压 U_{REF}，电压稳定度要求极高，一般通过专门设计的稳压电路获得。

(2) 工作原理。D/A 转换器的原理是由输入二进制数码的各位分别控制相应的模拟开关，通过电阻网络得到一个与二进制数码各位的权值成比例的电流，再经过运放求和，转换成与输入二进制码成比例的模拟电压输出。

由图6—47可知，运放采用反相输入方式连接，反相端为“虚地”。因此不论模拟开关接向左边还是右边，电阻 $2R$ 接模拟开关一侧的电位为零。其等效电路如图6—48所示。由图可知，从输入端看进去整个电阻网络的等效电阻为 R，总电流为 $I=U_{REF}/R$。并且有 $I_3=\frac{I}{2^4}\times 2^3$、$I_2=\frac{I}{2^4}\times 2^2$、$I_1=\frac{I}{2^4}\times 2^1$、$I_0=\frac{I}{2^4}\times 2^0$，即每位支路电流与二进制权值成正比。

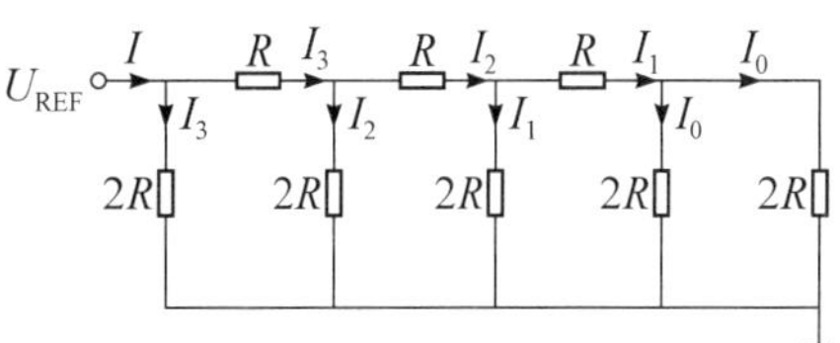

图6—48　T型电阻网络的等效电路

当每位开关合向左边时的支路电流由 I_{out1} 流出，开关合向右边时的支路电流由 I_{out2} 流出，故在输入不同的二进制数码时，流过 R_1 的电流 I_{out1} 的大小就不同。对于输入一个任意四位二进制数 $D_3D_2D_1D_0$ 有

$$I_{out1}=\frac{I}{24}\left(D_3 2^3+D_2 2^2+D_1 2^1+D_0 2^0\right)$$

运放输出电压可表示为

$$U_o=-R_f I_{out1}=-\frac{R_f I}{2^4}\left(D_3 2^3+D_2 2^2+D_1 2^1+D_0 2^0\right)$$

$$=-\frac{U_{REF}R_f}{2^4 R}\left(D_3 2^3+D_2 2^2+D_1 2^1+D_0 2^0\right)$$

可见输出的模拟电压正比于输入的二进制数字信号。依此类推，对于 n 位D/A转换器，则有

$$U_o=-\frac{U_{REF}R_f}{2^n R}\left(D_{n-1}2^{n-1}+D_{n-2}2^{n-2}+\cdots+D_1 2^1+D_0 2^0\right)$$

2. 集成D/A转换器举例

现以CC7520D/A转换器为例，简单说明其应用。

CC7520是用CMOS工艺制作的10位D/A转换器。其内部只包含10位T型电阻网络和10个COMS双向模拟开关，运算放大器需要外接。图6—49（a）为集成芯片引脚图。$D_0\sim D_9$ 为数据输入端，U_{DD} 为芯片电源端，U_{REF} 是基准电压输入端，R_f 为反馈输入端，I_{out1}、I_{out2} 为电流输出端。

CC7520的基本应用电路如图6—49（b）所示。CC7520内部16脚与1脚之间接有一个电阻 R_f，且 $R_f=R=10\text{k}\Omega$，此时运放输出电压

$$U_o=-\frac{U_{REF}}{2^{10}}\left(D_9 2^9+D_8 2^8+\cdots+D_1 2^1+D_0 2^0\right)$$

6.6.2　A/D转换器

A/D转换器与D/A转换器的作用相反，A/D转换器是将输入的模拟量转换成数字量输出的电子线路，它是模拟系统与数字处理系统的接口电路。A/D转换器的种类很多，逐次逼近型A/D转换器是常用的一种。

1. 逐次逼近型A/D转换器

（1）电路组成。图6—50所示是逐次逼近型A/D转换器的组成框图。它由顺序脉冲发生器、逐次逼近寄存器、D/A转换器和电压比较器四部分组成。

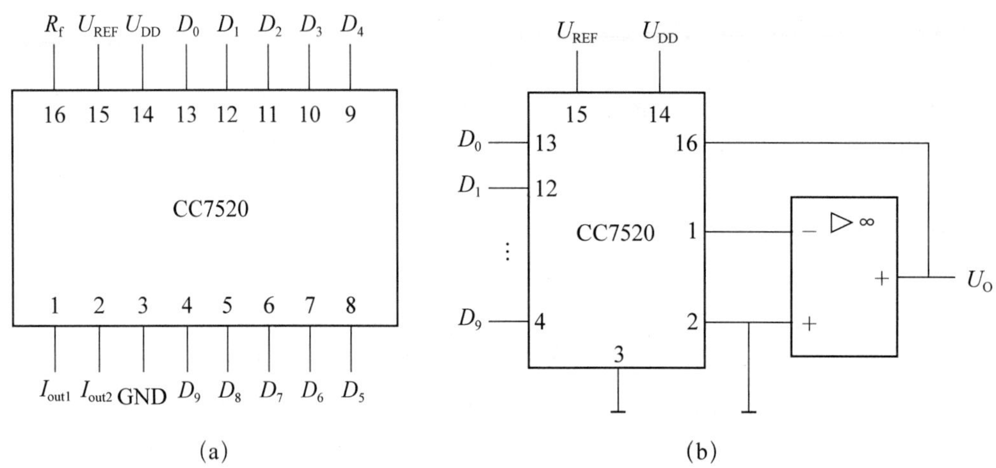

图 6—49 CC7520D/A 转换器

（a）引脚排列 （b）基本应用电路

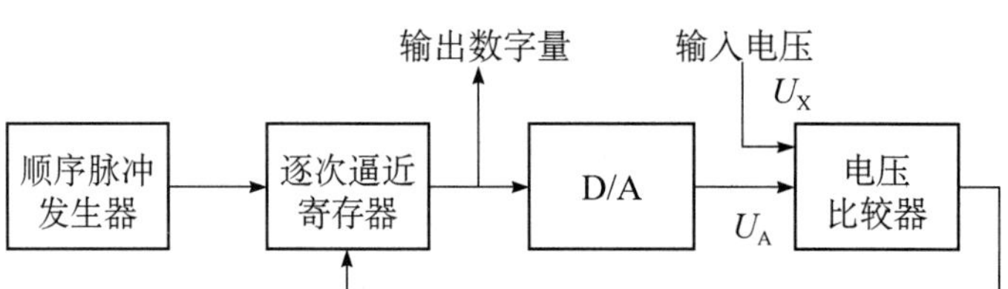

图 6—50 逐次逼近型 A/D 转换器的组成

（2）工作原理。先设定一个数字量 D_A，并将 D_A 经 D/A 转换器转换成模拟量 U_A 后，与待转换的模拟量 U_X 比较，若比较结果 $U_A=U_X$，则可确定 U_X 所转换成的数字量为 D_A。

若初次比较 $U_A \neq U_X$，则修改所设定的数字量 D_A 使其接近相等再比较，经多次修改、设定、比较……逐次逼近直至 $U_A=U_X$ 或最接近 U_X 为止。这时最后的设定量 D_A 即是模拟量 U_X 转换成对应的数字量 D_X，确定输出，完成模一数转换过程。图 6—51 是四位逐次逼近型 A/D 转换器的原理图。

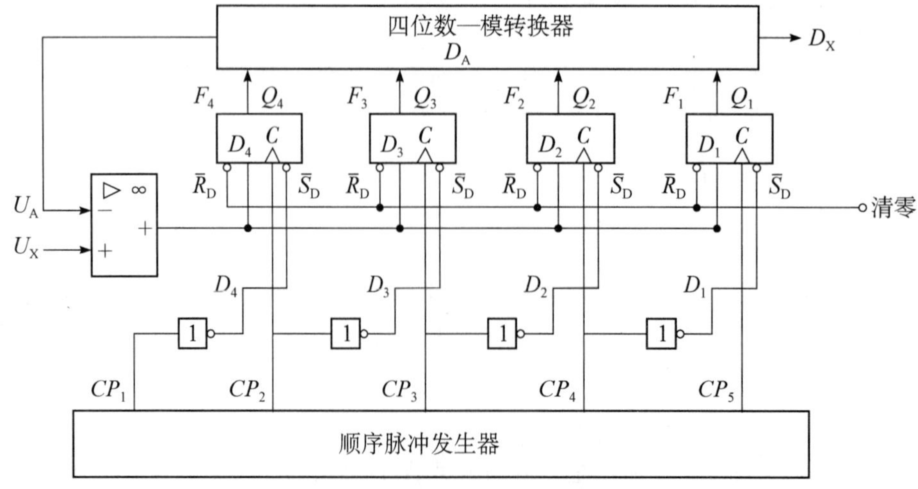

图 6—51 四位逐次逼近型 A/D 转换器的原理图

顺序脉冲发生器：由五位环形计数器构成，输出五个在时间上有一定先后顺序的 CP 脉冲，送给逐次逼近寄存器。

逐次逼近寄存器由四个 D 触发器构成，在顺序脉冲 $CP_1 \sim CP_5$ 的推动下，记忆每次由电压比较器比较的结果，并进行修改设定向 D/A 转换器提供新的二进制输入数码。待转换的模拟电压 U_X 送到电压比较器的同相输入端，比较器的反相输入端为 D/A 转换器输出的模拟电压 U_A，将最终比较结果经四个 D 触发器以数字量的形式输出，从而完成 A/D 转换。

如设 D/A 转换器为四位 T 型电阻网络，基准电压 $U_R = -10\text{V}$，待转换的模拟电压 $U_X = 6.88\text{V}$，工作前各触发器清零。

工作时，首先由顺序脉冲发生器发出脉冲 $CP_1 = 1$，经非门使 D 触发器 F_4 直接置 1，于是 $Q_4 = 1$，Q_3、Q_2、Q_1 保持 0 态。这一设定数字量经 DAC 转换成模拟量 UA，由式 $U_O = -\dfrac{U_R R_F}{2^4 R}(2^3 D_3 + 2^2 D_2 + 2^1 D_1 + 2^0 D_0)$，且 $R_F = R$，可算出

$$U_A = -\frac{-10}{2^4}(2^3 \times 1 + 2^2 \times 0 + 2^1 \times 0 + 2^0 \times 0)\ \text{V} = 5\text{V}$$

$U_A = 5\text{V}$，小于 $U_X = 6.88\text{V}$，说明该设定量 $D_A = 1\ 000$ 太小，下次比较时，该位数 $Q_4 = 1$ 应保留，同时应将第三位 Q_3 增为 1。

接着，由顺序脉冲分配器发出脉冲 CP_2，它供给 F_4 作为时钟脉冲。由于 $U_A < U_X$，电压比较器输出高电平，使 $D_4 = 1$，因此 F_4 状态不变，Q_4 仍保留为 1。同时，因为 CP_2 经非门使 F_3 直接置 1，故 $Q_4 = 1$，$Q_3 = 1$，$Q_2 = 0$，$Q_1 = 0$，即 $D_A = 1\ 100$，经数模转换器转换后 $U_A = 7.5\text{V}$，大于 $U_X = 6.88\text{V}$，说明该设定量 D_A 又太大了，下次比较时，$Q_3 = 1$，应取消，变为 0，同时，将 Q_2 由 0 增至 1。

然后，发出 CP_3 作为 F_3 的时钟脉冲，因为 $U_A > U_X$，比较器输出为低电平，$D_3 = 0$，使得 $Q_3 = 0$；同时，CP_3 经非门又使 F_2 直接置 1，故 $Q_4 = 1$，$Q_3 = 0$，$Q_2 = 1$，$Q_1 = 0$，这时，$U_A = 6.25\text{V}$，小于 $U_X = 6.88\text{V}$。继之，发出 CP_4，作为 F_2 的时钟脉冲，因为 $U_A < U_X$，比较器输出又是高电平，$D_2 = 1$，故 $Q_2 = 1$ 保留；同时，因为 CP_4 又使 F_1 直接置 1，故 $Q_4 = 1$，$Q_3 = 0$，$Q_2 = 1$，$Q_1 = 1$，这时，$U_A = 6.875\text{V}$，略小于 U_X。

最后，发出 CP_5 作为 F_1 的时钟脉冲，由于 $U_A < U_X$，$D_1 = 1$，$Q_4 = 1$，$Q_3 = 0$，$Q_2 = 1$，$Q_1 = 1$ 不变，误差小于数字量的最低位，因此 $D_A = 1011$ 即为由模拟量 6.88V 转换而来的数字量 D_X。

2. 集成 A/D 转换器举例

图 6—52 所示为 ADC0801A/D 转换器的引脚排列和典型外部接线图。被转换的电压信号从 $U_{IN(+)}$ 和 $U_{IN(-)}$ 输入。$U_{IN(+)}$、$U_{IN(-)}$ 是输入级差分放大电路的两个输入端。如果输入电压为正，则信号加到 $U_{IN(+)}$ 端，$U_{IN(-)}$ 端接地（AGND）。如果为负则反之。AGND 是模拟地端，DGND 是数字端。这样分开设置，目的是使数字电路的地电流不影响模拟信号回路，以防止寄生耦合造成的干扰。

参考电压可以由外部电路提供，从 $U_{REF}/2$ 端直接送入。当 U_{CC} 电源精确稳定时，也可作为电压基准。这时 ADC0801 芯片内部设有分压电路可自行提供 $U_{CC}/2$ 参考电压，$U_{REF}/2$ 端不必外接电源，悬空即可。

ADC0801 内部设有时钟电路，只要在外接 CLKR 和 CLK 两端外接一个电阻和一个电容

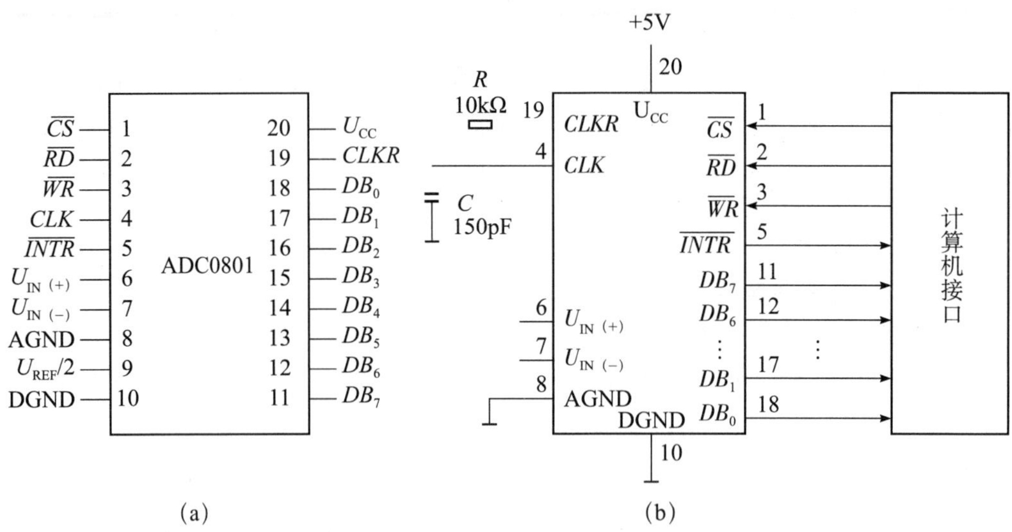

图 6—52　ADC0801A/D 转换器

（a）引脚排列　（b）典型外部接线

就可以产生 A/D 转换所需要的时钟，其振荡频率 $f_{CLK} \approx 1/(1.1RC)$。典型应用参数为 $R=10k\Omega, C=150pF$，$f_{CLK} \approx 600kHz$。若采用外部时钟，则可从 CLK 端送入，此时不接 R、C。

$\overline{CS}$是片选端，$\overline{WR}$是写控制端，当 $\overline{CS}$和 $\overline{WR}$同时有效时（无为低电平）启动 A/D 转换。$\overline{INTR}$是转换结束信号输出端。当本次转换已经完成，该端从高电平跳到低电平。$\overline{RD}$为转换结果读出控制端，当它与 $\overline{CS}$同时为低电平时，输出数据锁存器 $DB_0 \sim DB_7$ 各端上出现 8 位并行二进制数码，表示 A/D 转换结果。ADC0801 每秒钟可转换 1 万次，即转换一次的时间为 100 μs。

本章学习小结

（1）脉冲信号是多种多样的，常见的有方波、三角波、矩形波、尖峰波等。脉冲有正脉冲和负脉冲之分。

数制就是数的表示方法，有二进制、八进制、十进制和十六进制等，常用的有二进制和十进制等。二进制数的进位规则是“逢二进一”，十进制数的进位规则是“逢十进一”。

二进制数转换为十进制数的方法是将二进制数写成权的展开式并求和。十进制数转换成二进制数的方法是用“除 2 取余”法。

逻辑代数是分析和设计逻辑电路的一种数学工具，有 1 和 0 两种逻辑值。它们不表示数量的大小，而是表示两种对立的逻辑状态，如电平的高低、晶体管的导通与截止、脉冲信号的有无等。

逻辑代数的基本运算包括与、或和非运算。

（2）门电路是数字电路的基础，也是组合逻辑电路的基本单元，其应用极为广泛。所谓“门”就是一种开关，在一定条件下允许信号通过，条件不满足时，信号就通不过。

实现与逻辑关系的电路为与门，其逻辑功能为“有 0 为 0，全 1 为 1”；实现或逻辑关系的电路为或门，其逻辑功能为“有 1 为 1，全 0 为 0”；实现非逻辑关系的电路为非门，其逻辑功能是输出与输入的电平相反。

常用集成复合门电路有 TTL 与非门、CMOS 或非门和异或门等。与非门的逻辑功能为：有 0 为 1，全 1 为 0；或非门的逻辑功能为：有 1 为 0，全 0 为 1；异或门电路的逻辑功能为：相同出 0，不同出 1。三态与非门输出有 1 态、0 态和高阻（即开路）状态，所以称为三态。三态与非门增加了一个控制端 E。

(3) 在数字电路中，把某种控制信息用一个规定的二进制数来表示，称为代码。将信息变换成二进制代码的过程，称为编码。实现编码功能的组合逻辑电路称为编码器。编码器可分为二进制编码器、二—十进制编码器和优先编码器。

用二进制代码来表示的十进制数，称为二—十进制编码，简称 BCD 码。取二进制数 0000～1001 来表示对应的十进制数码 0～9，称为 8421BCD 码。

在优先编码器中，是优先级别高的编码信号排斥级别低的，根据实际需要来确定优先权的顺序。

(4) 译码器的作用与编码器相反，译码是将二进制代码变换成信息的过程，实现译码功能的组合逻辑电路称为译码器。

数码显示器是用来显示数字、文字或符号的器件。常用的有液晶显示器、发光二极管等。发光二极管又称半导体数码管，是一种能够将电能转换成光能的发光器件，其内部电路有共阴极和共阳极两种接法。

(5) 时序逻辑电路的电路的特点是，它们在某一时刻的输出不仅与当时的输入状态有关，还与电路原来的输出状态有关。触发器是数字电路的另一种逻辑单元。双稳态触发器有 0 和 1 两个稳定输出状态，在一定外界信号的作用下可以从一个稳定状态翻转为另一个稳定状态。因此，双稳态触发器具有记忆功能。

触发器可分为基本 RS 触发器、同步 RS 触发器、JK 触发器、D 触发器等。基本 RS 触发器的结构最简单，但却是各种复杂结构触发器的基本组成部分。由时钟脉冲控制的触发器称为同步触发器。同步 RS 触发器会发生空翻现象，因此在应用中受到一定的限制。

边沿触发器只在时钟脉冲 CP 上升沿或下降沿接收输入信号，以使电路状态发生翻转，从而提高了触发器工作的可靠性和抗干扰能力，使之没有空翻现象。边沿触发器主要有 JK 触发器、D 触发器等。JK 触发器不但具有记忆和置数（0 和 1）功能，而且还具有计数功能。

由于内部电路结构形式不同，因而触发方式和时刻也不同。基本 RS 触发器为低电平触发；可控 RS 触发器为高电平触发；其他触发器一般多采用时钟脉冲的上升或下降沿触发。

(6) 时序逻辑电路根据时钟脉冲加入方式的不同，可分为同步时序逻辑电路和异步时序逻辑电路。同步时序逻辑电路中各触发器共用同一个时钟脉冲，因而各触发器的动作均与时钟同步。异步时序逻辑电路中各触发器不共用同一个时钟脉冲，因而各触发器的动作时间不同步。常用的时序逻辑电路有寄存器和计数器等。

在数字系统中，存放数码和指令的逻辑部件称为寄存器。一个触发器只能存放 1 位二进制数码，存放 N 位数码就应具备 N 个触发器。常用的有四位、八位、十六位寄存器等。寄存器存放数码的方式有并行和串行两种。

寄存器按所具备的功能不同可分为两大类：数码寄存器和移位寄存器。数码寄存器只具有接收数码和清除原有数码的功能。移位寄存器除具有存储数码功能外，还具有数码移位功能。所谓数码移位功能，就是寄存器中所存数据，可以在移位脉冲作用下逐次左移或右移。

(7) 记忆输入脉冲个数的功能称为计数，实现计数操作的电路称为计数器。计数器存在于小型数字仪表和大型电子数字计算机中，是任何现代数字系统中不可缺少的组成部分。

按照计数器中各个触发器状态更新情况的不同，计数器可分同步计数器和异步计数器。在同步计数器中，由于各个触发器都受同一时钟脉冲控制，因此状态更新是同步的。异步计数器则不同，有的触发器直接受输入计数脉冲控制，有的则是将其他触发器的输出当作时钟脉冲，因此它们状态的更新有先有后，是异步的。

按照计数器中计数长度的不同，计数器又有二进制、十进制、N 进制之分。一般来说，几个状态构成一个计数循环，就称为几进制计数器。计数器有加法、减法和可逆计数器三种不同类型。

(8) 555 定时器是一种将模拟电路和数字电路集成于一体的电子器件，使用方便，应用广泛，只需通过外部适当的连线和接入合适的电阻、电容便能以多种方式工作。

由 555 集成定时器可以组成单稳态触发器和多谐振荡器。单稳态触发器只有一个稳态其特点是：在外来触发信号的作用下，能够由稳态翻转成另一暂稳状态，暂稳状态维持一定时间后，又会自动返回到稳态。单稳态触发器在数字系统中一般用于定时、整形和延时。多谐振荡器是通过自激振荡输出一定频率矩形脉冲的电子器件，在数字系统、微型计算机中用作统一的时钟脉冲发生器。

(9) 完成模/数转换的电路称为模/数转换器，将模拟信号转换成数字信号的过程称为模/数转换（A/D）。相反，完成数/模转换的电路称为数/模转换器，将数字信号转换成模拟信号的过程称为数/模转换（D/A）。

D/A 是数字处理系统与模拟系统的接口电路，常用的有 T 型电阻网络 D/A 转换器。A/D 转换器是模拟系统与数字处理系统的接口电路，A/D 转换器的种类很多，常用的是逐次逼近型 A/D 转换器。

本章学习测试

6.1　正常工作状态下，TTL 集成门的高电平为多少伏？低电平为多少伏？

6.2　写出两输入端与门、或门、非门、与非门、或非门的逻辑表达式，并列出真值表、画出逻辑符号。

6.3　逻辑运算中的 1 和 0 与数码中的 1 和 0 有何区别？

6.4　什么是正逻辑和负逻辑？

6.5　与门的多余输入端接地，输出结果会怎样？或门的多余输入端接高电平，输出结果会怎样？

6.6　二进制数有何特点？为什么数字系统要用二进制数？

6.7　三态与非门和与非门有哪些区别？

6.8　编码器的功能是什么？优先编码器有什么优点？

6.9　什么叫译码？译码器的功能是什么？

6.10　组合逻辑电路的输出与什么有关？

6.11　为什么说双稳态触发器具有记忆功能？

6.12　比较基本 RS 触发器、同步 RS 触发器、JK 触发器及 D 触发器的区别。

6.13　何为空翻现象？何种触发器有空翻现象？而何种触发器没有？

6.14　数码寄存器和移位寄存器有何区别？

6.15　试说明移位寄存器的串行输入和串行输出的含义。

6.16　D/A 转换器是由几部分组成的，各部分的作用是什么？

6.17　时序逻辑电路的特点是什么？

6.18　A/D 转换器由几部分组成，各部分的作用是什么？

6.19　简述 555 集成定时器的组成及作用。

6.20　为什么要进行数字信号和模拟信号间的相互转换？

6.21　在图 6—53 中给出了输入信号 A、B 的波形，试画出与门输出 $F=A \cdot B$ 和或门输出 $F=A+B$ 及与非门输出 $F=\overline{A \cdot B}$的波形。

6.22　设同步 RS 触发器的初始状态为 $Q=1$，CP、R、S 端的输入波形如图 6—54 所示，试画出 Q 端的输出波形。

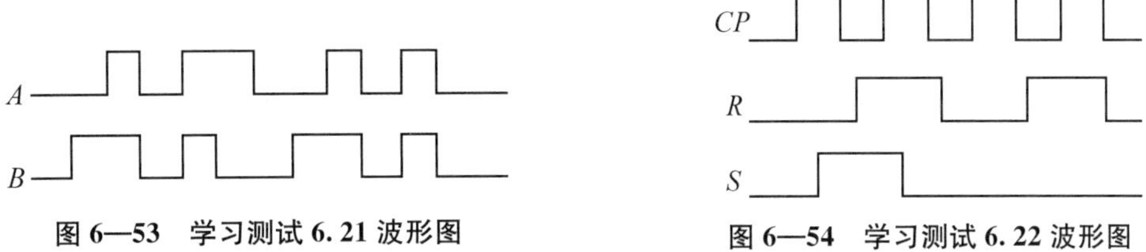

图 6—53　学习测试 6.21 波形图

图 6—54　学习测试 6.22 波形图

6.23　设维持阻塞 D 触发器的初始状态为 0，当 D 端和 CP 端的输入信号波形如图 6—55 所示时，试画出 Q 端的输出波形。

6.24　设下降沿 JK 触发器的初始状态为 $Q=0$，CP、J、K 端的输入波形如图 6—56 所示，试画出 Q 端的输出波形。

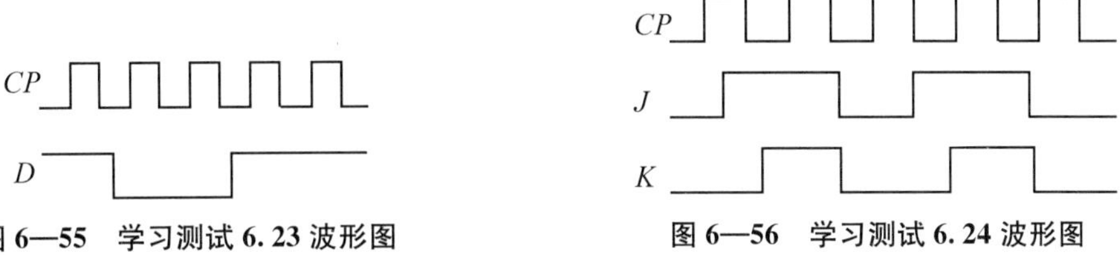

图 6—55　学习测试 6.23 波形图

图 6—56　学习测试 6.24 波形图

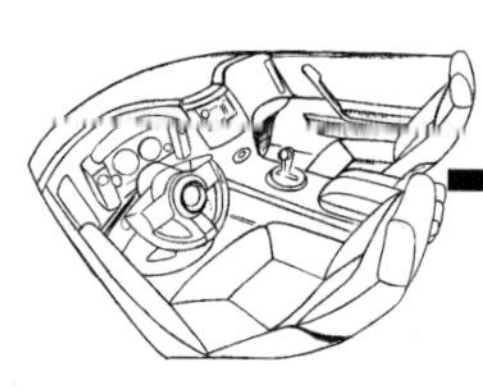

第7章

汽车常用测量仪表

引　言

在汽车检测及电器设备的维修过程中，工程技术人员常常需要借助一些电子测量设备如万用表、示波器等专用工具来检测和诊断设备的故障，因此掌握常用电子测量设备的使用方法是维修技术人员必不可少的技能。

7.1 电工仪表的基础知识

学习目标

了解常用电工仪表的分类、准确度等级、电工仪表的符号及意义等。

7.1.1 电工仪表的分类

1. 按测量对象分类

电工仪表按测量对象的不同可分为：电流表、电压表、功率表、电度表、电阻表等。

2. 按被测物理量分类

电工仪表按被测物理量的不同可分为：交流表、直流表、交直流两用表等。

3. 按测量准确度分类

电工仪表按测量物理量的准确度的不同可分为七个等级：0.1级、0.2级、0.5级、1.0级、1.5级、2.5级、4.0级等。

4. 按仪表的结构分类

电工仪表按结构可分为两类：电磁机械式仪表和电子数字式仪表。

5. 按工作原理分类

电磁机械式电工仪表按其工作原理可分为：磁电式、电磁式、电动式和感应式等。

7.1.2 电工仪表的等级

电工仪表的等级是指在规定条件下使用时，可能产生的基本误差占满刻度的百分数，它表示了该电工仪表基本误差的大小。

在电工仪表的七个等级中，数字越小准确度就越高，基本误差就越小。在通常情况下，0.1 和 0.2 级仪表用作标准表，0.5～1.5 级仪表用作实验表，而 1.5～4.0 级仪表用于工程测量。

另外值得注意的是，同一只电工仪表在使用时，量程是否恰当也会直接影响测量的准确度。用较小的量程测量比用较大的量程测量准确度高。因此通常选择量程时，应使读数占满刻度的 2/3 以上，以减小测量误差。

7.1.3　电工仪表的符号

各种电工仪表的表盘上有各种符号，表示的是该仪表的基本技术特性，常用符号及其意义见表 7—1。

表 7—1　　**常用电工仪表符号及其意义**

分类	符号	名称	分类	符号	名称	分类	符号	名称
电流种类	—	直流表	工作原理	∩	磁电系仪表	工作位置	—	水平使用
	～	交流表			电动系仪表		⊓	
	≂	交直流表			铁磁电动系仪表		↑	垂直使用
	≋	三相交流表			电磁系仪表		⊥	
测量对象	Ⓐ	电流表			电磁系仪表（有磁屏蔽）	绝缘试验		试验条件 2kW
	Ⓥ	电压表			整流系仪表		☆2	
	Ⓦ	功率表		∣∣∣	防外磁场能力第三等	准确度	(0.5)	0.5 级
	W·h	电能表		△B	使用条件 B 级			

7.1.4　数字式仪表的显示位数

数字式仪表具有很高的灵敏度和准确度，显示直观清晰，功能完备，性能稳定，过载能力强，是汽车维修与检测过程中常用的电子仪表。

数字仪表是以十进制数码的方式显示被测值的，数字仪表的位数是指该仪表能完整显示出“0～9”这十个数码的位数。

数字仪表的显示位数通常有 $3\frac{1}{2}$ 位、$3\frac{2}{3}$ 位、$3\frac{3}{4}$ 位、$4\frac{1}{2}$ 位、$4\frac{3}{4}$ 位、$5\frac{1}{2}$ 位、$6\frac{1}{2}$ 位、$7\frac{1}{2}$ 位、$8\frac{1}{2}$ 位共 9 种。辨别数字仪表显示位数时要注意的是，能显示 0～9 中所有数字的位是整数位，分数位的数值是以最大显示值中最高位数字为分子，用满量程时最高位数字作分母。如某数字仪表的最大显示值为±1 999，满量程计数值为 2 000，这表明该仪表有 3 个整数位，而分数位的分子是 1，分母是 2，故称为 $3\frac{1}{2}$ 位，读作“三位半”，其最高位只能显示 0 或 1。其他依此类推。

7.2 模拟式万用表

学习目标

了解模拟式万用表的基本工作原理，掌握模拟式万用表测量电阻、电流及电压的方法。

模拟式万用表也称指针式万用表，工作时以指针偏转来指示被测量的大小。它主要由磁电式测量机构（俗称表头）、测量线路和转换开关三部分组成。测量时，通过转换形状的切换，选择相应的测量线路，将被测量转换成可由磁电式仪表直接接受的电流。磁电式仪表满偏电流小、灵敏度高。仪表外配高压探头，电压量程可扩大到 25kV。内电路中串联 0.5A 熔断丝作保护，国产 MF 型万用表一般为 1.5 级～2.5 级。万用表的使用频率一般为 45Hz～1000Hz，有的可以更宽一些。

现以 MF47 型万用表为例来说明测量过程。图 7—1 所示为 MF47 型万用表的面板图及表盘。

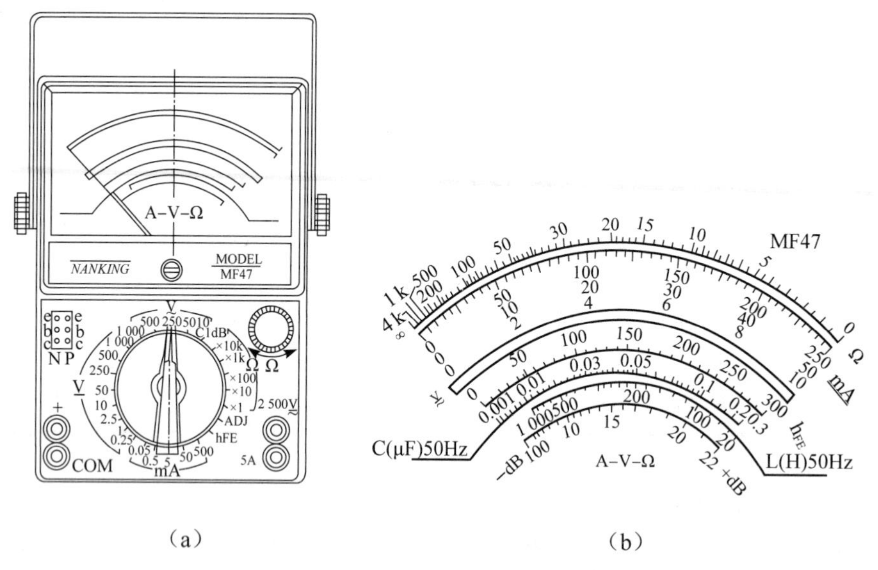

(a)　　(b)

图 7—1　MF47 型万用表的面板图及表盘

(a) 面板图　(b) 表盘

如图 7—1 (b) 所示，表盘标度尺的刻度有的是均匀的，如直流电压、直流电流和交流电压共用刻度尺的刻度，有的是不均匀的，如电阻、晶体管共发射极直流电流放大系数、电感、电容及音频电平等刻度尺的刻度。

7.2.1　物理量的测量

1. 直流电流的测量

万用表的直流电流测量实际上是利用一个多量程的直流电流表。由于表头的满偏转电流很小，所以采用分流电阻来扩大量程，一般万用表采用闭路抽头式环形分流电路，万用表的直流电流测量电路如图 7—2 所示。

图 7—2 所示电路的分流回路始终是闭合的。转换开关转换到不同位置，就可改变直流电流的量程，这和电流表并联分流电阻扩大量程的原理是一样的。

测量 0.05mA～500mA 的直流电流时，先将转换开关旋至相应被测量的范围内，选好量程，再将测试表笔串入被测电路中进行测量。注意插在“+”孔中红表笔应接在被测电路的正极，插在“−”孔中的黑表笔应接在被没电路的负极。

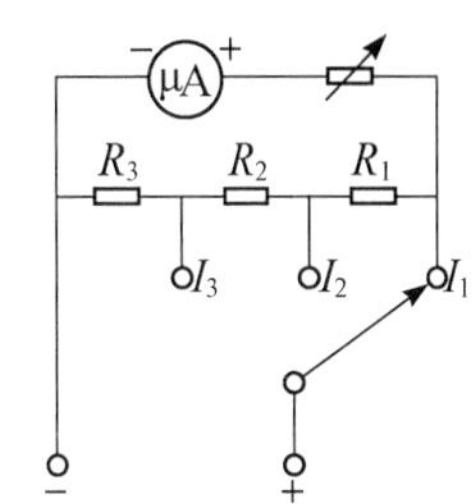

图 7—2　万用表的直流电流测量电路

2. 直流电压的测量

万用表测量直流电压的电路是一个多量程的直流电压表与电阻串联的电路。它通过转换开关来换接电路中与表头串联的不同分压电阻，以实现不同电压量程的转换。万用表的直流电压的测量电路如图 7—3 所示。

测量 0.25V～1 000V 的直流电压时，先将转换开关旋至相应被测量的范围内，选好量程，再将测试表笔并入被测电路中进行测量。注意插在“+”孔中红表笔应接在被测电路的正极，插在“−”孔中的黑表笔应接在被没电路的负极。

值得注意的是，测量时的量程选择要合适，应使指针偏转在 2/3 量程左右的范围内。5A 和 2 500V 量程为单独插孔，在使用 5A 直流电流插孔测量直流电流时，转换开关应置于 500mA 电流量程位置，使用 2 500V 电压插孔测直流电压时，转换开关应置于 1 000V 电压量程的位置上。

3. 交流电压的测量

磁电式直流电流表不能直接用来测量交流电，必须把交流电转变为直流电才能加以测量。测量交流电压的电路是一个整流系电压表与电阻并联的电路。整流电流是脉动直流电，指针的偏转角将正比于整流电流在一个周期内的平均值。由理论分析可知，表头指针偏转角与被测交流电流的有效值也是正比关系。整流系仪表的刻度尺是按正弦量的有效值来刻度的，万用表测交流电压时，其读数是正弦交流电压的有效值，如测量非正弦交流电，会产生很大的误差。万用表的交流电压测量电路如图 7—4 所示。

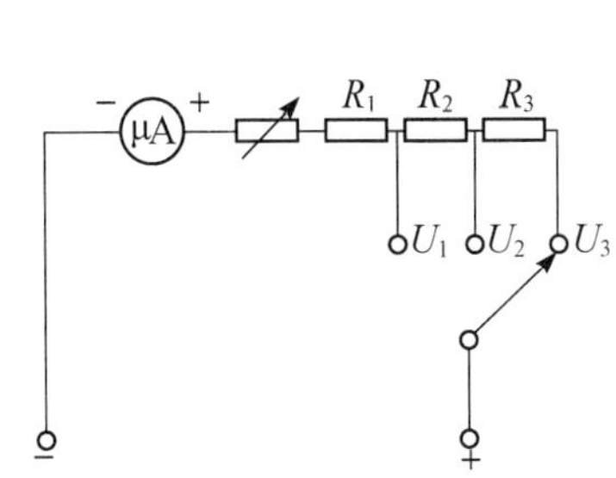

图 7—3　万用表的直流电压测量电路

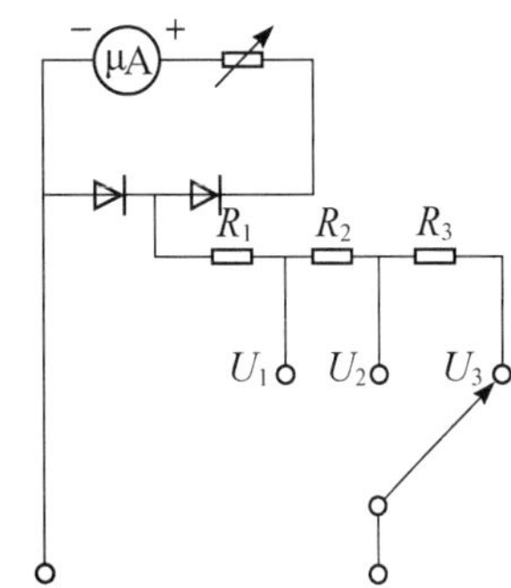

图 7—4　万用表的交流电压测量电路

交流电压的测量方法与直流电压的测量方法相同。只是在使用 2 500V 电压插孔测量交流电压时，转换开关需要置于交流 1 000V 的量程位置上。为扩大交流电压的量程，在测量电路中需要串联附加电阻，万用表的交流电压挡附加电阻与直流电压挡共用。

4. 电阻的测量

在电压不变的情况下，如回路电阻增加一倍，则电流减为一半。根据这个原理，凡可制作一只电阻表，万用表的直流电阻测量电路就是一个多量程的电阻表。万用表的直流电阻测量原理如图 7—5 所示。

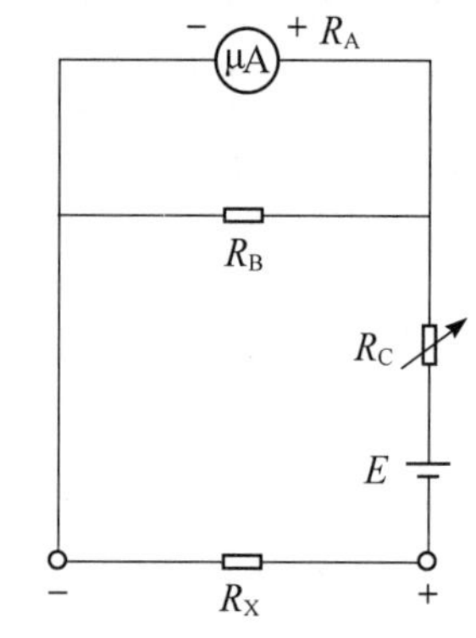

图 7—5　万用表的直流电阻测量原理

当被测量电阻 R_X 为 0（即把两表笔短接）时，回路中的电阻最大，电流最大，表针偏转到底，指示值为“0”；当被测电阻 R_X 为无穷大（即把两表笔开路）时，回路中的电阻最大，电流为零，表针不动，指示值为“∞”。所以，表盘上电阻挡为“倒刻度值”。

MF47 型万用表电阻挡具有五个量程，它们共用一条刻度线。由于量程之间是 10 倍关系，为保证测量准确，每次测量前首先要选好量程，然后必须调零，其方法是：将红、黑表笔短接，旋动调零旋钮，直到指针指示“0”为止。万用表的指针转角与被测量电阻一一对应，电阻刻度为非均匀刻度。

万用表调零可以调整测量机构的工作电流，使调零时的指针满偏，以减小误差。

5. 三极管直流放大系数的测量

先将转换开关置于三极管调节“ADJ”位置，短接红黑表笔，调节欧姆调零旋钮，使指针指示在绿色三极管刻度线的 300 刻度值上，然后再将转换开关转到“hFE”位置，将待测三极管管脚根据其管型（NPN 或 PNP）分别插入三极管测试座相应的“ebc”管座内，就可根据指针位置从绿色刻度线上读取该三极管的直流放大系数。

7.2.2　万用表使用方法及需要注意的问题

万用表的类型较多，面板上的旋钮、开关的布局也有所不同。所以在使用万用表之前必须仔细了解和熟悉各部件的作用，认真分清表盘上各条刻度对应的量，详细阅读使用说明书。

1. 机械调零

万用表在使用之前应检查表针是否在零位上，如不在零位上，可用小螺钉旋具调节表盖上的调零器，进行“机械调零”，使表针指在零位。

2. 插孔标记

万用表面板上的插孔都有极性标记。注意“+”插孔是接表内电池的负极，而“－”插孔是接表内电池的正极。

3. 量程选择

量程转换开关必须拨在需要测量的位置，不能拨错。要测量电压时，必须拨在要测量的直流电压或交流电压位置上，如拨在电流或电阻挡，将会损坏表头。

4. 量程选择遵循先大后小的原则

在测量电压或电流时，如果对被测电流或电压的大小心中无数，应先拨到最大量程上试测，防止表针打坏。然后再拨到合适的量程上测量，以减小测量误差。注意不可带电转换量程开关。

5. 注意极性和连接方式

在测量直流电压、电流时，应注意正、负极极性，正、负表笔应分别与被测电压、电流的正、负极端相接。测电压时并联，测电流时把电路断开，把表串入电路。

6. 注意频率

测量交流电压、电流时，注意必须是正弦交流电压、电流，其频率不能超过万用表所允许的频率范围（见万用表说明书）。

7. 测量电阻时先调零

测量电阻时，首先要选择适当的倍率挡，然后将表笔短接，调节调零旋钮，使表针指零，以确保测量的准确性。如调零电位器不能将表针调到零位，说明电池电压不足，需要更换新电池。另外测量电阻时不能带电测量，以免损坏万用表。测量电阻时每换一次量程，都必须重新调零。

8. 读数时注意被测量与刻度尺的对应

测量直流量时，读标有“DC”或“—”的刻度尺，测交流量时读标有“AC”或“～”的刻度尺。测电阻时读标有“Ω”的刻度尺。

9. 测量完毕关闭电源

有的万用表有开关，使用完毕时应关闭电源。无开关的万用表，在使用完毕时应将转换开关拨到交流电压最高挡，防止他人误用而损坏万用表，也可防止误拨至电阻挡时意外耗电。

7.3 数字式万用表

学习目标

了解数字式万用表的基本工作原理，掌握数字式万用表测量电阻、电流及电压的方法。

数字式万用表相对模拟式万用表而言，具有很高的灵敏度和准确度，显示直观清晰，功能齐全，性能稳定，输入阻抗高，测量速度快，过载能力强，便于携带，深受欢迎。

数字式万用表的结构包括面板、外壳、液晶显示器、测量电路及转换开关等组成。

数字式万用表采用数字化测量技术，把被测量转换成电压信号，并以数字形式加以显示。它是通过断续的方式进行测量的。数字式万用表是在模拟式万用表的基础上扩展而成的。

图 7—6 所示为 3 位半手持数字式万用表 DT930G 的面板图，它可以用来测量直流电、直流电流、交流电压、交流电流、电阻、电容、二极管、三极管 hFE 和温度等。现以

DT930G 为例说明其使用方法。

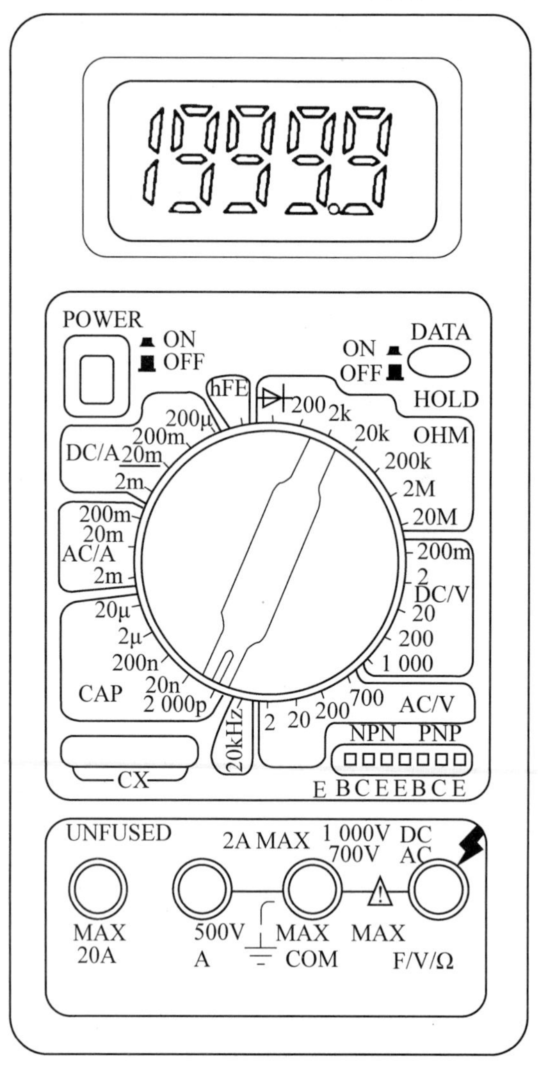

图 7—6　DT930G 数字式万用表

7. 3. 1　物理量的测量

1. 直流电压的测量

将功能量程选择开关旋至“DC/V”区域内恰当的量程挡，红表笔插入“F/V/Ω”插孔，黑表笔插入“COM”插孔，然后将电源开关按下，即可测量直流电压。测量时将两表笔与被测线路并联，液晶显示屏将显示被测直流电压值和红表笔所接端的极性。应该注意的是，在“F/V/Ω”和“COM”插孔之间标有“1 000VDC 700AC MAX”，它表示最大直流被测电压不能超过 1 000V，最大交流电压有效值不能超过 700V。所以被测直流电压不能超过 1 000V，否则有损坏仪表的危险。

2. 交流电压的测量

将功能量程选择开关旋至“AC/ V”区域内恰当的量程挡，表笔的插法同上。按下电源开关就可测量有效值不超过 700V 或峰值不超过 1 000V 的交流电压。测量时，除 200V 和 700V 的频率范围为 40Hz～100Hz 外，其余的均为 40Hz～400Hz。

3. 直流电流的测量

将功能量程选择开关旋至“DC/A”区域内恰当的量程挡，黑表笔插入“COM”插孔。如果最大被测电流为 200mA，红表笔应插在“A”孔内；如果最大被测电流为 20A，红表笔则应插在“20A”孔内。注意测量直流电流时，万用表应与被测电路串联。

4. 交流电流的测量

将功能量程选择开关旋至“AC/A”区域内恰当的量程挡，其余的操作与测量直流电流的方法相同。

5. 电阻的测量

将功能量程选择开关旋至“OHM”区域内恰当的量程挡，黑表笔插入“COM”插孔，红表笔插入“F/V/Ω”插孔，按下电源开关即可进行电阻测量。

6. 电容的测量

将功能量程选择开关旋至“CAP”区域内恰当的量程挡，按下电源开关，并将被测电容的两引线插入面板左端的“CX”插口，即可测量电容值。注意在测量电容前要将电容放电。

7. 三极管放大系数的测量

将功能量程选择开关旋至“hFE”挡，并按下电源开关。根据被测三极管的型号及管脚名称，将其插入到面板右下端的“NPN”或“PNP”的相应插孔中，显示屏就会显示出该三极管放大系数的近似值。

7.3.2　使用时需注意的问题

（1）在测量直流电流时，数字万用表能自动转换或显示极性，若显示值为正值，说明电流流入红表笔。使用完毕时，应及时将红表笔从电流插孔中拔出，插入电压插孔，以免在电流挡误测电压而导致电表损坏。

（2）测电阻时，如果被测电阻超出所选量程的最大值，万用表将显示过量程指示“1”，这时应选择更高的量程。对于大于 1MΩ 的电阻，要待几秒后读数才能稳定，这是正常的。

（3）在用数字万用表的电阻挡检测二极管、检查线路的通断时，红表笔所接的是表内电池的正极，黑表笔所接的是表内电池的负极，这与指针式万用表正好相反。

（4）在测量电容时，两手不得接触电容的电极引线和表笔的金属端，否则数字万用表将严重跳数，甚至过载。

7.4　汽车专用数字万用表

学习目标

掌握汽车专用数字万用表的基本使用方法，并了解汽车专用万用表在汽车检修过程中的基本应用。

汽车专用数字万用表除了具备普通数字万用表所有功能外，还具有汽车专用项目的测试功能。学会使用汽车专用万用表是汽车维修工作者必须掌握的一项技能。

7.4.1 基本构造

图 7—7 所示为汽车专用数字万用表的面板图，汽车专用数字万用表主要由数字及模拟显示屏、功能按钮、测试项目（功能）选择开关、温度测量插座、公用插座（用于测量电压、电阻、频率、闭合角、频宽比和转速等）、公共搭铁插座、电流测量插座等构成。另外，为了实现某些功能，例如测量温度、转速等，汽车万用表还配有一些配套件。如热电偶适配器、热电偶探头、电感式拾取器，以及 AC/DC 感应式电流夹钳（5A～2 000A 等）。

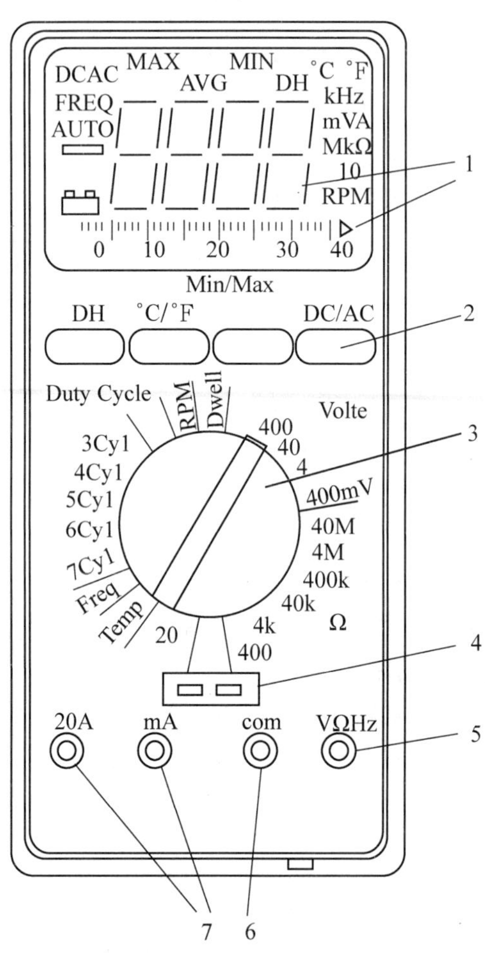

图 7—7 汽车专用数字万用表面板图

1—4 位数字及模拟量（棒型图）显示屏 2 功能按钮 3 测试项目（功能）选择开关 4 温度测量插座 5 测量电压、电阻、频率、闭合角、频宽比（占空比）及转速公用插座 6 公共搭铁插座 7 电流测量插座

7.4.2　主要技术参数

汽车专用数字万用表的主要技术参数见表 7—2。

表 7—2　　汽车专用数字万用表主要技术参数

主要功能	技术参数
直流电压	(400mV～400V) (1±0.5%)，1 000 (1±1%) V
直流电流	400 (1±1%) mA，20 (1±2%) A
交流电压	(400mV～400V) (1±1.2%)，750 (1±1.5%) V
交流电流	400 (1±1.5%) mA，20 (1±2.5%) A
电阻	400Ω (1±1%)，(4kΩ～4MΩ) (1±1%)，40 (1±2%) MΩ
频率	4kHz～4MHz (1±0.05%) 最小输入 10Hz
音频	电路通、断音频信号测试
二极管的检测	±1%dgt
温度的检测	−18℃～ (300±3) ℃，(301～1 100) (1±3%)℃
转速闭合	(150～3 999) (1±3%) r/min，(400～1 000) (1±0.6%) r/min
闭合角	±0.5%
频宽比	±0.2%

7.4.3　基本功能

(1) 检测交/直流电压、频率、百分比（占空比）。

(2) 发电机最大、最小输出电压、电流（配合±400A 电流钳）。

(3) 电器元件消耗电流检测。

(4) 检测各类传感器：节气门位置传感器（TPS）、进气压力传感器（MAP）、空气流量传感器（MAF）、水温传感器（CTS）、车速传感器（VSS）、曲轴位置传感器（CKP）、爆震传感器、氧传感器、凸轮轴位置传感器、ABS 车轮转速传感器等。

(5) 各类液、气体温度测量：空调空气出口温度、发动机排气温度、发动机进气温度、发动机冷却水温度、发动机机油温度、自动变速器油温度等。

(6) 点火触发脉冲信号检测。

(7) 喷油器触发信号，喷油时间（ms）的测试。

(8) 发动机转速测试。

(9) 检测各控制元件的动作频率、占空比（百分比）、动作时间。如点火放大器、怠速控制电动机、自动变速器压力电磁阀、车轮防抱死装置电磁阀、电动汽车泵、冷起动喷油器、电液压力调节器、喷油器、排气再循环电磁阀、点火系统触发器等。

(10) 检测起动机起动电压、电流（配合±400A 电流钳）。

(11) 点火闭合角测试。

(12) 电阻、电容测试。

(13) 真空/压力测试（配合真空/压力转换器）。如发动机进气真空度、燃油压力、自动变速器油压、发动机机油压力、气缸压力、空调冷媒高/低压力、排气压力、各真空控制元件的真空度。

(14) 逻辑电平测试。

（15）二极管及其通断测试。

（16）其他功能：如最大、最小和平均值显示、背光显示，数据保持、自动关机、相对值测试等。

EDA-230 型汽车智能万用表不仅可以对汽车常规电气系统，如发电机、起动机、灯光仪表电路、空调电路、音响电路进行检测，而且还可以对汽车微机控制系统的各个部分进行测量。例如，发动机微机控制燃油喷射系统、点火系统、ABS 防抱制动系统、微机控制自动变速器等。

对这些系统的电路参数、元件性能、工作状况进行分析和测试，它能够方便快捷地判断和排除汽车微机控制电路故障。选择合适的附件，还可以将它的测试功能扩大，直接对汽车上的压力、真空、温度等物理量进行测试，这对判断、分析汽车微机控制系统的故障十分有利。

EDA-230 型汽车智能万用表还备有条形图显示功能，它可以模拟指针式万用表的显示，使测量过程得心应手，同时还具有智能化的多重显示和对各种测量数据的最大、最小和平均值记忆显示，使得 EDA-230 型汽车智能万用表不仅反映各种数据的瞬时值，还可以动态记录在一段时间内数据变化的最大值、最小值和平均值。该功能可以用来检查充电过程的电压变化、喷油器在加速过程中的最大喷油量、冷却水温度在风扇开启前后的温度变化等。背光显示使 EDA-230 型汽车智能万用表在光线不良的情况下仍然可以清晰地看到仪表的显示数据，为在野外和夜间修车提供了方便。

7.4.4 使用方法

1. 信号频率的检测

将功能选择开关转到频率挡（Freq），公用插座（com）的测试线搭铁，VΩHz 插座的测试线接被测的信号线，此时在显示器上即可读取被测信号的频率。

2. 温度的检测

将功能选择开关转到温度挡（Temp），把温度探针插入温度检测插座，按动温度测量单位选择钮℃/F，再把温度探针接触所测物体的表面，显示器即显示出所测的温度。

3. 闭合角的检测

将功能选择开关转到相应发动机气缸数的闭合角测量位置（DWell），公用插座（com）的测试线搭铁，VΩHz 插座的测试线接点火线圈负极“－”接线柱，在发动机运转时显示器即能显示出点火线圈初级电流增长的时间（即闭合角，也叫导通角）。

4. 占空比的检测

将功能选择开关转到占空比测量位置（Duty Cycle），公用插座（com）的测试线搭铁，VΩHz 插座的测试线接被测的信号线，显示器即显示出被电路一个工作循环（周期）中脉冲信号所保持时间的相对百分数，即占空比。

5. 转速的测量

将功能选择开关转到转速挡（RPM），将转速测量的专用插头插入公用插座和 VΩHz 插座，再将感应式转速传感器的夹子夹到某一气缸的高压分线上，在发动机工作时显示器即显示出发动机的转速。

6. 起动机起动电流的检测

将功能选择开关转到400mV挡（1mV相当于1A），把霍尔效应式电流传感器的夹子夹到蓄电池的电源线上，按动最小/最大按钮（Min/Max），拆除点火线圈上的低压线插头，并转动发电机曲轴2s～3s，显示器即能显示出起动电流。

7. 氧传感器的检测

首先拆下氧传感器线束，将功能选择开关转到4V挡，按动DC/AC按钮并置于DC状态，再按Min/Max按钮，使COM插座的测试线搭铁，VΩHz插座的测试线与氧传感器的跨接线相连，让发动机运转到快怠速（2000r/min），此时氧传感器的工作温度可达360℃以上，排气浓时，氧传感器的输出电压约为0.8V；排气稀时，输出电压在0.1V～0.2V之间。可是，当氧传感器的工作温度低于360℃时，则无电压信号输出。

8. 喷油器喷油脉宽的测量

先将功能选择开关转到占空比（Duty Cycle）位置，测量出喷油器喷油的占空比后，再将功能选择开关置于频率挡（Freq），测量出喷油器的工作频率，按照下列公式即可计算出喷油器喷油的脉冲宽度（即喷油时间）

喷油脉宽＝占空比（%）/工作频率（s）

7.4.5 发动机电控系统万用表检测的注意事项

（1）除在测试过程中特殊指明外，不能用指针式万用表测试计算机和传感器，应使用高阻抗数字式万用表，万用表内阻应不低于10MΩ。

（2）首先检查保险丝、易熔线和接线端子的状况，在排除这些地方的故障后再用万用表进行检查。

（3）在测量电压时，点火开关应接通（ON），蓄电池电压应不低于11V。

（4）在用万用表检查防水型连接器时，应小心取下皮套，用测试表笔插入连接器检查时不可对端子用力过大。检测时，测试表笔可以从带有配线的后端插入，也可以从没有配线的前端插入。

（5）测量电阻时要在垂直和水平方向轻轻摇动导线，以提高准确性。

（6）检查线路断路故障时，应先脱开计算机和相应传感器的连接器，然后测量连接器相应端子间的电阻，以确定是否有断路或接触不良故障。

（7）检查线路搭铁短路故障时，应拆开线路两端的连接器，然后测量联接器被测端子与车身（搭铁）之间的电阻值。电阻值大于1MΩ为无故障。

7.5 函数信号发生器

学习目标

掌握YB1 600系列函数信号发生器的使用方法。

在设备维修、教学生产过程中，常常需要信号源来产生不同频率、不同波形、不同幅值的电压或电流信号，提供到被测电路的输入端，这种提供测试用的电信号的装置叫函数信号发生器。

函数信号发生器的种类很多，现只介绍目前常用的 YB1 600 系列函数信号发生器的使用方法。

7.5.1 函数信号发生器的功能

YB1 600 系列函数信号发生器可以输出正弦波、方波、三角波等波形。输出频率在 0.2Hz～2MHz 范围内连续可调，有电压输出、TTL 输出和功率输出三种输出方式。还可以作为一个 10MHz 的频率计使用。信号频率由六位 LED 显示器显示，其面板如图 7—8所示。

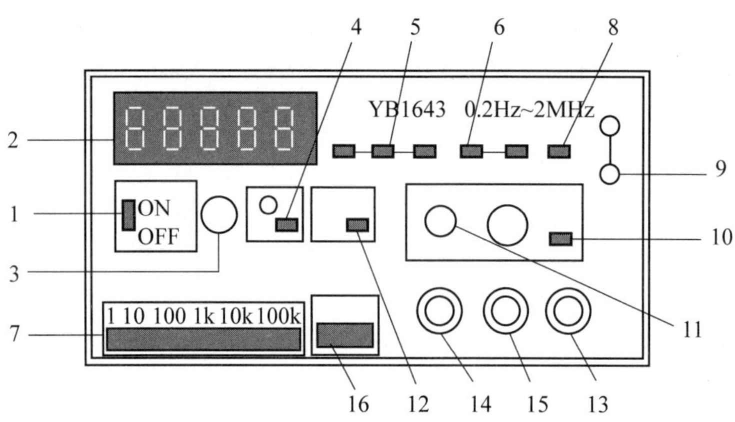

图 7—8 YB1 600 系列函数信号发生器面板

1—电源开关按键 2—LED 显示窗口 3—频率调节旋钮 4—对称性按钮 5—波形选择按键 6—电压输出衰减按键 7—频率范围选择按键（兼频率计数闸门开关） 8—功率输出按键 9—功率输出插孔 10—直流偏置按键 11—幅度调节旋钮 12—外测按键 13—电压输出插孔 14—外测信号输入插孔 15—TTL 电平输出插孔 16—单次脉冲按键

面板上各序号代表的按键及作用如下：

（1）电源开关按键：将电源线接入，按下电源开关按键，电源接通。将电源开关按键弹出，电源断开。

（2）LED 显示窗口：此窗口指示输出信号的频率。当“外测”开关接入时，则显示外测信号的频率。

（3）频率调节旋钮：调节此旋钮可以改变输出信号频率。顺时针旋转，频率增大；逆时针旋转，频率减小。

（4）对称性按钮：对称性按钮按下，对称性指示灯亮，调节对称性旋钮，可改变波形的对称性。

（5）波形选择按键：按下对应波形的一个按键，可以获得需要的波形；三个按键都未按下时，无信号输出，此时输出为直流电平。

（6）电压输出衰减按键：按下此键，输出信号获得衰减。衰减按键分两挡，分别为 20dB 和 40dB，同时按两下按键可以得到衰减 60dB 的输出信号。

（7）频率范围选择按键（兼频率计数闸门开关）：按键式开关共分 6 个频段，按下其中对应按键，可得到相应的频率输出。

（8）功率输出按键：按下此键，功率指示灯变绿色；如果该指示灯由绿色变为红色，则说明输出短路或过载。

(9) 功率输出插孔：此端为电路负载提供功率输出。负载应为纯电阻，若为感性或容性负载，应当串入 10W/50Ω 左右的电阻。

(10) 直流偏置按键：按下此键，直流偏置指示灯亮，此时调节直流偏置调节旋钮，即可以改变输出的直流电平。

(11) 幅度调节旋钮：顺时针调节此旋钮，增大"电压输出"、"功率输出"的输出幅度；逆时针调节旋钮可减小"电压输出"、"功率输出"的输出幅度。

(12) 外测按键：按下此键，LED 显示窗口显示外接被测信号的频率，外测信号由外测信号输入插孔输入。

(13) 电压输出插孔：电压输出信号由此插孔输出。

(14) 外测信号输入插孔：被测信号由此插孔输入。

(15) TTL 电平输出插孔：由此插孔输出 TTL 电平。

(16) 单次脉冲按键：按下此键，单次脉冲指示灯亮，仪器处于单次脉冲输出状态；按一次此键，电压输出插孔输出一个单次脉冲波形。

7.5.2　函数信号发生器的使用方法

打开电源开关之前，应先检查输入的电压，将电源线插入后面板上的交流插孔，然后按表 7—3 要求设定各个控制键。

表 7—3　控制键的设定

控制键名称	设定位置
电源（POWER）	电源开关键弹出
波形开关（WAVE FORM）	任意按入一键
功率开关（POWER OUT）	功率开关键弹出
衰减开关（ATTE）	衰减开关弹出
外测频（COUNTER）	外测频开关弹出
直流偏置（OFFSET）	直流偏置开关弹出

所有的控制键按表 7—3 设定后，打开电源，此时 LED 显示窗口显示本机输出信号频率，具体操作如下。

1. 连线

将电压输出信号由电压输出插孔通过连线送到示波器的 Y 输入插孔。

2. 确定输出信号波形

(1) 将波形选择按键按下正弦波、方波、三角波中的任意一个，此时示波器荧光屏上将显示函数信号发生器的波形输出。

(2) 改变频率选择按键，示波器显示的波形频率及 LED 窗口的示数将随着变化。

(3) 幅度旋钮顺时针旋至最大，示波器显示的波形的幅度将大于等于 20VP-P。

(4) 将直流偏置按键按下，顺时针旋转直流偏置调节旋钮，示波器上的波形向上移动；逆时针旋转直流偏置调节旋钮，示波器波形向下移动。最大变化量为±10V 以上。

（5）按下电压输出衰减按键，示波器将显示输出波形的衰减。

3. 外测频率

（1）按下外测按键，外测指示灯亮。

（2）外测信号由计数/频率输入插孔输入。

（3）选择适当的频率范围，由高量程向低量程选择合适的有效数值，以确保测量精度。

4. TTL 输出

（1）TTL 输出插孔接示波器 Y 轴输入端。

（2）示波器将显示方波或脉冲波，该输出插孔可以用做数字电路实验时的信号源。

5. 功率输出

按下功率输出按键，上方左边指示灯亮，功率输出插孔有信号输出。调节幅度电位器，输出幅度随之改变。当输出过载时，右侧指示灯亮。

7.6 双踪通用示波器

学习目标

掌握双踪示波器的基本使用方法。

示波器是电器电子维修技术人员常用的设备，也是汽车维修人员必不可少的工具。示波器除了具备显示波形的功能外，还具有测量功能。学会使用示波器是汽车维修技术人员必须掌握的一项技能。

目前普遍使用的是双踪示波器，它可同时观察和测定两种不同电信号的瞬变过程，以便进行定性和定量的测量、对比、分析和研究。现以 YB4320（YB4320A、YB4340、YB4360 功能相似）示波器为例说明其性能及使用方法。

7.6.1 示波器使用特性

（1）频率范围：20MHz，双踪。

（2）灵敏度高：最高偏转因数 1mV/div。

（3）显示屏幕大：6 英寸大屏，便于清晰观测信号波形。

（4）标尺亮度：便于夜间观测。

（5）交替扩展：正常（× 1）和扩展（× 5）。

（6）INT：无需转换 CH1、CH2 选择开关即可得到稳定触发。

（7）TV 同步：运用新的电视触发电路可以显示稳定的 TV－H 和 TV－V 信号。

（8）自动聚焦：测量过程中聚焦电平可自动校正。

（9）触发锁定：触发电路呈全自动同步状态，无需人工调节触发电平。

（10）工作环境温度：0℃～40℃。

7.6.2 示波器面板功能

图 7—9 所示为 YB4320 示波器的面板图。按功能可分为电源、垂直控制、水平控制和触发四个区域和三个输入端口。现以面板标号说明其功用。

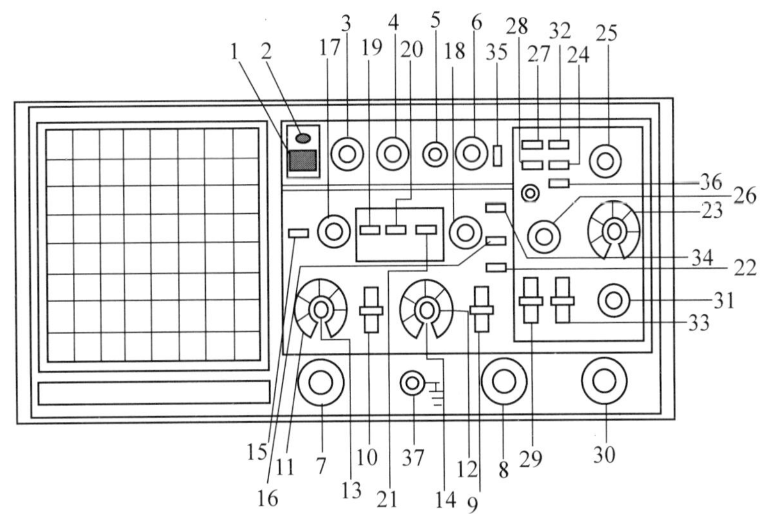

图7—9 YB4320示波器的面板图

1—电源开关按键 2—电源指示灯 3—亮度旋钮 4—聚集控制旋钮 5—光迹旋转旋钮 6—刻度照明控制旋钮 7—通道1输入端 8—通道2输入端 9、10—交流—接地—直流耦合选择开关 11、12—衰减器转换开关 13、14—垂直微调旋钮 15、16—CH1×5扩展、CH2×5扩展 17、18—垂直移位旋钮 19—通道1选择按键 20—通道2选择按键 21—叠加按键 22—CH2极性按键 23—扫描时间因数选择开关 24—X-Y控制按键 25—扫描微调控制按键 26—水平移位旋钮 27—扩展控制按键 28—ALT扩展按键 29—触发源选择开关 30—外触发输入插孔 31—触发电平控制旋钮 32—触发极性按键 33—触发方式选择旋钮 34—通道1输出 35—校准信号 36—光迹分离控制键 37—接地柱

1. 电源部分

将电源线插入交流电源插座，该插座下端装有保险丝。检查电压选择器上标明的额定电压，并使用相应的保险丝。

(1) 电源开关按键：将电源开头按键按下为“开”，弹出为“关”。

(2) 电源指示灯：电源接通时指示灯亮。

(3) 亮度旋钮：顺时针旋转亮度增强，反之减弱。接通电源前将该旋钮逆时针旋转到底。

(4) 聚焦控制旋钮：调节聚集旋钮可使显示的轨迹达到清晰。

(5) 光迹旋转旋钮：用于调节光迹与水平刻度线平行。

(6) 刻度照明控制旋钮：用于夜间操作调节屏幕刻度亮度。

2. 垂直偏转系统

(1) 通道1输入端［CH1 INPUT (X)］：用于垂直方向信号的输入。在X-Y方式时输入端信号作为X轴信号。

(2) 通道2输入端［CH1 INPUT (Y)］：同上。但在X-Y方式时输入端信号作为Y轴信号。

(3) 交流—接地—直流耦合选择开关(AC-GND-DC)：选择垂直放大器的耦合方式。

交流(AC)：在此方式时，信号经过一个电容器输入，输入信号的直流部分被阻隔，显示交流分量。

接地（GND）：在此方式时，垂直轴放大器输入端接地。

直流（DC）：在此方式时，输入信号直接送到垂直轴放大器输入端显示，信号中包含直流成分。

（4）衰减器转换开关（VOLT/DIV）：用于选择垂直偏转灵敏度的调节。如果使用的是10：1的探头，计算时屏幕上的读数要乘以10。

（5）垂直微调旋钮（VARIBLE）：用于连续改变电压偏转灵敏度。该钮在正常情况下应顺时针旋转到底。若将旋钮逆时针方向旋转到底，垂直方向的变化范围应大于2.5倍。

（6）CH1×5扩展、CH2×5扩展（CH1×5MAG、CH2×5MAG）：按下时垂直方向的信号扩展5倍，最高灵敏度变为1mV/div。

（7）垂直移位旋钮（POSITION）：调节CH1输入端和CH2输入端的信号在屏幕中的垂直位置。顺时针旋转波形上移，逆时针旋转波形下移。同时旋钮17当工作在X-Y方式时，该键用于Y方向和移位。

（8）通道1选择按键（CH1）：屏幕上仅显示CH1端的输入信号。

（9）通道2选择按键（CH2）：屏幕上仅显示CH2端的输入信号。

（10）双踪选择（DUAL）：同时按下CH1和CH2按钮，屏幕上会出现双踪并自动以断续或交替方式同时显示CH1和CH2输入端的输入信号。

（11）叠加按键（ADD）：显示CH1和CH2输入端输入电压的代数和。

（12）CH2极性按键（INVERT）：按下开关时CH2显示反相电压值。此位置功能与用于CH1的位置（18）是相关的。若按键（22）被按下，则输入CH2的信号是反相的。当比较不同极性的两个波形时，或者当CH1和CH2之间的信号有差别的波形要用ADD来测量时，用此按键很方便。

3. 水平方向部分

（1）扫描时间因数选择开关（TIME/DIV）：共20挡，能在0.1μs/div～0.2s/div范围选择扫描速率。

（2）X-Y控制按键：在X-Y工作方式时，垂直偏转信号接入CH2输入端，水平偏转信号接入CH1输入端。

（3）扫描微调控制按键（WARIBLE）：此旋钮顺时针旋转到底时处于校准位置，扫描由Time/Div开关指示。正常工作时，该旋钮位于校准位置。不在校准位置时，扫描因数连续变化，该旋钮沿逆时针方向旋转到底，扫描延迟低于1/2.5。正常工作时，该旋钮应位于校准位置。

（4）水平移位旋钮（POSITION）：用于调节轨迹在水平方向移动。顺时针旋转波形向右移动，逆时针旋转波形向左移动。

（5）扩展控制按键（MAG×10）：按下时扫描因数扩展10倍。扫描时间是TIME/DIV开关指示数值的1/10。

（6）ALT扩展按键（ALT-MAG）：按下扫描因数×1、×5同时显示。此时要把放大部分移到屏幕中心，按下ALT-MAG键。

同时使用垂直双踪方式和水平ALT-AMG可在屏幕上同时显示四条光迹。

4. 触发部分

(1) 触发源选择开关（SOURCE）：内触发（INT）时，CH1 或 CH2 上的输入信号是触发信号；通道 2 触发（CH2）时，CH2 上的输入信号是触发信号；电源触发（LINE）时，电源频率成为触发信号；外触发（EXT）时触发输入上的触发信号是外部信号，用于特殊信号触发。

(2) 外触发输入插座（EXT INPUT）：用于外部触发信号的输入。

(3) 触发电平控制旋钮（TRIG LEVEL）：用于调节被测信号在某一电平触发同步。

(4) 触发极性按键（SLOPE）：用于选择信号的上升沿和下降沿触发。

(5) 触发方式选择旋钮（TRIG MODE）：

自动（AUTO）：在自动扫描方式时扫描电路自动进行扫描。在没有信号输入或输入信号被触发同步时，屏幕仍然显示扫描线。

常态（NORM）：有触发信号才能扫描，否则屏幕上无扫描线显示。当输入信号的频率低于 20Hz 时，应该用常态触发方式。

TV-H：用于观察电视信号中行信号波形。

TV-V：用于观察电视信号中场信号波形。

注意：仅在触发信号为负同步信号时，TV-V 和 TV-H 同步。

Z 轴输入连接器（后面板）（Z AXIS INPUT）：Z 轴输入端。加入正信号时，辉度降低；加入负信号时，辉度增加。常态下的 5VP-P 的信号就能产生明显的调辉。

(6) 通道 1 输出（CH1 OUT）：通道 1 信号输出连接器，可以用于频率计数器输入信号。

(7) 校准信号（CAL）：此时电压幅度为 0.5Vp-p，频率为 1kHz 的方波信号。

7.6.3　物理量的测量及步骤

1. 步骤

(1) 将亮度和聚焦设定到能够最佳显示的合适位置。

(2) 最大可能地显示波形，减小测量误差。

(3) 如果使用了探头，检查电容校正信号的信号。

2. 基本物理量的测量

(1) 直流电压测量。设定 AC-GND-DC 开关至 GND，将零电平定位到屏幕上的最佳位置。将 Volts/Div 设定到合适的位置，然后将 AC-GND-DC 开关拨到 DC，直流信号将会产生偏移，DC 电压可通过刻度的总数乘以 Volts/Div 值的偏移后得到。

(2) 交流电压测量。与测量直流电压一样，将零电平设定到屏幕任一方便的位置。如果探头有衰减，实际值应乘以衰减率。如果幅度 AC 信号被重叠在一个高直流电压上，AC 部分可通过 AC-GND-DC 开关设置到 AC。这将隔开信号的直流部分，仅耦合交流部分。

(3) 频率和时间测量。将波形调整到方便观察的位置，观察波形一个周期的水平格数，再乘以 s/div 旋钮的指示值，即为周期。其倒数为频率。

时间差、上升（下降）沿、合成波形的同步、两个通道波形、电视电视同步信号的测量主请参阅相关说明书。

7.6.4　主要技术指标

YB4320 示波器的技术指标见表 7—4、表 7—5 和表 7—6。

表 7—4　　垂直系统

项目	技术指标
CH1 和 CH2 的灵敏度	5mV/div～5V/div，按 1—2—5 步进，共 10 挡（量程）（1mV/div～1V/div）
精度	×1：±5%、×5：±10%（室温）
可微调的垂直灵敏度	大于所标明的灵敏度值的 2.5 倍
频带宽度 5mV/div	DC：DC～20Mz －3dB AC：10Hz～7MHz －3dB
扩展频带宽度 5mV/div	DC：DC～7Mz －3dB AC：10Hz～7MHz －3dB
上冲	≤5%
上升时间	≤17.5ns
输入阻抗	1MΩ±2%，25pF±3pF 经探极 1MΩ±5 约 17p
最大输入电压	400V（DC＋AC 峰值）
输入耦合系统	AC-GND-DC
工作系统	CH1：仅通道 1 工作；CH2：仅通道 2 工作；ADD：CH2 和 CH2 的总和；双踪：同时显示通道 1 和通道 2
转换	仅通道 2 的信号可转换

表 7—5　　水平系统

项目	技术指标
扫描方式	×1、×5；×1、×5 交替
扫描时间因数	0.1 μ s～0.2 μ s/div±5% 按 1—2—5 步进，共 20 挡
扫描扩展	20ns/div～40ms/div
交替扩展扫描	至多四踪
光迹分挡微调	≤1.5div

表 7—6　　触发系统

<table>
<tr><th colspan="2">项目</th><th colspan="3">技术指标</th></tr>
<tr><td colspan="2">触发方式</td><td colspan="3">自动，正常，TV-V，TV-H</td></tr>
<tr><td colspan="2">触发信号源</td><td colspan="3">INT，CH2，电源，外</td></tr>
<tr><td colspan="2">极性</td><td colspan="3">＋，－</td></tr>
<tr><td colspan="2">耦合系统</td><td colspan="3">AC 耦合</td></tr>
<tr><td colspan="2" rowspan="2">TV 同步</td><td>内</td><td colspan="2">1div</td></tr>
<tr><td>外</td><td colspan="2">1Vp-p</td></tr>
<tr><td rowspan="3">灵敏度</td><td>频率</td><td>内</td><td>外</td><td></td></tr>
<tr><td>常态</td><td>10Hz～20M Hz</td><td>2div</td><td>0.3V</td></tr>
<tr><td>自动</td><td>20Hz～20MHz</td><td>2div</td><td>0.3V</td></tr>
</table>

第 8 章

电工电子技能训练

引　言

《汽车电工与电子基础》是一门以实验为主的技术基础课程，也是高职高专电工电子技术课程教学的重要环节。其主要任务是对汽车相关专业的学生进行电工电子实验基本技能的训练，培养学生运用所学电工电子学理论知识来分析、解决实际问题的能力。为后续的汽车电器、汽车电控等课程打下坚实的基础。

8.1 电工电子实训概述

学习目标

了解实训的相关要求及注意事项，掌握减小测量误差的方法。

8.1.1 实训相关要求

1. 实训准备

认真预习实验指导书，了解所做实验的目的、内容、方法与步骤，复习相关的理论知识，为实训做好准备。

2. 实训基本要求

(1) 了解实训所需的设备仪器及工具的使用方法。

(2) 按给定的实训电路图接好实训线路，经自己检查无误后再请指导教师检查，经指导教师确认后方可接通电源。

(3) 实训过程中要严格遵守操作规程，仔细观察实训现象，认真做好实训记录。

(4) 实训结束时应将实训数据交给指导教师查阅，经教师认可后方可结束实训。

(5) 实训完毕后，按规定清理实训元件、导线及仪器设备并放在指定位置，经指导教师同意方可离开实验室。

3. 实训注意事项

(1) 遵守实验室的各项安全操作规程，注重人身和设备安全。做到不擅自接通电源，不触及带电部位，严格遵守先接线后通电，先断电后拆线的操作规程。若发现异常现象应立即断开电源，报告指导教师，等待处理。

（2）注重仪器设备的使用，严格按照操作规程操作。对不了解性能和用法的设备不得随意使用，同时还要注意设备的容量，参数应符合实验要求，其工作电压和电流不超过额定值。

（3）正确接线。根据实训电路的结构特点和要求，选择合理的接线步骤。一般按先串后并，先分后合，先主后辅的原则进行接线。

（4）正确读数。读数前应弄清仪器仪表的量程及刻度，读数时应注意正确姿势，记录数据时要求完整清晰，力求表格化。

4. 实训报告

每次完成实训后，要认真填写实训报告。实训报告要用专用实训报告用纸。填写实训报告时要做到简明扼要，字迹清晰，图表整洁，结论明确。实训波形、曲线一律要画在坐标纸上，且比例要适当，坐标轴上应注明物理量的符号和单位，图下应标明波形或曲线的名称。

8.1.2 误差的产生与消除

1. 测量误差的产生

在任何测量中，由于各种主观和客观因素的影响，如仪表不准、测量原理不当或测量人员的个人习惯等，使得测量结果不可能完全等于被测参数的实际值，而只是它的近似值，这样就产生了测量误差。测量值与实际值之差称为测量误差。

2. 测量误差的分类

根据测量误差的性质和特征可分为系统误差、偶然误差和疏忽误差。

（1）系统误差。系统误差就是由于仪表的不准、不完善、使用不当或测量原理不当以及外界因素如温度、电场、磁场等引起的误差。按误差产生的原因，系统误差又包括以下三种。

1）基本误差。这是由于仪表在结构上和制造中的缺陷而产生的，它是仪表所固有的误差。

2）附加误差。这是由于外界因素的变化如温度、磁场的变化、仪表的放置方法等而产生的。

3）方法误差。这是由于测量原理不当或测量方法不完善，使用仪表人员的生理习惯等原因引起的。

（2）偶然误差。偶然误差是由于测量时周围环境的偶发原因造成的，是一种大小和符号都不能确定的误差。

（3）疏忽误差。疏忽误差是由于测量中的疏忽引起的误差。一般表现为测量结果严重偏离被测量的实际值，如读错误、记录错误和计算错误等。

3. 减小或消除误差的方法

测量的目的就是要尽可能求出被测的实际值，为了达到这一目的，就必须设法减小或消除测量误差。

（1）减小系统误差的方法。

1）对仪表进行校正，在测量中引用更正值，减小基本误差。在条件允许情况下，采用高准确度仪表。

2）按仪表所规定的条件使用仪表，减小附加误差。

3）采用的特殊的方法测量，减小方法误差。如采用替代测量等。

（2）减小偶然误差的方法。减小偶然误差的方法就是把同一测量值进行重复多次测量，最后取其算术平均值作为被测量的值。测量次数越多，偶然误差就越小。

（3）消除疏忽误差的方法。由于疏忽误差有明显的错误，只要测量后对数据进行详细的分析，就可发现错误所在。对于疏忽测量的数据应予以放弃，因为它是不可信的。

4. 测量误差的表示方法

测量误差的表示方法一般用绝对误差和相对误差来表示。

绝对误差是指测量值和被测量值的实际值之差。相对误差是指绝对误差与被测量的实际值之比。

8.2 训练项目

8.2.1　基尔霍夫定律的验证

1. 训练目标

（1）利用基尔霍夫定律检查实验所测数据的正确性，从而进一步深化对基尔霍夫定律的理解。

（2）学会用伏安法测量电阻。

2. 训练器材

通用电学实验台的直流电源部分和元件插板、直流电流表、万用表、电阻、导线等。

3. 训练原理

基尔霍夫定律是电路的基本定律，它包括基尔霍夫电流定律和基尔霍夫电压定律。

基尔霍夫电流定律描述：对于任一电路中的结点，在任一瞬时，流入该结点的电流之和等于流出该结点的电流之和，即$\sum I=0$。

基尔霍夫电压定律描述：对于任一电路中的一个闭合回路，如果从回路中任意点出发，以顺时针或逆时针方向沿回路循环一周，则在这个方向上的电位升之和应等于电位降之和，即$\sum U=0$。

运用基尔霍夫定律时，必须预先设定好电流或电压的参考方向。

4. 训练内容与步骤

（1）在实验台上按图 8—1 所示连接好电路，并将直流电源 E_1 和 E_2 接入电路，调节稳压电源输出电压使 $E_1=16\text{V}$，$E_2=6\text{V}$。

（2）将电流表接入电路中，测量 I_1、I_2、I_3 的数值（注意电流的参考方向），将数据填入表 8—1 中。

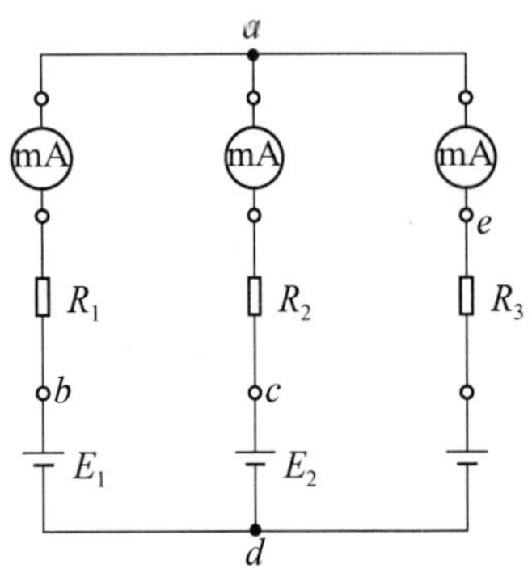

图 8—1　基尔霍夫定律实训电路

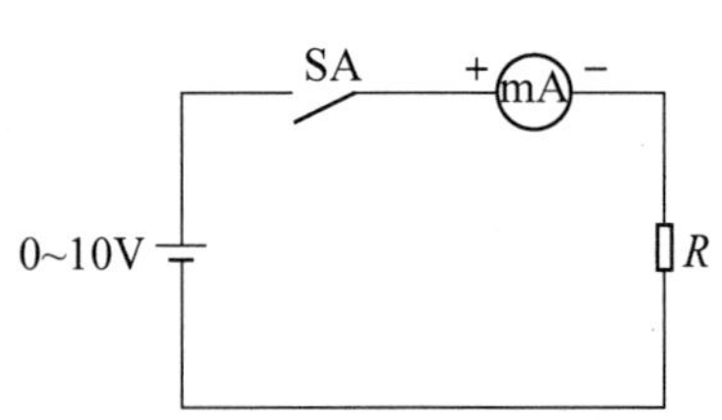

图 8—2　伏安法测电阻电路

表 8—1　　基尔霍夫电流定律的验证表一

I_1/mA	I_2/mA	I_3/mA	$\sum I_a$

（3）换下电流表并用导线短接，用万用表直流电压挡，选择合适的量程，测量电压 Uab、Ubd、Udc、Uca、Uad 的数值（注意电压参考方向），并记录于表 8—2 中。

表 8—2　　基尔霍夫电压定律的验证表二

U_{ab}	U_{bd}	U_{dc}	U_{ca}	U_{ad}	$\sum U_{abdca}$	$\sum U_{acdea}$

（4）用伏安法测电阻，作伏安特性曲线。

按如图 8—2 所示在实验台上连接好电路，电源用 16V 直流稳压电源。按表 8—3 要求调整直流电压的大小，用万用表的直流电流挡测出相应的电流，并记录于表 8—3中。

表 8—3　　伏安法测电阻数据

电压/V	1	2	3	4	5	6	7	8	9	10
电流/mA										
电阻/Ω										

5. 训练思考

（1）总结表 8—1 和表 8—2 的实训数据，得出什么结论？

（2）分析误差产生的原因。

（3）根据表 8—3 的数据，绘制电阻 R 的伏安特性曲线。

（4）谈谈本次实验的心得体会。

8.2.2　电子元器件参数及性能测定

1. 训练目标

（1）掌握电阻、电容和电感元件的识别与判定。

（2）掌握二极管、三极管的识别与判定。

（3）进一步熟悉万用表等器材的使用方法。

2. 训练器材

通用电学实验台的直流电源部分和元件插板，万用表、直流电流表、直流电压表、12V 汽车灯泡、电子元器件及导线等。

3. 训练原理

（1）电阻的测量。电阻是电路中最常用的元件，它有线性电阻和非线性电阻两大类。线性电阻的阻值可以通过万用表的电阻挡进行测量，也可以利用欧姆定律即 $R=U/I$，先用直流电压表和直流电流表测出相应的读数，然后利用欧姆定律计算电阻值。其测量电路如图 8—3 所示，图 8—3（a）为电流表内接法，图 8—3（b）为电流表外接法。

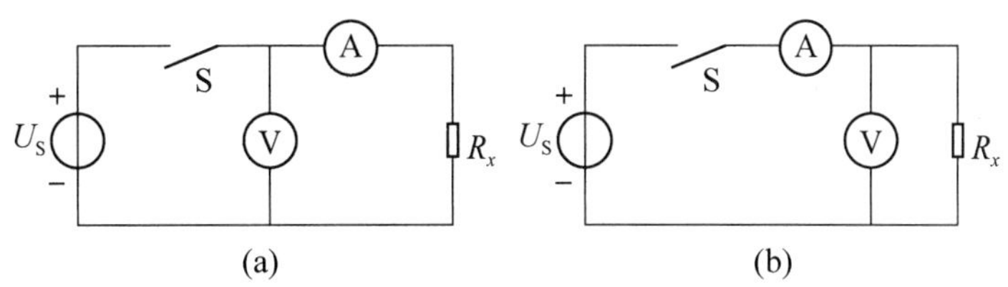

图 8—3　电阻的测量电路

（a）内接法　（b）外接法

当被测电阻 R_X 较大时，采用电流表内接法，当 R_X 较小时，采用电流表外接法。此外，对于常用固定电阻的阻值，可以通过电阻本身的标称值进行读数。如图 8—4 所示为标称电阻的直标法及色环的表示方法。其中色环所代表的意义见表 8—4。对于非线性电阻的阻值测量，其阻值随使用条件的变化而变化，如热敏电阻是温度与电阻有关系，压敏电阻是压力与电阻有关系等，因此用交流电压表和交流电流表测出相应的读数，并利用欧姆定律计算不同状态下的电阻值。也可以通过万用表的电阻挡来测量。

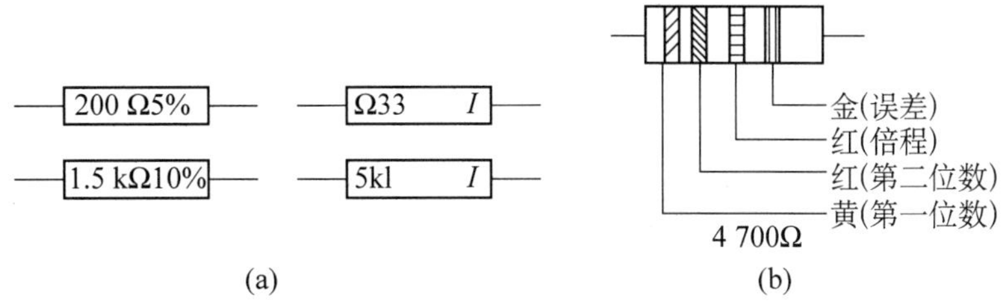

图 8—4　电阻的直标法和色环表示法

（a）直标法　（b）色环表示法

表 8—4　　电阻的色环表示的意义

色环颜色	第一色环 第一位数	第二色环 第二位数	第三色环 应乘的数	第四色环 误差
黑	0	0	$\times10^0$	±1%
棕	1	1	$\times10^1$	±2%
红	2	2	$\times10^2$	±3%
橙	3	3	$\times10^3$	±4%
黄	4	4	$\times10^4$	
绿	5	5	$\times10^5$	
蓝	6	6	$\times10^6$	
紫	7	7	$\times10^7$	
灰	8	8	$\times10^8$	
白	9	9	$\times10^9$	
金			$\times10^{-1}$	±5%
银			$\times10^{-2}$	±10%
无色				±20%

（2）电容的测量。

1）漏电电阻的测量。首先把万用表的电阻挡调到 $R\times10$k 或 $R\times1$k 挡，再将两表笔接电容器的两引脚，看到的现象应当是指针先摆向零，然后慢慢反向摆到无穷大附近。当指针稳定后指针所指示的数值即为此电容器的漏电电阻值。若指针偏离无穷大较远，表明电容器漏电严重，不能再继续使用。

2）断路测量。电容器的容量不同，用万用表测量电容器的断路情况时所用的电阻挡位也不同。另外对小容量电容（如 0.01 μF 以下）的通断测量用万用表无法进行，只能借助其他仪表进行。不同容量的电容器所用电阻挡挡位见表 8—5。

表 8—5　　不同容量电容器通断测量时对应的万用表电阻挡位选择

容量	挡位	容量	挡位
0.01 μF～0.47 μF	$R\times10$k	0.47 μF～10 μF	$R\times1$k
10 μF～300 μF	$R\times100$	300 μF 以上	$R\times10$ 或 $R\times1$

测量方法是用万用表的两表笔分别接电容器的两引脚，如指针不动，将表笔对调后再测量，表笔仍不动，说明电容器已经断路，不能使用。

3）短路测量。将万用表调到电阻 $R\times1$ 挡，用两表笔接电容器的两引脚，如指针指示为零或很小，且指针不返回，则说明电容器已经短路，不能再使用。

4）电解电容器极性的判别。用万用表测量电解电容器的漏电阻并记录其阻值的大小，然后将两表笔对调，再测量其漏电阻。两次测量数值对比，漏电阻较小的一次，黑表笔所接的引脚即为电解电容器的负极。

5）电容器容量的判别。电容器的容量一般标注在电容器的外壳上，可以直接读其容量。其标注规则为：容量在 100pF～1μF 不标注单位；没有小数点的单位为 pF，有小数点的单位为 μF。当电容器的容量标注不清时，可用万用表进行测量。

(3) 电感器的测量。电感器常见的故障为断路。用万用表的电阻挡 $R\times10$ 或 $R\times1$ 测量电感器的阻值，若为无穷大，表明电感器已经断路；若电阻值很小，表明电感器正常。

常用固定电感器的电感量一般是用数字直接标注在外壳上，可直接读其数值，若数字不清则必须用高频 Q 表等仪表进行测量。

(4) 二极管的测量。二极管的极性可用万用表的 $R\times100$ 或 $R\times1\text{k}$ 进行测量。其方法是：将万用表的两表笔接二极管的两脚，如阻值较小，而对调两表笔再测量时阻值很大，则阻值较小时的测量为二极管正向偏置，所测电阻为正向电阻，阻值很大的测量为二极管反向偏置，所测电阻为反向电阻。据此可以判断：正向偏置时黑表笔所接为二极管的阳极。

若正向电阻和反向电阻均为无穷大，说明二极管内部断路，不能再使用；若正向电阻与反向电阻均近似为零，说明二极管内部被击穿；若二极管的正反向电阻相差不大，说明其性能变坏或失效。

(5) 三极管的测量。

1) 管型及管脚的测量。基极的判别：将电阻挡调到 $R\times1\text{k}$，用黑表笔接三极管的某一极，再用红表笔分别去接另外两电极，直到出现测量的两个电阻值都很小（若测量一个阻值大，一个阻值小，就需要将黑表笔换成另一个极再测），则此极为 NPN 型三极管的基极。若测量两个电阻都很大，则此极为 PNP 型三极管的基极。

集电极和发射极的判别：对于锗三极管，在测出基极后，用万用表测量中另外两个电极，得到一个阻值，再将两表笔对调测一次，又得到一个阻值，在阻值较小的那一次中，对于 NPN 型锗管，红表笔所接的是发射极，黑表笔所接的是集电极。对于 PNP 型锗管，红表笔接的就是集电极，黑表笔所接的是发射极。而对于 NPN 硅管，可在基极与黑表笔之间接一个 $\times100\text{k}$ 的电阻，用上述同样的方法，测量除基极之外的两极电阻，阻值较小的一次中，黑表笔所接的即为集电极，另一极即为发射极。

2) 好坏的测量。对于三极管的好坏，可通过极间电阻来判断。若测得正向电阻近似无穷大时，表明管子内部断路，如测得反向电阻很小或零时，说明管子已被击穿或发生短路。要想定量分析三极管质量好坏，则需要用晶体管特性图示仪进行测量。

4. 训练内容与步骤

(1) 针对不同阻值的色环电阻进行识别，并用万用表进行测量，比较二者的数值大小。

(2) 按图 8—4 接电路，R_X 用一只 12V 的汽车灯泡（非线性电阻）代替，按表 8—6 测量其伏安特性并绘制特性曲线。

表 8—6　　汽车灯泡的伏安特性

U/V	0	2	4	6	8	10	12
I/mA							
R/Ω							

(3) 测量电容器和电感器，用万用表判别其好坏，并记录电容、电感的容量大小。

(4) 用万用表判断二极管的极性和好坏，并记录有关数据。

(5) 用万用表判断三极管的管型、管脚和好坏，并记录有关数据。

5. 训练思考

(1) 电容器漏电阻测量的原理是什么?

(2) 试分析用万用表确定三极管基极的原理。

(3) 试分析用万用表确定三极管集电极和发射极的理论依据。

(4) 用 $R\times100$ 或 $R\times1\text{k}$ 挡测量同一二极管的正向电阻时，其电阻值是否相同? 为什么?

8.2.3 二极管的伏安特性测试

1. 训练目标

用伏安法测量并认识二极管的特性曲线。

2. 训练器材

通用电学实验台的直流稳压电源部分和元件插板、万用表、直流电流表、二极管及导线若干。

3. 训练原理

二极管正偏时，正向电阻小，正向电流大，二极管导通；二极管反偏时，反偏电流小，反向电阻很大，二极管截止。二极管具有单向导电性。

4. 训练内容与步骤

(1) 正向特性的测试。按图 8—5 所示电路连好电路，经检查无误后，接通 6V 直流电源，调节电位器 R_P，使电流表读数与表 8—7 所列的数值相同，用万用表分别测出二极管两端电压 U_{DZ} 并记录于表 8—7 中。

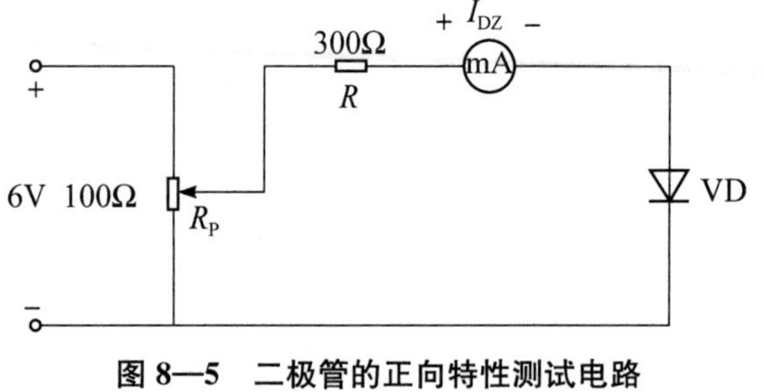

图 8—5 二极管的正向特性测试电路

表 8—7 二极管的正向特性测试数据

I_{DZ}/mA	0	0.05	0.1	0.5	1	10	20
U_{DZ}/V							

按表 8—7 中的数据，在坐标纸上绘制出二极管的正向特性曲线。

(2) 反向特性的测试。按图 8—6 所示电路连好电路，经检查无误后，接通 20V 直流电源，调节电位器 RP，使电流表读数与表 8—8 所列的数值相同，用万用表分别测出二极管两端电压 U_{DF} 并记录于表 8—8中。

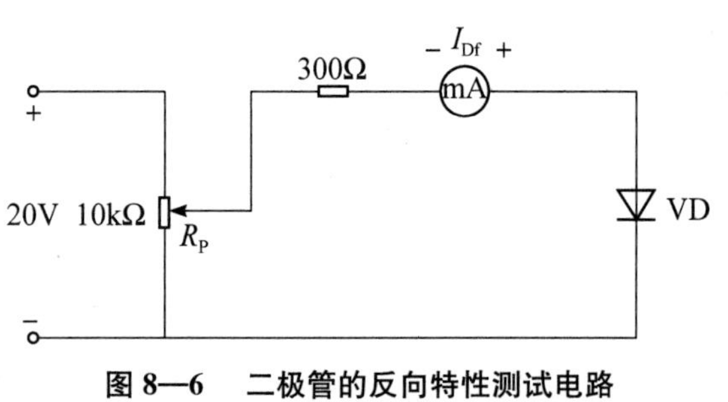

图 8—6 二极管的反向特性测试电路

表 8—8　　二极管的反向特性测试数据

$I_{DF}/\mu A$	0	2	4	6	8	10	15
U_{DF}/V							

按表 8—8 中的数据，在坐标纸上绘制出二极管的反向特性曲线。

5. 训练思考

（1）由二极管的正向特性和反向特性曲线分析其是线性元件还是非线性元件？

（2）由二极管的正向特性和反向特性曲线能得出二极管的什么性质？

8.2.4　三极管的伏安特性测试

1. 训练目标

用伏安法测量并认识三极管的输入、输出特性曲线。

2. 训练器材

通用电学实验台的直流稳压电源部分和元件插板、万用表、直流电流表、三极管及导线若干。

3. 训练原理

要使三极管工作在放大状态，必须使发射结正向偏置，集电结反向偏置。此时三极管各极上的电流满足 $I_E=I_C+I_B$。当三极管有微小的 I_B 变化时就可以引起较大的 I_C 变化，这就是电流放大作用。三极管的电流放大系数为 $\beta=I_C/I_B$。

4. 训练内容与步骤

（1）输入特性曲线的测量。按图 8—7 所示电路连好电路并检查确认无误，先调节电位器 R_{P2}，使其滑动臂与下端的“地”相连。然后调节电位器 R_{P1}，使 U_{BE} 和 I_B 从零开始逐渐增大，把相应的 U_{BE} 和 I_B 记录于表 8—9 中。

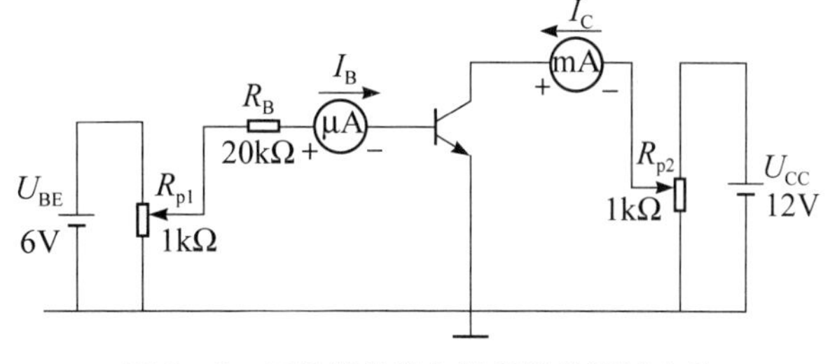

图 8—7　三极管的输入输出特性测试电路

表 8—9　　三极管的输入特性测试数据

$I_B/\mu A$	0	1	2	5	10	20	40	60	80	100
U_{BE}/V										

按表 8—9 中的数据，在坐标纸上绘制出三极管的输入特性曲线。

（2）输出特性曲线的测量。

1）如图 8—7 所示，先将基极回路断开，使 $I_B=0$，然后调节电位器 R_{P2}，使 U_{CE}从零开始逐渐增大（用万用表测量），按表 8—10 所列数据的要求记录相应的 I_C。

2）接通基极回路，先调节 R_{P1}，使 IB 分别为 20 μA、40 μA、60 μA，重复 1）的测量步骤，将相应的测量数据记录于表 8—10 中。

表 8—10　　三极管的输出特性曲线数据

$I_B/\mu A$ \ I_C/mA \ U_{CE}/V	0	0.2	0.5	1	5	10
0						
20						
40						
60						

按表 8—10 中的数据，在坐标纸上绘制出三极管的输入输出特性曲线。

5. 训练思考

(1) 由三极管的特性曲线分析其是线性元件还是非线性元件?

(2) 三极管特性曲线分为几个区域? 在各区时三极管起什么作用? 三极管各处于什么状态?

8.2.5　单相桥式整流电容滤波电路的测试

1. 训练目标

(1) 学会单相桥式整流电路和滤波电路的连接方法。

(2) 学会用示波器观察整流电路的输入输出波形，了解输入输出的电压关系。

(3) 测量整流、滤波电路的输入输出电压。

2. 训练器材

通用电学实验台的直流稳压电源部分和元件插板、万用表、示波器、变压器、二极管若干、电容、电阻及导线等。

3. 训练原理

图 5—2 (a) 所示为单相桥式整流电路。当 u_2 为正半周时，VD_1、DV_3 导通，VD_2、VD_4 截止，电流经 $VD_1 \rightarrow R_L \rightarrow VD_3$ 形成回路，R_L 上输出电压波形与 u_2 的正半周波形相同。当 u_2 为负半周时，VD_2、VD_4 导通，VD_1、VD_3 截止，电流经 $VD_2 \rightarrow R_L \rightarrow VD_4$ 形成回路，R_L 上输出电压波形是 u_2 的负半周波形的倒相 c。所以单相桥式整流的输出波形如图5—2 (b)所示。单相桥式整流电路输出直流电压 U_L 为 $U_L=0.9U_2$。

在整流电路和负载之间并联一个电容就组成了电容滤波电路。电容滤波电路如图 5—7 (a)所示。根据电容器两端电压不能突变的特点，可以实现电容滤波。电容滤波电路输出波形如图 5—7 (b) 所示。单相桥式整流电容滤波电路的输出直流电压为 $U_L \approx 1.2U_2$。

4. 训练内容与步骤

(1) 观察单相桥式整流电路的输入输出波形，测量输入、输出电压并验证其关系。

1) 按图 8—8 所示连接好电路，确认无误后，接通电源。

2) 用示波器观察变压器次级绕组的电压 u_2 和负载电阻 R_{DL}上电压 U_L 的波形，并将其绘制在坐标纸上。

3) 用万用表交流电压挡测量变压器次级绕组电压 u_2 与整流输出电压 U_L，并将数据记录于表 8—11 中。

表 8—11　　单相桥式整流电路的电压测量数据

U_2/V	U_L/V	U_L/U_2

（2）按图 8—9 所示连接好电路，确认无误后接通电源。用万用表的直流电压挡测量负载电阻 R_L 上的直流电压 U_L 并记录于表 8—12 中。用示波器观察负载 R_L 上的直流电压波形并把波形绘制于坐标纸上。

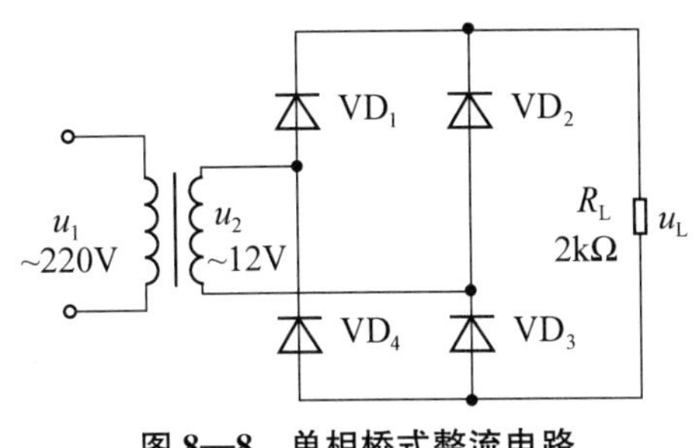

图 8—8　单相桥式整流电路

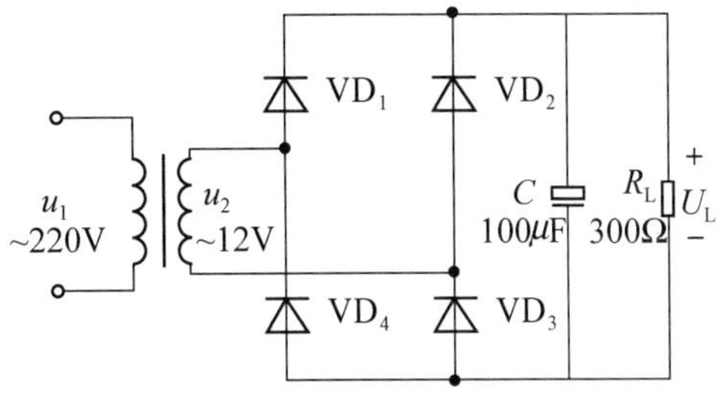

图 8—9　单相桥式整流电容滤波电路

表 8—12　　单相桥式整流电容滤波电路的电压测量数据

U_2/V	U_L/V	U_L/U_2

5. 训练思考

（1）通过表 8—11 和表 8—12 的计算，能得出什么结论？

（2）试通过 U_2、图 8—8 中的 U_L 和图 8—9 中的 U_L 的波形对比，说明单相桥式整流电容滤波电路的工作原理。

（3）如果在图 8—8 中有一只二极管断路，则示波器显示的输出电压波形将会出现什么变化？如果有一只二极管接反了会出现什么后果？

（4）直流稳压电源由哪几部分组成？各部分的作用是什么？

8.2.6　基本放大电路调整与测试

1. 训练目标

（1）学会调整基本放大电路的静态工作点。

（2）掌握测量放大电路电压放大倍数的方法。

2. 训练器材

通用电学实验台的直流稳压电源部分、信号源部分和元件插板、晶体管毫伏表、示波器、万用表、电子元器件及导线若干。

3. 训练原理

在低频放大电路中，共发射极电路是一种常用的电路。其输出信号与输入信号相位相反。放大电路的工作既有静态又有动态。静态是当放大电路没有输入信号时的工作状态。通过放大电路的直流通路可确定静态工作点 Q。要合理设置静态工作点，Q 点太高，可能产生饱和失真，Q 点太低，可能产生截止失真。Q 的高低直接受 I_B 影响，而 I_B 又决定于

R_B，因此调整 R_B 即可以调整 Q 点的高低。具体说来，R_B 增大时 I_B 减小，Q 点下移；R_B 减小时 I_B 增大，Q 点上移。

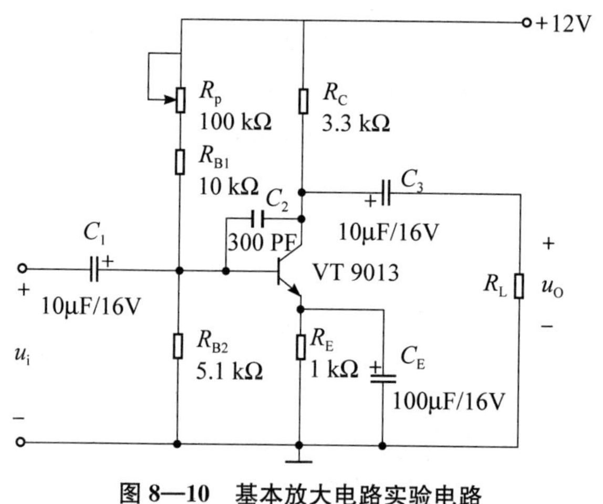

图 8—10　基本放大电路实验电路

4. 训练内容与步骤

(1) 按图 8—10 所示连接好电路，并反复检查确认连接无误。

(2) 静态工作点的初步调整。

按图 8—10 要求接通电源，调节基极偏置电阻 R_P，使 VT 发射极电压为 1.5V 左右，初步确定静态工作点。用万用表测量三极管各极对地直流电压值，并计算出集电极电流。将数据记录于表 8—13。

表 8—13　　静态工作点的测量与计算数据

初步测量静态工作点			计算	确定静态工作点		
V_B/V	V_C/VDV_E/V	I_C/mA	V_{BQ}/V	V_{CQ}/V	V_{EQ}/V	I_{CQ}/mA

(3) 通过观察放大电路的输出波形，对静态工作点做再次调整。

逐渐增大 u_i，同时观察 u_o 的波形。通过调节 R_P，使 u_o 波形上下对称，均达到相等的最大不失真幅值，至此静态工作点调整完毕。取消 u_i，用万用表测量三极管各极对地直流电压值，并计算静态工作点，将数据记录于表 8—13。

(4) 测量电压放大倍数。

在接入负载 R_L 和不接入负载 R_L 两种情况下，用毫伏表分别测量 u_i 和 u_o 的有效值，将数据记录于表 8—14。并计算各相应的电压放大倍数 A_u。

表 8—14　　测量电压放大倍数实验数据

信号频率 f	R_L 情况	输入信号电压 U_i/mV	输出信号电压 U_0/mV	电压放大倍数 $A_u=U_o/U_i$
1kHz	不接入			
	接入			

(5) 观察放大电路的波形失真。

保持电源电压和输入信号幅度不变，调节 R_P，改变静态工作点，当 R_P 阻值增大和减小时，从示波器观察输出信号的失真情况，将两种情况下的失真波形绘制于坐标纸上，并说明是何种失真。

5. 训练思考

(1) 静态工作点选择得是否合适，对放大电路的放大效果有何影响？

(2) 请简述利用信号源和示波器调整静态工作点的方法。

(3) 影响放大电路电压放大倍数的主要因素是哪些？

8.2.7　基本逻辑门电路的测试

1. 训练目标

（1）了解与门、或门、非门和与非门电路的工作原理。

（2）进一步认识基本门电路的逻辑功能。

（3）认识 TTL 集成电路的外形，了解用与非门组成各种门电路的电路形式。

2. 训练器材

通用电学实验台直流稳压电源部分、数字实验电路插板、万用表、TTL 集成电路 74LS00 及导线若干。

3. 训练原理

门电路是数字电路的基础，也是组合成组合逻辑电路的基本单元。所谓“门”就是一种开关，控制信号通过或不通过。利用门电路的不同连接形式，可以实现一定的逻辑关系。

与门电路的逻辑功能为“有 0 为 0，全 1 为 1”，或门电路的逻辑功能为“有 1 为 1，全 0 为 0”，非门电路的逻辑功能是输出与输入的电平相反。常用的复合门电路有与非门、或非门、异或门等。与非门电路的逻辑功能为：有 0 为 1，全 1 为 0。实际应用中经常用与非门及其组合构成各种基本门电路。

4. 训练内容与步骤

（1）认识 TTL 集成与非门 74LS00。

图 8—11 所示为 TTL 集成与非门 74LS00（四 2 输入与非门），该电路有 14 脚，四个独立与非门，其中 A、B 为输入端，Y 为输出端。1A、1B 和 1Y 为一个独立的与非门，其余依次类推。14 脚接电源，7 脚为接地端。

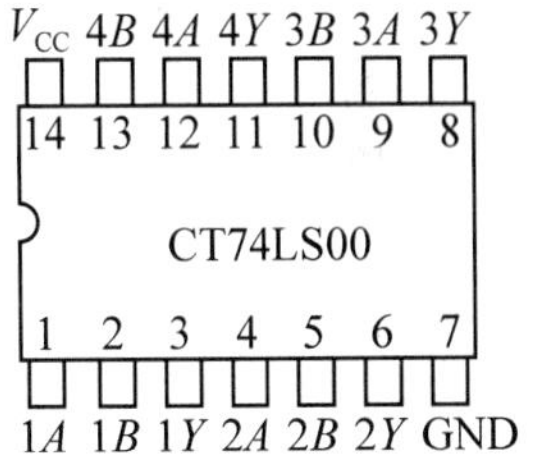

V_{CC} 4B 4A 4Y 3B 3A 3Y
14 13 12 11 10 9 8
CT74LS00
1 2 3 4 5 6 7
1A 1B 1Y 2A 2B 2Y GND

图 8—11　74LS00 外形及引脚排列图

（2）验证各种基本门电路的逻辑功能。

在数字电路实验板上用 74LS00 组成图 8—12（a）、（b）、（c）所示的与门、或门和与非门电路，通过逻辑电平开关控制各输入端的高低电平，通过输出指示灯观察输出端电平的高低。

针对图 8—12（a）、（b）、（c）所示电路，输入按表 8—15 所列的输入电平，观察输出情况并记录于表 8—15。

表 8—15　　与门、或门及与非门电路逻辑功能测试电平

输入		输入（Y）		
A	B	与非门	与门	或门
0	0			
0	1			
1	0			
1	1			

采用单端输入组成非门电路如图 8—12（d）所示，按表 8—16 所列输入电平输入信

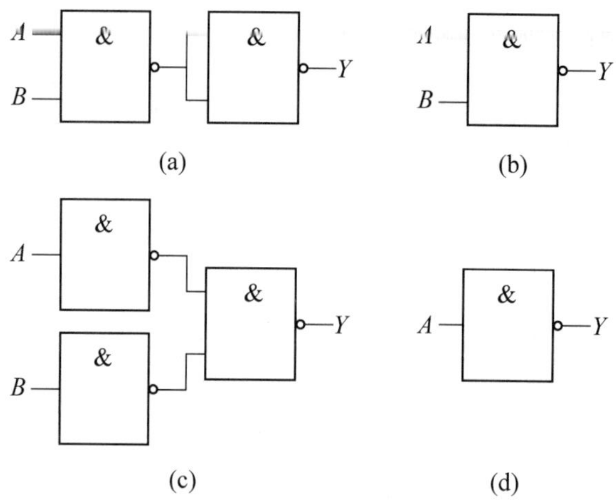

图 8—12　由与非门组成的实验电路

(a) 与门实验电路　(b) 与非门实验电路

(c) 或门实验电路　(d) 非门实验电路

号，观察输出情况并记录于 8—16。

表 8—16　**非门电路逻辑功能测试电平**

输入	输出
A	*Y*
0	
1	

5. 训练思考

(1) 由表 8—15 及表 8—16 的实验结果列出图 8—12 (a)、(b)、(c) 和 (d) 的逻辑功能表达式。

(2) 表 8—15 及表 8—16 的实验结果是否符合相应的逻辑功能?

(3) 在实验中 74LS00 求使用的管脚为什么要悬空?

8.2.8　3 线—8 线译码器的测试

1. 训练目标

(1) 熟悉译码器的工作原理及逻辑功能。

(2) 了解 3 线—8 线译码器的应用。

2. 训练器材

通用电学实验台直流稳压电源部分、数字电路实验插板、TTL 集成电路 74LS138 及导线若干。

3. 训练原理

译码器的作用与编码器相反，译码是将二进制代码变换成信息的过程，实现译码功能的组合逻辑电路称为译码器。二进制译码器可分为 2 线—4 线译码器、3 线—8 线译码器、4 线—16 线译码器等，它们的工作原理则是相同的。有关 3 线—8 线译码器的工作原理见第 6 章 6.3.2 译码器。74LS138 为 3 位二进制 3 线—8 线译码器。

4. 训练内容与步骤

74LS138 逻辑功能测试如下。

74LS138 为 3 位二进制 3 线—8 线译码器，其逻辑电路图及管脚排列如图 8—13 所示。

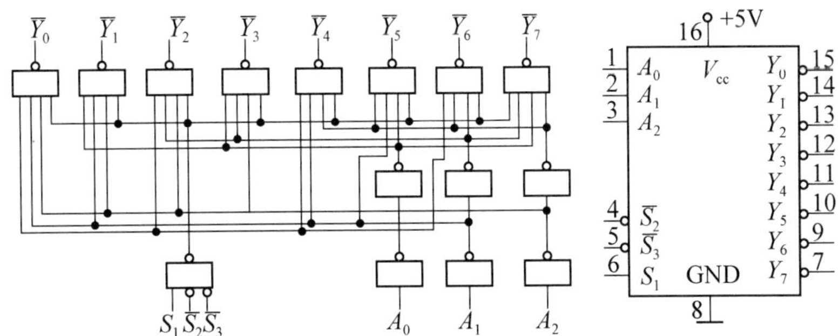

图 8—13　74LS138 逻辑电路图及管脚排列图

将 74LS138 的使能端 S_1、$\overline{S_2}$、$\overline{S_3}$ 及地址端 A_2、A_1、A_0 分别接到逻辑电平开关输出口，八个输出端 $\overline{Y_7}$～$\overline{Y_0}$ 依次连接在逻辑电平显示器的八个输入口上，拨动逻辑电平开关，按表 8—17 逐项测试 74LS138 的逻辑功能。

表 8—17　　74LS138 逻辑功能测试结果

输入					输出							
S_1	$\overline{S_2}+\overline{S_3}$	A_2	A_1	A_0	$\overline{Y_0}$	$\overline{Y_1}$	$\overline{Y_2}$	$\overline{Y_3}$	$\overline{Y_4}$	$\overline{Y_5}$	$\overline{Y_6}$	$\overline{Y_7}$
1	0	0	0	0								
1	0	0	0	1								
1	0	0	1	0								
1	0	0	1	1								
1	0	1	0	0								
1	0	1	0	1								
1	0	1	1	0								
1	0	1	1	1								
0	×	×	×	×								
×	1	×	×	×								

5. 训练思考

（1）什么是译码?

（2）简述 74LS138 的译码过程。

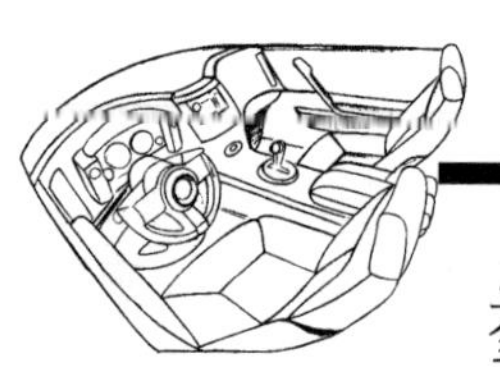

参考文献

[1] 秦曾煌.电工学.北京：高等教育出版社，1999

[2] 唐介.电工学（少学时).北京：高等教育出版社，2006

[3] 李源生. 电工电子技术. 北京：清华大学出版社，2004

[4] 胡宴如.模拟电子技术.北京：高等教育出版社，2000

[5] 杨志忠.数字电子技术.北京：高等教育出版社，2000

[6] 任成尧.汽车电工与电子基础.北京：人民交通出版社，2005

[7] 刘皓宇.汽车电工电子基础.北京：高等教育出版社，2005

[8] 金惠云.汽车电工电子技术.北京：高等教育出版社，2007

[9] 张玉萍.汽车电工电子基础.北京：北京邮电大学出版社，2007

[10] 刘海鸥，陶刚.汽车电子学基础.北京：北京理工大学出版社，2007

[11] 毛峰.汽车电器.北京：机械工业出版社，2003

[12] 叶挺秀. 电工电子技术.北京：高等教育出版社，2004

[13] 高树德.汽车电工电子技术基础.北京：机械工业出版社，2005

[14] 沙晓菁.电工与电子技术基础技能实训.北京：清华大学出版社，2005

[15] 王新，魏中华，赵修强.汽车电工电子技术.济南：山东科学技术出版社，2007

图书在版编目（CIP）数据

汽车电工与电子学基础/孔繁瑞，臧雪岩主编
北京：中国人民大学出版社，2009
21世纪高职高专规划教材·汽车运用与维修系列
ISBN 978-7-300-09613-1

Ⅰ. 汽…
Ⅱ. ①孔…②臧…
Ⅲ. ①汽车-电工-高等学校：技术学校-教材
　②汽车-电子技术-高等学校：技术学校-教材
Ⅳ. U463.6

中国版本图书馆CIP数据核字（2008）第127968号

21世纪高职高专规划教材·汽车运用与维修系列
汽车电工与电子学基础
主编　孔繁瑞　臧雪岩

出版发行	中国人民大学出版社		
社　　址	北京中关村大街31号	**邮政编码**	100080
电　　话	010－62511242（总编室）		010－62511770（质管部）
	010－82501766（邮购部）		010－62514148（门市部）
	010－62515195（发行公司）		010－62515275（盗版举报）
网　　址	http://www.crup.com.cn		
经　　销	新华书店		
印　　刷	北京玺诚印务有限公司		
规　　格	185 mm×260 mm　16开本	**版　　次**	2009年3月第1版
印　　张	14.75	**印　　次**	2021年2月第5次印刷
字　　数	351 000	**定　　价**	26.00元